# 周锺灵著
# 《韩非子的逻辑》注释

李开 ◎ 著

中国社会科学出版社

**图书在版编目（CIP）数据**

周锺灵著《韩非子的逻辑》注释／李开著．—北京：中国社会科学出版社，
2024.5

ISBN 978 - 7 - 5227 - 3161 - 2

Ⅰ.①周…　Ⅱ.①李…　Ⅲ.①韩非（前280 - 前233）—哲学思想—研究
Ⅳ.①B226.55

中国国家版本馆 CIP 数据核字（2024）第 044305 号

| | | |
|---|---|---|
| 出 版 人 | 赵剑英 | |
| 选题策划 | 许　琳 | |
| 责任编辑 | 慈明亮 | |
| 责任校对 | 韩海超 | |
| 责任印制 | 郝美娜 | |

| | | |
|---|---|---|
| 出　　版 | 中国社会科学出版社 | |
| 社　　址 | 北京鼓楼西大街甲 158 号 | |
| 邮　　编 | 100720 | |
| 网　　址 | http://www.csspw.cn | |
| 发 行 部 | 010 - 84083685 | |
| 门 市 部 | 010 - 84029450 | |
| 经　　销 | 新华书店及其他书店 | |

| | | |
|---|---|---|
| 印　　刷 | 北京君升印刷有限公司 | |
| 装　　订 | 廊坊市广阳区广增装订厂 | |
| 版　　次 | 2024 年 5 月第 1 版 | |
| 印　　次 | 2024 年 5 月第 1 次印刷 | |

| | | |
|---|---|---|
| 开　　本 | 710 × 1000　1/16 | |
| 印　　张 | 23.5 | |
| 字　　数 | 372 千字 | |
| 定　　价 | 128.00 元 | |

# 注释凡例

　　为注释周著，对原著作了分节。周著除《序言》外，共九章二十九节。李注将包含《序言》的周著分成共 338 节（小段）。分节主要依据原著的自然段，个别处因内容过于紧密便合并为一节。节前有一串数字，其中"§"号后 4 个数字分别为周著的章、节、子节、段数；"—"号后对应的是本书总排的节（小段），方便查找及引用。

　　一、注释一般以一整句为标注注释号单位。文字的音、形、义注释，文字的校勘，翻译成现代汉语，均在该整句单位内写出。个别处为突出术语注释的针对性，注释号紧接术语后标出。

　　二、康德哲学和近现代逻辑学说的引用，也都在整句单位内，有时在整段单位内写出，形成韩非子逻辑思想、周著逻辑学成就评价的学术文化思想板块。

　　三、用字，尽可能保持周著原貌以反映一个时代的用字习惯或取向，如"思惟"，原文仍用"惟"字，但在注释中行文改用"思维"。

　　四、本书已经是注释体裁，故不再出现脚注。随文注的出处作简单交代，另可详见"注释主要参考和引用书目"。

# 目　　录

# 序　言

§ 0. 0. 0. 1—1

这本书叫作《韩非子的逻辑》。韩非子有两种涵义[1]：一指韩非子[2]这个人，一指《韩非子》[3]这部书。逻辑[4]也有两种涵义：一指客观存在是思惟[5]规律和思惟形式；一指以客观存在的思惟规律和思惟形式为对象的逻辑学。这样，《韩非子的逻辑》就可以有四种涵义[6]：（一）韩非子这个人的思惟规律和思惟形式；（二）《韩非子》这部书中所表现的思惟规律和思惟形式；（三）韩非子这个人的逻辑学；（四）《韩非子》这部书中所表现的逻辑学。

[注释]

[1] 涵义：同"含义"。鲁迅《华盖集·咬文嚼字二》："字面虽然改了，涵义还依旧。"涵：包容，包含。清段玉裁《说文注·水部》："涵训容者，就受泽多之义而引申之。"唐杜牧《九日齐山登高》："江涵秋影雁初飞，与客携壶上翠微。"

[2] 韩非子：韩非（约公元前280—前233年）。子，古代对老师的尊称。有类孔丘的学生尊称孔丘为孔子，孟轲的学生尊称孟轲为孟子，荀况的学生尊称荀况为荀子。"韩非子"是韩非的学生或信徒对韩非的尊称。《史记·老子韩非列传》中的"韩非列传"是有关韩非最早、最完整的一篇传记。传记开头说：韩非，是战国时期韩国众公子中的一个。喜欢循名责实地审查名号与事物，喜好言论与实际是否一致的"刑名法术之学"，而推本于黄帝、老子。韩非一与人交谈就犯口吃（结巴），不善于说话，但擅长撰论著述。韩非与李斯同为荀况的学生，李斯认为自己不如韩非有才干。传记最后说："李斯使人遗（wèi给）非药，使自杀。"

[3]《韩非子》：韩非著。最早的善本有宋乾道黄三八郎本（已佚），

今存清人吴鼒（zī）影刻宋乾道黄三八郎本，也是五十五篇的足本，虽有吴本人个别擅自改动处，但仍是保存宋刻本原貌最多的善本。清黄丕烈藏《述古堂影宋钞本韩非子·跋》直称吴本为乾道本，可知其善。周锺灵师在 20 世纪 50 年代末 60 年代初著有《韩非子新注》（师母彭战璐誊抄，原拟中华书局出版，后未刊）。

[4] 逻辑：一门以推理形式为主要研究对象的科学。它是近代西方语词"logic""logik""logique"的音译。亚里士多德只在定义三段论推理时使用拉丁语系有"逻辑"之音义的词，但他主要只是在"议论""论证"的含义上使用，即使使用有"推理"逻辑含义的词，也只是指"分析"和"分析学"的。逻辑作为一门科学，即逻辑学，不仅研究个别的正确推理形式，还研究各种正确的推理形式之间的关系，并提出正确的推理形式的系统理论，从这个意义说，逻辑就是推理形式系统，逻辑学就是关于推理形式系统的理论。现代逻辑学已建立多种逻辑推理形式系统。

[5] 思惟：今一般写作"思维"。从前一直写作从"心"字的"思惟"。

[6] 这四种含义分别是将韩非子其人、《韩非子》其书、逻辑、逻辑学一一对应作出的推论，其本身作为推理形式，就是将相关语义一一对应的逻辑形式。

[段旨]

本段叙说"韩非子"的两种含义，"逻辑"的两种含义；叙说《韩非子的逻辑》的四种含义。四种含义是语言哲学的逻辑推理的结果。值得注意的是，文中特别强调逻辑和逻辑学的客观性，规律和形式的客观性，至今意义不凡。

§ 0.0.0.2—2

韩非子是法家[1]，不是逻辑学家[2]，《韩非子》是法家的著作，不是逻辑学家的著作，我们所谓《韩非子的逻辑》，是指韩非子这个人写作《韩非子》这部书所具体运用的思惟规律和思惟形式。

[注释]

[1] 法家：战国时期以法治为思想核心的学派。其思想先驱和创始人有管仲、商鞅等人，战国末韩非是法家思想集大成者。法家思想与早

期封建生产关系的产生和发展相联系。

[2] 中国古代多以"刑名之学""形名学""名学"表逻辑学意蕴，这里说韩非不是逻辑学家，就意味着韩非不是形名家、名家。战国时期形名家的代表人物是邓析、惠施、公孙龙。但法家与形名家的关系密切，《史记·老子韩非列传》就说韩非"喜刑名法术之学"，故可寻觅韩非子其人其书所具体运用的逻辑和逻辑学。

[段旨]

《韩非子的逻辑》书名所指。

§0.0.0.3—3

关于材料问题，需要有两点说明：

（一）考据问题。《汉书·艺文志》法家最早著录《韩子》五十五篇[1]。现在存在的《韩非子》虽然也正是五十五篇，有些篇章却不一定可靠。王先慎[2]在《韩非子集解》[3]里说："《初见秦》、《存韩》二篇，系后人汇集[4]，《饬令》一篇，全载《商君书》[5]，《奸劫弑臣厉怜王》，《国策》以为荀子书，《韩诗外传》同[6]，以五十五篇为非自作误。"[7]可是这些篇章中并没有什么特殊的思惟规律和思惟形式，就是不采用它们作为材料，也不足以妨碍我们来阐述韩非子的逻辑。为了慎重起见，避免引起无谓的争论，我们就不采用这些篇章作为材料。

[注释]

[1]《汉书》卷三十《艺文志》第十"法家"："《韩子》，五十五篇。"原注："名非，韩诸公子，使秦，李斯害而杀之。"

[2] 王先慎：清光绪年间经学家，湖南长沙人。王先谦（1842—1917年）从弟。

[3]《韩非子集解》，今可见于中华书局"诸子集成本"第五册。

[4]《初见秦》指韩非初次求见秦昭襄王（秦昭王，公元前306—前251年在位），但据史书，韩非未见过秦昭襄王。《存韩》从开头至"攻伐而使从者见焉，不可悔也"为韩非上秦王政（公元前246—前211年在位）书。下文全为李斯言。

[5] "饰令"当作"饬（chì）令"，旧时上级命令下级。《商君书》，亦可见于中华书局"诸子集成本"第五册，此版不题商鞅撰。内第十三

篇为《靳令》即《饬令》，内容大多相同，但也有不同处。

[6]《奸劫弑臣厉怜王》：当写作"《奸劫弑臣》'厉怜王'"，"厉怜王"指《奸劫弑臣》篇的最后一节，《战国策·楚策四》《韩诗外传》卷四均以为孙子（荀子）答春申君书。周勋初先生认为："这段文字与全文内容关系密切，文意相连，似是韩非原作。"（见《韩非子校注》修订本）"厉怜王"三字，《奸劫弑臣》："谚曰：'厉怜王'……此谓劫杀死亡之主言也。"三字意为麻风病人虽然可怜，但看到被劫杀的君主，觉得比自己还可怜，因而同情君主。厉：通"疠"，疠风，麻风病。

[7] 这段引文见《韩非子集解》署黄三八郎印《韩非子序》"五十五篇十余万言"下王先慎注文。

[段旨]

材料取舍，不采用《初见秦》《存韩》《饬令》《奸劫弑臣》中的材料。

### §0.0.0.4—4

（二）故事问题。《八奸》《十过》《说林》《内储说》《外储说》《难一》《难二》《难三》《难四》等篇中叙述了许多先秦时代流行的故事。这些故事本身也表现了一些思惟规律和思惟形式，我们不能把它们和韩非子自己的议论文[1]中所表现的逻辑同等看待。虽然这两者之间是应该加以区别，而且事实上也是有区别的；但是由于：（一）这些故事都是服从了韩非子的逻辑方法用来说明问题的；（二）这些故事很可能经过韩非子的重新组织和剪裁；（三）这些故事既然都是叙述性的，逻辑的分量就不很多，因此它们也就融合在韩非子的逻辑中成为它的一个组成部分了。我们不可能把这些故事从韩非子的整个逻辑中排除出去，所以采用它们作为材料，用来帮助阐明韩非子的逻辑。

[注释]

[1] 除了《八奸》等九篇故事和前述《初见秦》《存韩》一部分、《饬令》小部分、《奸劫弑臣》一部分等，属韩非自著论文者有：《难言》《爱臣》《主道》《有度》《二柄》《扬权》《孤愤》《说难》《和氏》《亡征》《三守》《备内》《南面》《饰邪》《解老》《喻老》《观行》《安危》《守道》《用人》《功名》《大体》《难势》《问辩》《问田》《定法》《说

疑》《诡使》《六反》《八说》《八经》《五蠹》《显学》《忠孝》《人主》
《心度》《制分》，共37篇。

[段旨]

继续讲材料取舍问题。《八奸》等九篇故事（实为十四篇，《九篇加
说林》下，《内储说》下，《外储说》左下、右上、右下等五篇），仍作
为研究韩非子逻辑的材料。

## §0.0.0.5—5

我们既已阐明了《韩非子的逻辑》的涵义及其所根据的材料，也就
确定了它的内容和范围。我们是专从逻辑的观点来处理问题的，只限于
形式逻辑[1]的范围里来论述思惟规律和思惟形式。虽然在形名问题[2]上
要涉及哲学上的认识论[3]问题，但是并不着重研究韩非子的认识论。虽
然在矛盾问题[4]上也可以看到一些辩证法[5]的现象，但是并不着重研究
韩非子的辩证法。

[注释]

[1] 形式逻辑（formal logic）是研究演绎推理及其规律的科学，它
包括对于词项和命题形式的逻辑性质的研究，提供有效推理和非有效推
理的检测标准。形式逻辑已有两千多年的历史，19 世纪中叶以前的形式
逻辑是传统逻辑，19 世纪中叶以后发展起来的逻辑是现代形式逻辑，通
常称为数理逻辑或符号逻辑。《韩非子的逻辑》研究方法主要还是传统逻
辑方法，这与研究对象本身的逻辑又基本一致。

[2] 形名问题：前注已述韩非不是形名家，不是名家。韩非持法家
立场谈论形名问题：中心论题是《定法》阐述的"循名责实"，按照名去
责求实。它是一种"术"（方法），云："术者，因任而授官，循名而责
实，……此人主之所执也。"

[3] 认识论（theory of knowledge）是研究人类认识的本质及其发展
过程的哲学理论，亦称知识论。它包括认识的本质、结构、与客观世界
的关系、认识的前提和基础、认识的发生、发展过程及其规律、真理性
标准，等等。《韩非子·解老》提出了"缘道理以从事者，无不能成"
"弃道理"的"前识者，无缘而妄意图也"的朴素唯物论的认识论原理。

[4]《韩非子》最早用说故事的方法提出了"矛盾"这一概念，见

《难一》。

[5] 辩证法（dialectics）是关于自然、社会和思维发展的最一般规律的科学，是科学的世界观和方法论。中国古代的辩证法表现为以阴阳二气的互相对立和互相依存的作用来说明天地万物的产生和变化。现代科学的哲学则讲究辩证法、逻辑与认识论的统一。

[段旨]

《韩非子的逻辑》主要是指从形式逻辑入手研究其思维规律和思维形式，尽可能不涉及或少涉及认识论和辩证法问题。

### §0.0.0.6—6

思惟形式和语法结构[1]的关系却是值得注意的。由于思惟语言是不可分割的[2]，因此思惟形式和语法结构，尤其和语法结构中的句法结构[3]有着极为密切的关系。我们是通过先秦古汉语的语法结构来研究韩非子的思惟形式的。虽然不能为语法结构所拘束，但是必须注意到它和思惟形式的相应关系。反之，虽然不能忽视这种相应关系，但是我们毕竟是研究韩非子的逻辑，而不是研究韩非子的语法结构中的句法结构。

[注释]

[1] 语法结构：语言要素语素、词、词组、句之间互相结合而形成高一级语言线性结构单位的结构规则和结构关系。

[2] 一般认为，语言是思维的物质外壳，思维是语言的逻辑轨迹和脑分子运动。

[3] 句法结构（syntactic structure）：语法结构的一种，是指组词成短语（词组、小句）或句中的词与词之间的结构规则和结构关系，还应包括同一复句内的分句之间的结构关系。

[段旨]

由语法结构中的句法结构来探求思维形式，是本书的一大命意。可见，本书是以语法结构和形式逻辑之间的关系为基本点的语言哲学。

### §0.0.0.7—7

形式逻辑是全人类共通的初步的[1]思惟规律和思惟形式的综合，因此，在阐明韩非子的逻辑时也就不能不采用一般逻辑学上的阐述思惟规律和思惟形式的术语。我们仍旧要从思惟规律、概念、判断和推理这些方面来加以论述，因为我们不能设想有完全不能用一般逻辑学上的术语来描述的韩非子逻辑[2]。但是我们却不能牵强附会，削足适履，更不能捕风捉影，无中生有；否则，那就不是实事求是，探求真理的态度了[3]。

[注释]

[1] 说形式逻辑是初步的，因为还有辩证逻辑；形式逻辑被比作初等数学，辩证逻辑被比作高等数学。

[2] 一般逻辑学，主要指形式逻辑。这句话告诉我们，形式逻辑涉及的思维规律、基础理论、基本术语是研究韩非子逻辑最重要的逻辑工具，舍此别无他法。

[3] 这句话强调运用形式逻辑研究韩非子逻辑时应有的科学态度。

[段旨]

用西学中的形式逻辑的思维法则和基本术语来研究韩非子逻辑，但要实事求是，不能牵强附会。

### §0.0.0.8—8

我们的意图在于如实地阐明韩非子的思惟规律和思惟形式，有就是有，没有就是没有。譬如说，由于《韩非子》不是逻辑学的著作，因此它的逻辑学说就非常少。我们在《韩非子》中找不到"下定义的方法"[1]，"概念的种类"[2]、"周延问题"[3]，以及"三段论式的规则"[4]，当然就不能向壁虚造；但是，这并不等于说《韩非子》中没有定义，没有三段论式。我们仍旧可以把《韩非子》中所见到的定义和三段论式加以分类和叙述。

[注释]

[1] 形式逻辑下定义的方法一般采用"属＋种差"的方法。例如，人（被定义概念）是会制造工具并使用工具进行创造性劳动（种差）的高等动物（属）。"属＋种差"成为定义概念，这样，被定义概念等于是定义概念。

[2] 形式逻辑的概念种类分单独概念和普遍概念，例如"李时珍"和"人"；集合概念和非集合概念，例如"词汇"和"词"，"分子"和"水分子"；具体概念和抽象概念，例如"黄金"这个概念，"一锭黄金"

和"黄金是闪闪发光的贵金属",前者是具体概念,后者是抽象概念;正概念和负概念,例如"物质文化"和"非物质文化"。

[3] 周延问题,是指判断者对主项外延与谓项外延之间关系的一种认识。对任何一个给定的直言全称来说,主项(S)外延包含于谓项(P)外延之中,故任何一个肯定判断的谓项都是不周延的。即全称肯定判断主项周延,谓项不周延。此外,全称否定判断主项周延,谓项周延。特称肯定判断主项不周延,谓项不周延。特称否定判断主项不周延,谓项周延。

[4] 三段论式,又名演绎推理直言三段论式,它包括大前提(P,前提中的大项,又称大词,大词还包括结论中的宾词。例"凡金属都导电[P]")、小前提(S,前提中的小项,又称小词,小词还包括结论中的主词。例"铜[S]是金属")、结论(C,S—P,由主词S和宾词P组成C,例"所以铜[S]能导电[P]")三大组成部分,形成图式M—S,P—M,如将处于对角线位置的两个M消项,则有结论S—P,即C==S+P。三段论中还有个中词,又称中项(M,例中的"金属"),中词不出现在结论里,故应该消去M。三段论式规则就是指S、P、M之间的关系。共有五条规则:其一,S、P、M三项缺一不可。其二,作为演绎推理,中项M至少周延一次,以确保中项的媒介作用,否则无法建立大项、小项之间的联结。其三,大前提、小前提S、P不周延的项,结论C中也不得周延,否则不能保障中项M发挥作用,不能保证推理的正确性。其四,前提与结论的质的规则:两个否定的前提因中项与大小项外延互相排斥,便不能得出结论;前提之一否定,结论也一定否定;结论否定,前提之一必定否定。其五,前提与结论的量的规则:两个特称的前提不能得出结论;前提之一是特称的,结论只能是特称的。此条可确保"中项周延""大项不扩大""小项不扩大"以得出正确结论。以上五条,均涉及中项M的作用,三段论规则说到底是中项规则。

[段旨]

《韩非子》虽然没有形式逻辑中的一些思维规律,但不等于没有这些规律,我们依然可以把相关范畴用到对象研究中去,加以分类和叙述。

§0.0.0.9—9

其次,我们从《韩非子》中所见到的思惟规律和思惟形式也是不平衡的，因此，就不能完全依照一般逻辑学上的项目来给以逐项的叙述，只能少的就少说些，多的就多说些。譬如说，韩非子善于运用矛盾律[1]，二难推理[2]特别多，假言推理[3]也很多，我们就应该多叙述一些。又如：直言三段论式很少[4]，尤其是选言三段论式[5]几乎可以说没有，我们也只能根据客观事实，少的少说，没有的就不说。

[注释]

[1] 矛盾律：要求在同一时间，同一条件下对同一事物的认识与论断不能自相矛盾。矛盾律，实际上是"不矛盾律"。公式：A 不是非 A。

[2] 二难推理：是由一个选言判断和另一些数目相同选言判断的选言肢相等的假言判断作为前提的演绎推理，又叫假言选言推理。它在辩论或批判性演讲中使对方陷入尴尬境地。简单二难推理肯定式公式：如果 A，则 C，如果 B，则 C；或者 A，或者 B；所以，C。又参见本书第 204 节注释 [2] 引汪奠基说。

[3] 假言推理是演绎推理之一种，它根据假言判断中的前件和后件的依存关系而推出结论。前件，以假言判断作大前提，后件，以直言判断作小前提，结论是直言判断推理式。例如，充分条件假言推理中的依存关系为前件肯定，公式是：如果 P，则 q；是 P，所以，q。又如，必要条件假言推理中的依存关系为前件否定，公式是：只有 P，才 q；非 P，所以，非 q。又如必要条件假言推理中的依存关系为后件肯定，公式是：只有 P，才 q；是 q，所以，P。又如，充分条件假言推理中依存关系为后件否定，公式是：如果 P，则 q；非 q，所以，非 P。

[4] 直言三段论式就是通常所说的三段论，由大前提 P，小前提 S，结论 C，即 S—P 组成。这里说的"很少"是指大前提 P，小前提 S，结论 C 三者俱全的标准式三段论，实际语言表达中常常是省略大前提的。

[5] 选言三段论式推理是指由三段论选言推理，但大前提是选言判断，而小前提和结论是直言判断。分不相容选言推理和相容选言推理。前者的肯定否定式"或者 A，或者 B；A，所以非 B"，前者的否定肯定式"或者 A，或者 B；非 A，所以 B"。相容选言推理仅有一种正确的推理形式：否定肯定式"或者 A，或者 B；非 A，所以 B"。

[段旨]

预判《韩非子》思维规律和思维形式的几种常见的不平衡情况。

### § 0. 0. 0. 10—10

另外，韩非子的逻辑有他自己的特点，我们也要表明出来。譬如说，他的矛盾律和亚里斯多德逻辑的排中律[1]相当，但又是不同的。他的二难推理、假言推理也和一般逻辑学上的格式[2]有着差异的地方。有时候他把直言推理和假言推理联合在一起运用，至于推理形式上的省略现象，那更是数见不鲜[3]的。我们认为形成这些情况的原因是由于《韩非子》不是逻辑学的论著，而是发表法家学术思想的论著。因此，我们必得如实地从这个具体的论著中来阐发它的思惟规律和思惟形式上的特点，这一方面和上下文义有关，一方面和古代汉语的语法结构有关。形式逻辑虽然是全人类所共通所有的，但由于语言不同就有表现形式上的差异。韩非子是运用古代汉语来表达逻辑思惟的先秦思想家，那末他的论著《韩非子》中所表现的思惟规律和思惟形式上的特点也正是我们要着重要叙述的韩非子的逻辑了。

[注释]

[1] 亚里斯多德：古希腊哲学家。今通常写作"亚里士多德"。亚氏在《形而上学》一书中确立了"相反律"，即矛盾律，还确立了"相反不容间体"的排中律。排中律：要求在同一时间，同一条件下对同一事物的两个矛盾的判断不可能都是真的，也不可能都是假的，必定是一个判断是真，一个判断是假，必须肯定其中的一个。排中律，实际上是排除两真或两假律。公式：是 A，或者是非 A。

[2] 逻辑格式是指用符号来表示逻辑规则和逻辑关系的样式。形式逻辑二难推理的逻辑式除了前述简单肯定式之外，还有简单否定式（又称简单破坏式），公式是：如果 A 则 B，如果 A 则 C，不是 B，也不是 C；所以不是 A。又，复杂二难推理肯定式：如果 A 则 B，如果 C 则 D：是 A 或 C，所以是 B 或是 D。又，复杂否定式（又称复杂破坏式），公式是：如果 A 则 B，如果 C 则 D；不是 B，也不是 D；所以不是 A，不是 C。形式逻辑假言推理的逻辑式除了前述充分条件假言推理两种，必要条件假言推理两种以外，还有充分必要条件假言推理四种形式：肯定前件就肯定后件式；否定前件就否定后件式；肯定后件就肯定前件式；否定后件就否定前件式。

［3］数见不鲜：数，读 shuò，屡次。即"屡见不鲜"。

[段旨]

简述韩非子逻辑的几个特点。

### §0.0.0.11—11

本书只是对于韩非子逻辑的初步探索，一定会有疏漏和缺点的，希望并欢迎专家们给予[1]批评和指正。

[注释]

［1］给予：给，读 jǐ。

[段旨]

写作本书的态度。

# 第一章 绪 论

**§ 1. 0. 0. 1—12**

韩非子是先秦诸子中最后的一个思想家。他是韩国的公子，生在战国[1]末期。他的生平事迹和学术思想载在《史记·老庄申韩列传》[2]里。《汉书·艺文志》"法家《韩子》五十五篇"下的注解[3]对他的生平事迹有着最为扼要的叙述："名非，韩诸公子[4]，使秦[5]，李斯害而杀之。"他使秦的年月和他的卒年，《史记·秦始皇本纪》"十四年"下说："韩非使秦，秦用李斯谋，留非，非死云阳[6]。"《六国表》[7]"秦始皇帝十四年"下也说："韩使非来，我杀非。"秦始皇十四年，即韩安王六年，公元前二三三年。《韩世家》[8]却说："王安五年，秦攻韩，韩急，使韩非使秦，秦留非，因杀之。"韩安王五年，即秦始皇十三年，公元前二三四年。这两种说法相差一年。他的生年不可考。大约估计，他生于公元前二八〇年左右，卒于公元前二三三年[9]。

[**注释**]

[1] 战国：公元前 475—前 221 年。这一时期主要有秦、楚、齐、燕、赵、魏、韩等国。

[2] 指西汉司马迁著《史记》中的老子、庄子、申不害、韩非合传。今中华书局 1982 年第 2 版《史记》卷六十三已作《老子韩非列传》。

[3] 这里的"注解"指班固的原注，非颜师古注文。

[4] 诸公子：指众多公子中的一位。

[5] 使秦：出使秦国。

[6] 云（雲）阳：古县名。秦置，治今陕西淳化西北。秦始皇筑甘泉宫于此。

［7］指《史记》卷十五《六国年表》。所引文字见《史记》中华书局 1982 年版第二册，第 754 页上栏。

［8］指《史记》卷四十五《韩世家》。所引文字见《史记》中华书局 1982 年第 2 版第六册，第 1878 页。

［9］韩非生卒年，据钟灵师考证，当为约公元前 280—前 233 年，《中国大百科全书》1987 年版"哲学"卷韩非（约公元前 280—前 233 年）。1999 年版新《辞海》韩非（约公元前 280—前 233 年）。陈奇猷《韩非子新校注》2000 年 10 月版附《韩非生卒年考》称"韩非卒年六十五左右而生于韩襄王末年"，故韩非（约公元前 296—约前 231 年）。周勋初《韩非子校注》（修订本 2009 年版）称韩非（约公元前 280—前 233 年）。

［段旨］

韩非生平事迹简介。有关生卒年的考证尤可值得注意。

## §1.0.0.2—13

韩非子是法家思想的集大成者。《史记》说他"喜刑名法术之学，而其归本于黄老"[1]。这就是说，他的具体的学术思想是法家，他的基本的哲学观点是黄老之学[2]。《史记》里又说他"善著书"，"观往者得失之变，故作《孤愤》《五蠹》《内外储》《说林》《说难》十余万言"[3]。这些篇目都存在于现在的《韩非子》里[4]。

［注释］

［1］这几句话见《史记·老子韩非列传》。法家申不害力主人主用严格的办法督责臣下，谓之"术"，商鞅著书谓之"法"，统称"刑名"（刑事法令类的文字），还有法家慎到"重势"（权势），故称韩非所喜法、术、势兼具之学为"刑名法术之学"。"黄老"，谓黄帝、老子。黄帝是古代传说中的亦神亦人的圣帝明君，也是伟大的思想家和发明家，被尊为古华夏族的始祖。

［2］黄老之学：始行于战国而盛行于西汉。假托黄帝、老子立说，故名。其特点是提出了"道生法"说，主张道与法相结合，还吸收了阴阳家、儒家、墨家、名家的思想。突出"刑德"观念，力主以恩威并重治理天下。汉初曹参、陈平、窦太后皆其信奉者和实施者。《汉书·艺文志》假托黄帝书 21 家，除《黄帝内经》外已全部亡佚。又有以《韩非

子》中的《解老》《喻老》为道、法结合的典范。1973 年 12 月在长沙马王堆发现的汉墓帛书本《老子》乙本前载有四种古佚书:《经法》《十六经》《称》《道原》,学界定为黄老之学的代表作。

[3] 这些话见于《史记·老子韩非列传》,载中华书局本 1982 年第 2 版第七册,第 2146、2147 页。

[4] 司马迁既称韩非学说为"刑名法术之学",又推本于黄老,这里举出的《孤愤》《五蠹》等当视为道、法结合的著作,故不当仅《解老》《喻老》为韩非的黄老之学。按司马迁之说,《韩非子》全书是道、法融合论著作,是奉行黄老之学的著作。

[段旨]

韩非是法家思想集大成者,其哲学思想又可推本于黄老之学。

§ 1. 0. 0. 3—14

我们既不研究韩非子的具体的法家思想,也不研究韩非子的哲学观点。我们只用逻辑观点来探索韩非子在他的论著中所运用的思惟规律和思惟形式[1]。现在先综合地叙述一下韩非子逻辑的特点及其价值[2]。

[注释]

[1] 本句中的"逻辑观点"主要指形式逻辑观点,本句中的"思惟规律和思惟形式"主要指形式逻辑的。

[2] 这里的"价值"是应该包括逻辑真值以外的逻辑本体的价值观的。

[段旨]

重申以形式逻辑研究《韩非子》,揭示《韩非子》中的思维规律和思维形式,逻辑特点和逻辑价值。

## 第一节　韩非子逻辑的特点

§ 1. 1. 0. 1—15

先秦诸子[1]中研究逻辑科学的学派叫做名家[2]。韩非子是宣扬法家思想的法家,不是名家。因为他不是名家,所以他没有有系统的逻辑科学。这个否定性论断就决定了韩非子逻辑的肯定的一面[3]。作为他的逻辑的总精神和总概念[4]来说，他的逻辑是具体的实践的逻辑[5]。他的逻辑是运用在法家思想体系中的思惟规律和思惟形式。在他的全部论著中很少见到纯理论的抽象的[6]有关逻辑科学的学说。但是由于他深刻而细密地观察了历史现象和社会现象，因此他在表达法家思想时就能够运用那些具有根本性质的思惟规律和丰富多样的思惟形式[7]。他的逻辑不是空洞无物纯理抽象的逻辑，而是结合实际具体运用的逻辑。从这一个基本的大前提出发[8]，我们再来分别地阐明他的逻辑的特点。

**[注释]**

[1] 春秋末期孔子建立儒家学派，是先秦诸子的开始，战国时期思想活跃，出现"百家争鸣"的局面，儒家学派最有影响的代表人物是孟轲和荀况，继后有墨家、道家、名家、法家、阴阳家等，统称"诸子百家"。先秦诸子是可与古希腊哲学相媲美的先秦哲学的历史文化称说。

[2] 名家：先秦以研究思维形式、思维规律和名实关系等逻辑思想为主的学派，代表人物有尹文子、惠施、公孙龙、后期墨家等。以"名"为研究对象，"名"既是逻辑概念，也是语言文字的单位。因观点不同，名家内部分成两派，一派主张"合同异"，以惠施为代表，代表性观点是"万物毕同毕异，此之谓大同异"，"氾（泛）爱万物，天地一体也"。一派主张"离坚白"，以公孙龙为代表，代表性观点是"白马非马""坚白石二"。今存名家完整著作仅《公孙龙子》，余零星散见于战国和西汉时期的传世文献。

[3] 否定性论断指"不是名家""没有有系统的逻辑科学"，肯定的一面指下文韩非子逻辑的性质只能"是具体的实践的逻辑"，即具体应用和产生实际效用的逻辑。

[4] 逻辑的总精神和总概念：逻辑思想。

[5] "具体的实践的逻辑"一说，今天已用"实践哲学""实践逻辑"这样的术语来概括。

[6] 这样说实际上以西方形式逻辑为参照点而言说，即形而上，形式化，乃至数字化、符号化的逻辑抽象。

[7] 这句话告诉我们一个极重要的历史哲学原理，对历史和社会的感性认知和知性体察有助于逻辑理性的形成和升华。故马克思说："我们

仅仅知道一门唯一的科学，即历史科学。"

[8] 这里所说的"基本的大前提"，就是古代"实践哲学"或"实践逻辑"原理。

[段旨]

有关韩非子逻辑思想的否定性论断和肯定性的古代"实践哲学""实践逻辑"原理。

## 一 思惟规律上的特点
### §1.1.1.1—16

（甲）矛盾律的建立。韩非子是先秦诸子中第一个提出矛盾律这条规律的思想家。这矛盾律是他从生动具体的历史现象和社会现象的观察中得出来的[1]。《难一》和《难势》中都明确提到这条规律，两次都用"此矛盾之说也"来论证"贤尧"和"圣舜"的两个不两立以及"贤"和"势"的不两立[2]。《孤愤》和《奸劫弑臣》中也都充分地运用了这条规律来分析具体的社会现象[3]。他虽然没有能够深刻地理解事物的内部矛盾，但是确切地有意识地观察到历史事件中和现实社会中的矛盾现象[4]。因此，我们甚至可以说韩非子的矛盾律具有了一些初步的辩证思惟的萌芽[5]。

[注释]

[1] 韩非子矛盾律来自何处，植根于韩非子实践逻辑和实践哲学。

[2]《难一》讲的第二个故事中说道："舜之救败也，则是尧有失也。贤舜，则去尧之明察；圣尧，则去舜之德化：不可两得也。"紧接着讲了楚人誉盾"不可陷"又誉矛"无不陷"的故事，并说："今尧、舜之不可两誉，矛盾之说也。"《难势》以"复应之曰"为语言标记的第五段在讲了楚人誉盾又誉矛的故事后说："夫贤之为道不可禁，而势之为道也无不禁，以不可禁之贤与无不禁之势，此矛盾之说也。"

[3]《孤愤》以势单力孤和无比愤慨之情揭露了当时韩国两种政治力量的尖锐对立：维护君权、主张法治的"智法之士"与结党营私盗窃国柄的"当涂之人"是"不可两存之仇"。《奸劫弑臣》，即奸邪、劫杀君主之臣。文中称：欺君"擅主之臣"的产生是人主"非有术数以御之，非参验以审之"，"擅主之臣"一步步发展到劫主弑君，而欲"尽其智力

以陈其忠"的法家之士"不得奉法以致其功"。通篇贯穿着国家利益与奸臣私利、奸臣与法家之士的不可调和的矛盾对立分析。

［4］前者指本体性矛盾，后者指存在性矛盾，两者是具有同一性的，认识两者都需要辩证思维。

［5］这句话是说韩非子已开始从形式逻辑思维走向辩证逻辑思维初阶。

**［段旨］**

韩非子矛盾律举例，及其辩证逻辑初阶性质。

### §1.1.1.2—17

（乙）因果律[1]的阐述。韩非子虽然没有明确地提出因果定律，但在他的论著中却对因果现象有着丰富的阐述。例如《十过》的十条大纲就是十个表示因果关系的假言判断，他并且分别地用了具体生动的历史事实来论证这十个命题因果律[2]。《亡征》更是一篇特殊结构的议论文，整篇文章是由四十七个表示可能性的假言判断组织而成的[3]。他虽然没有逐条地用历史事实来给它们说明，但这四十七个假言判断和《十过》的十个假言判断一样都是从观察了历史事实而归纳出来的结论[4]。《史记》说他"观往者得失之变"，正好给予我们这个论点[5]一个有力的证明。"得"的结果应该有造成"得"的原因，"失"的结果也应该有造成"失"的原因，《十过》和《亡征》就是阐明"过"和"亡"的原因及其结果之间的因果关系的。正由于韩非子善于"观往者得失之变"，无怪乎他能够深刻地丰富地阐述因果关系和因果现象了。

**［注释］**

［1］因果律：表达因果逻辑关系的法则，常用"因为……所以……"的前因后果表达式。假言判断"如果……那么……"，也可用来表可能性的因果逻辑关系。

［2］《十过》是说历代君主因为有十个过错，所以造成"穷身""亡国""绝世"之祸。如说："四曰，不务听治而好五音，则穷身（走上末路）之事也。五曰，贪愎（bì 固执）喜利，则灭国杀身之本也。"并用十个生动的历史故事分别说明之："奚谓好音？昔者卫灵公将至晋……奚谓贪愎？昔者智伯瑶……"

[3]《亡征》,讲亡国的征兆,列举47种,从政治、经济、文化、思想、军事、外交等方面总结历史上许多政权兴衰存亡。如说:"凡人主之国小而家大,权轻而臣重者,可亡也。简法禁……可亡也。"皆可合乎"如果……那么……"的可能性因果律。

[4] 这句话重点强调即使无历史故事的《十过》的十个假言判断也具备历史实践哲学性质。

[5] 这个论点:指《亡征》47种、《十过》10条都是假言判断形成因果关系。

[段旨]

韩非子《十过》《亡征》共57条皆用假言判断表示因果关系,是韩非子对形式逻辑因果律的运用。

## 二 推理形式上的特点

### §1.1.2.1—18

(甲)二难推理。由于韩非子明确地建立了矛盾律,因此他善于运用矛盾律。由于他善于运用矛盾律,因此产生了丰富多样的二难推理的推理形式[1]。我们可以说:二难推理的推理形式是和矛盾律的思惟规律有着极为密切的联系的,因此二难推理是建立在矛盾律的基础上的[2]。这二难推理的推理形式集中地表现在《难言》《说难》《难一》《难二》《难三》和《难四》里[3],而这些篇名里都有个"难"字,这倒很有趣味地暗合二难推理的命名了。

[注释]

[1] 形式逻辑有五大层次:概念、判断、推理、思维律、运用于证明和反驳。如用第二层次判断来说明二难推理,则二难推理是由一个选言判断和另一些数目相同选言判断的选言肢相等的假言判断构成的,故又叫它假言选言推理。这里,周著用思维律来说明推理,用矛盾律来说明韩非子的二难推理,这与通常所说的二难推理别称假言选言推理是一致的。

[2] 这句话说明了二难推理的一般思维规则是矛盾律,这一见解颇有创新性,因历来多以假言选言判断说二难推理。

[3]《难言》,难读 nán,陈述向君主进言的困难。《说难》,读 shuì

nán，进说国君之困难。"难一、二、三、四"，难读去声，nàn，诘难，驳难。前两篇的"难"字虽读阴平，但两篇都有矛盾律。如《难言》，是韩非上韩王书，陈述法家之臣向君主进言的困难，难在屡遭反对派的曲解和诬蔑，法家之臣"度量虽正""义理虽全"，而君王轻信反对派而"未必听也""未必用也"。用复杂二难推理公式绳之密合："如 A（度量正）则 B（国君信馋不听），如 C（义理全）则 D（国君信馋不用）；是 A（度量正）或 C（义理全）；所以，是 B（国君信馋不听）或 D（国君信馋不用）。"

[段旨]

韩非子多运用矛盾律，故多运用二难推理。


### §1.1.2.2—19

（乙）假言推理。由于韩非子善于观察因果现象，善于阐述因果关系，因此他常常运用假言推理。假言推理的推理形式也是富于变化的，多种多样的：有混合式的假言推理[1]，有纯粹式的假言推理[2]，也有联锁式的假言推理[3]。这假言推理的推理形式是和思惟规律上的因果律互相联系的[4]，因此，假言推理是建立在因果律的基础上的。假言推理散见在许多篇目中，而联锁式的假言推理却集中地突出地表现在《解老》里。《解老》是用演绎推理的逻辑过程论证老子的学说，常常在前提和结论的中间排列着许多中项，因而形成了联锁式的假言推理[5]。这些联锁式的假言推理是以因果关系间的联系性作为根据的。

[注释]

[1] 假言推理是演绎推理之一种，它根据假言判断中的前件和后件的依存关系而推出结论。前件，以假言判断作大前提；后件，以直言判断作小前提，结论是直言判断推理式。假言推理根据假言判断中的前件和后件的依存关系而推出结论。例如，充分条件假言推理中的依存关系为前件肯定，公式是：如果 P，则 q；是 P，所以，q。又如，必要条件假言推理中的依存关系为前件否定，公式是：只有 P，才 q；非 P，所以，非 q。又如必要条件假言推理中的依存关系为后件肯定，公式是：只有 P，才 q；是 q，所以，P。又如，充分条件假言推理中依存关系为后件否定，公式是：如果 P，则 q；非 q，所以，非 P。混合式（指不同判断式

合用）因果关系假言推理，例《有度》："奉法者强，则国强；奉法者弱，则国弱（前件，因，大前提，假言判断）。……其国乱弱矣，又皆释国法而私其外（后件，果，小前提，直言判断），则是负薪而救火，乱弱甚矣（结论）!"事实上，此混合式假言推理合于"充分条件假言推理中的前件肯定式"：如果 P，则 q；是 P，所以，q。

[2] 纯粹式因果关系假言推理，构成该推理的三段论都是假言判断。例《主道》："疏贱（有功，则）必赏，近爱（有过则）必诛，则疏贱者不怠，而近爱者不骄也（结论）。"文中论人君之道当赏罚分明为大前提，把前"疏贱"两句看作"后件，小前提，假言判断"；如把前"疏贱"两句看作"前件，大前提"亦可，小前提则据文义补出：如果疏贱者思有功，近爱受宠者思有过……

[3] "联锁式的假言推理"指有两个或两个以上纯粹的假言判断构成的假言推理，故它也可看作纯粹式因果关系假言推理的一种。例见上。周著以语言逻辑术语因果关系、混合式、纯粹式、联锁式来说明假言推理，较之于"假言推理是以假言判断中的前件和后件的依存关系而推出结论"的纯逻辑说法有所不同，但由以上比较可知，实质还是相同的，且用"因果关系"来说明假言判断，更合乎汉语表达实际，也更简明。

[4] 这里再次强调逻辑推理与思维律之间的必然联结，更直接地强调假言推理与因果律密不可分。因果关系律本质上属于逻辑推理，但在周著中几乎成了继同一律、矛盾律、排中律之后的又一思维法则，这是值得注意的。在使用因果律说明假言推理时，既可视因果律为思维法则，又可视因果律为逻辑推理。

[5] 以《解老》开头为例，大前提是"上德不德"，精神不游荡于外，顺应客观而"无为"，结论是"上德不德，是以有德"。小前提至少由七个因果关系思维律"……，则……"组成，或称经七个因果关系"……，则……"推理而得出结论。中项，这里显然是指因果律组成的小前提，或直接看作为得出结论而作出的若干因果关系推理。

[段旨]

韩非子逻辑假言推理三分：混合式、纯粹式、联锁式。因果律既是思维法则，也是逻辑推理。

**§1. 1. 2. 3—20**

总之，韩非子的逻辑是具体的逻辑[1]。它的特点是：（一）在思惟规律上建立了矛盾律和阐明了因果律。（二）在推理形式上善于运用二难推理和善于运用假言推理。把这两方面联系起来看：由于建立了矛盾律，因此善于运用二难推理；由于阐明了因果律，因此善于运用假言推理。我们说：韩非子逻辑思惟规律上的特点和推理形式上的特点是互相关联的，甚至可以说它们是一个有机的统一体。

[注释]

[1] 这里把韩非子的形式逻辑说成具体的，主要指韩非子的两大思维规则和两大推理法极其密切联系，包括它们在行文中的具体运用。关于逻辑的具体性，就在于它是"关于世界的全部具体内容及对它的认识的发展规律的学说。换句话说，逻辑是对世界的认识的历史的总计、总和、结论"（列宁：《哲学笔记》，第89、90页）。形式逻辑的具体是抽象的具体，它并不排斥和否定形式逻辑的超越性、高度抽象性和形式化。下文又说韩非子将思维规律和推理形式"互相关联"，形成了"一个有机的统一体"。关于推理的具体性，列宁曾对黑格尔的说法"一切事物都是推理，即通过特殊性而与单一性相联系的某种一般的东西"表示关注和重视（《哲学笔记》，第188页）。具体性、关联性、统一性，是韩非子逻辑在其运用最多的两大思维规则和两大相应推理层面上的三个特点。

[段旨]

从韩非子特有的思维规则和相应推理层面上总结韩非子逻辑的特点。

# 第二节　韩非子逻辑的评价

**§1. 2. 0. 1—21**

我们已经说过韩非子不是名家，他没有把思惟现象作为对象来进行研究[1]，因此他没有系统的逻辑科学的理论和学说。由于这个理由，如果按照逻辑科学的全部系统[2]来衡量，那么韩非子逻辑是很有缺点的，很不完备的。

［注释］

［1］ 这里周锺灵先生已以"思维现象"的研究为例，提出了"对象研究"这一普遍概念。

［2］ 就思维规则而言，除了矛盾律、因果律以外，还有同一律、排中律、充足理由律，推理除了演绎推理之二难推理、演绎推理之假言推理以外，还有直接推理、演绎推理之直言三段论推理、演绎推理之选言推理、归纳推理、类比推理，等等。应该说，上述种种思维规则和推理法则，《韩非子》中均有涉及，下文第二节第一专题就讲到韩非子"常常生动地把各种推理形式综合地灵活地运用在一起"（见本书第27节），但无疑，用得最多的还是那两大思维规则和两大推理法则。

［段旨］

韩非子并没有建立系统的逻辑科学的理论和学说。

### §1. 2. 0. 2—22

正由于韩非子是法家，我们就不能用专门研究思惟现象的名家的标准来要求他，也就不能用逻辑科学的体系来要求他，科学对象的不同决定了学术门类的不同，法家和名家的界限是非常清楚的。如果要求法家的韩非子具有名家的逻辑学[1]，那就混淆了学术的界限。

［注释］

［1］ 名家对思维现象和逻辑学的研究主要有：春秋末年的名家邓析最先提出了辩说活动中的名辩思想"刑名之辨"和"两可之说"。名家惠施和公孙龙曾经是当时最有影响的名辩家。惠施提出"历物十事"，主要探讨名实关系，他在"善譬"中阐述了以"所知"去类同，推知其"所不知"的类推原则和方法。公孙龙从理论思维的高度提出了"唯乎其彼此焉"的逻辑正名原则，认为"彼"之名必须专指彼之实，"此"之名必须专指此之实。他通过对"白马非马"这一命题的具体分析，论证了种名（"白马"）与属名（"马"）在概念、内涵、外延方面的种属差别。公孙龙关于"名"的分析，把先秦名辩思想引向纯逻辑探讨层面，为中国古代逻辑科学的建立和发展做出了重要贡献。

［段旨］

从负面说韩非子不是名家，只是法家，这就决定了不能用逻辑科学体系来要求他。

### §1. 2. 0. 3—23

但是我们却不能够说韩非子没有逻辑，因为他虽然缺乏系统的逻辑科学理论，可是在他的论著中却运用了非常深刻的思惟规律和非常丰富的思惟形式。这就是我们所说的韩非子的具体的逻辑[1]。

[注释]

[1] 这句话回应了第一节第二专题末段中"韩非子的逻辑是具体的逻辑"的说法。

[段旨]

从正面说韩非子逻辑为什么是非常深刻的、丰富的，也是具体的。

### §1. 2. 0. 4—24

现在我们从两个方面来评价韩非子的逻辑。（一）从他的具体的逻辑上来评价，也就是从他的逻辑的性质上来评价，也就是只限于从他的逻辑的内容和范围上来评价[1]。（二）用名家的逻辑学来评价，也就是用系统的逻辑科学来评价[2]。当然两个作为评价的标准是有主次的：用具体的逻辑为标准来评价是主要的一面，用逻辑学的标准来评价是次要的一面[3]。

[注释]

[1] 这第一项内容从韩非子逻辑的性质、内容、逻辑边界（范围）来评价，显然是从逻辑本体的真值寻找它的价值。

[2] 这第二个评价标准确立为"名家的逻辑学"，此处把它说成是"系统的逻辑科学"有偏颇，但作者的用意是明确的，把中国传统自身的"名家的逻辑学"作为评价韩非子逻辑的参照系标准，近似易比，易发现异同、得失、高下。无疑，设置这一参照系标准是有优势的。

[3] "具体的逻辑为标准"指以韩非子中矛盾律、因果律和相应的二难推理、假言推理的运用为标准，实际上仍是以西学形式逻辑的运用为标准，它是评价的主要标准；名家名学逻辑参照标准是次要评价标准。这样，本体真值而价值的评价标准/西方形式逻辑标准/主要标准；中国古代逻辑和逻辑学学家名家、名学评价标准之参照系标准/中国古代逻辑

传统/次要标准，形成两大评价系统的分野，一是本体论评价标准，一是参照系评价标准。

[段旨]

评价韩非子逻辑的本体论标准和参照系标准，前者是主要标准，后者是次要标准。

§1. 2. 0. 5—25

我们应该认识：具体运用的逻辑和科学系统的逻辑虽然有所不同，但是并不是完全相异，毫无关系。它们二者之间是互相适应的，是有着有机的联系的[1]。我们不能认为科学系统的逻辑才是科学的，而具体运用的逻辑是不科学的[2]。因为世界上没有可以离开具体事物的纯粹抽象的东西[3]。我们更不能采取狭隘的逻辑观点，认为只有象[4]名家的科学系统的逻辑才够得上逻辑的称号，而具体运用的逻辑不配叫做逻辑。如果这样，那就把逻辑的涵义看得太片面了，太褊狭了。我们认为抽象的逻辑科学和具体的逻辑运用都是逻辑[5]，而韩非子的逻辑是具体的运用的逻辑，因此我们主要的应该从具体的方面来给它评价。

[注释]

[1] 上段讲两大逻辑标准的评价检测作用，这里讲两大逻辑标准自身间有性质、状态上的关联，是互相适应、有机联系着的。

[2] 这句话主要着眼于一般意义讲的：并非科学系统的逻辑才科学，由抽象上升为具体的抽象具体逻辑更是科学的。如联系上文，则可知前者指名家名学逻辑，后者指韩非子二律二推理。

[3] 从原理上讲，任何哲学抽象都离不开具体存在物。马克思说："具体总体作为思想总体、作为思想具体，事实上是思维的、理解的产物；但是，决不是处于直观和表象之外或驾于其上而思维着的、自我产生着的概念的产物，而是把直观和表象加工成概念这一过程的产物。"（《马克思恩格斯全集》第30卷，第42、43页）

[4] 象，现通常写作"像"字。

[5] 这两种逻辑科学的区分，无妨把它们看作抽象理性逻辑科学和实践理性逻辑科学的区分，研究和评价韩非子逻辑要用实践理性逻辑科学。

[段旨]

两大逻辑科学，即抽象理性逻辑科学和实践理性逻辑科学之间的关联，研评韩非子逻辑当用后者。

## 一　用具体运用的逻辑来评价

### §1.2.1.1—26

作为具体的逻辑看，韩非子逻辑的内容是丰富的，成就是伟大的。我们在前一节中所叙述的韩非子的特点也就是他的逻辑优点[1]。现在我们更进一步来阐述韩非子逻辑的光辉成就。这可以从以下几个方面来说明。

[注释]

[1] 指周著第一节中分两个专题阐述的韩非子思维规律上的两大特点（矛盾律、因果律）和逻辑推理形式上的两大特点（二难推理、假言推理），特别是第二专题最后一段对韩非子逻辑特点的小结，最为简明、显豁。这里言明要从特点中聚焦、升华出优点来。

[段旨]

言明要从实践理性逻辑视角来评价韩非子逻辑，要从韩非子逻辑的特点中聚焦和升华出它的优点。

### §1.2.1.2—27

（甲）演绎推理和归纳推理[1]的联合运用。由于韩非子的论著是具体的作品，因此常常生动地把各种推理形式综合地灵活地运用在一起[2]。《解老》里有一个典型的例子：

"凡物之有形者，易裁也，易割也[3]。（直言判断[4]作为结论。）何以论之？有形则有短长，有短长则有小大，有小大则有方圆，有方圆则有坚脆[5]，有坚脆则有轻重，有轻重则有白黑。（联锁式的假言推理[6]包括在小前提里。）短长大小方圆坚脆轻重白黑之谓理。（归纳法包括在小前提里。联锁式的假言推理和归纳法共同作为小前提。）理定而物易割也[7]。"（假言判断作为大前提。）

[注释]

[1] 归纳推理和演绎推理是两种相反方式的推理。归纳推理由个别

性前提推出一般性结论。如说某事物 1 有某种性质、某事物 2 有同样的某种性质……某事物 n 有同样的某种性质（没有例外），推出某事物必有某种性质。演绎推理由对客观事物认识的一般原理推出个别对象。如说凡金属皆能导电，铜是金属，所以铜能导电。这是直言三段论演绎推理。如前所说，二难推理、假言推理、选言推理，都是演绎推理。

〔2〕既把韩非子逻辑定位在富有具体运用功能的实践理性逻辑，其具体是抽象上升而来的具体，这里又道出韩非子逻辑具体性的另一种含义：韩非子逻辑具体地存在在它的行文中；生动具体的行文又决定了只能"把各种推理形式综合地灵活地运用在一起"，语言表达决定了逻辑推理方式的综合多样，逻辑方式的综合多样决定了语言表达的深化、严细。

〔3〕《解老》以"物之有形者"则"易裁""易割"，《老子》第二十八章"大制不割"王弼注："大制者，以天下之心为心，故无割也。"得其反则"易割"。三十章"物壮则老，是谓不道，不道早已"。四十二章"万物负阴而抱阳"。五十八章"是以圣人方而不割"。

〔4〕直言判断：直接反映客观事物具有或不具有某种属性的判断。如《红楼梦》的作者是曹雪芹。《儒林外史》的作者不是蒲松龄。

〔5〕坚脆：坚硬和柔嫩。脆，非易折、易碎义，是"脃"字的俗写，柔软、细嫩。"坚脆"与文中"短长、小大、方圆、白黑、轻重"同构，都是反义构成。

〔6〕联锁式假言推理，是指两个或两个以上的因果句构成的假言推理并列联合在一起。

〔7〕这句话的意思是，理确定了万事万物也就容易决断了。韩非子的这句话也是从实践哲理去讲的。如从纯粹哲思看，则有笛卡儿的"我思故我在"，更有康德在肯定一切普遍性知识理念存在和产生于经验知识的基础上，则更进一步认为，一切普遍知识原理都是先验的。先验是先于经验而作用于经验的意思。"理定"之说，《老子》第三十九章"昔之得一者，天得一以清……万物得一以生"，五十一章"是以万物莫不尊道而贵德"。

[段旨]

以《解老》为例，说明《韩非子》行文中诸多思维规则和推理方式，特别是演绎推理和归纳推理的综合运用，此亦为韩非子实践哲学之一端。

**§1. 2. 1. 3—28**

这个推理的全部结构是一个属于演绎推理的假言三段论推理[1]。结论先出而前提后置，在形式上和印度因明[2]的三支[3]做法相同。我们可以把这个论式加以简化来和因明对比一下。

> 凡物之有形者，易裁也，易割也。（结论。相当于因明的宗。）
>
> 有形则有理。（小前提。相当于因明的因。）
>
> 理定而物易割也。（大前提。相当于因明的喻中的喻体。）

[注释]

[1] 假言三段论推理是用假言判断作大前提，用直言判断作小前提（上文举《解老》例"有形则有短长"等六句看作联锁式假言推理，从思维原则看，它们也都是直言判断），用直言判断作结论的推理形式。

[2] 因明学，即印度的逻辑学，它产生于4世纪至5世纪，约6世纪随佛教传入中国，"因"在梵语中有理由、原因、知识缘起之意，"明"在汉语中有阐明、研究、学说之意。印度佛教学者商羯罗主著《因明入正理论》一书，贞观二十一年（647年）由玄奘在长安译出，玄奘的大弟子窥基据老师的讲解撰《因明入正理论疏》；贞观二十三年（649年），玄奘又将商羯的老师陈那无著的《因明正理门论》译出。近人吕澂1927年与释印沧合著《因明正理门论本证文》。

[3] 三支，因明学的思维范畴名，分喻、因、宗三支，分别相当于三段论中的大前提、小前提、结论三大块。

[段旨]

将《解老》引例简化后与印度因明对照。

**§1. 2. 1. 4—29**

在这个演绎推理的小前提中，包括了一个联锁式的假言推理和一个归纳推理。这个归纳推理一方面综合了整个联锁式的假言推理作为小前提；同时在另一方面又有用作说明大前提的作用[1]。如果我们把大前提看作相当于印度因明的喻中的喻体，那末这个归纳推理也就相当于印度因明的喻中的喻依[2]了。象这样的演绎推理和归纳推理的联合运用，不但有丰富具体的内容，而且有着生动灵活的形式[3]。

**[注释]**

[1] 这两句话说归纳推理之于小前提、大前提的作用，是用推理方式说思维原则，从逻辑到逻辑。但联系上、下文的实际语言表达内容，就极易理解。"短长大小……"六项正是上文作为小前提的联锁式假言推理，"之谓理"三字，与下文作为大前提的"理定而物易割也"形成顶针式表达，故说"这个归纳推理"又可说明大前提。

[2] 大前提作喻中的喻体（指"理定而物易割也"一语），小前提中的归纳推理（指"短长大小方圆坚脆轻重白黑之谓理"一语）为喻中的喻依甚明。喻依：因明学术语，喻体的依据、基础。由此可见，书中"如果……喻依了"，与上一句"这个归纳推理……大前提的作用"意义是相同的。"如果"句从因明学的喻体（大前提）和喻依（小前提）的关系说归纳推理，"这个"句从小前提和大前提说归纳推理的作用。

[3] 指《解老》引例中联锁式假言推理和归纳推理共同作小前提，还可承上启下，共同说明大前提。这里的"内容"演绎推理和归纳推理本身的内容，也指《解老》引文中的语文表达内容，"形式"指逻辑推理形式。可知周著注意到从语文和逻辑的耦合言说事理。

**[段旨]**

《解老》引例中的小前提中的归纳推理既作小前提，又助大前提。大小前提对应于印度因明。演绎推理和归纳推理的联合运用的逻辑价值。

### §1.2.1.5—30

（乙）辩证思惟的萌芽。先秦哲学家老子是具有辩证思惟[1]的思想家。《史记》说韩非子的思想"其归本于黄、老"，那末韩非子具有初步的辩证思惟是不难理解的。他的辩证思惟有两个来源：（一）理论上，他接受了老子哲学思想的影响。（二）实践上，他生活在战国末期政治经济发生剧烈变动的时代里，观察了过去的历史现象和当时的社会现象。老子的辩证思惟是客观现实的反映。韩非子既接受了老子的哲学思想，又能够"观往者得失之变"。这就决定了他具有初步的辩证思惟。

**[注释]**

[1] 老子的辩证思维："道"是老子辩证思想的核心，以"道"为

起点展开生成论、发展论，《老子》四十二章"道生一，一生二，二生三，三生万物"。进而认为自然和社会都是变动不居、发展变化的，第五章"天地之间其犹橐籥乎？虚而不屈，动而愈出"。认为天地万物，诸如家庭、天地、阴阳、有无、刚柔、强弱、祸福、奇正、兴废等，都是由两个互相排斥，但又互相依存、互相补充、互相转化的对立面构成的，第四十章"反者道之动，弱者道之用，天下万物生于有，有生于无"，第四十二章"万物负阴而抱阳，冲气以为和"，第五十八章"祸兮，福之所倚，福兮，祸之所伏"，"正复为奇，善复为妖"。如此等等。

[段旨]

韩非子哲学思想中的辩证观点及其来源。

§1.2.1.6—31

他的辩证思惟主要表现在《解老》里。老子的"祸兮，福之所倚，福兮，祸之所伏"，表现了祸福互相倚伏互相转化的辩证思惟。韩非子在《解老》里运用了联锁式的假言推理来论证祸福倚伏的矛盾转化的规律。《解老》说[1]：

"人有祸则心畏恐，心畏恐则行端直，行端直则思虑熟，思虑熟则得事理，行端直则无祸害，无祸害则尽天年，得事理则必成功，尽天年[2]则全而寿，必成功则富与贵，全寿富贵之谓福，而福本[3]于有祸，故曰：祸兮，福之所倚[4]。以成其功也。"

这是论证了祸转化为福的辩证过程。又说：

"人有福则富贵至，富贵至则衣食美，衣食美则骄心生，骄心生则行邪僻而动弃理，行邪僻则身死夭，动弃理则无成功，夫内有死夭之难而外无成功之名者，大祸也，而祸本生于有福，故曰：福兮，祸之所伏[5]。"

这是论证了福转化为祸的辩证过程。

[注释]

[1] 这段话和下一段话解释了《老子》第五十八章里的说法。

[2] 天年：自然的寿命。

[3] 本：来源。

[4] 所倚：依存、产生的地方。

［5］ 所伏：埋伏、隐藏的地方。以上两段，共有 15 个 "……则……" 因果关系句构成的假言判断，形成了联锁式假言判断。

［段旨］

韩非子继承老子作辩证思维举例。

### § 1. 2. 1. 7—32

韩非子用形式逻辑的假言推理论证了事物间矛盾转化的发展过程。假言判断是阐明因果关系的[1]，而祸福是表示矛盾关系的。在这里，韩非子把因果关系和矛盾关系这两对范畴联系起来了[2]。这使我们意识到矛盾转化也是循着因果规律而转变的。这个矛盾转化过程被韩非子用了好几个逻辑上的中项表现出来。孤立地看祸福是看不出它们之间的因果关系的，也看不出它们之间的矛盾转化。但韩非子在他的实践观察里[3]，他确实认识到它们两者之间的因果关系和矛盾转化的过程，由这一面的祸或福作为因转化为它的对方的福或祸作为果。否则，我们是不可能想象和理解他能够这样生动具体而又深刻细致地论证祸福的互相倚伏的，同时也不可能设想他能够运用这样复杂的联锁式的假言推理形式。韩非子的这样的辩证思惟，启发我们思索事物间的因果现象及其矛盾现象这二者之间的相互联系和相互关系。

［注释］

［1］ 这句话是说思维法则因果关系，构成了假言推理。

［2］ 这句话告诉我们，辩证法的矛盾转化与形式逻辑思维规则因果律之间的联结。矛盾律与因果律同属思维规则，但矛盾转化已越出形式逻辑边界进入辩证法。康德把因果关系范畴看作最重要的范畴，"凡事总有原因" 是一切认识和科学研究上的 "先验" 前提。康德的 "二律背反" 是他的先验辩证论，包括有限与无限，因果与机遇（包括原因和结果之因果关系本身），自由与必然，等等。"先验" 的 "背反"，实际上都是客观事物的矛盾的反映。可知，康德先验辩证论本身就包括因果关系。又，有云：万有引力之于体重，犹因之于果的关系。因果关系是型式，型式与内容在一定的关系中成为真理的认识（见郑昕《康德学述》，商务印书馆 2011 年版，第 254 页），真理的认识必然是辩证的认识。应该说，周著尤重因果关系，提升为思维规则，又认为韩非子把因果关系与

矛盾转化的辩证法相联结，都与周本人受康德哲学影响，以康德哲学审视韩非子逻辑有关。

[3] 这句话强调韩非子的实践哲学对于他从因果律进入朴素辩证法的决定性作用。

[段旨]

韩非子用因果关系之假言推理，论证了"祸福"等矛盾转化关系的朴素辩证法原理。而这又与韩非子本人的实践观察有关。

## 二 用科学系统的逻辑来评价

### §1. 2. 2. 1—33

这是从名家的角度来看的，那么作为系统的逻辑科学来说，韩非子的逻辑是很不完整的。这样的评价虽然已经超出了他的具体的逻辑的本身的性质和内容范围之外，但是也有着一定的必要性。我们既然在阐述逻辑，就必须把韩非子的具体逻辑和名家的逻辑科学对照一下[1]。这样不但不会损害二家之美，反而可以见出长短。我们用名家的标准来看韩非子逻辑，那么名家逻辑所长正是韩非子逻辑所短。

[注释]

[1] 如前所说，周著过分看重"名家的逻辑科学"。名家逻辑也存在许多不足，主要有：一方面，公孙龙关于"名"的分析，把先秦名辩思想引向纯逻辑探讨层面，为中国古代逻辑科学的建立和发展做出了重要贡献；另一方面，将马的颜色白色与马的实体内容马本身分割开来，不仅有违情理，理论上也说不通。亚里士多德认为，共相，相，关及事物的性质，就存在于个别事物之中，亚里士多德谓之形式，并认为，任何事物都是由形式和质料构成的，缺一不可，不可分离。按亚氏之言，马之白色与马之质料不可分离，"白马非马"显然不能成立。要是按照柏拉图的理念论，超越于一切事物之上的理念是共相（不再区分形式和质料），按此，超越于一切马之上的马的颜色抽象和马的概念抽象都是理念，不可割裂，按照理念论，把马的颜色抽象与概念抽象割裂开来，"白马非马"也是说不通的。顺便说及的是，现代科学和哲学中说的形式化和形而上，并非分离形式因和质料因，形式化包括对质料实体在内形式化，也并非将理念从客观存在的本体中分割开来。第一哲学的形而上包

括了本体论、存在论。概言之，形式化和形而上是就思维对存在的关系
而言的，不是就形式因与质料因的关系，也不是就本体与理念的关系而
言的。此外，名家的指物论如以现代科学和现代哲学的符号论审视之，
也有大的欠缺。名家指物论以某物的"指"为物名，以某物实体内容为
"所指""非指"，始终是散名的"指""所指""非指"，并非本体论、
存在论、价值论层面上的符号和符号论。此外，名家重在散名，儒家重
在礼名，申商之法重在刑名，韩非子法家重在形名。周著以散名说为标
准论说法家形名说，也自有其对象性质上的重大差异。尽管如此，但为
了研究的深入，在具体作比较研究时，以讲名理、逻辑最多的先秦名家
为相对标准衡量韩非子逻辑，以各显其短长，也是可以的。

［段旨］

主张用名家散名逻辑来评析韩非子形名逻辑。

### §1. 2. 2. 2—34

具体运用的逻辑和科学系统的逻辑虽然是有联系的，但却是有区别
的。正由于韩非子逻辑只是具体运用的逻辑，因此他不注意逻辑理论的
探索和逻辑学说的阐述。他的逻辑缺乏完整的科学体系，他没有能够建
立起逻辑科学来。这是讲韩非子逻辑的局限性。

［段旨］

韩非子逻辑缺乏完整的科学体系，这是它的局限性。

### §1. 2. 2. 3—35

我们已经叙述过韩非子的具体的逻辑中所表现的伟大成就，但是，
他的逻辑为什么只限于具体的逻辑而没有能够提高一步建立成完整无缺
的逻辑科学呢？要回答这个问题似乎是非常容易的：就是由于他是法家，
不是名家。可是我们要进一步问：为什么韩非子不可以既是法家而又兼
做逻辑学家呢？墨子不是既是墨家的创始人同时又是逻辑学的建立者吗？
从这一点来说，韩非子是不及墨子[1]的。

［注释］

[1] 墨子（约公元前468—前376）后于孔子，其哲学逻辑思想，除
了认识论、表达论意义上的"三表说"（三项原则"本之者、原之者、用

之者"）之外，还有墨辩逻辑。一是概念之名的分类逻辑《经上》"名：
达、类、私"，达：大类概念，大共名；类，类概念，共名；私，个体概
念，散名。如："动物、马、白马"三级。《小取》篇纠正了公孙龙"白
马非马"说的错误："白马，马也。乘白马，乘马也。"意即"白马是
马"。二是关及判断、推理的《小取》"以名举实""以说出故"，意即以
概念反映事实，以命题言说推出结论。三是《经上》"谓，移、举、加"
之说，此乃如章士钊所言"逻辑所称"的"命题""谓词""宾词"，亦
严复译称"五旌"之"类、种、种差、固有非本质属性、偶有性"。由以
上可知，如果说孔子的名学是正名，墨子的名学则是名辩，它包括了概
念分类、判断构成、以经验事实为依据的推理。此外，《墨辩》中还有辩
证逻辑，《经上》："辩，争彼也。辩胜，当也。"在争辩中获胜，那是论
证合理之故。古希腊把论争视为修辞学和辩证法相结合的辩论术，《墨
辩》中的"争彼""辩胜"也是这种性质的。《经下》又说："谓辩无胜，
必不当，说在辩。"孙诒让《墨子间诂》引张惠言称："辩必有胜，谓辩
无胜者必其辩不当，故当反求其辩也。"更值得注意的是，《墨子·经下》
是一篇完整的逻辑哲学的论文，涉及名辩名例形式逻辑和争辩论证辩证
逻辑的方方面面，共得八十条，均以"相关概念抽象的逻辑表述＋说在
某"来表述。

［段旨］
韩非子逻辑不及名家逻辑，更不及墨辩逻辑。


§1.2.2.4—36

韩非子的逻辑只是限于具体的运用，未能建立科学的系统的原因，
是他的法家的功用主义的观点，把一切辩论都看作是没有用处的。《外储
说左上》说：

"人主之听言也，不以功用为的[1]，则说者多棘刺白马之说[2]。
不以仪[3]的为关[4]，则射者皆如羿[5]也。人主于说也，皆如燕王学
道也，而长说者皆如郑人争年也。是以言有纤察微难而非务也，故
李、惠、宋、墨皆画策也[6]。论有迂深宏大非用也，故畏震瞻车状
皆鬼魅也[7]。言而拂难坚确非功也，故务、卞、鲍、介、墨翟皆坚
瓠也[8]。"

[注释]

[1] 的：箭靶子，目标，标准。

[2] 说者：游说之士。棘刺之说：把棘刺的末端雕刻成猴子，指无用之说。白马：即"白马非马"说。

[3] 仪：礼仪规范。

[4] 关：关键，犹言准则。

[5] 羿：读 yì，夏代东夷族有穷氏部落的首领，射箭能手。

[6] 李，当作"季"，指季梁，一作季良，杨朱的朋友。惠，惠施，宋人，曾任魏惠王的相国。宋，指宋钘（jiān），一作宋牼（kēng），宋人，黄老学派。墨，墨翟。策：当作"荚"，参见《韩非子》"客有为周君画荚者"。这句话是说，因此言谈有精细明察微妙艰深但并非当务之急的，所以季、惠、宋、墨的学说不过是些画上了图像的荚，虽然微妙艰深，但不值得提倡。

[7] 畏，当作"魏"，魏牟。震，当作"长"，长卢子。瞻，当作"詹"，詹何，楚国的隐士。车，当作"陈"，陈骈。状，当作"庄"，庄子。以上五人皆道家。这句话是说，议论有深远阔大但不切实用，所以魏、长、詹、陈、庄的学说都不过是画图上的鬼魅，虽然变化无常，但都是些任意杜撰。

[8] 言而：行动上有。言，行。拂难：碰硬。拂，违逆，不顾。坚确：坚定不移。务，务光。卞，卞随。鲍，鲍焦。介，介子推。墨翟：墨子。一说墨，当作"伯"，伯夷，翟，当作"田"，田仲，陈仲子。以上五人为古之清高廉洁之士。这句话是说，行动上敢于碰硬，坚定不移，但没有什么实际效用，所以务、卞、鲍、介、墨翟都是些坚硬的葫芦，心地坚实而无用。

[段旨]

举《外储说左上》的片段说明韩非子否定名家和墨辩等诸家之学，过分强调学问的功利作用。

### §1.2.2.5—37

这里很典型地表现了韩非子的功用观点。他所提到的墨翟是最伟大的逻辑学家，惠施是著名的辩者，白马之说是名家公孙龙的命题。这一切都被他加以否定和排斥。他把他们的学说一律称之为"非务""非用""非功"和"不以功用为的""不以仪的为关"。接着他就叙述了许多历史故事用来证明他的功用观点。"白马之说"的故事更为显得生动而有趣味[1]：

> "兒说[2]，宋人善辩者也。持白马非马也，服稷下之辩者[3]。乘白马而过关，则顾白马之赋[4]。故籍[5]之虚辞，则能胜一国；考实按形，不能谩[6]于一人。"

[注释]

[1]"兒说"这段话仍见于《外储说左上》。

[2]兒说：春秋时宋人，见《吕氏春秋·君守篇》，为早于战国公孙龙的"白马非马"说的创始人。

[3]"服"字后夺一"齐"字。服：说服。稷：稷门，齐国都城门名。齐国有稷下学派，辩说之士集于稷下，齐宣王时尤盛。

[4]顾：通"雇"，缴纳。赋：赋税。

[5]籍：jiè，通"藉"，借。

[6]谩：欺骗，蒙蔽。

[段旨]

既从负面说韩非子否定排斥名家、墨辩之学，又从正面举证《外储说左上》里的故事，以说韩非子倡功用之说。

### §1.2.2.6—38

《问辩》和《显学》里也同样地表现了这种观点。《问辩》说：

> "或问曰：辩安生乎？对曰：生于上之不明也。……夫言行者，以功用为之的彀[1]者也……今听言观行，不以功用为之的彀，言虽至察，行虽至坚，则妄发之说也。……坚白无厚之词章而宪令之法息[2]。故曰：上不明则辩生焉。"

《显学》说：

> "今之新辩，滥乎宰予，而世主之听，眩乎仲尼[3]。为悦其言，因任其身，则焉得无失乎？是以魏任孟卯之辩，而有华下之患，赵任马服之辩，而有长平之祸[4]。此二者，任辩之失也。"

[注释]

[1] 的彀（gòu）：箭靶子，目标。

[2] 坚白：指公孙龙"离坚白"说，认为"坚白"两种属性都可离开具体的石块而存在。无厚：惠施的哲学命题，平面无厚度，无体积，但面积仍可大至千万里。章：通"彰"。

[3] 滥：虚浮，失真。乎：于。比……还要……。宰予：孔门弟子，善言辞。眩：xuàn，受迷惑。"世主"一句是说国君听"新辩"的话，比听孔子的话还受迷惑。

[4] 孟卯：战国齐人，因善辩被魏王任命为相。华：古地名，华邑，又名华阳，在今河南新郑市西北。华下之患：公元前273年，魏国任用孟卯攻打韩国，秦将白起救韩，在华阳歼灭十五万魏军，孟卯败逃，魏国割地求和。马服：战国时赵地名，在今河北邯郸市西北。赵名将赵奢封于此。公元前260年，秦将白起攻赵，战于长平（在今山西高平市）。赵国中了秦国的反间计，任用无实战经验、只会纸上谈兵的赵括为大将，以代廉颇。秦歼灭赵军四十余万，赵括被箭射死。

[段旨]

举《问辩》中的辩例和《显学》中的故事以说韩非子论定辩家无用。


### §1. 2. 2. 7—39

在这里韩非子所谓"辩"的内容是非常广泛的，包括了一切知识的辩论。他并且把"辩"和"法"对立起来。他是法家，无怪乎他要全部否认辩的用处了。具有逻辑科学意义的"辩"当然也是属于"辩"的总范围里的，毫无疑问的也应该是被排斥的东西。

[段旨]

韩非子认知中辩家与法家的严重对立，造成他排斥逻辑科学意义的"辩"。


### §1. 2. 2. 8—40

总之，我们对于韩非子逻辑的评价有两个方面。

（一）否定的方面。由于他全部排斥"辩"，因此也完全否定名家和辩者的逻辑理论和逻辑学说。这就使他不能象墨子一样建立起完整无缺的逻辑科学来，同时也使他没有能够把思惟现象作为研究的对象。这也就使他的逻辑只能限制在具体运用的范围里。

（二）肯定的方面。韩非子的逻辑是具体的逻辑。这是他的逻辑特质。在这个范围里，他的成就是伟大的。他运用了深刻的思惟规律和丰富的思惟形式，并具有初步的辩证思惟。这都是他遗留给我们的宝贵遗产，我们应该珍惜它，继承它，并且把它加以发扬光大。

[段旨]

对韩非子逻辑评价的否定方面和肯定方面。

# 第二章　思惟规律

§ 2. 0. 0. 1—41

韩非子的逻辑是具体运用的逻辑。他虽然没有明确地建立起思惟规律的理论，但是却生动地运用了思惟规律。我们从他的论著中可以综合出三方面的规律来：（一）矛盾；（二）因果；（三）同异[1]。现在就从这三方面分三节来叙述。

[注释]

[1] 同异：求同求异的证明推理方式。形式逻辑基本规律有四条：同一律、矛盾律（不矛盾律）、排中律及充足理由律。这里从《韩非子》书中总结出矛盾律（相当于亚里士多德的排中律）、因果律、同异推理。把同异推理列入思维规则，是允许的。求同是同一律在证明推理中的运用，求异是矛盾律在证明推理中的运用。正像多用基本规律矛盾律来说明二难推理是思维规律那样，用同一律说明求同证明推理方式，用矛盾律说明求异证明推理方式也是思维规律。形式逻辑的"三大块"概念、范畴，判断、推理，思维律、证明反驳，第三块两支本可合为一支（也是一大块）"思维律"。以上从形式逻辑结构讲的。康德则把以上看作知性认识的综合过程，《纯粹理性批判》说："我们能够把知性的一切行动归结为判断，以至于知性一般来说可以被表现为一种判断的能力。因为按照如上所说，知性是一种思维的能力。思维就是凭借概念的认识。"（邓晓芒译本《纯粹理性批判》，第63页）。这里，概念、判断、思维、认识已是个综合统一的结构。周著把"同异"证明看作与矛盾律、因果律同属思维规律，不无受康德哲学的影响。

[段旨]

韩非子实践逻辑的三大思维规律总说。

# 第一节 矛盾

### §2.1.0.1—42

韩非子虽然没有抽象地阐明矛盾规律的理论；但是他对矛盾规律的理解却是很深刻的，对矛盾规律的运用也是很灵活的。他的"矛盾之说"是通过叙述故事的方式[1]提出来的，他根据生动的故事得出了"矛盾不两立"的思惟规律。在《难一》和《难势》里都有关于这一规律的故事叙述和综合的说明。《难一》说：

> "楚人有鬻[2]盾与矛者，誉之曰：吾盾之坚，物莫[3]能陷也。又誉其矛曰，吾矛之利，于物无不陷也。或[4]曰：以子之矛，陷子之盾，何如？其人弗[5]能应也。夫不可陷之盾，与无不陷之矛，不可同世而立。"

《难势》说：

> "人有鬻矛与盾者，誉其盾之坚，物莫能陷也。俄而又誉其矛曰，吾矛之利，物无不陷也。人应之曰：以子之矛，陷子之盾，何如？其人弗能应也。以为不可陷之盾，与无不陷之矛，为名不可两立也。"

[注释]

[1] 叙述故事的方式：今天看即属于叙事学。人们用思想和语言把一系列相互关联的事件综合起来，构成一个意义完整的过程，就叫"叙述"或"叙事"（narrative），它的结果就是"故事"（story）。这里实际上涉及叙事学与形式逻辑的联结。亚里士多德认为韵文诗比非韵文的历史"更富有哲理，更富有严肃性"，诗歌"叙述了已经发生的事"，"诗意在描述普遍性事件"，历史只是"谈论了可能会发生的事"，"意在记录个别事实"。而诗的"普遍性的事件"有明确的逻辑指向："是指某种类型的人或出于偶然，或出于必然而可能说的某种类型的话，可能做的某种类型的事，这就是诗在以此为目标而给人物命名。"（《亚里士多德全集》卷九，第654页）思维规则矛盾律经叙事学方式导出，是韩非子的

一大发明，也是周著对韩非子逻辑特质的一大发现。

　　[2] 鬻：读 yù，卖。

　　[3] 莫：否定性无定代词，没有哪个人，没有什么东西。

　　[4] 或：代词，有人。

　　[5] 弗：否定副词，不。

　　[段旨]

　　韩非子用讲故事的方式得出了"矛盾不两立"的思维规律。


### §2.1.0.2—43

　　故事里的"吾盾之坚，物莫能陷也"和"吾矛之利，于物无不陷也"[1]，是两个判断间的矛盾关系。而且是绝对排中的矛盾关系[2]。韩非子对于这个关系有着深刻的理解[3]。一则说："夫不可陷之盾，与无不陷之矛，不可同世而立。"就是说客观事实上这样的矛和盾是不能同时并存的。或者有"不可陷之盾"而无"无不陷之矛"，反之，或者有"无不陷之矛"而无"不可陷之盾"，二者必居其一。再则说："以为不可陷之盾，与无不陷之矛，为名不可两立也。"就是说"不可陷之盾"和"无不陷之矛"这一对矛盾的概念在思惟上是不能并存的。它们不能俱言，只能一有一无。

　　[注释]

　　[1] 周著原书两个"陷也"后都点上了句号，现按今通行标点法去之。

　　[2] 这句话是说韩非子给出的两个判断的矛盾关系恰恰是符合亚里士多德形式逻辑排中律的。排中律就是排除居中的东西（第三者），公式：要么是 A，要么不是 A。二者必居其一。

　　[3] 这里的"深刻的理解"是说韩非子故事中的两个矛盾概念是绝对排中的。韩非（约公元前 280—前 233 年），亚氏（公元前 384—前 322 年），比较接近。

　　[段旨]

　　韩非子故事中两个矛盾的概念是不能并存的，只能一有一无，是绝对排中的矛盾关系。

**§ 2.1.0.3—44**

韩非子逻辑的矛盾律相当于亚里斯多德逻辑的排中律，但是又不是完全一样的。把它们的异同比较一下倒是很有趣味的事情。

（一）相同之点。两个绝对矛盾的判断不能同时俱真，也不能同时俱假，必定是一真一假。矛盾不能并存，二者必居其一，没有第三者的可能[1]。

（甲）亚里斯多德逻辑的排中律的公式是：A 不是 B，就是非 B[2]。两个绝对排中的矛盾判断，一个是对的，另一个是错的。

（乙）韩非子逻辑的矛盾律："吾盾之坚，物莫能陷也"和"吾矛之利，于物无不陷也"，也是两个绝对排中的矛盾判断，一个是对的，另一个是错的。

（二）相异之点。这可以从它们的表示法和它们的应用范围这两个方面来叙述。

（甲）表示法的不同。亚里斯多德的排中律的表示法是抽象的公式；而韩非子的"矛盾之说"的表示法是具体的陈述。

（乙）应用范围上的不同。亚里斯多德的排中律是指同一主词对矛盾谓词说的，应用范围是具有同一主词而有矛盾谓词的两个判断[3]。韩非子的"矛盾之说"是指不同主词对矛盾谓词说的，应用范围是具有不同主词而有矛盾谓词的两个判断[4]。

[注释]

[1] 这段话既概括了韩非子故事的内容，又几乎是亚里士多德排中律的文字说明。

[2] 这里对排中律公式的表述与上文的说法"要么是 A，要么不是 A"一致，都是讲"一个是对的，另一个是错的"。

[3] 亚氏排中律是同一主词，两个矛盾谓词：亚氏公式"某物要么是 A，（某物）要么不是 A"，"A 不是 B，（那么 A）就是非 B"，同一主词甚明，两个"矛盾谓词"指"是 A，不是 A"，"不是 B，是非 B"。

[4] 这里的不同主词是"吾盾之坚"和"吾矛之利"，随之两个互相矛盾的谓词。

[段旨]

韩非子矛盾律与亚里士多德排中律的同异比较。

### §2.1.0.4—45

韩非子是善于运用矛盾律的。在《难一》里，他论证了"贤舜"和
"圣尧"这两个判断[1]之间的矛盾不两立：

> "舜之救败也，则是尧有失也。贤舜，则去尧之明察；圣尧，则
> 去舜之德化；不可两得也。……今尧、舜之不可两誉，矛盾之
> 说也。"

[注释]

[1] 犹言"舜是贤人""尧是圣人"这两个判断。

[段旨]

韩非子善于运用矛盾律例："贤舜"和"圣尧"矛盾不两立。

### §2.1.0.5—46

在《难势》里，他又论证了"贤"和"势"的矛盾不两立：

> "夫贤之为势不可禁，而势之为道也无不禁，以不可禁之势[1]，
> 此矛盾之说也。夫贤势之不相容，亦明矣。"

[注释]

[1] 这句话当说成"以不可禁之贤，与无不禁之势"。参见周著下段
文引王先慎集解。

[段旨]

韩非子善于运用矛盾律例："贤"和"势"矛盾不两立。

### §2.1.0.6—47

在"以不可禁之势"下，王先慎在《韩非子集解》里注说："顾广
圻曰：藏本[1]同，今本[2]，势下有无不禁之道[3]，误。按当云：以不可
禁之贤，与无不禁之势。"我们依照逻辑结构上看，认为顾广圻的按语是
正确的。

[注释]

[1] 藏本，指明代正统十年刻《道藏》本《韩非子》。

[2] 今本，指明代万历十年刻赵用贤本《韩非子》，这是据宋本刻出
的五十五篇足本。

[3] 这句话是由《难势》"以不可禁之势",并括上句"势之为道也无不禁"综合而成,但有误。

[段旨]

对《难势》"以不可禁之势"一句的校补。

### § 2. 1. 0. 7—48

"夫贤之为势不可禁,而势之为道也无不禁",是不同主词"贤"和"势"具有的矛盾谓词"不可禁"和"无不禁"的矛盾判断。这和不同主词"矛"和"盾"具有矛盾谓词"无不陷"和"不可陷"的矛盾判断是一模一样的。它们是不能两立,必得是一是一非。

[段旨]

《难势》不同主词"贤"和"势"加不同谓词构成的矛盾判断与"矛"和"盾"的矛盾判断一样,不能两立,只能是一是一非。

### § 2. 1. 0. 8—49

矛盾律的作用既然在于明辨是非,因此他在《显学》里列举互相矛盾的学说而要求有所抉择。

"夫是墨子之俭,将非孔子之侈也[1]。是孔子之孝,将非墨子之戾[2]也。"

又说:

"夫是漆雕氏之廉,将非宋荣之恕也[3]。是宋荣之宽,将非漆雕之暴也[4]。"

[注释]

[1] 俭:指墨子主张节葬,不另做丧服,用质料差的桐木做棺材,服父母丧三个月。侈:奢侈浪费,这里指儒家不惜铺张浪费搞丧葬,服丧三年。

[2] 戾(lì),不近人情。

[3] 漆雕氏:复姓漆雕,名启,字子开。孔子死后"儒离为八"家之一,《汉书·艺文志》载有《漆雕子》十二篇。廉:有棱角,方正,刚直。宋荣:宋国人宋钘,《汉书·艺文志》把他列入小说家。可能他较多地摄取墨家鬼神之说,韩非将他作为墨家来批判。恕:宽恕。

[4] 宽：宽大，大度。暴：凶暴。

[段旨]

以《显学》为例，说明韩非子在运用矛盾律时，力主对互相矛盾的学说作出抉择。

### § 2. 1. 0. 9—50

他认为一切学术都是为政治服务的。学术上的是非能够影响政治上的治乱。《显学》说：

"夫冰炭不同器而久，寒暑不兼时[1]而至，杂反之学，不两立而治。[2]"

"杂反之学"就是指互相矛盾的学说。只有对它们善于抉择，才能对政治上有所帮助。

[注释]

[1] 兼时：同时。

[2] 学术从属于政治，是封建专制主义不可或缺的组成部分，其理论论定自韩非始。近现代提倡学术民主，学术自由，民主和科学不可须臾而分，成了无数仁人志士为之不懈奋斗的现代民主政治的重要标识和组成部分。马克思说："生产力的历史，从而也是个人本身力量发展的历史。"（《马克思恩格斯文集》第 1 卷，第 576 页）因而劳动不仅是创造财富的手段，也是人的自由自觉活动的本质显现，并能直接表现为"按照美的规律来构造"（《马克思恩格斯文集》第 1 卷，第 163 页）。生产力本身包括科学技术，其历史发展是"个人本身力量发展"，劳动离不开人的自由自觉活动的内在本质。民主和科学是实现现代高科技生产的一个本质规定。

[段旨]

韩非以学术为政治服务，故"杂反之学"不当两立之。

### § 2. 1. 0. 10—51

他不但运用矛盾律来明辨学术思想上的是非，并且用它来分析社会政治现象。当他用叙述故事的方式阐明"矛盾之说"时，好象是轻松随便的，但当他用矛盾律来观察社会政治现象时，就显得异常严肃和紧张。这使我们感觉到矛盾律并不是凭空想象出来的，而是他从观察社会政治现象里得出来的，是他在生活实践中体会出来的[1]。

[注释]

[1] 这三句话再次明确了韩非子哲学的实践性特质，其认识过程是从"观察社会政治现象里得出来的"，因对"社会政治现象"的"观察"不可能是纯粹直观的感性经验，而应当已是包含"直观的公理""知觉的预定""经验的类推""一般经验思维的准则"等方面的"知性"认识，"生活实践的体会"更应该如此。进而由知性转向"纯粹思辨理性"和"纯粹实践理性"。周著在用康德认识论的主要范畴"知性"把握韩非子对"社会政治现象"的经验观察，以及由此"知性"范畴的观察转向"纯粹理性"，由实践经验知性转向实践理性。

[段旨]

韩非子用矛盾律观察社会政治现象，由观察社会政治现象和生活实践体验得出矛盾律。

### §2. 1. 0. 11—52

社会政治上的不可两立的矛盾，在作为法家的韩非子看来，主要地表现在法术之士和当时的权贵之间。《孤愤》的全篇内容最为典型地显现了法家之士和当涂重人[1]之间的矛盾，我们只引些论断来作为例证：

"是智法之士[2]与当涂之人，不可两存之仇也。"

"重人不能忠主而进其仇[3]。"

"故资必不胜而势不两存者，法术之士，焉得不危[4]？"

"智士者，远见而畏于死亡，必不从重人矣。贤士者，修廉而羞与奸臣欺其主，必不从重臣矣。"

[注释]

[1] 当涂重人：在朝执掌重权的权贵。

[2] 智法之士：智，通"知"。知术能法之士，精通法治的人。

[3] 这句话是说，在朝的权臣不能忠于君主就设法进用自己的仇敌法家之士。

[4] 资：（法术之士）凭借……。势：情势，情形。客观情势不允许法术之士与权贵们同时存在。焉得：如何能。

[段旨]

以《孤愤》所言为例，说明韩非视社会政治上的矛盾，主要表现为法术之士与权臣间的不可调和矛盾。

### §2. 1. 0. 12—53

《外储说右上》也同样的阐述了这种矛盾：

"重人者，能行私者也。夫行私者，绳之外也，而疑之所言，法之内也[1]。绳之外与法之内，雠也，不相受也[2]。"

"乱臣者，必重人，重人者，必人主所甚亲爱也。人主所甚亲爱也者，是同坚白也[3]。夫以布衣之资，欲以离人主之坚白所爱，是以解左髀说右髀者[4]，是身必死而说不行者也。"

[注释]

[1] 绳：法律准绳。疑：通"吾"。疑，上古音疑纽之部，上古音 [ŋiə]。吾，上古疑纽鱼部，上古音 [ŋɑ]。古声纽同，之部鱼部同类近旁转。故"疑"通"吾"。

[2] 雠：同"仇"。不相受：不相容。

[3] 这句话的意思是，人主与宠臣之间的亲密关系，就像石块上的坚硬与白色那样密不可分。

[4] 髀：股部；大腿。用肢解左腿的办法来劝说保全右腿。

[段旨]

以《外储说右上》所言为例，说明观点同上。

### §2. 1. 0. 13—54

《人主》里也深切地揭露了这种矛盾：

"且法术之士，与当涂之臣，不相容也。何以明之？主有术士，则大臣不敢断制，近习不敢卖重，大臣左右权势息，则人主之道明矣[1]。今则不然，其当涂之臣，得势擅事以环其私，左右近习，朋党比周，以制疏远，则法术之士，奚得进用，人主奚时得论裁[2]。故有术不必用，而势不两立，法术之士，焉得无危[3]？故君人者，非能退大臣之议，而背左右之讼，独合乎道言也，则法术之士，安能蒙死亡之危而进说乎[4]？此世之所以不治也。"

[注释]

[1] 断制：独断专横。近习：指亲近之臣。卖重：卖弄权重。人主之道：君主治国原则。

[2] 擅事：胡作非为。环：营，打算，谋求。朋党比周：结成死党，紧密勾结。制：钳制，制服。疏远：指不受重用的法家之士。奚得进用：何时能得到选拔任用。奚，何。得论裁：能论断裁决。

[3] 这句话涉及术、势、法三者的关系。有术不能用，而权势不两立，法家之士，怎能没有危险？焉：疑问语气词，何。

[4] 退：屏退，排除。背：摒弃。讼：告状，诬告。独：独自。道言：指法家之言。蒙：蒙受，冒着。进说：提出主张。

[段旨]

以《人主》所言为例，说明观点同上。


**§ 2.1.0.14—55**

《六反》《诡使》和《五蠹》更集中地详尽地揭露了社会现象和政治现象中的多方面的矛盾。《五蠹》说："无功而受事，无爵而显荣，有政[1]如此，则国必乱，主必危也。故不相容之事，不两立也。"

[注释]

[1]《韩非子校注》（修订本）作"为有政"，"有"，古汉语字头，无实意。为政，治理国家。

[段旨]

《六反》、《诡使》和《五蠹》更加集中地揭露了国家治事中的矛盾。


**§ 2.1.0.15—56**

"不相容之事"的"不两立"，可以看做是他对矛盾现象所得的结论。这些客观存在的社会政治上[1]的矛盾现象虽然已经超出了作为思惟规律之一的矛盾律的范围，但对于理解韩非子的矛盾律却是非常重要的。它不但表明了韩非子善于运用矛盾律的客观依据；并且显示了产生具有特殊内容的韩非子的矛盾律的社会基础[2]。韩非子的矛盾律着重在不同主词具有矛盾谓词的矛盾，也就是着重在两个对象之间的矛盾[3]；而法术之士和当涂重人也正是两种不同的人之间的矛盾。因此我们说：韩非子的矛盾律的特殊内容正是当时的社会政治现象之间的矛盾的反映。社会政治上存在着不两立的矛盾，因此在思想意识上，也就产生了不两立的矛盾律。

[注释]

[1] 这里的"社会政治上"既可指社会普遍存在的治事中的，更可指社会上的和国家权力中心里的。

[2] 这句话强调了韩非子矛盾律的运用、来源的客观社会基础，加强并深化了韩非子逻辑的实践性特质。

[3] 亚里士多德形式逻辑矛盾律"A 不是非 A"实际上是不矛盾律，强调同一思维对象必须保持同一"A 必须是 A"，主词、谓词都是言说同一对象的。韩非子矛盾律与此有所不同，它重在"不同主词具有矛盾谓词"。即"A 是 A"，并"非 A（例如 B）是非 A（例如 B）"，即"B 是 B"。

[段旨]

韩非子矛盾律重在两个主词（对象）之间的矛盾，以及它的社会和权力中心的客观基础。

# 第二节　因果

### § 2. 2. 0. 1—57

《史记》说韩非子"观往者得失之变"，既然观察了历史现象中的得失变化，就能够发现历史现象中的因果关系[1]。"得"和"失"是结果，为什么"得"和为什么"失"，一定有它们的原因。"得"和"失"的结果和它们的原因之间就形成了因果关系。他虽然没有在理论上提出因果规律，但是他却在推理和论证上具体地运用了因果规律。

[注释]

[1] 参见第 32 节注释和第 41 节注释。此处强调韩非对逻辑因果关系的认识来自对历史变迁中的得失成败之故的考量。唯此，韩非的认识总是那样深刻、准确。

[段旨]

韩非子由历史变迁中的得失成败而知逻辑因果关系。

### §2. 2. 0. 2—58

《有度》说："国无常强，无常弱[1]。"这是他"观往者得失之变"所总结出来的结论。他从此进一步推求"国强"和"国弱"的原因就构成了法家观点下的具有原则性的阐明因果关系的假言判断[2]："奉法者[3]强，则国强；奉法者弱，则国弱。""奉法者强"是"国强"的原因，"国强"就是"奉法者强"的结果。"奉法者弱"是"国弱"的原因，"国弱"就是"奉法者强弱"的结果。

[注释]

[1] 常：永久。

[2] 这句话揭示了韩非的一则思维过程：由观察历史而得一般结论"国无常强常弱"，进而推究"无常强常弱"的原因，原因的表述成了"法家观点下的"，"具有原则性的"，"阐明因果关系的"，"假言判断"，共六步构成的逻辑语言表达式。

[3] 奉法者：指国君。奉，实行，执行。奉法，执法。

[段旨]

举证韩非子由《有度》"国无常强常弱"之发现而推究其原因，形成因果关系假言判断例，说明韩非子思维因果律来自对历史变迁的观察，又回到思维形式自身。

### §2. 2. 0. 3—59

这一条综合地具有法术观点的表达因果关系的论断，是他从历史事实的观察里通过归纳法[1]得出来的。《有度》里列举四个事例[2]作出这样的论证：

"荆庄王并国二十六，开地三千里，庄王之泯社稷也，而荆以亡[3]。齐桓公并国三十，启地三千里，桓公之泯社稷也，而齐以亡[4]。燕襄王以河为境，以蓟为国，袭涿、方城，残齐，平中山，有燕者重，无燕者轻，襄王之泯社稷也，而燕以亡[5]。魏安釐王攻燕救赵，取地河东[6]；攻尽陶、魏之地[7]；加兵于齐，私平陆之都[8]；攻韩拔管，胜于淇下[9]；睢阳之事，荆军老而走[10]；蔡、召陵之事，荆军破[11]；兵四布于天下，威行于冠带之国[12]；安釐王死而魏以亡。故有荆庄、齐桓，则荆、齐可以霸；有燕襄、魏安釐，则燕、魏可以强。今皆亡国者，其群臣官吏皆务所以乱而不务所以治也。"

[注释]

[1] 归纳法：参见第27节注释。

[2] 荆庄王：楚庄王（公元前613—前591年在位），"春秋五霸"之一。事见《左传》文公十六年及宣公元年、三年、五年、六年、十一年、十二年、十三年等，又《史记·十二诸侯年表》。泯社稷：为国家而死。泯，通"泯"，泯灭，死。社稷：社神和谷神，指代国家。

[3] 周著就"韩非子因果关系从历史事实经归纳法得出"的结论，明显受康德哲学影响。休谟视因果关系以经验归纳为根据，但没有必然的和确实的根据，因而只是一些观念的联系。休谟的因果关系观念联系说不断受到人们的责疑。康德则把因果关系确定为一些范畴和规则，在他的"规则性理论"中，因果关系是一种规则性事例（经验事例），因果关系及其说明，因果关系和决定论，因果关系和必然性关系，因果关系在自然规律中的作用，等等，无不受到关注。总之，康德把因果关系视为源自经验的"规则性事件"，是必然性关系，在自然规律中发挥作用，当然也是思维规则和逻辑定律。康德说："因果性的命题"属于综合判断的，"数学命题是分析的"，但如果综合判断、因果命题与普遍的经验论相联系，则数学"也将会因此而被卷入其中"（杨祖陶、邓晓芒：《康德三大批判精粹》，人民出版社2001年版，第284页），可见在康德那里，由经验论引出的因果法则是何等重要。

[4] 齐桓公（公元前685—前643年在位）：齐国国君，名小白。任用管仲为相，大力进行政治改革，国力强盛，"春秋五霸"之一。

[5] 燕襄王（公元前311—前279年）：燕昭王，亦称昭襄王。名职，战国时燕国国君。他任用贤能，变法图强，曾联合秦国、魏国等，大破齐军。河：指黄河。境：国境。蓟（jì）：燕国的都城，在今北京市西南。国：国都。袭涿、方城：以涿、方城为国家的外围屏障。袭：重叠，围绕。《尔雅·释山》："山三袭，陟。"郭璞注："袭，亦重。"涿：燕国地名，在今河北省涿州市。方城：燕国地名，在今河北省固安县西南。残齐：攻破齐国。指燕昭王二十八年（公元前284年）燕将乐毅攻占齐七十多城。平中

山：燕昭王十七年（公元前295年）燕都助赵国灭中山。中山：春秋古国名，在今河北平山东北。有燕者重：受到燕国帮助的国力强大。

[6] 魏安釐（xī）王（公元前276—前243年在位）：名圉（yǔ），战国时魏国君主。据《史记·六国年表》魏国在安釐王五年（公元前272年）攻打燕国，二十年（公元前257年）援救赵国。取地河东：指公元前257—前256年魏公子无忌击败秦国，夺回被秦侵占的河东地区。河东：指黄河以东原属魏国的领土，在今山西省西南部。

[7] 攻尽：全部攻占。陶：定陶。魏：指卫，地处河南濮阳一带，后为魏国所灭，这里以魏代指卫。

[8] 加兵：用兵。私：占为己有。平陆：战国齐国五都之一，地处今山东省汶上县西北。都：指驻有重兵的大都会。

[9] 拔：攻取。管：战国韩属地，在今河南郑州东北。"拔管"之事见于《战国策·魏策四》。淇：卫国的河流。

[10] 睢（suī）阳：宋国地名，位于今河南商丘市睢阳区。事：战事。老：久战而疲惫。走：逃跑。

[11] 蔡：上蔡，楚地名，在今河南上蔡县西南。召（shào）陵：楚地名，在今河南郾城县东。破：失败。

[12] 兵：指魏军。冠带之国：指中原地区经济文化发达国家。

**[段旨]**

举《有度》列出的四个历史事实，以证韩非子归纳出"奉法者强"一般因果关系。

### §2.2.0.4—60

他在这里从"有荆庄、齐桓，则荆、齐可以霸，有燕襄、魏安釐，则燕、魏可以强"的事实论证里，抽象出"奉法者强，则国强"的一般性因果关系的论断。又从"今皆亡国者，其群臣官吏皆务所以乱而不务所以治也"的事实论证里抽象出"奉法者弱，则国弱"的一般性的因果关系的论断。

**[段旨]**

韩非子的两个一般性因果关系论断：奉法强弱决定国家强弱，皆来自历史上经验事实的抽象。

§ 2. 2. 0. 5—61

这一论断，贯彻在韩非子的全部论著中。《有度》说：

"故当今之时，能去私曲就公法者[1]，民安而国治。能去私行行公法者[2]，则兵强而敌弱。"[3]

《说疑》说：

"服之以法，是以誉广而名威，民治而国安，知用民之法也。[4]"

《六反》说：

"圣人之治也，审于法禁，法禁明著，则官法[5]；必于赏罚，赏罚不阿，则民用[6]。官官治（顾广圻说：'当作民用官治四字。'）[7]则国富，国富则兵强，而霸王之业成矣。"

这些议论都是从正面来说明"法术"的重要作用的。《八说》说：

"无术以用人，任智则君欺，任修则事乱，此无术之患也[8]。"

又说：

"治国是非不以术断，而决于宠人，则臣下轻君而重于宠人矣[9]。人主不亲观听，而断制在下，托食于国者也[10]。"

《五蠹》说：

"治强不可责于外，内政之有也[11]。今不行法术于内，而事智于外，则不至于治强矣[12]。"

这些议论都是从反面来说明"法术"的重要作用的。

[注释]

[1] 私曲：谋私利的邪行。就：走向，遵守。公法：国法。

[2] 私行：谋私利的做法。行公法：实行国法，按国法办事。

[3] 这段话是在推理中从正、反两个方面两次运用因果律。

[4] 服之以法：这句话的主语是上文"有道之主"，言（有道之主）用法律使奸邪之人服从。知用民之法：知道他们（有道之主）用了合乎百姓利益的法令。

[5] 审：详细考察，严。法禁：法律条文和禁令，法令。明著：名白清楚。官法：官吏守法。周著于此处从乾道本作"官法"，今仍之。顾广圻说："'法'依下文当作'治'。"周勋初《韩非子校注》（修订本）已改作"治"。官治，官吏做好本职之事。无论"官法"还是"官治"，

皆有"明君治官吏"之意。

　　[6] 必于赏罚：坚定实行赏罚。阿（ē）：偏袒。民用：老百姓服从听用。

　　[7] 乾道本作"官官治"。《韩非子校注》已据顾广圻《韩非子识误》改作"民用官治"。

　　[8] 术：法术，权术，由君主掌握的实施法令的手段和办法。《韩非子·定法》概述了早期法家申不害的术治思想："术者，因任而授官，循名而责实，操生杀之柄，课群臣之能者也，此人主之所执也。"任智：任用智士。君欺：国君被欺骗。任修：任用修洁之士（多指愚蠢无能者）。

　　[9] 不以术断：不用法术来裁断。

　　[10] 托食于国：寄食在国内求生存的客人。

　　[11] 责：求，求助。有：获得。这句话是说，国家的治理和强盛不可能从求助外交活动而获得，而只有从办好内政中获得。

　　[12] 事智于外：把智力用于外交上。

　　[段旨]

　　举《有度》《说疑》《八说》《五蠹》等篇中的例子，以明韩非子从正、反两个方面说明"法术"的重要作用。


　　§2. 2. 0. 6—62

　　集合许多事例固然可以归纳出因果关系来；就是在一件事例里也可以观察到前因和后果的关系。《十过》的十条表达因果关系的假言判断就是这样的例证：

　　　　"十过：一曰：行小忠，则大忠之贼也[1]。

　　　　二曰：顾小利，则大利之残也[2]。

　　　　三曰：行僻自用，无礼诸侯，则亡身之至也[3]。

　　　　四曰：不务听治，而好五音，则穷身之事也[4]。

　　　　五曰：贪愎喜利，则灭国杀身之本也[5]。

　　　　六曰：耽于女乐，不顾国政，则亡国之祸也[6]。

　　　　七曰：离内远游，而忽于谏士，则危身之道也[7]。

　　　　八曰：过而不听于忠臣，而独行其意，则灭高名，为人笑之始也[8]。

九曰：内不量力，外恃诸侯，则削国之患也[9]。

十曰：国小无礼，不用谏臣，则绝世之势也[10]。"

**[注释]**

[1] 小忠：指个人之间的效忠。大忠：指忠于国君。

[2] 顾：关心，贪图。小利：指私己之利。大利：指国家利益。残：危害。

[3] 行僻自用：行为怪癖，自以为是。

[4] 务：专致，从事。听治：治理政事。五音：古代将音乐分成宫、商、角、徵（zhǐ）、羽五种音调，故以"五音"称音乐。这里指靡靡之音。穷身：走上穷途末路。

[5] 贪愎（bì）：贪婪任性。喜利：喜欢追求私利。本：指祸根。

[6] 耽：沉湎。女乐：女子歌舞。

[7] 离内：指离开朝廷政事。谏士：下对上提意见的人士。

[8] 独行其意：一意孤行。灭高名：丧失好名声。

[9] 内不量力：犹言对内不想着要增强国力。恃：依靠，仰仗。削国：削弱国力。

[10] 礼：礼法，法。谏臣：谏诤之臣。绝世：断绝后代。势：情势，做法。

**[段旨]**

举出《十过》中十个单独的实例，也能从中观察到因果律假言判断以证法制的重要性。

### §2.2.0.7—63

这十条表示因果关系的论断都是有事实作为根据的。他用十条事例给这十条论断以归纳的证明。十条事例既然都是个别的事实，在个别的事实上是否可以建立起全称的假言命题[1]呢？我们认为：只要个别的事实具有典型性，同时，分析因果关系时又能够深入事实的本质，那末得出来的论断就会有着一般性的全称的性质[2]。

**[注释]**

[1] 全称的假言命题：在任何情况下都能成立的假言判断。充分条件假言判断即可形成全称假言判断。例如，如果骄傲自满，就会落后。

如果摩擦金属，金属就会生热。全称与单称、特称相对，以"所有"与个别主词与"有的"为表达。三者一般运用于直言肯定判断，公式是"所有 S 都是 P"。例如，所有骄傲自满的人都会落后。周著已将"全称"从直言判断移用到假言判断。全称假言判断构成一般性原理。参见第 8 节注释。

　　[2] 这里，周著将个别事实的典型性、因果关系的客观性、结论的一般性原理即全称性质，三者联系在一起，对假言判断作了申发，这对理解中国古代逻辑中的假言判断和推理有重要作用。参见第 32 节、第 59 节及注释。

**[段旨]**

《韩非子·十过》中十条因果关系论断的逻辑真值及其原理。

### §2.2.0.8—64

个别事例的因果关系与一般原则的因果关系虽然是有联系的，但是也是有区别的，个别事例的因果关系是实然的事实，但当把它类推做一般原则的因果关系时就会变成可能性的[1]。韩非子在《亡征》里列举了四十七条假言命题。这四十七条假言命题的后件都是"可亡也"就是表明这种可能性的。这四十七条假言命题的前件[2]都是"可能亡"的条件。他对于这一点说得很透彻。《亡征》里总结这四十七条假言命题说：

　　"亡征者，非曰必亡，言其可亡也。"

接着他又分析了事物变化的内部原因和外部原因说：

　　"夫两尧不能相王，两桀不能相亡，亡、王之机，必其治乱，强弱相踦者也[3]。木之折也必通蠹，墙之坏也必通隙[4]。然木虽蠹，无疾风不折，墙虽隙，无大雨不坏。万乘之主，有能服术行法，以为亡征之君风雨者，其兼天下不难矣[5]。"

**[注释]**

[1] 区分个别事例因果关系与一般原则因果关系是重要的。对于前者，康德说："在每个个体方面，从一个如此微不足道的原因期望一个如此巨大的结果却似乎是可疑的。"（邓译本《纯粹理性批判》，第596页）对于后者，"对一切发生的事情"加以规定，对某一种事件加以领会，"都是服从因果关系这个概念的，在所有其他情况中也是如此"（邓译本

《纯粹理性批判》，第108页）。汪奠基《韩非的逻辑思想概述》说，韩非假言推理"主要表现为对论断的复合关系与因果性的有机联系的说明，有时很精细地作出分析综合的论证"，但未独立言及因果推理，更未区分因果关系的二重性质。（见刘培育等《中国逻辑思想论文选》）

[2] 假言因果判断式"如果 p，则 q；因为 p，所以 q"里的小前提 p 是前件，结论 q 是后件，省略了大前提。

[3] 相：代词。王：读 wàng，动词，称王。相王（wàng）：都对对方称王，又都统治对方。相亡：灭亡对方。机：关键。相踦（qī）：一方偏重于对方，压过对方。踦：偏，偏重，造成不平衡。"亡、王"三句：意思是说，灭亡对方，统治对方的关键，必定是治乱、强弱不平衡所致。

[4] 通：通过。蠹：蛀蚀。墙坏：墙体倒塌。坏，倒塌。隙：裂缝。

[5] 万乘（shèng）：万辆兵车，这里是约数。乘，车辆，这里指兵车。古一车四马为一乘。服：行，用。风雨：名称作动词用，用暴风骤雨去摧毁（有亡征的国家）。兼：兼并。"万乘"四句的意思是，拥有万辆兵车的国君，有能施术行法者，针对有灭亡征兆的国君形成暴风骤雨去摧毁他的国家，兼并天下不是一件难事。

[段旨]

《亡征》四十七条个别可能性因果关系在其事物变化的内因和外因的作用下，经施术行法，就会转弱为强，转强为兼并天下。

### §2.2.0.9—65

在这里，我们可以看到："蠹"是"木折"的内部原因，"疾风"是"木折"的外部原因。"隙"是墙坏的内部原因，"大雨"是墙坏的外部原因。必须内部原因和外部原因的互相结合，才能产生"木折""墙坏"的结果[1]。同样的道理，四十七"亡征"都是"弱""乱"的国家可以"亡"的内部原因。"治"和"强"的敌国是它可以"亡"的外部原因。必须内外两种原因相结合，才能产生"亡"的结果。所以说："夫两尧不能相王，两桀不能相亡。"[2]

[注释]

[1] "在这里"至"结果"这段话在逻辑上强调因果关系律的"因"应当是内因和外因的结合。

[2] "同样的"至"相亡"这段话在逻辑上将因果律和排中律相结合。排中叙事成了因果律发生作用另一层次上的直接结果。弱乱、治强的内外因结合必然引起一国胜一国亡的结果，所以两尧不能都来称霸对方，两桀不能都来灭亡对方，只能一胜一败。

[段旨]

因果关系思维法则的"因"是内因加外因，某因果律发生作用时，在具体逻辑语境中又可以与某排中叙事构成新的假言推理。

### §2.2.0.10—66

同时我们也能看到："亡"的原因是"乱"和"弱"，"王"的原因是"治"和"强"。并且从"有能服术行法……其兼天下不难矣"里也可以见到"服术行法"就是"治"和"强"的原因。这样，我们又可以归结到前面所说的"奉法者强，则国强；奉法者弱，则国弱"那一个假言判断的论断了[1]。

[注释]

[1] 全段以乱、弱为因，亡为果；治、强为因，王（去声）为果。服术行法为因，治、强为果。三个因果判断，归根到底说明"奉法如何，则国家就如何"这一假言判断。本节逻辑关系分析与上一节逻辑关系分析是一致的，无大的区别。

[段旨]

重申治乱强弱为因，亡国或称霸天下为果之因果关系，与"奉法如何则国如何"之假言判断的一致性。

### §2.2.0.11—67

总之，韩非子确实观察了和分析了历史事实和社会生活中的因果现象和因果关系。这因果关系所表现的主要内容是在法家思想指导下的法术和国家强弱之间的因果关系。

[段旨]

韩非子的因果关系归根到底是法家的法术和国家强弱间的因果关系。韩非子因果逻辑为法家思想的推行服务。逻辑服从、服务于政治思想。

# 第三节　异同

**§2.3.0.1—68**

"异"和"同"是一对重要的范畴[1]。逻辑学上有两条思惟规律来阐明"异"和"同"的。同一律表示任何事物任何思想都同于它自身；矛盾律表示任何事物任何思想都异于它自身以外的一切事物一切思想。同一律是阐明"同"的范畴的[2]；矛盾律是阐明"异"的范畴的[3]。

[注释]

[1]"同""异"参见本书第41节注释[1]。范畴：范畴是反映事物本质属性和普遍联系的级别概念，也是人类理性思维的逻辑形式。中国古代的"洪范九畴"是对人事、物事等主客体研究对象作分类；亚里士多德《范畴篇》将反映客体存在和主体价值的十大类词作分类形成十大范畴；康德将先验主体规定即知性先天纯概念分成四类十个范畴；黑格尔视范畴为"绝对精神"的自我发展和自我认识的产物，研究了范畴的运动和转化。列宁强化了范畴的实践性，将范畴看作"人类的实践经过千百万次的重复，它在人类的意识中以逻辑的格固定下来。这些格正是（而且只是）由于千百万次的重复才有着先入之见的巩固性和公理的性质。"（列宁：《哲学笔记》，第233页）

[2]同一律：形式逻辑基本规律之一。它要求在同一思维过程中，对同一客观事物或现象的每个概念或判断必须保持自身的同一。公式：A就是A。式中，A表示任何一个概念或判断。

[3]矛盾律：参见第9、第42、44节。这两句话都只是从形式逻辑讲的。如从辩证法的角度看，矛盾包含同一性、统一性。从辩证法看同异，不仅看到同和异的对立，也看到同和异的相互转化。

[段旨]

"同""异"范畴与思维规律同一律、矛盾律的关系，前者借后者来表述。

**§2.3.0.2—69**

韩非子虽然并没有提出象同一律和矛盾律这样的思惟规律，但他却是认识到"同"和"异"这一对范畴的。他的"同"和"异"的范畴差不多只是指相类和不相类的意思，因此是比较笼统的[1]。他的"同"和"异"的范畴也是从历史事件和社会现象里观察出来的。他只是结合具体事实来说明它们的相同或相异。他没有能够象哲学家逻辑学家墨子那样抽象地讨论"同"和"异"这一对在思惟领域中具有根本性质的范畴[2]。

[注释]

[1]"同"和"异"的范畴：如前所说，"同"和"异"可以在范畴论，形式逻辑同一律、矛盾律，辩证法矛盾同一性等视野中被考察，这里，周著指出，韩非子在"相类""不相类"之"类范畴"中考察"同"和"异"。相类和不相类：同类和不同类（异类）。相，相系而同。类，中国古代类范畴名。孟轲有"无类比附"，成为他浩荡恣睢的语言表达和语法修辞的语言哲学依据。类范畴是类名辩，即类逻辑的基础，《墨辩》有类名，是其逻辑术语。《墨子·经说上》："命之马，类也；若实也者，必以是名也。"现代类理论已发展成数理逻辑中的集合论。

[2]墨子（约公元前468—前376年）：春秋战国之交的思想家，名翟。宋人。今本《墨子》，清孙诒让《墨子间诂》分为十五卷71篇，卷一至卷九为前墨本论，卷十至卷十一"大、小《取篇》"为墨辩的组成部分，等等。《墨子》中的"同"和"异"：如《经上》将"同"分成四种"重、体、合、类"，"异"也分成四种"二、不体、不合、不类"。《墨子·经说上》对这四"同"四"异"都作了具体说明。

[段旨]

韩非子"同""异"范畴的类逻辑依据和社会历史个别观察依据，但并没有像墨子那样在思维规则方面对"同""异"作抽象说明。

## §2.3.0.3—70

首先，他观察了人群中的取舍的异同，并且认为因此产生了毁誉和是非[1]。《奸劫弑臣》说：

"凡人之大体，取舍同者，则相是也，取舍异者，则相非也。今人臣之所誉者，人主之所是也，此之谓同取。人臣之所毁者，人主之所非也，此之谓同舍。"

[注释]

[1] 这句话是说韩非子由观察舆情而知毁誉是非的由来。

[段旨]

由舆情而知毁誉是非，由毁誉是非而知"同取""同舍"。

### §2.3.0.4—71

"同取"就是共同的肯定的论断，"同舍"就是共同否定的论断。"同取"和"同舍"就形成了是和非。《显学》也说：

"故孔、墨之后，儒分为八，墨离为三，取舍相反不同[1]。"

又说：

"孔子墨子俱道尧、舜[2]，而取舍不同。"

[注释]

[1] 这句话承上文"自孔子之死也，有子张之儒……自墨子之死也，有相里氏之墨……"取舍：文中所说的"同取""同舍"。取，采取；舍，舍弃。相反：互相反对，互相矛盾。

[2] 尧舜：我国原始社会末期部落联盟的杰出首领，传说中的贤君。

[段旨]

"同取""同舍"的逻辑含义和形成是非，并举《显学》而说之。

### §2.3.0.5—72

这里他又观察了学术思想的异同，这和上面所说的人群之间的毁誉的异同在本质上是一致的[1]。"儒分为八，墨离为三"，"俱道尧、舜，而取舍不同"，都是同中有异，异中有同。相反就是不同，不同就是相异。"取"和"舍"就是肯定的论断和否定的论断。肯定和否定就是"是"和"非"。

[注释]

[1] 这句话是说学术思想的异同与舆情引起毁誉的异同在逻辑上是一致的。

[段旨]

学术思想的异同，与舆情引起毁誉的异同本质上是一致的。同异取舍形成是非分野。

**§2.3.0.6—73**

因此，我们可以得出这样的论断：韩非子是用"异"和"同"的一对范畴来判别是非的。"异"是一切否定论断的基础，"同"是一切肯定论断的基础。关于儒墨的学派和流派的"异"，他在《显学》里有着详细的叙述：

"世之显学，儒墨也。儒之所至，孔丘也，墨之所至，墨翟也[1]。"

这是两大学派的"异"。

又说：

"自孔子之死也，有子张之儒，有子思之儒，有颜氏之儒，有孟氏之儒，有漆雕氏之儒，有仲良氏之儒，有孙氏之儒，有乐正氏之儒。[2]自墨子之死也，有相里氏之墨，有相夫氏之墨，有邓陵氏之墨。[3]"

这是儒墨两大学派所分化出来的派别的"异"。就是上面所引的："儒分为八，墨离为三。"接着他又叙述了儒墨等学派在学术思想上的"异"：

"墨者之葬也，冬日冬服，夏日夏服，桐棺三寸，服丧三月，世主以为俭而礼之[4]。儒家破家而葬，服丧三年，大毁扶杖，世主以为孝而礼之[5]。……今孝戾侈俭，俱在儒墨，而上兼礼之[6]。"

又说：

"漆雕之议，不色挠，不目逃，行曲则违于臧获，行直则怒于诸侯，世主以为兼而礼之[7]。宋荣子之议，设不斗争，取不随仇，不羞囹圄，见侮不辱，世主以为宽而礼之[8]。……今宽廉恕暴，俱在二子，人主兼而礼之[9]。"

[注释]

[1] 至：极致，到达顶点。所至：指取得最高学术成就的人。

[2] 子张：姓颛（zhuān）孙，名师，孔门弟子。子思：孔丘的孙子，名伋（jí）。他继承和发挥孔子的"仁"而主张"中庸之道"，有《中庸》一书。颜氏：一般认为指颜回，字子渊，孔门弟子。一说孔门弟子有颜氏八人，除颜回外，还有颜无繇（yóu）、颜幸、颜高、颜祖、颜

之仆、颜哙（kuài）、颜何。究指何人，尚不能明确。孟氏：指孟轲（约公元前372—前289年），子思的再传弟子，他发挥孔子、子思的学说，创建了思孟学派，有《孟子》一书。漆雕氏：姓漆雕，名启，也称漆雕开，孔门弟子。仲良氏：或指仲梁子，战国鲁人，儒家信徒。孙氏：孙卿，即荀况（约公元前313—前238年），是儒家向法家的过渡人物。一说孙氏指公孙尼子，孔子的再传弟子。乐正氏：乐正子春，曾参的学生。

[3] 相里氏：指相里勤，墨家的代表人物。相夫氏：一作伯夫氏，墨家代表人物。邓陵氏：邓陵子，后墨南方学派代表人物之一。

[4] 葬：指墨子主张"节葬"的丧葬制度。桐棺三寸：形容棺板薄。与儒家厚葬棺椁（guǒ 外棺）几重比较而言。桐棺，桐木制的棺材，桐木木质松，易腐烂。服丧：守孝。世主：当代的君主。礼之：礼遇、尊重他们。

[5] 破家：倾家荡产。"大毁"句：因过度悲伤而损坏了身体，以至于拄着拐杖才能走路。毁，哀毁。扶杖：拄着拐杖。

[6] 戾（lì）：乖戾，违反人情，这里指不孝。上：君主。兼礼：同样礼遇，同时尊重。

[7] 议：说法，主张。挠：通"桡"（náo），屈服。臧获：奴婢。廉：方正有棱角，正直敢言。全句意为：漆雕主张，遇险时脸色不露出屈服的神态，目光不露出逃避的神情，行为不正对奴仆都要避让，行为正直对诸侯都敢呵斥，当代君主以为方正而加以尊重。

[8] 宋荣子：宋钘（jiān）。《荀子·非十二子》："不知壹天下……是墨翟、宋钘也。"杨倞注："宋钘，宋人。……《孟子》作宋牼（kēng）。"韩非将墨翟、宋钘视为同一学派，同荀况之说。设：提倡。取：采取。随仇：报仇的意思。囹圄（língyǔ）：监狱。见侮：被欺侮。

[9] 恕：宽恕，容得下人。二子：两个人，指漆雕开和宋荣子。

[段旨]

韩非子的判别"异""同"就是分清是非，对学术思想的评判就是按这一逻辑进行。

§2.3.0.7—74

他在这里所说的"异"是可以和他的"矛盾之说"联系起来看

的[1]。《显学》说：

　　"自愚侮之学，杂反之辞争，而人主俱听之，故海内之士，言无定术，行无常议[2]。夫冰炭不同器而久，寒暑不兼时[3]而至，杂反之学，不两立而治。今兼听杂学缪行同异之辞，安得无乱乎[4]？听行如此，其于治人，又必然矣。"

这表明他所理解的"异"就是他的"不两立"的"矛盾之说"。

[注释]

[1]　"矛盾之说"参见第42节至第55节。

[2]　这句话中的"自"周著引作"白"，"辞"引作"学"，这里据《韩非子校注》校改。定术：固定的宗旨。术，宗旨。常议：始终如一地遵循。议，通"仪"，标准。

[3]　兼时：同时。

[4]　杂学：杂乱之学，即上文"无定术"之学。缪：通"谬"，荒谬。缪行：荒谬行为，即上文"无常议（仪）"行为。安得：怎能，何能。听行：听言和行事。治人：治理民众。

[段旨]

"同异"之说中的"异"如"杂反""无定""无常"等，即"矛盾之说"。

### §2.3.0.8—75

"同"和"异"这一对范畴也可以和因果关系联系起来看[1]。《说林上》说：

　　"……其好士则同，其所以（比照下文的语法结构，似缺'好士之'三个字）为则异[2]。……其自刑则同，其所以自刑之为则异。……其东走则同，其所以东走之为则异。故曰：同事之人（从道理上说，'人'疑是'为'的错误），不可不审察也[3]。"

[注释]

[1]　因果关系：参见第57、59节。

[2]　文中括注是据下文作出的推理校勘，但并无文献依据。"其所以为"是"所以+动词"结构的一般用法，这里直接表原因，可不校补。《韩非子校注》作"其所以为则异"。

[3] 文中括注，可作文义理解之助。非关校勘。审察：周密考察。"故曰"句意为：所以说，同样做一件事情的人，对他们的动机，可不能不周密考察。

[段旨]

举例说明韩非子"同异"与因果关系的联结。

### §2.3.0.9—76

从文义上看，"之为"应该是"的原因"的意思。《淮南子·时则训》高诱注"为，故也"，"故"就是原因[1]。这里的"为"就是"故"，也就是原因[2]。韩非子在这里阐明了相异的原因可以产生相同的结果，反之，相同的结果可以具有相异的原因[3]。因此，他得出论断说："同事之人，不可不审察也。"用来昭示人们必须审察具有相同结果的事物所具有的相异的原因。

[注释]

[1]《淮南子·时则》："工师效工，陈祭器，案度程，坚致为上。"高诱注："为，故也。"坚致，坚固、细密。

[2] "所以V（动词）之为"结构本身就可表原因，更以《淮南子》高诱注证之不妄。

[3] 这句话是说，"好士、自刑、东走"三件事的原因相异，但结果相同（说明需对引起的结果加以审察）。

[段旨]

"同异"与因果关系关联的又一表现：相异原因会有相同结果，反之亦然。

### §2.3.0.10—77

至于"同"和"异"的关系[1]，他在《扬权》里说：

"道不同于万物，德不同于阴阳，衡不同于轻重，绳不同于出入，和不同于燥湿，君不同于群臣[2]。凡此六者，道之出也[3]。"
王先慎在《韩非子集解》[4]里"道之出也"下注说："自道生。"

[注释]

[1] 在分析韩非"同""异"是一确定的逻辑范畴、与同一律特别

是与矛盾律的关联、与因果关系的关联之后，进一步深入分析"同""异"这对范畴间的关系。

［2］这句话中的"德不同于"乾道本无"于"字，"君不同于"乾道本作"君子不同于"，《韩非子校注》已校补"于"字，校改成"君"字。此处已然。绳：木工用的墨线。出入：凹凸于墨线以外的不平直部分。和：古管乐器名，定律用。燥湿：指定律会随气候干燥或潮湿而变化。全句是说，六大抽象概括"道、德、衡、绳、和、君"不同于它们各自借以概括的充满"同""异"变化的具体对象。

［3］这句话是说，六大概括都来自各自的道。

［4］参见第 47 节注释。

［段旨］

以《扬权》为例，说明"道、德、衡"等六大概括无不来自充满"同""异"变化，充满矛盾的一般之"道"。


§2.3.0.11—78

在这一段话里，我们可以看到[1]：（一）事物都是"异"的。"万物""阴阳""轻重""出入""燥湿"和"群臣"，这六种现象都是相异的[2]。（二）"同"是"异"的统一。"道""德""衡""绳""和"和"君"统一了"万物""阴阳""轻重""出入""燥湿"和"群臣"[3]。（三）"同"又是异于"异"的。"道""德""衡""绳""和"和"君"又都是不同于"万物""阴阳""轻重""出入""燥湿"和"群臣"[4]。（四）"道"是个最高的最后的大同一[5]。所以《扬权》又说："道无双，故曰一。"（五）小"异"是从大"同"里分化出来的[6]。所以说："凡此六者，道之出也。"总起来说，他认为先有了"同"然后才有"异"，这未免过分强调了"同"[7]。他又着重在异中求同，最后归结到大同一的"道"，这是因为没有和它相对的别物，它只是绝对同一于它自己。从"道"所产生出来的万物就"异"于它们所从出的"道"。这就是韩非子对于"异"和"同"这一对范畴所采取的哲学见解[8]。

［注释］

［1］以下整段的话，都是说明"道、德、衡"等六大概括"自道生"之一般之"道"的内容到底有哪些。

〔2〕这句话是说，借以概括成六大抽象的六类具体存在的万事万物都是普遍相"异"的、充满矛盾的。这句话从形式逻辑"同""异"讲的，但已涉及矛盾普遍性的辩证法原理。

〔3〕这句话虽然讲形式逻辑的"同""异"统一，但已涉及辩证法原理中的抽象与具体的对立统一。

〔4〕这句话从形式逻辑上讲抽象范畴之"同"与具体存在之"异"之间的相异，也涉及抽象与具体之间的矛盾对待辩证关系。

〔5〕道：韩非《喻老》说："天下有道，无急患，则曰静，遽传不用。"遽传，传递紧急公文的快马和车辆。可见韩非子的"道"是指谋求现实社会无战争，天下太平无祸乱的最高理性抽象。从"同""异"逻辑看，韩非子的"道"已是"最高的、最后的大同一"。从历史观看，韩非子的"道"是当时现实社会的存在论和价值观，同样具有本体论意义。

〔6〕意即从逻辑上看，六种"同""异"都是从"大同一"之"道"产生出来的。从历史观看，存在论、价值观决定社会分析系统的起点和形成过程。

〔7〕从文中五点分析有四点强调"同"，可知韩非"同""异"逻辑更强调"同"，对此周著持批评态度。可是，从辩证逻辑去看，韩非子更强调矛盾的对立面的斗争，并不看重矛盾双方的同一性。抑或韩非之"同"被设想为解决现实社会纷争的理想中的虚幻方法。

〔8〕对韩非子"异""同"范畴的三点小结：一是先"同"后"异"，过分强调"同"；二是重在"异"中求"同"，最后递归于"大同一"之道；三是万物"异"于其所从出的道。这三点与文中的五点是一致的，都认为韩非"同""异"逻辑重在"同"。关于对韩非子从当时现实社会的纷争中抽象出道（当然与受到老子先验理性最高抽象"常道""道法自然"本体之形上之"道"，而非与自然现象的影响有关），是有其自身特点的。周著对韩非"大同一"之"道"的概括和更强调"同"的认识，都受到康德哲学的影响，康德说："由于存有必然应归于这个概念的客体，也就是在我把此物设定为给予的（实存着的）这一条件之下，则它的存有也会被必然地（根据同一律）设定下来，因而这个存在者本身也是绝对必然的。"（《康德三大批判精粹》，第239页）。而当这个"绝对必然的""存在者本身"使用到"存有的必然"或即实际社会环境

时，则可能"不会产生一个内部的矛盾"，而显示出"没有矛盾"（《康德三大批判精粹》，第240页）。

[段旨]

小结。韩非子"同""异"逻辑的五大特点，并进而总结出三大特点。

# 第三章 概　　念

## 第一节　形名

**§3.1.0.1—79**

司马迁说韩非子"好刑名法术之学"[1]。韩非子是法家，他的学术思想就是法术。为什么又要加上个"刑名"呢？据我们的理解，"刑名"是产生法术的基本概念，所以叫做"刑名法术之学"[2]。

[注释]

[1] 参见第13节。

[2] 刑名：亦即"形名"。原指事物的形体和名称。《尹文子·大道上》："大道无形，称器有名。名也者，正形者也。形正由名，则名不可差。"并重申"有名以检形，形以定名。名以定事，事以检名。察其所以然，则形名之与事物，无所隐其理矣"。"形名"是古代名家的逻辑概念，名、法相系，尤其是尹文子，"虽列于名家，而其所述多杂法术家言"（伍非百：《中国古名家言》，第474页），与公孙龙子"纯逻辑的正名实理论"（杜国庠语，见《杜国庠选集》，第374页）有较大的不同；而法家将"形"由一般事物意义上的形体转化为刑事意义上的刑赏、刑法、刑律等，主张法、术、势三者并用；将"名"引申为法令、名分、言论等，主张循名责实，赏罚分明。一般改写"形名"为"刑名"，成了"产生法术的基本概念"。"刑名"除了有法家术语"刑法、刑令"意义外，还具备"形名"逻辑意义，"刑名"也是法家的法理逻辑，故有时仍写作"形名"。

[要旨]"刑名"是韩非子法术的基本概念。

**§3.1.0.2—80**

逻辑学上的基本的思惟形式是概念[1]。作为韩非子的学术思想的基本概念的"刑名"正是讨论概念和事物的相互关系的学说[2]。因此，我们就有充分的理由把"刑名"作为韩非子逻辑的概念部分的基本逻辑了。现在从两个方面来讨论他的"刑名"：（一）"形"和"名"的涵义；（二）"形"和"名"的关系。

[**注释**]

[1] 逻辑学：关于思维规律和思维形式的科学。参见第1节。思维形式：与思维规律密不可分，且两者并提。思维形式的主要内容是指思维的形式结构或思维结构，它包括概念在判断中的逻辑关系式，判断在推理中的逻辑关系式。概念：反映事物的本质属性和特征的思维形式，它是构成判断和推理的基本要素。参见第8节。

[2] 概念和事物的相互关系：概念反映事物本质。列宁说："概念和事物的一致不是主观的。"又说："存在和本质的差别，概念和客观性的差别，是相对的。"（列宁：《哲学笔记》，第207、211页）

[**要旨**] 将"刑名"视作韩非子逻辑的基本概念。

## 一 "形"和"名"的涵义

**§3.1.1.1—81**

"刑名法术之学"里的"刑名"就是"形名"。《韩非子》书中大都是"形名"连用。即使有时"刑名"连用，也同样是"形名"的意思。例如《二柄》说：

"人主将欲禁奸，则审合刑名者，言与事也[1]。"

《韩非子集解》王先慎[2]注说："先慎案，张榜[3]云：刑当作形。按：刑形二字，本书通用。"因此，"刑名"和"形名"的涵义是同一的。

[**注释**]

[1] 刑：通"形"，指事实。名，指言论。这句话是说，国君想要禁止奸邪，就得仔细考察刑名是否相合，所谓刑名，就是事实与言论。"审合刑名"原本属申不害法治讲究"术"（办法、手段），后为韩非所吸收，发展成他的法家思想的三大组成部分（法、术、势）之一。

［2］参见第 3 节。

［3］张榜：明万历年间刻《韩非子纂》（简称张榜本）者。

［要旨］举例说明韩非子"刑名"即"形名"。

### §3.1.1.2—82

韩非子的"形名"学说，主要表现在《主道》《二柄》和《扬权》这三篇文章里。我们应该注意的是：他并不曾抽象地来讨论"形名"，他都是具体地结合法术之学来阐明"形名"的[1]。他所坚持的观念是："形名"是为法术政治服务的[2]。

［注释］

［1］这是先秦思想家的共同特点：对任何命题一般不作抽象说理，而结合具体事实说明之，描写之。

［2］"形名"之学原本属名家逻辑学，韩非将它改造成法家的逻辑学"刑名"之学。如将周著这句话推论，可知逻辑学，归根到底也是为政治服务的。

［要旨］韩非子"形名"学说的主要出处、理论特点和服务对象。

### §3.1.1.3—83

首先，我们问：什么叫做"形"？什么叫做"名"？《主道》说：

"有言者自为名，有事者自为形[1]。"

［注释］

［1］言：言语，话。自为：自己做，为（wéi），动词，做。名：言论，主张，概念。事：事情，实事，形：形容，样子，成效。这句话最基本的含义是说，有话要说的人自己说出语句来，有事要办的人自己做出个模样来。

［要旨］韩非子对"形"和"名"的最基本的说明。

### §3.1.1.4—84

我们可以把这两句话看做是他给"形名"所下的发生定义，因为这里说明了"形名"的产生的来源[1]。照文义上看，"名"就是说出来的语言，"形"就是做出来的事情。如果把"名"看做等于语言，"名"的范围似乎宽了些；如果把"形"看做等于事情，"形"的范围又似乎狭了些。现在一般人常常把"语言"叫做"词的语言"，因为词是语言的基本单位[2]。因此，我们在逻辑的角度上看，也就可以把韩非子的"名"看做相等于概念，因为概念是思惟的基本形式[3]。同理，我们也可以把韩非子的"形"的范围扩充一些，把它和事物相等起来[4]。我们虽然可以这样来解释韩非子的"形"和"名"，但是毕竟还得看看他自己对于"形"和"名"所采用的范围是怎样的。

[注释]

[1] 这两句话后一句是对前一句的解释。发生定义：最基本的、原始的定义，由对象的来源定义对象。

[2] 这句话中通常的说法和什么是词的说法，可由相关理念参证之，王洪军等《〈语言学纲要〉（修订版）学习指导书》（北京大学出版社2011年版）说："词是非常重要的一级语法单位，它是造句的时候能够自由运用的最小单位。"（第46页）

[3] 这句话是以语言与思维、语言学与逻辑学密不可分为前提的。名，在语言中是词，在思维中是概念。

[4] 这句话是说，韩非子的"形"对一切事物（不是事情，也不是某事某物）而言，"形"是事物，是事物的普遍性外形、形态、形式。按照这里的理解，上述韩非子的两句话可译成：有思想（要）表达者自立概念，有事物存在处自显物形（或：有事物［之理要］阐述者自立形上。）

[要旨] 韩非子"形名"发生学定义及其逻辑解。

### §3.1.1.5—85

韩非子书中关于"形"和"名"的范围是有着不同程度的差异的。有时宽些，有时狭些。狭义的"形"和"名"等于"事"和"言"，这是主要的一面，这在上面所引的他对于"形"和"名"所下的定义里就可以看出来。广义的"形"和"名"等于"物"和"名"，这是次要的一面。狭义的"形"和"名"只限于人事政治范围，也就是只限于法术范围。广义的"形"和"名"不但包括了社会现象领域，而且包括了自然现象的领域[1]。

[注释]

[1] 广义和狭义是从言说对象的范围大小而言的。反映在逻辑上是外延的大小，外延大是广义的，外延小是狭义的。前面对韩非子"形""名"定义的两种解释，名即词，概念，形是事物，物形，形上性特征，从揭示韩非子的"形"和"名"的内涵讲的，两种解释都是狭义的。

[要旨] 韩非子"形"和"名"的外延解释：狭义的和广义的。

### §3. 1. 1. 6—86

现在先叙述他的狭义的"形"和"名"。《主道》说：

"令名自命也，令事自定也[1]。"

《扬权》也说：

"使名自命，令事自定[2]。"

[注释]

[1] 令：使。这句话的意思是，使得名自己命名，使成事自己想办法。上句是"名"的定义的描写性说明，下句是"形"的定义的描写性说明。

[2] 这句话的意思同前一句，亦以释"名"、释"形"为序：使得名自命名，使成事自定计。

[要旨] 韩非子"形"和"名"的狭义定义举例。

### §3. 1. 1. 7—87

这里他把"名"和"事"对举着说，可见"形"就是"事"，那么"形"和"名"就等于"事"和"名"。"形"等于"事"，"名"等于"言"，我们还可以从下面的文句中看得格外清楚。《二柄》说：

"为人臣者陈而言，君以其言授之事，专以其事责其功[1]。功当其事，事当其言，则赏[2]。功不当其事，事不当其言，则罚[3]。"

《扬权》也说：

"因而任之，使自事之[4]。因而予之，彼将自举之[5]。正与处之，使皆自定，上以名举之[6]。不知其名，复修其形[7]。"

旧注说[8]："形，事也。循事以求名，则其名可名也[9]。"顾广圻说："修当作循，注未讹[10]。"

[注释]

[1] 而：其，他的。吴昌莹的《经词衍释》卷七："而，犹其也。"责：责求。功：功效。

[2] 当：符合，匹配。

[3] "功当""功不当"两句，形成语言逻辑结构"功—事—言"。审合形名："功当其事"是办事成效与事的关系，因"成效"属事，属形（参见第83节），"功当其事"是逻辑上"形"与"事"的同一关系。"事当其言"是"事"与"名"，也是"形"与"名"的关系。加之上文"以其言授之事"，"以其事责其功"，周著以《二柄》此段来阐述"形"与"名"的关系。

[4] 这句话的意思是，于是就任命他们，让他们自己做事。

[5] 予：给，提供。举：办事。这句话的意思是，于是就提供他们职位，让他们自己办事。

[6] 正：正确，恰当。与：以。处：处置，安排。这句话的意思是，以恰当的位置安排他们，使他们都能安心做事，君主以一定的名分提升他们。

[7] 复：再，继续。修：修治。这句话的意思是，要是不知道他们该得什么名位，那就继续叫他们修治政事。

[8] 旧注：这里指清王先慎《韩非子集解》引用的旧注。《集解》多用宋乾道本《韩非子》原文和注文（亦引用他人旧注）。

[9] 循：依循，依照。这句话的意思是，依照实事之功效（形）来定名位，则定下的名位是可以称扬的名位。

[10] 讹：错。按照顾广圻的说法，《扬权》"不知"两句意为：要是不知道他们该得什么名位，那就循其实事功效（形）而定下它。义近同上译。总之，周著引《扬权》这段话，意在说明《韩非子》"形"等于事，等于实事功效。

[要旨] 韩非子《二柄》和《扬权》中的"形""名"关系说。

## §3.1.1.8—88

从这里可以看出他的"形"和"名"的涵义基本上是指"事"和"言"说的。历来的注释家也都是根据他的基本涵义作出了共同的解释。

从这里也可以看到他都是用法术的观点来讨论"形"和"名"的涵义的，这种法家思想就决定了他的"形"和"名"主要的只限于人事和政治的范围里。

[要旨] 韩非子"形"和"名"的基本含义是"事"和"言"，并主要限于人事和政治范围里。

### §3.1.1.9—89

韩非子"形"和"名"的涵义是否只完全限于法术政治的范围里呢？我们说：不是的。我们现在来叙述他的广义的"形"和"名"的涵义。首先我们要问：韩非子是法家，把"形"和"名"限于法术的范围是合理的，为什么他又会有超出法术的范围以外的广义的"形"和"名"的涵义呢？这有两个原因：（一）由于法术的基本概念是"形名"，"形名"的道理是"法术"的根据，因此"形名"的概念就有可能比"法术"的范围大一些。（二）由于他的哲学观点是"而其归本于黄、老"，因此他的"形名"的范围就有可能扩充到自然现象中去[1]。老子不但是观察了社会现象的哲学家；而且是观察了自然现象的哲学家[2]。正由于他的哲学基础是老子哲学，因此他的"形名"就会有比较深厚的意义。《扬权》说：

"名正物定，名倚物徙[3]。"

又说：

"因天之道，反形之理[4]。"

[注释]

[1] 黄、老：黄帝老子，黄老学说：参见第13节。黄老之学的核心是道、法结合，道既包括人生社会之道，又包括天地自然之道，故"归本于黄老"的韩非子"形名"之学能将其范围扩充到自然现象。

[2] 老子：春秋时思想家，道家创始人，做过周"守藏室之史"（管理藏书的史官），著有《老子》（即《道德经》王弼注本共八十一章）。说老子"观察了社会现象"，例三章"不尚贤，使民不争；不贵难得之货，使民不为盗……"；说老子"观察了自然现象"，例五章"天地之间，其犹橐籥（鼓风机）乎？虚而不屈，动而愈出"，十七章"功成事遂，百姓皆谓我自然"，二十三章"希言自然，故飘风不终朝，骤雨不终

日";等等。《老子》有多种版本，除今通行本王本《老子》外，最著者还有新发现的郭店楚墓竹简《老子》甲、乙、丙三种（1998）、马王堆汉墓帛书本《老子》甲、乙两种抄本（1973）、北京大学藏西汉竹书《老子》（2012），均有极高的研究价值。老子其人其书的研究已蔚成专学"老学"，今海内外不下百家。

[3] 倚：歪斜。徙（xǐ）：迁移，变化。这句话是说，命名正确得当事物就确定，命名偏斜不正事物也就变了。这句话表明韩非子把抽象之名看得很重要，名独立于客观事物之外而自成一系。

[4] 反：返，回复。形：万物。这句话是说，将天地自然之道，返回到万事万物的内在之名理。这句话表明韩非将名看得非常重要，它与天地自然之道密不可分。本句和上句表明抽象之名无比重要，它竟与天地之道相接相系。

[**要旨**] 韩非子"形名"概念既是狭义的，仅限于法术政治范围。又是广义的，扩充到了自然现象。

### §3.1.1.10—90

"形"的涵义就不限于事情的表面。它不但指具体的事物，而且指抽象的道理。同理，"名"也就不限于指具体的概念，而且可以指抽象的概念了。

[**要旨**] 韩非子"形"和"名"的概念都已从具体指事物升华到了抽象。

### §3.1.1.11—91

他曾经把"形"的范围扩充到自然现象里。《解老》说：

"有形则有短长，有短长则有小大，有小大则有方圆，有方圆则有坚脆，有坚脆则有轻重，有轻重则有白黑，短长大小方圆坚脆轻重白黑之谓理[1]。"

[**注释**]

[1] 有形：形指自然物的形体，因而仍是可感知到的自然物的外形。全句从自然物之"形"到自然物之理。

[**要旨**] 以韩非子的《解老》为例，来说明韩非在自然世界中言物

"形"且从物"形"到物理。

### § 3. 1. 1. 12—92

在这里，他把事物的形和理综合起来了。有形就有理：短长大小方圆是事物的数学性质；坚脆轻重是事物的物理性质；白黑是事物的形象性质[1]。"形"和"理"既然都是可以用"名"来指称的，那么广义的"名"就可以指称整个的自然现象和自然事物。这是韩非子的"形"和"名"的涵义的次要的一面[2]。

[注释]

[1] 从物形的长短大小来说明自然物的普遍性质数学性质、物理性质等。

[2] 广义的、推及自然界的"形""名"概念在韩非子那里是次要的。

[要旨] 具体说明韩非子如何将自然物"形"和自然物之"理"加以综合。

### § 3. 1. 1. 13—93

在这里，总之，关于他的"形"和"名"的涵义，我们可以这样说：

一、"形"就是"事"，"名"就是"言"。应用的范围限于社会现象，这是由于他"好刑名法术之学"是法家的缘故。这是狭义的"形"和"名"，但却是他的"形"和"名"的全部涵义。

二、有时他把"名"和"物"对举。有时他分析"形"和"理"。他要求"反形之理"，他说过有形就有理。因此，他的"形"和"名"就伸入了自然现象的范围。这是由于他受了老子哲学的影响的缘故。这是广义的"形"和"名"，但却是他的"形"和"名"的次要的一面[1]。

[注释]

[1] 将韩非子"形"和"名"受老子影响而进入自然界看作"次要的一面"，固然是从韩非子法术"刑名"的实际情况出发，视人事社会的"形"和"名"为主要的乃至"全部涵义"，为其最终反思的根本目的：评价韩非子"刑名"完全服务于法术，但也有其思想方法上的根源。康德认为："假如我们把有意起作用的原因加诸自然"，就会使"一个自然

目的的概念就将不再是属于反思的判断力，而是属于规定性的判断力了；但那样一来，它事实上就根本不是属于判断力所特有的，而是作为理性概念把自然科学中的一种新的原因性引进来了，但这种原因性我们却只是从我们自己那里借来而赋予别的存在者的"，而研究者面对"存在者"相关课题，"并不想把这些存在者看作和我们同样性质的"。（参见《康德三大批判精粹》2001 年版，第 492 页）

[**要旨**] 小结。韩非子"形"和"名"的含义：社会人事的，狭义的，全部的，主要的；自然的，广义的，次要的。

## 二 "形"和"名"的关系

### §3.1.2.1—94

韩非子的"形"和"名"之间的关系可以分两部分来讨论：（一）"形"和"名"在哲学的认识论上的关系[1]。（二）"形"和"名"在社会实践上的关系，也就是在法术范围内的关系[2]。他所阐明的"形"和"名"在哲学的认识论上的关系是和老子的哲学观点一致的[3]；他所阐明的"形"和"名"在社会实践上的关系都是用来为法术政治服务的。这使我们感觉到司马迁说他"好刑名法术之学，而其归本于黄、老"[4]，实在是全面扼要的说法，也是千古不易的结论。

[**注释**]

[1] 认识论：哲学的两大主要组成部分（认识论、辩证法）之一。它主要研究人类的认识的本质及其发展过程，内容包括人类认识的起源、发展史，认识的本质、结构，认识与客观存在的关系，认识的前提和基础，认识的发生、发展的过程、规律，检验认识的真理性标准，等等。康德和康德后学最早提出和采用"认识论"术语，并使之得到广泛流传和认同。先秦儒家的认识论表述是"生而知之"，还是"学而知之"，道家的表述是"静观""玄览"，西方古代的表述是"原子论""理念论""形式因和质料因""形上论"。马克思主义的"认识论"规定为"存在与思维的同一性"关系。近现代认识论经历了"认识论"与"知识论"的同一和区分、"认识论"与唯物论的同一和区分、"认识论"与"本体论"的区分等演进过程，使科学认识论的含义更为确定。应当说，周著（1958 年）用"哲学的认识论"来看待先秦"形""名"关系是有超前

意识的。这与其潜在的康德哲学意识并非瓜田李下。

[2] 参见第 79 节"刑名"条注。

[3] 老子的哲学观点：过去一般都从唯物、唯心的区分来看待老子。王弼本《老子》二十一章作"道之为物，唯恍唯惚"，此句如何解释曾是争论的焦点。今考马王堆汉墓帛书本、北京大学藏西汉竹简无"为"字。"之"，助词，"道之物"，直译为"道的物状"。正如楼宇烈所说，王本21 章中的"'有物'、'有象'均为'恍惚'之物象，亦即所谓'无状之状，无物之象'"（楼宇烈：《老子道德经注校释》，第 53 页）。"道之为物"可译为"道产生出物"，宜乎成了争论的焦点。汉简本、帛书本作"道之物"，"物"即指物状，物象，物的形式化质料因，下文以"有象"在前紧接之，事属必然。帛书本、汉简《老子》等"道之物"至"惚恍有象"句，确实是老子哲学的关键句子，犹言老子谓"先验的道包含、生成形而上的（物）象"，犹康德反复阐明的"先验逻辑包含纯粹的表象"，因为"只有纯粹直观和纯粹概念才是先天可能的"（康德：《纯粹理性批判》，第 51 页）。这是老子哲学最为核心部分。如以"纯粹直观"和"纯粹概念"来看待"形"和"名"，符合老子哲学本意。

[4] 参见第 13 节注释 [1]、第 89 节注释 [1]"黄、老"条。

[要旨] 韩非子"形"和"名"的关系在认识论、社会实践上的解读。

### §3. 1. 2. 2—95

甲、"形"和"名"在哲学认识论上的关系

韩非子采用了唯物主义的哲学观点来说明"形"和"名"之间的关系。他在《解老》解释"道之可道，非常道也"[1]说：

"凡理者，方圆短长粗靡坚脆之分也，故理实而后物可得道也[2]。"

"物可得道"，就是"物可得名"，也就是可以用"名言"来指称"事物"[3]。又说：

"圣人观其玄虚，用其周行，强字之曰道，然而可论[4]。"

王先慎在《韩非子集解》[5]里注说："惟有名，故可言[6]。"文句中的"然而"是"然后"的意思。"强字之曰道"，是可以用"名"来指称客观存在的"道","然而可论",是用言说来下判断和进行推论。

[注释]

[1] 这句话原见于《老子》（王弼本）第一章,原文是:"道可道,非常道。"帛甲本作:"道,可道也,非恒道也。"意思是说:可以指称、言说的"道"是具体可感知的,如韩非所说,是"方圆短长粗细坚脆之分"的"理"或"道",不是永恒不变的那天地之始的"無（无）名"之"常道"。

[2] 靡（mǐ）:细。这三句话:韩非释《老子》以可作经验观察而得的物的方圆、短长、粗细、坚脆等物性为理,亦是道。这些一般性的物的性质已是形而上的名,理,道。明乎此,方有下文的"得道""得名"、以名称物之说。

[3] "名言":这里主要指名称。

[4] 玄虚:玄妙深悠。用:依据。周行:普遍运行。强字:勉强起个名字。然而:这样就,而,后,就。然而,然后。全句是说,圣人观察到对象物的"常"式之虚,依据其普遍运行的法则,勉强给它起个名称叫"道",然后可加申论。

[5] 参见第87节注释[8]"旧注"条。

[6] 这句话是说,当且仅当有了名称,概念,才能言说,论证。其内在逻辑是从客观事物抽象出"道","道"概念亦是"名",有了"名"符号系统,就可指称,言说,推理。这些做法的底层是客观事物,周著是把老子哲学看作唯物主义的。

[要旨] 举证《解老》例,以说韩非子"形"和"名"在认识论上的关系。

### §3.1.2.3—96

他这种先有"事物"的存在而后用"名言"来指称的哲学观点完全出于老子。老子《道德经》说[1]:

> "有物混成,先天地生,寂兮寥兮,独立不改,周行而不殆,可以为天下母[2]。吾不知其名,字之曰道,强为之名曰大[3]。"

[注释]

[1] 这段话见于王弼本的《老子·道经》第25章,排列在前。王本

第1章至第37章为上篇《道经》，第38章至第81章为下篇《德经》。郭店楚墓竹简《老子·道经》甲组第21简，排列在后。郭店《老子》甲组今本章次第37章前为《道经》，第40章后为《德经》。

[2] 物：道。陈鼓应认为这里的"物"同于第21章"道之为物，惟恍惟惚"中的"物"（《老子注译及评介》，第163页）。寂：静而无声。寥：动而无形。"独立"二字后：帛乙本《老子》、北大汉简《老子》第66简均有"而"字。这里可与下句成对文。"独立"二句：道的独立存在永不消逝，道的循环往复的运动永不停息。殆：通怠，停息。"可以"句：指道可以成为天地万物的根本。

[3] 字：起名。强为之名：勉强再给它起个名字。为：动词，读wéi。为之名：动词后加双宾语结构，犹言给它起个名字。整个这段话强调《老子》的道的"先天地生"的先验性，但这个先验性的"道"本体是"有物混成"的，此岸的独立存在性（"独立而不改"）和生生不息的运动（"周行而不殆"）。老子哲学的最高范畴"道"的先验性和存在运动都可将其译解为"唯物主义"的。即使是康德的先验论也没有否定它与此岸世界的联结，参见第94节。道的"先天地生"其实并不妨碍对现实世界的把握和对知识的获得。康德说："数学和物理学是理性应当先天地规定其对象的两门理论的理性的知识。"（邓译本《纯粹理性批判》，第11页）"先验逻辑则面对着由先验感性论呈现给它的先天感性杂多，这种杂多给诸纯粹知性概念提供材料。"（邓译本《纯粹理性批判》，第69页）老子"先天地生"的"道"其实是深化对经验此岸世界认识的最根本的逻辑范畴。

[要旨] 举例说明韩非子用"名言"指称"事物"的做法出于《老子·道经》。老子、韩非子的哲学观是一脉相承的。

## §3.1.2.4—97

"名"是"物"的反映，先有客观存在的"物"而后有反映"物"的"名"。这就表明了"存在决定意识""概念反映事物"的唯物主义的哲学观点[1]。韩非子和老子完全一样，都是采用这种观点的。

[注释]

[1] 这两句话是对唯物主义的通常的一般表述。在现代哲学领域内，

这两句话都有特定的表述。"人们的社会存在决定人们的意识"，是马克思、恩格斯在《德意志意识形态》《〈政治经济学批判〉序言》中提出的唯物史观的一个重要原理。社会存在主要是指人们的社会物质生产过程，主要指物质资料的生产过程和人们在劳动中结成的物质性生产关系。社会意识是指人们的社会精神生产过程，如思想、观点、理论，还包括社会情感、情绪、风俗习惯等。概念是反映客观事物的本质属性和特征的思维形式。列宁说："概念和事物的一致不是主观的。"（《哲学笔记》，第297页）

[要旨] 老子、韩非子的哲学观都是唯物的。

### §3.1.2.5—98

"形"和"名"在社会实践上的关系

先秦诸子，尤其是名家，常常讨论"名"和"实"的关系[1]。"名"和"实"的关系就是"名言"和"客观事物"的关系。说得更透彻些，也就是作为思惟的基本形式的概念和客观存在的对象的关系[2]。

[注释]

[1] 名家：参见第15、22节。

[2] 这一关系即概念和客观事物间的反映和被反映的关系。

[要旨] 先秦"形/名"间的关系可统一为"名/实""名言/客观事物""概念/客观对象"两两之间的关系。

### §3.1.2.6—99

韩非子谈"形"和"名"的关系，有时也谈"名"和"实"的关系。不管"形名"和"名实"，它们的具体内容主要的只限于法术的范围。这范围比起一般先秦诸子所讨论的"名实"的范围来要狭窄些[1]。虽然他们讨论时所涉及的范围有宽有窄，但在实质上还是一样的：都无非是阐明概念和事物之间的关系。

[注释]

[1] 参见第22节。

[要旨] 韩非子"形、名"关系，"名、实"关系的范围及其逻辑一般的实质。

### § 3. 1. 2. 7—100

在哲学的认识论上所讨论的"形"和"名"的关系在于阐明谁先谁后也就是谁决定谁的问题[1]。现在所讨论的"形"和"名"在社会实践上的关系在于阐明"形"和"名"的符合与否也就是"名"的真实与否的问题。

[注释]

[1] 认识论：参见第 94、95、97 节。

[要旨] 认识论上的"形、名"关系与社会实践上的"形、名"关系的区分，在于前者说谁决定谁，后者说"形、名"是否相符。

### § 3. 1. 2. 8—101

韩非子在法术范围里所阐明的"形"和"名"的关系可以用"形名参同"这句话来概括它[1]。"形名参同"就是要求"形"和"名"的互相符合互相一致。只有"名符其形"的名才是真实的"名"，也就是说只有真实地反映事物的概念才是真实的概念[2]。这是他阐明"形"和"名"的关系的基本论点；这一论点在他的许多篇章里都可以找到。《主道》说：

"形名参同，君乃无事焉。"

又说：

"同合刑名，审验法式[3]。"

（顾广圻注说："刑读为形，《扬权》篇同[4]。"）

《扬权》也说：

"形名参同，用其所生[5]。二者诚信，下乃贡情[6]。"

又说：

"君操其名，臣效其形，形名参同，上下和调也[7]。"

又说：

"周合刑名，民乃守职，去此更求，是谓大惑[8]。"

（顾广圻注说[9]："周当依本书《主道篇》作同[10]。"）

《难二》也说：

"以刑名参之，以事遇于法则行，不遇于法则止[11]。功当其言则赏，不当则诛<sup>[12]</sup>。"

又说：

"以刑名收臣，以度量准下，此不可释也<sup>[13]</sup>。"

[注释]

[1]　韩非子在法术范围里所阐明的"形"主要指成效、实际效果。"名"主要指治事主张、规定。参：验证。同：相同，符合。

[2]　"名符其形"的名：犹言有实际成效的治事主张。

[3]　刑名：即"形名"。参见第79节"刑名"条注释。

[4]　读为：清人注释术语。洪诚先生说："就换字改读言之，谓之读为。"又说："用'读为'、'读曰'和'读如'表示取音同或音近的字义说明假借字。旧称'破读'。"（洪诚：《训诂学》，第177、178页）

[5]　所生：指"形名参同"的结果。这句话是说，效果和主张检验相符，就根据这种结果给予赏赐。

[6]　二者：指"参同"和"用其所生"。诚信：指如实兑现。贡情：贡献忠心。这句话是说，赏罚如实兑现，臣下就会贡献忠心。

[7]　这句话是说，君主掌握臣下提出的主张，臣下尽力实施这种主张，经检验主张和治事功效相符合，这样君臣上下的关系就和谐一致了。

[8]　周合：遍合，切合。更求：另求。

[9]　清顾广圻撰《韩非子识误》，王先慎《韩非子集解》引入书中，成为注释文字。参见第87节"旧注"条。

[10]　《韩非子·主道》有"同合刑名，审验法式"句，顾说有自。法式，法度。

[11]　遇：合。"遇于法"，即合于法。

[12]　当：值得，符合。其：他的。泛指臣下。这句话是说，事功符合他的言论就赏赐，不符合就诛杀。

[13]　收：接收，录用。度量：法度。准：衡量。释：放弃。

[要旨]　韩非子法术思想中的"形名参同"及其实施。

### §3.1.2.9—102

上面所引的文句虽然不同，但是思想内容都是一样的。

（一）"形名参同"是他判断是非辨别真伪的标准<sup>[1]</sup>。名符其形的

"名"是真实的,是的[2];"名"不符其形的"名"就是虚伪的,不是的[3]。

(二)"形名参同"是法术之学的基本概念,由于"形"和"名"有相符不相符,就生出法术来[4]。所以说:"形名参同,用其所生。"形名所生就是赏罚。所以说:"功当其事则赏,不当则诛[5]。""功当其言"就是"形"当其"名",也就是形名相符,否则就是"形"不当其"名",也就是形名不相符[6]。

(三)"形名参同"是为法术政治服务的,所以说:"同合刑名,审验法式。"为了"审验法式"的目的,首先要"同合刑名"[7]。

(四)"形名参同"在法术政治上有着必然的效准[8],所以说:"君乃无事焉。""二者诚信,下乃贡情[9]。""上下调和也。""民乃守职。"这些都是"形名参同"所产生的结果。所以说:"此不可释也。""去此更求,是谓大惑。"

[注释]

[1]"形名参同":见第 101 节注释 [1]。

[2] 是的:是这样的、如此的。作为逻辑学术语的"是",表示判断正确。维特根斯坦《逻辑哲学论》说:"'是'这一词既可作为系词,也可作为一种等同的符号,又可表达存在。"

[3] 不是的:指不正确的、不真实的、不真的。

[4]"由于"句交代了"形名参同"从其主要之点是逻辑概念转变为法术概念的内在机制在逻辑概念本身。

[5] 功:成事过程中建立的功劳,也是"形名参同"由逻辑概念转变为实践概念,即其运用中产生的功效、事功。事,所作所为。参见第 87 节。

[6] 关于"形—事—功,名—言"的概念同一性联结,参见第 87 节。

[7] 由这句话可知,形与名的同一性是逻辑前提,审验法度是其实行的进程和为法术政治服务的办法。逻辑与实践进程、实行服务办法的关系,被简化为前提与目的的关系。实际是依然是三段论式的:大前提形(刑)名同一性—小前提审验法度—结论能否服务于法术政治。

[8] 效准:效率和准确度。

[9] 二者：参见第 101 节注释 [4]，实际上指君与臣之间。

[**要旨**] 韩非子逻辑"形名参同"是法术政治。

### §3. 1. 2. 10—103

从这里可以看到"名"符其"形"的"名"在社会实践上具有重大的意义[1]。也就是说能够真实地反映事物的概念是可以指导生活实践的。

[**注释**]

[1] 有关"形"和"名"的含义，参见第 83 节等。

[**要旨**] 韩非子"形名"之"名"，乃至一般之"名"的价值观。

### §3. 1. 2. 11—104

在《解老》里，他又进一步推广了"形名"的范围，把自然现象和社会现象联系起来都综合在"形名"的总概念里。

"凡物之有形者，易裁也，易割也[1]。……理定而物易割也[2]。故议于大庭而后言则立，权议之士知之矣[3]。……而万物莫不有规矩，议言之士，计会规矩也[4]。圣人尽随于万物之规矩，故曰：'不敢为天下先。'[5]不敢为天下先，则事无不事，功无不功，而议必盖世，欲无处大官，其可得乎[6]？处大官之谓为成事长[7]。"

[**注释**]

[1] 裁：剪裁，割断。割：切割，分开。

[2] 理：物理，指万物的外在形态，如物的长短、大小、方圆、坚脆、轻重、黑白等。

[3] 大庭：指朝廷，大臣议事的地方。后言则立：后来发言的人主意（因参考了前面的人的意见）往往能够成立。权议之士：善于权衡各种议论的人。知之：懂得这个道理。

[4] 规矩：指事物的法则。议言：发表议论，策谋划策。计会：计算，考虑。这句话是说，万物无不有自身的法则。善于策划的人，都会考虑这些法则。

[5] 尽随：完全依照。"不敢"句：不敢走在天下人的前面。

[6] "事、功"两句：事情无不办成，功业无不建立。盖世：犹言超越时代。"欲无"句：要想不居高位，那可能吗？

［7］之谓：之：助词。……之谓……：古汉语固定格式，意为：称得上，才算是。成事长：办事首领。"处大官"句；居高位才称得上是办事首领。

［要旨］《解老》将自然现象纳入"形名"，圣人循万物的法则而"不敢为天下先"，成为"成事长"。

### §3.1.2.12—105

他把老子的"不敢为天下先"解释做"形名参同"的意思；把"故能为成事长"看做在"形名参同"的条件下所产生的必然效果。"圣人尽随于万物之规矩"，这难道不是具有更深厚更广泛的意义的"形名参同"吗[1]？他在这里阐明了客观存在的"形""物""理"和反映对象的"议""言""知"之间的关系[2]；他所说的"形名参同，君乃无事焉"，正好看做是给老子的"不敢为天下先，故能为成事长"，所下的确切不移深刻扼要的注解[3]。

［注释］

［1］这两句话是说，圣人尽按万物的法则办事，万物，形，法则，名，故圣人的做法合乎"形名参同"。联系上文两句。因处处尽按万物自身（形）的规矩法则（名）办，故循规蹈矩，不敢争先。不敢争先就和"形名参同"联系在一起。

［2］这里实际上讲了客体世界的存在物"形、物、理"与语言世界的"议、言、知"之间的关系。

［3］"形名"两句，见《主道》，第101节已引用。这里所说的"扼要的注解"的内在逻辑是："形名参同"形名一致引出"君无事"，与万物之形体、法则即形、名一致引出"不争先"而做"成事长"；"君无事"，即"不争先"，亦即"成事长"。故云前句"形名参同"与"君无事"一致，是后句"不争先"而做"成事长"的注释，前句概念与后句概念有诸多同一性。总的来说，还是形名逻辑管着人生态度，管着人生担当和价值观。

［要旨］韩非子以他的万物皆"形名参同"释老子"不争先"，并能成就"成事长"。

# 第二节　审名

### §3.2.0.1—106

韩非子的法术之学的基本概念是"形名"。他要求"形名参同"，也就是要求真实地反映事物的"名"。《扬权》说："审名以定位[1]。"正由于他特别重视"名"，因此他也特别重视"名"的真实的涵义。要阐明"名"的真实的涵义，就需要给"名"下个明白清楚的定义，也就是需要"审名"。现在我们分两部分来讨论韩非子的审名：（一）审名的重要性；（二）审名的种类。

[注释]

[1] 审：审察，详察。定位：确定位次，评定功业等级。

[要旨] 韩非子对"形名参同"对"名"的要求特别高。

## 一　审名的重要性

### §3.2.1.1—107

"审名"就是下定义[1]。"审名"的重要性也就是下定义的重要性。《扬权》说："用一之道，以名为首，名正物定，名倚物徙[2]。"旧注说[3]："一谓道可以常行，古今莫二者，唯其正名乎[4]？故曰：以名为首。"他认为用法术来治天下，首先就必须审名，如果有了正确真实的"名"，那就能够规定客观的事物。如果没有正确真实的"名"，那就不能够反映客观的事物。这个论点和孔子在《论语·子路》里所说的"必也正名乎""名不正，则言不顺，言不顺，则事不成"的涵义是完全完全一致的。

[注释]

[1] 下定义：参见第8节注释[1]。

[2] 一：即道。韩非继承黄老思想，改造了老子哲学，提出了"道无双，故曰一"的命题，故这里的"一"与老子的"道生一"即"一"之前还有个"先天地生"的本体存在之"道"不同。《郭店楚简·太一生水》以"太一生水，水反辅太一，是以成天"，"天地者，太一之所生也"，在天地万物生成过程中未出现"道"，"道"只是天地生成后的

"字""名"，乃至是天地的性质、状态。这里韩非讲的"一"可与"太一生水"的"太一"作比较，不能不说有相近之处。又，"用一之道"中的"之"字，宋本覆刻本乾道本无，后人据道藏本等明清刊本补。如成"用一道"，"一"犹道也，乾道本不为无据。《太一生水》以"太一"生成天地万物，无"先天地生"之道，《太一生水》宜为早期黄老作品欤①? 名正物定：以名、物对举，这里的名可指概念、名称、名位、言论等，物可指客观存在之物、物形、事物、事情、事实、功效等。韩非"名、物"所指的泛化，正可说明韩非对古代早已有之的形名思想的诸多发展，专属韩非黄老形名思想发展说。"用一"四句是说，使用"一"的原则，以"名"为最重要，名称规正合理，那事物就能确定，名称偏斜不正，事物就要迁移大变。

[3] 旧注：参见第87节注释 [9]。

[4] 这五句话见"用一"四句前二句下的集解文字内。正名：审名。这五句话是说，"一"说的是永久运行而不变之道，这个道理古今没有什么不同，古今恒久不变之道，古今无二的道理都是"名"，最重要之点恐怕就是审核形名了。所以说，"形名"之名最重要。或者说法家的"形名"是对"名"的别称。

[要旨] 韩非子力主以法术治天下为规定审察天下名号，定义言说对象，方可反映客观事物，做到名正言顺。

### §3. 2. 1. 2—108

由于定义有这样的重要性，因此，如果没有明确的定义，就会把概念弄得模糊不清，也就不能辨别是非[1]。如果不能辨别是非，那么在社会实践上和学术思想上都可以引起不良的后果[2]。现在由正面和反面分别地来给以论证。

[注释]

[1] 关于定义和概念的关系：本质定义论者亚里士多德说："定义是揭示事物本质的短语。"（《正位篇》，参见《西方哲学英汉对照词典》，

---

① 郭沂以《太一生水》的作者为关尹，并以关尹为郭店简本《老子》的传人。参见郭沂《郭店竹简与先秦学术思想》，上海教育出版社2001年版，第534页。

第 238 页）而概念反映事物的本质。本质定义论者康德认为：定义是在"对概念进行完备分析"的基础上，"涉及这些概念的整体的理性运用"之后作出的（《康德三大批判精粹》2001 年版，第 280 页）。本句以假言判断内含联合否定判断，表达上是假设复句内含并列复句的二层复句，来说明定义的重要性。

[2] 用假言判断说明"辨别是非"的重要性。本假言判断也可与上一假言判断构成顶针式联合复句，也可看成递进复句。两个因果假言判断结于不同的结果，前者结于"不能辨别是非"，后者结于"引起不良后果"。更为重要的是，周氏已知"社会实践和学术思想"相系并提，意义重大，且有极大的超前意识。

[段旨]

用两个因果假言判断，说明给研究对象下一个准确的判断性定义的至关重要性，且最终裨益于"社会实践和学术思想"相系相结的方面。

### §3.2.1.3—109

（一）如果"名正"，那就"物定"[1]。《奸劫弑臣》说：

"人主诚明于圣人之术，而不苟于世俗之言，循名实而定是非，因参验而审言辞[2]，……此管仲之所以治齐，而商君之所以强秦也[3]。"

《功名》说：

"以尊主御忠臣，则长乐生而功名成，名实相持而成[4]。"

[注释]

[1] 此句用假言推理说明"名正"和"物定"的关系。这四字的连用见《扬权》。这里的"物"主要指社会秩序、人伦事理方面。参见第 107 节及注释 [2]。

[2] 人主诚明于圣人之术：人主，诸侯国国君。诚：确实，真。杨树达《词诠》卷五："诚，表态副词。"周著"诚"字后误增一"能"字，当删。《韩非子集解》本、周勋初《韩非子校注》本皆无"能"字。圣人之术：指法治策略和办法。圣人谓道德才智杰出者，指理想的君主。"人主"句形成人主与圣人的对待性比照、校正的维度。苟：苟且，随便迎合。循：遵循，按照。因：根据。这句的意思是，国君要真正弄明白

圣人治理天下的法治措施，而不迁就社会上的不负责任的流俗之言，按名号定实际，分清是非，根据实际办事的效果来验核和审察言论表白。

[3]"所以"＋动词＋宾语：用来"（使）动词＋宾语"的方法（原因等）。

[4]周著夺"以尊"二字，"相持"作"相待"，今据《韩非子集解》本、《校注》本校正。御：驾驭，使用。持：通"恃"（shì），依，凭借。相持：依靠××，指凭借法家的名实关系。这句的意思是，以高位的君主驾驭尽忠心的大臣，君主就能长期安乐生活愉快而成就功业，正是实际事功指靠法家之名的实例。这句与上文"因参验而审言辞"的意义相同。

[段旨]

引用文献，说明"循名实而定是非"、验事功而审名号，皆合"名正物定"的原理。


## §3.2.1.4—110

（二）如果"名倚"，那就"物徙"[1]。《安危》说：

"故齐，万乘也，而名实不称[2]。上空虚于国，内不充满于名实，故臣得夺主，杀天子也[3]。"

《备内》说：

"有主名而无实，臣专法而行之，周天子是也[4]。"

[注释]

[1]此句用假言推理说明"名倚"和"物徙"的关系，在逻辑上反证"名正物定"的正确，以与第109节相足。

[2]乘（shèng）：古代兵车的单位，一车四马。称：符合。

[3]此句用假言判断和联合判断说"名倚"而"物徙"的道理。上：国君，指齐简公。这句的意思是，国君徒有虚名，国内的名号和权位都空虚，所以大臣篡夺君位，杀害国君。

[4]专：专断。周天子：指东周时的天子，已名存实亡。尤其是战国时期，挟天子以令诸侯。

[段旨]

如果名不正，事情就会起变化。

### §3. 2. 1. 5—111

以上所举的"名实"相符和不相符的例证虽然是用法术观点对于政治现象的叙述，但在逻辑思惟上来看，仍旧可以把它们归结到"审名"的范围里[1]。

[注释]

[1] 韩非说"名实"相符不相符，用的是名家用的"析物"（物，事和物）的方法，名家、法家认识方法上亦多相同。张岱年说："析物，即对于外物加以观察辨析，这是惠子、公孙龙及后期墨家的方法。清代戴东原的方法亦可归入此种。"（《中国哲学大纲：中国哲学问题史》，商务印书馆2017年版，第766页）周著更将此处的析物的做法和结论转化为"逻辑思惟"上的"审名"。将较为具体的对事物作观察辨析的"析物"之法及其所得具体结论转化、提升为逻辑观照，亦是康德哲学的题中之意。康德"将柏拉图、亚里士多德的形上逻辑，改造成为先验逻辑。认识与对象的最高原则是同一的，此同一的原则，不是本体的存在"，而是"理性形式，是空间，时间，本质，因果，等等。科学固异乎形上学，与形上学殊途，它不能与形式逻辑同归，却不能不与先验逻辑同归"（郑昕：《康德学述》，商务印书馆2011年版，第12、13页）。"先验"，普遍适用的，既定的，有实际效用的，符合自然科学法则的。

[段旨]

韩非"名实"相符不相符的举例可从逻辑上的"审名"去看。

### §3. 2. 1. 6—112

由于他深刻地认识到"名正物定，名倚物徙"的重要意义，因此他对概念的涵义，总要求给以明确的解释[1]。他曾经注意到相同的名词可以具有不同的涵义[2]。《奸劫弑臣》说：

"且夫世之愚学……此亦愚之至大，而患之至甚者也[3]。俱与有术之士，有谈说之名而实相去千万也[4]。此夫名同而实有异者也。"

《难势》说：

"夫势者，名一而变无数者也。"

**[注释]**

[1]"由于"句：有针对性地因果推理。因韩非认识到"名实"相符的重要，所以他总是要求对每个概念下明确的定义。如作一般因果推理亦成立：因"名实"必须相符，故定义必须明确。无论是针对性还是一般因果推理，都告知定义总是反映名实关系的。

[2] 相同的名词：这里指语言表达形式相同，而概念内涵不同的名词。文中举出"谈说""势"二例，名词相同，而不同的人使用它却赋予它完全不同，甚至是对立相反的不同含义。

[3]"此亦"句：此句讲心智之愚蠢与治事之忧患的关系。愚：指不明"名实"相符之理，包括名词同而实有异，不知"名实"相违之险者。

[4] 俱与：都属于，都是，都在……范围内。与：动词，读 yù。

**[段旨]**

韩非曾注意到名词相同而概念内涵不同，如"谈说""势"二例。

### §3. 2. 1. 7—113

他在这里区分了名词和概念的不同：同一个名词可以指称不相同的概念，概念的外延有广有狭，外延广的概念不等于外延狭的概念，概念的内包也有差异，具有不同的内包的概念不是同一个概念[1]。因此，"世之愚学"的"谈说"和"有术之士"的"谈说"虽然都叫做"谈说"，实质上却是两个不同涵义的概念[2]。"势"是一个笼统的名词，它可以指称范围不同的概念，为了规定概念的明确的范围，阐明概念的本质的涵义，他在《难势》里反复的说明"自然之势"和"人设之势"的区别[3]。它们虽然都叫做"势"，实质上也是两个不同涵义的概念。《难势》说：

> "势必于自然，则无为言于势也。吾所谓言势者，言人之所设也。"

又说：

> "今日尧、舜得势而治，桀、纣得势而乱，吾非以尧、舜为不然也。虽然，非一人之所得设也[4]。……此自然之势也，非人之所得设也。若吾所言，谓人之所得设也。若吾所言，谓人之所得势而已矣。"

又说：

"吾所以为言势者，中也。中者[5]，上不及尧舜，而下亦不及桀纣，抱法处势则治，背法去势则乱。"[6]

[注释]

[1]"他在这里"句：韩非子区分了名词和概念的不同，再深入一层，概念本身的外延的广狭和内包（内涵）的差异决定了概念的不同。

[2]"因此"一句：重在从内涵上分析两种"谈说"属两种不同的概念。

[3]"'势'是一个"句：重在从外延上说"势"概念外延的不同，并最终落实在内涵上说"势"概念在不同领域内有不同的性质。外延的不同只能引起概念的局部变化，只有内涵的不同才能引起概念的性质的根本改变。"自然之势"：韩非《难势》中的"自然之势"主要指"飞龙乘云，腾蛇游雾"，"必于自然"，"无为言于势"的那种"势"乘游，还包括"非一人之所得设"的"势"当然，"势"随然，如尧舜治天下则治，桀纣治天下则乱。"人设之势"：主要指"人之所得势"，"抱法处势则治"的那种"势"法治。

[4]"今日"至"虽然，非一人所得设也"两句：参见王先慎《韩非子集解》，"诸子集成本"，第299页。《集解》云："先慎曰：乾道本无今日至设也。据藏本（明道藏本）、张榜本（明万历年间刻本）、赵本（明赵用贤本）补三十二字。"周勋初先生《韩非子校注》多据清人影宋本乾道本，故亦无此两句文字。周著据《集解》本。

[5]"中者"二字，据《集解》本、《韩非子校注》本补出。

[6]这段话：韩非以抱法处势治天下为"中"，以上古尧舜治天下（无法制）为"上"，以桀纣乱天下为"下"。以"中"为最理想的治理，"上"作为"自然之势"，实际上是韩非鄙弃的办法。正可反映韩非历史进步观。

[段旨]

同一个名词表不同概念举例。如"谈说""势"二例。

## §3.2.1.8—114

他在《孤愤》里阐明"重人"这一概念的涵义说[1]：

"人臣循令而从事，案法而治官非谓重人也[2]。重人也者，无令而擅为，亏法以利私，耗国以便家，力能得其君，此所谓重人也[3]。"

[注释]

[1] 重人：指操重权而胡作非为者。

[2] 循令：遵守法令。案法：根据法律。治官：犹言守职。官，官职，职责。

[3] 擅为：擅自行动，胡作非为。亏法：损坏法制。耗国：消耗国家财力。得其君：得到国君的信用。

[段旨]

《孤愤》"重人"这一概念的含义。


### §3. 2. 1. 9—115

这是从正反两方面来说明"重人"的涵义的[1]。本来给概念下定义只要求正面的说明，但是他用了一遮一表的手法，就使得"重人"的涵义更加清楚地表现出来了[2]。同时他把"重人"和"非重人"的一对矛盾概念对比着说[3]，这使我们不但明确了"重人"的概念，而且也认清了"重人"的对方"非重人"这一概念的涵义。

[注释]

[1] 正反两方面：这里指"非重人"和"重人"的对比。经对比而说明某概念的定义。周著揭橥《孤愤》"非重人"与"重人"的对立，使之成为显性的对立，也是有康德哲学作基础的。康德说："命题：物质的东西的一切产生都是按照单纯机械规律而可能的。反命题：它们的有些产生按照单纯机械的规律是不可能的。"并说："这两个命题就会是互相矛盾的，因而两个命题中的一个就必然是假的。"其性质"是在理性的立法中的某种冲突"。（《康德三大批判精粹》2018年版，第401页）亚里士多德则主要强调从正面下定义，强调定义的正确性、唯一性。

[2] 下定义只要求正面的说明：关于定义？亚里士多德说："没有哪一个凭其自身就可以产生肯定性的断言，而必须通过与另一个的组合才能产生一个断言。"故"定义是表示事物本质的一个词组。"（亚氏著《工具论》，第3、271页）定义既然表达本质，它就是正确的定义，唯一

的定义。一遮一表：一反说一正说。经一正一反的内容对比，一遮一表的表述方法，使得"重人"的含义凸显。

[3] 参见本节注释 [1] 康德强调正、反命题间的"互相矛盾"。

[段旨]

韩非子从正、反两个方面回答什么是"重人"。

## §3.2.1.10—116

他在《说难》的开头就综合地阐明"说难"的涵义说：

"凡说之难，非吾知之有以说之之难也，又非吾辩之能明吾意之难也，又非吾敢横失而能尽之之难也[1]。凡说之难，在知所说之心，可以吾说当之[2]。"

[注释]

[1] 说（shuì）：游说。这句话的意思是，凡游说进谏的困难，不是我是否了解事理而拥有足够的证据来说服国君的困难；也不是我能否把相关道理说清楚而使国君明白我的用意的困难；更不是我是否敢于毫无顾忌地把我所知道的道理全部说出来那样的困难。

[2] 句中三个"之"，前两个助词，的。第三个代词，指代"所说之心"。所说：游说的对象，指国君。心：心意，想法。当：适合，迎合。这句话是说，大凡游说国君的困难，在于弄清楚国君的心理，可设法用自己的话去迎合国君的想法。

[段旨]

韩非阐述游说国君的困难有"三非（不是，不在于）一在"：不在于是否洞明事理本质而证据充分，不在于有没有说理的表达能力，不在于有没有胆量，而在于弄清楚国君心中的想法。

## §3.2.1.11—117

这也是从正反两方面来说明"说难"的涵义的[1]。他采用了一个形式上省略了而内容上隐含了大前提的四项并列的以弃为取式的选言推理[2]：

大前提：说难或是知难，或是辩难，或是极尽知辩之难，或是当所说之心之难。

小前提：说难不是知难，也不是辩难，也不是极尽知辩之难。

结论：说难是当所说之心之难。[3]

[注释]

[1] 参见第 115 节注释 [1]。

[2] 这句话是说，补出省略了的大前提，可使韩非"说难"的含义由二段论变成三段论标准式。亚里士多德定义三段论说："三段论是一种谈论方式，在其中某些事物被断定下来，某些不同于它们的事物就可以由它们是如此确定的论断而必然推出。"亚氏还说："如果一个三段论需要一个或者更多确实是从已列出的词项中能够必然推出，但在前提中却没有假定的词项，这个三段论就是不完善的。"（张留华、冯艳等译，《工具论》，第 61 页）按亚氏的说法，韩非"说难"的含义不是三段论，充其量是个"不完善的"三段论。周著将其视作三段论而补足之，且以选言推理（假言推理）式补足之，是以康德哲学为基础的。康德说："每一个序列，只要它的实例（定言的或假言判断的实例）被给予出来，就可以继续下去，因而正是同一个理性活动导致了复合三段论推理。"（《康德三大批判精粹》，第 151 页）

[3] 亚氏三段论的三大构成的性质及其运用，从亚氏本人的解释到后人的研究发挥，都十分丰富复杂（参见王路《亚里士多德的逻辑学说》，第 65—141 页）。周著在这里以三段论补释韩非子，以及对三段论性质的把握，不能不说至少在思想方法上，是以康德对三段论三大构成的把握为基础的。康德说："在每一个理性推论中我首先通过知性想到一条规则（大前提）。其次我借助于判断力把一个知识归摄到该规则的条件之下（小前提）。最后，我通过该规则的谓词，因而先天地通过理性来规定我的知识（结论）。所以，作为规则的大前提在一个知识与其条件之间所前设的关系就构成了理性推论的各种不同的类型。因而这些类型正如一切判断一般地被按照如同在知性中表达知识关系的那种方式来划分那样，恰好有三个：定言的、或假言的、或选言的理性推论。"（《康德三大批判精粹》，第 144 页）。

[段旨]

重申《说难》篇开头的话是从正、反两个方面说其含义的，且合乎三段论。

**§3. 2. 1. 12—118**

当然给概念下定义不必要采用推理形式，但韩非子为了阐明概念的明确涵义，就不惜用多种方法来达到这个目的[1]。这样，就使我们更清楚地理解到他所阐明的概念的涵义。

[注释]

[1] 概念反映客观事物的特有的属性，概念表现为用语言来下定义（界说）。定义方法一般都用"种差加属"；定义的属性要求具备客观性、科学性、明晰性、逻辑性。概念、判断、推理是形式逻辑的三大并列构成。"三段论"的逻辑性质主要在概念、判断层次上得到说明，而康德则强调"复合三段论推理"（参见第 117 节注释 [2]）。中国古代的"名"相当于语言中的词和逻辑中的概念。胡适认为《尹文子》里可发现"更成熟，说得更清楚的关于名实关系的理论"，它集中到"使名成为是非、贵贱的客观标准，它将在人们中引起人们或赏或罚、或趋或避的适当反映"（《先秦名学史》，第 147 页）。这是从"名"的客观真实性和功能作用两方面讲的；既说了"名"的真值，也说了"名"的价值。汪奠基则以《荀子》已把名辩问题"具体到'名、辞、辩说'三方面的形式结构，恰是把逻辑科学的基本内容，确定为对概念、判断、推理形式的研究。"（汪奠基：《中国逻辑思想史》，第 66 页）胡说、汪说可明古代之"名"（概念）是什么，怎么样。周著则重在说韩非子如何定义某一具体概念（"名"："重人""说难"）是什么，从而看出韩非子对一般概念是什么的理解。

[段旨]

韩非子用多种方法定义某概念，可知其对某概念，乃至对一般概念是什么的理解。

**§3. 2. 1. 13—119**

总之，韩非子从法术的观点出发，根据了"用一之道，以名为首"的大前提，认识到"名正物定，名倚物徙"的重要关键[1]。因此他运用了各种方法来规定概念的外延和阐明概念的内包，也就是说明确地精密地来给概念下定义[2]。

[注释]

[1] 这句话中"根据了""认识到"六字后的引文均见于《韩非子·扬权》。参见第107节及其注释 [2]。六字后引文周著实际上再次继"说之难"三段论之后构成"大前提'名为首',小前提'名正或名倚',结论'物定或物徙'"三段论。

[2] 这句话说韩非子按逻辑定义规则"客观性、正确性、明晰性、精准性"来给概念下定义。围绕先秦是否考虑过对"名(概念)"下定义,前举证胡适、汪奠基说先秦明确过"名(概念)"是什么,怎么样(参见第118节),即是对概念下定义,此处周著说得更明确,且明确韩非子给概念下定义与三段论,与判断、推理相交集。如前所说,说三段论离不开逻辑推理是康德的见解(参见第117节注释 [2])。

[段旨]

对第三章"概念"章目第二节"审名"节目下子目"审名的重要性"的结论:明确指出,韩非子从法术观点出发按下定义的办法和下定义的要求对概念下定义。

## 二 审名的种类

### §3. 2. 2. 1—120

审名的种类就是定义的种类[1]。按照严格的要求,定义必须揭示概念的本质属性[2]。但是由于客观事物的多样性,概念内容的丰富性,语文表现的灵活性,因此定义就大大扩充了它的范围[3]。《韩非子》是一部具体而生动地表达法家思想的论者,对于概念的说明是多样的,也是灵活的。我们根据他所阐明的概念的涵义的深浅程度,由浅入深地把定义分做五类:(一)释名定义;(二)描述定义;(三)发生定义;(四)作用定义;(五)本质定义。[4]

[注释]

[1]《扬权》说:"审名以定位,明分(份,界限)以辩类。"如不把"位"理解成属下的官位,则这句话颇可解释成"对某研究对象下定义以确定它的逻辑位置,明确其界限以作辩说推理"。定义则是通过一个概念明确另一个概念内涵的逻辑方法。

[2] 参见第118节注释 [1]。

［3］概念的本质属性反映世界的统一性，而世界的统一性总是存在于它的事物的多样性之中。概念内容的丰富性：概念的内涵和外延双重内容的丰富性。有关概念的语文表达，国外有摹状词理论，逻辑学上常见的限定摹状词"通过对某一事物的某个特征的描述而唯一地指称这个事物"（陈波：《逻辑哲学》，第164页）。可知其多用于叙述性、描写性定义的表述。

［4］有关先秦的定义分类，胡适说："《墨子·经上》，是由九十二条界说组成的"；"《墨子·经下》，包含八十一条不同种类的一般定理，每条都附有理由"；还有《经说上》和《经说下》对相关"界说"和"种类"的具体说明。以上可说是《墨辩》对定义分类的大规模研究和胡适对先秦定义分类的着力表彰（参见胡适《先秦名学史》，第76、77页）。汪奠基也注意古人"立辞"（逻辑上的"立辞"主要指对概念下定义）中的"类"逻辑问题，汪说：古代的"'立辞'，属于一般推类的语言表述问题；'辩类'，属于推类察断的形式问题。公孙龙说：'疾名实之散乱……假物取譬，以守白辩'；荀子说：'辩其谈说，明其譬称'，正是包括这两方面的理论形式说的。实际上公孙龙的话是想从明确概念做到立辞恰当与推类合理；荀子同样也是要'明辩说辞'以至'推类而不蔽'"［汪氏论文，参见刘培育等《中国逻辑思想论文选》（1949—1978），第87页］。周著将韩非子定义分成五大类，则于先秦定义分类研究更为具体切实。

**［段旨］**

将《韩非子》概念定义法分成五大类。

### §3. 2. 2. 2—121

（一）释名定义。它是解释名词的定义，也可以叫做训诂式的定义[1]。在语文的表现形式上，又可分做两类：（甲）被下定义的概念在前面而用来下定义的概念在后的释名定义。（乙）被下定义的概念在后而用来下定义的概念在前的释名定义。[2]

**［注释］**

［1］训诂：对词语或术语作解释。

［2］此处将语言和思维、语文形式和逻辑形式、词序和概念的逻辑

次序结合起来研究，用前者来深入后者。康德说：逻辑的建立与人的认识能力"完全精确吻合"，而人的认识能力，尤其是知性认识的能力与人的"心灵力量的机能和秩序相应"（参见邓译本《纯粹理性批判》，第134页），康德的"知性"范畴、"心灵力量"无不包括语言和语言形式在内。

[段旨]

[1] 韩非子概念定义法之一"释名定义"法。

### §3. 2. 2. 3—122

（甲）被下定义的概念在前面而用来下定义的概念在后的释名定义。

1. 德者，内也[1]。得者，外也[2]。（《解老》）
2. 得者，得身也[3]。（《解老》）
3. 虚者，谓其意所无制也[4]。（《解老》）
4. 义者，谓其宜也[5]。（《解老》）
5. 前识者，无缘而忘（同妄），意度也[6]。（《解老》）

[注释]

[1] 德：本为老子的哲学概念，王弼本的《老子》自第三十八章起为《德经》。这句话的意思是说，德，是内部具有的。可知古代的德本是指内部的性质。德，性也。

[2] 得：获得。这句话是说，获得，是从外部得到的。

[3] 这句话《韩非子集解》"身全之谓得，得者，得身也"。王先慎集解称："'谓得，得者'，两'得'字，各本皆作'德'。案：身全之谓得。得者，得身也，正承上得者言之。《（太平）御览》七百二十引正作'得'，明作'德'误。今据正。"《韩非子校注》作"身全之谓德，德者，得也"，两作"德"字。周著作"得者，得身也"，同《集解》本，今仍之。身，身体，全身，本体。这句话是说，获得，得到其本体。

[4] "所无"二字，同《集解》本。但王先慎引卢文弨云："所无，疑倒。"《韩非子校注》作"无所"并校云："乾道本'无所'作'所无'据张榜本改。"这句话是说，虚无，意思是说没有可以制约它的东西。

[5] "宜也"后有"宜而为之"句。此条用声训，义、宜上古皆疑

纽歌部字。全句意为，所谓义，说的是办事适宜，（适宜就行动）。

[6] 前识：指事物未出现，事理未表现出来之前就行动，紧连的上句是"先物行先理动之谓前识"。先于经验的认识。缘：根据。忘：《集解》本作"忘"字，通"妄"。意：通"臆"。意度（duó）：主观推测。全句意为，盲目行动，无根据地胡说，都是主观臆测。

[段旨]

下定义的逻辑顺序（甲）举例。

### §3.2.2.4—123

（乙）被下定义的概念在后而用来下定义的概念在前的释名定义。

1. 全寿富贵之谓福[1]。（《解老》）
2. 凡失其所欲之路而妄行者之谓迷[2]。（《解老》）
3. 身全之谓得[3]。（《解老》）
4. 德盛之谓上德[4]（《解老》）
5. 多费谓之侈……少费谓之啬[5]。（《解老》）

[注释]

[1] 之谓：古汉语固定结构，谓……是……。之，助词，起提前宾语的作用。

[2] 所欲：所加动词形成的名词性所字结构，这里的意义是，所希望走的路。全句意为，称那些凡是失去自己所希望走的路而胡乱行走的人为迷失方向。

[3] 参见第122节注释[3]。这句话是说，称那些身体保全的人叫作获得（了一切）。

[4] 盛：充实。这句话是说，称德行充实为上乘的德行。

[5] 费：指听力、视力、智力、识力的消耗。侈：浪费。啬：节俭。这里是说，多消耗人的精力叫作浪费，少消耗人的精力叫作节俭。

[段旨]

下定义的逻辑顺序（乙）举例。

### §3.2.2.5—124

（二）描述定义[1]。它是揭示事物的固有性质的定义；也是揭示事物的存在状态的定义。它是揭示事物的固有性质的定义；也是揭示事物的存在状态的定义。性质和状态总是联系在一起的：一定的性质总表现做一定的状态，一定的状态总显现出一定的性质。

1. 仁者，谓其中心欣然爱人也，其喜人之有福而恶人之有祸也，生心之所不能已，非求其报也[2]。（《解老》）

2. 义者，君臣上下之事，父子贵贱之差也，知交朋友之接也，亲疏内外之分也[3]。（《解老》）

3. 所谓廉者，必生死之命也，轻恬资财也[4]。（《解老》）

4. 所谓直者，义必公正，心不偏党也[5]。（《解老》）

5. 凡理者，方圆短长粗靡坚脆之分也[6]。（《解老》）

[注释]

[1] 这里的"描述定义"已经包括通常所说的"说明性定义"和"描写性定义"，前者重在揭示定义对象的固有本质，说明"是什么"，后者重在揭示定义对象的存在状况，说明"怎么样"。周著把两者合在一起，有理论上的依据和价值。依据是事物性质和状态不可分，康德也从认识来源和知识构成上说明两者不可分：人的认识，包括概念的形成和对概念的理解，只有当"获得对客体的直接表象即直观形式的性状，因而仅仅作为外感官的一般形式"，即对象的存在状态，能在认识"主体中占有自己的位置时，才得以可能"；又说，对外部存在状态的"直观和概念构成我们一切知识的要素"。（邓晓芒译本《纯粹理性批判》，第31、51页）

[2] 欣然：高兴貌。恶（wù）：厌恶。已：止。报：回报，酬谢。

[3] 差：差等，等级区分。知交：知心好友。接：交往。分：分别。全句是说，义，是君臣上下关系，父子贵贱差别，亲疏内外分别的准则。

[4] 廉：棱角，指有节操。生死之命。舍生忘死。恬（tián）：淡。轻恬：把……看得很淡泊。全句是说，所说的有节操的人，一定会做到舍生忘死，淡泊资产财富。

[5] 直：行为正直。偏党：偏私。"心"字前《韩非子校注》据乾道本有"公"字，顾广圻以"公"字作"立"字且当删。《集解》本删，见该句下王先慎注文有说。全句是说，所说的行为正直的人，道义上必定公正，内心无偏私。

　　[6] 靡（mǐ）：细。韩非以外物的方圆、短长、粗细、坚脆为外物之理，认识上是合理的。康德曾说："对知识的真理性就其质料而言不可能要求任何普遍性的标志"，只能要求"知识和它的对象的一致"，而知识的对象本身总是表现为该对象"与其他对象区分开来"的各不相同的性质和状况（邓译本《纯粹理性批判》，第 56 页）

**[段旨]**

韩非子概念定义法之二"描述定义"法。

### §3. 2. 2. 6—125

（三）发生定义。它是揭示事物的发生和来源的定义。

1. 德者，道之功[1]。（《解老》）
2. 仁者，德之光[2]。（《解老》）
3. 义者，仁之事[3]。（《解老》）
4. 礼者，义之文[4]。（《解老》）
5. 聪明睿智，天也[5]。动静思虑，人也[6]。（《解老》）

**[注释]**

[1] 功：功效，具体体现。

[2] 光：光辉。

[3] 事：实事，实践。

[4] 文：文采，仪容，表现形式。

[5] 天：天性，自然。这句话是说，聪明、敏慧、锐智是人的天性。

[6] 人：人为。这句话是说，行动和思考问题是人为的。

**[段旨]**

韩非子概念定义法之三"发生定义"法。

### §3. 2. 2. 7—126

（四）作用定义。它是揭示事物所具有的作用和功能的定义。

1. 柢也者，木之所以建生也[1]。曼根者，木之所以持生也[2]。（《解老》）

2. 德也者，人之所以建生也[3]。禄也者，人之所以持生也。（《解老》）

3. 礼者，所以貌情也[4]。（《解老》）

4. 道者，万物之所然也，万物之所稽也[5]。……道者，万物之所以成也[6]。（《解老》）

5. 法，所以治国也[7]。（《安危》）

[注释]

[1] 柢（dǐ）：树的主根。之：助词，取消句子的独立性，使之成为名词性结构。所以：借它来做……，以它作为……的东西。所，代词。建生：建立生命，成活。者……也：上古汉语构成判断句的语法结构。

[2] 曼根：蔓延的根，细根。持生：维持生命。

[3] 建生：犹言立足。

[4] 貌情：表达情感。貌：形容，外现，表达。全句是说，礼，是用它来宣泄情感的一种方式。

[5] 所然：形成那样子的东西，这里指万物的必然性，共同点。所稽：指依据之点，根本之处。这句话是说，道，是万物的共同点，万物的根本依据。

[6] 所以成：借它来形成。指万物形成的原委。这句话是说，道，是万物形成的缘由。

[7] ……，……也：上古汉语判断句表达式。这句话是说，法，是用它来治理国家的。

[段旨]

韩非子概念定义法之四"作用定义"法。


§ 3. 2. 2. 8—127

（五）本质定义。它是揭示事物的本质属性的定义。

1. 道者，万物之始，是非之纪也[1]。（《主道》）

2. 法者，宪令著于官府，刑罚必于民心，赏存乎慎法，而罚加乎奸令者也[2]。（《定法》）

3. 术者，因任而授官，循名而责实，操生杀之柄，课群臣之能者也[3]。（《定法》）

4. 法者，编著之图籍，设之于官府，而布之于百姓者也[4]。（《难三》）

5. 术者，藏之于胸中，以偶众端，而潜御群臣者也[5]。（《难三》）

[注释]

[1] 始：初始，本源。纪：纲纪，准绳。

[2] 宪令：法令。著：制定，明确。必于：必须在于。乎：于。慎法：指谨慎守法的人。奸：通"干"，触犯。奸令：指触犯法制禁令的人。……者，……者也：上古汉语判断句式。这句话中的"于""乎"都是介词，在。

[3] 任：能力。授：周著本作"援"，据《韩非子校注》、陈奇猷《韩非子新校注》、清王先慎《韩非子集释》改。责：责求，问责。循名而责实：依照其官位大小而问责其实际干了什么。操：掌控。柄：权力。课：考察，考核。能：能力。

[4] 编著：制订。图籍：图书典籍，形成文书。设：设置，保存。布：公布。这句话中的三个"之"都是代词。

[5] 胸中：国君胸中。偶：汇合，联通。众端：方方面面的人和事。潜御：暗中驾驭。

[段旨]

韩非子概念定义法之五"本质定义"法。

### §3.2.2.9—128

我们阐述这五种定义所引用的例证大都是《解老》的资料。顾名思义，《解老》是韩非子解释老子的哲学思想的论著，因此他的种种不同类型的定义也就集中表现在《解老》里[1]。由于老子哲学所包含的概念很丰富，因此他也就分别地依照各种概念的特点恰如其分地采用了不同的定义方式来给它们下定义。在这五种不同类型的定义方法中，我们有几点体会。

[注释]

[1] 这句话从《解老》的性质在于解释老子极为丰富的哲学概念，回答了为什么《解老》中定义法多而较全的原因。如要询问为什么要作《解老》，其思想衍脉和背景如何，则有说如次：《解老》《喻老》是韩非二十岁出头时的作品，"代表着韩非思想的过渡和攀升时期。这是韩非思想初成之后的拓展时期，是一个韩国公子在青年时期探求学问，在初步接受申不害、商鞅的法术思想之后，朝气勃勃地超越原有的法术思想的

原教旨倾向，而以当时盛行的黄老之学作为思想资源，把自己的学理所得置于哲学本体论层面进行反思与辨析"（杨义：《韩非子还原》，第207页）。周著说韩非为定义属于他自己的法制术语而走向《解老》，后人可从《解老》中发现一个又一个的定义和定义方法，杨说韩非为告别申、商原教旨法术而求助于老子哲学本体论来提升自己的法制思想，画出一个属于他自己的法制思想系统的义界，这两种说法是可以交集的、重合的。

[段旨]

韩非子五种定义法与他的《解老》篇。

### §3. 2. 2. 10—129

（一）语文的表现形式上的异同。逻辑思惟的表达必须要采用语言形式[1]。虽然研究逻辑不在于研究表现思惟的语文形式，但是不同类型的定义也表现做不同的语文形式，因此在语文表现的不同形式上，我们就可以窥察出不同类型的定义来。

[注释]

[1] 这句话彰显逻辑思维与语言不可分。"语言是思想的直接现实。""'精神'一开始就很倒霉，注定要受物质的'纠缠'，物质在这里表现为震动着的空气、声音，简言之，即语言。"（马克思、恩格斯：《德意志意识形态》，《马克思恩格斯全集》第3卷，第525、34页）传统逻辑往往视逻辑分析与语言分析相似，如对概念下定义，述其内涵和外延等，但两者有本质的区别，汉语语法分析并不是逻辑分析甚明。现代分析哲学产生了"语言转向"，主张"哲学的根本任务就是对语言进行逻辑分析"，语言与逻辑的关系再次被提出。中国古代不乏语言与逻辑的关系的说明。《墨辩·小取》"以说出故"的"说"是用语言表述提出推理的依据，《经说·上》以"说"为"所以明也"，更加明确了"说"的语言表达性质，"故"是用作推理的前提、条件、论据、结论。逻辑推理离不开语言表达，但"说"和"故"又是判然二事。周著注意到语言与逻辑两者不可分割的联系，但始终立足于两者的根本区别，并重点阐述逻辑问题。

[段旨]

为什么能从语文表达看出韩非子的不同类型的定义，原因就在于逻辑思维表达必须采用一定的语文形式，逻辑与语文密不可分。

### §3.2.2.11—130

这五类定义的语文形式都是用"……者，……也"的格式，都不用系词[1]。这是它们共同的特点。

[注释]

[1]"……者，……也"先秦表判断的语法结构式，由表判断语气的语气词组成。据洪诚先生《论南北朝以前汉语中的系词》一文的研究，系词"是"产生于西汉初年，至迟至东汉王充（27—约97年）《论衡》已广泛使用。（《洪诚文集·雒诵庐论文集》，第5、6页）。

[段旨]

韩非子五种定义式的语文形式共同特点。

### §3.2.2.12—131

作用定义在语文表现上总是在被下定义的概念和用来下定义的概念之间用个"所以"，例如"法，所以治国也"，"礼者，所以貌情也"[1]。这是作用定义在语文表现上的标志，这和其它类型的定义都是不相同的[2]。

[注释]

[1]作用定义用"所以"连接概念两端，与作用定义的概念本身和"所以"的语义"用它（所，代词）来作……"两相同义完全一致。

[2]周著在这里提出了"概念定义的语文标志"这一范畴，是有价值的。张世英引Martin Buber的话说："在上帝的回应中，每一物，宇宙，都作为语言而显现。"（《哲学导论》，第259页）概念，不过是移置于人脑中的物和宇宙，当然也不例外。

[段旨]

作用定义语文表达上通常用"所以"连接概念两端。

### §3.2.2.13—132

释名定义在语文表现上有两种类型。被下定义的概念可以在前，也可以在后。其它类型的定义也有同样的情形[1]。例如：描述定义："凡理者，方圆短长粗靡坚脆之分也。"也可以说做："短长大小方圆坚脆轻重白黑之谓理。"（《解老》）不过这两种殊异的类型在释名定义上表现得特别典型特别显著罢了。

[注释]

[1] 这两种类型的划分，周著以释名定义式的语文表达式中的词序为参照，语言结构成了概念逻辑分析的一个视点。康德曾说，"在纯粹理性的一个系统中"作出定义时，如另有需要，还可"交由另一项研究去处理"，包括"写出一部完备的词典连同其一切必需的解释"（邓译本《纯粹理性批判》，第74页）这样的语文学方法。

[段旨]

释名定义在语文表达上有两种类型。

### § 3. 2. 2. 14—133

（二）思惟的一般意义上的区别性和联系性。这五种定义在一般意义上都是各有区别的。从释名定义到本质定义可以看做是由浅入深地揭发概念的涵义的过程。释名定义只是表面的定义，描述定义、发生定义和作用定义都是内容的定义，而本质的定义就是最深刻的最本质的定义[1]。

[注释]

[1] 哲学的基本出发点是讲人与世界，人主体与万物客体之间的关系的（张世英：《哲学导论》，第3页）。这里寻求思维（概念）间的区别和联系，固然没有离开这个基本点，因为概念是人的认识，已有主体性，但这里的做法已是纯哲学、纯理性的研究思路。这里的纯粹理性又是借语言分析而展开的（§3.2.2.10—129等）。康德说："甚至那仅仅通过范畴来给现象先天地颁布法则的纯粹知性能力也不足以建立更多的规律"，除非"据以作为诸现象在空间和时间中的合规律性的那些规律"，最后要把属于"综合统一原则的规定"那些纯理性展示为"空间和时间相关的知性的形式"。（邓译本《纯粹理性批判》，第109、112页）可以说，明确地以语言分析推进和深化纯粹理性分析，是中国学者对纯理哲学的贡献。

[段旨]

五种定义法之间的区别表现为由浅入深地揭示概念含义的过程。

**§ 3. 2. 2. 15—134**

但是这并不是每个概念都可以用这五种定义来给它们下定义，更不是说我们一定要用五种定义来给每个概念下定义。事实上由于概念本身的情况的不同，因此产生了这五种不同类型的定义[1]。像"侈"和"嗇"之类的概念，只要下个释名定义就够了。更不必要求有另外的定义。韩非子对于不同情况的概念，就给它们下不同类型的定义。这正足以说明他具有对定义的正确看法和下定义的灵活方法[2]。

[注释]

[1] 这里的"五种定义"都应该是指定义方法。方法与对象研究的内容不同。

[2] 由这句话可知战国时代已达到的逻辑学高度，具有逻辑水平和思维能力。汪奠基说："中国逻辑史同样是以研究逻辑的规律和形式法则等理论发展为对象的。"又举例说："又如韩非讲参伍'不贰'，讲'矛盾'自违的论证，也都是对思维规律的具体见解。"（汪奠基：《中国逻辑思想史》，第18、19页）周著从定义本身的概念和定义法讲韩非子逻辑思想，是对汪著的补充说明。

[段旨]

韩非子五种定义法有很强的针对性，不同内容的概念用不同的下定义的方法。

**§ 3. 2. 2. 16—135**

这五种定义虽然有区别，但这些区别也不是绝对的。它们之间是有着一定的联系的。（甲）描述定义有的偏重于描述性质，例如上面所引的"仁"和"义"的定义；有的偏重于描述状态，例如上面所引的"廉"和"直"的定义。但是，"仁"和"义"的性质也可看做是状态，"廉"和"直"的状态也可看作性质[1]。（乙）发生定义和作用定义的区别虽然是很明确的，但在本质上也有一定的联系性。发生定义可以说是用原因给结果所下的定义，例如："礼者，义之文也。""义"是"礼"的根据，"义"的表现就是"礼"。作用定义可以说是用结果来给原因所下的定义。例如："道者，万物之所以成也。""万物"是"道"所产生的结果，"万物"的原因就是"道"。因此，这两种定义虽然不同，但是它们在实质上却都表现了一定的因果关系[2]。（丙）描述定义和本质定义虽然有区别，但也是有联系的。表现性质的描述定义和表现本质的本质定义有时难以区别，正像有些性质很难和本质相区别一样。例如：上面所引的描述"仁"和"义"的性质的描述定义，也未尝不可以看做本质定义，因为除了这些性质之外也就找不到其他的本质。又如"道者，万物之始也，是非之纪也"，我们说它是本质定义，其实也可以看做描述定义，因为这里阐述了"道"的本质，而本质也就是它的唯一的性质。[3]

**[注释]**

[1] 这句话讲描述性质和描述状态的共同点。性质是内在包含，状态是外在样态，逻辑上前者"是什么"，后者"怎么样"。康德曾说：先天知识的缺乏客观有效的"先天直观"可能性根据，与经验的必然性命题，在"感性形式的真实性状的学说中"，两者相隔的困难可以"消除"而一致起来。（邓译本《纯粹理性批判》，第41页）

[2] 从"作用定义"至"因果关系"三句都是讲原因和结果可以互换，由因而果，倒果为因，因与果密切联系不可分。康德说："结果应该不只是附加在原因上的，而是通过原因建立起来、并从中产生出来的。"并将此称为"规则的这种严格普遍性"。（邓译本《纯粹理性批判》，第83、84页）。

[3] 整个（丙）一小段都涉及性质和本质的区别和联系。《现代汉语词典》第7版（2018）对"性质"的解释："一种事物区别于其他事物的根本属性。"对"本质"的解释："指事物本身所固有的，决定事物性质、面貌和发展的根本属性。……"可知两者的紧密联系。连"本质"的解释也是描述性的。康德哲学中多"性状"（beschaffenheit），少有"性质"的说法，而"本质"（wesen/wesentliche, natur）也往往是结合具体实施而言的。例如，论实践理性时说："行动的一切德行价值的本质取决于道德法则直接规定意志"，但道德原则与其实施中带来的至善和幸福的关联，则需"我们要以令人信服的方式来描述这一关联"（邓译本《实践理性批判》，第98、170页），可知对本质的揭示既要"是什么"，也要"怎么样"，既要关于本质的说明，也要如何获取的描述。

[段旨]

韩非子五种定义两两之间的密切联系。

# 第三节　辩类

## §3.3.0.1—136

韩非子善于观察事物的异同，因此他很重视辩类。《扬权》说：

"审名以定位，明分以辩类[1]。"（旧注说[2]："审察其名，则事位自定，明识其分，则物类自辩[3]。"）

[注释]

[1] 分：份。分际，界限。这句话是说，审核臣下的言论以确定他们的职位，明辨是非界限来区分臣下的类别。

[2] 旧注：指《韩非子集解》王先慎注。

[3] 事位：处事的地位，职位。识：识别，区分。物类：事物的类别。自辩：自然会区分清楚。

[段旨]

韩非子善于辨识事物异同。

## §3.3.0.2—137

从逻辑的角度看：审名就是定义，辩类就是分类。"审名以定位"，就是说定义可以规定事物的秩序[1]。"明分以辩类"，就是说分类要根据事物间的明确的界限[2]。他把"审名"和"辩类"并列地提出来，可见定义和分类是有着密切的联系，定义和分类也是同等地重要的[3]。现在我们分两部分来讨论"辩类"：（一）辩类的重要性。（二）辩类的例证。

[注释]

[1] 句中以"秩序"对应"定位"之"位"。秩序：有条理。"事物的秩序"正是指事物的性质、事物的内在理路。杨国荣说："道作为普遍的规律，则表征着存在的秩序。"（杨国荣：《道论》，第56页）

[2] 明分：明确份际、界限。"明分"句直译为：明确事物的界限而辩说类别。故周著把"明分"句直接解释成"就是说分类要……"是可取的。

[3] 定义和分类同等重要，两者密切联系，此说颇可注意。康德说，

"把自然产物划分为类和种",以确保"在自然中揭示某种可理解的秩序","以便把对一个产物的解释和理解的原则也运用于解释和把握另一个产物"(邓译《判断力批判》,第20页)。"可理解的秩序""解释和理解的原则"都是定义内容。

[段旨]

定义和分类同等重要,密不可分。

## 一　辩类的重要性

### §3.3.1.1—138

韩非子常常把同类的事情叫做"事类"。"事类"是应该辩明的对象,辩明事类就叫做"辩类"。他为什么只把类叫做"事类"而不叫做"物类"呢[1]?据我们的理解,这是由于他的法术之学的对象只限于历史现象和社会现象的范围的缘故。

[注释]

[1]"事物"之统称,事与物是两个不同的概念甚明。中国哲学关注人生、社会,重在"事"的哲学;西方哲学从古希腊哲学起,就重在客观世界存在物及其为深入物理的形上研究。在"事物"(物)与"事实"(事)的对峙中,西方从17世纪开始,"事实被说成是在客观世界中以某种方式相关联的一组对象"(《西方哲学英汉对照辞典》,第359页),事物被命名,事实被叙述。世界的总和是事实,而非事物。康德论"事物"时虽然用"事",但实际上指"物"(东西)。康德说:"可认识的事物就具有三种方式:意见的事、事实的事和信念的事。"译者注三者实际上分别为:可推测的东西、可认识的东西、值得相信的东西(邓译本《判断力批判》,第326页)。康德依然强调西方传统中的"物"研究,而对"事实",又和"可认识"匹配,很对。由上亦可知,康德区分事物和事实,区分物和事。

[段旨]

韩非子"事类"概念的重要性及其由来。

### §3.3.1.2—139

他有时把"辩类"叫做"察类",有时也叫做"知类"。他常常用反面的例证来说明"辩类"的重要性。《孤愤》说：

"夫越虽富兵强，中国之主，皆知无益于己也[1]。曰：非吾所得制也[2]。今有国者，虽地广人众，然而人主壅蔽，大臣专权，是国为越也[3]。智不类越，而不智不类其国，不察其类者也[4]。"

《人主》说：

"今无术之主，皆明知宋、简之过也，而不悟其失，不察其事类者也[5]。"

《难势》说：

"欲进利除害，不知任贤能，此则不知类之患也。[5]"

[注释]

[1]《韩非子校注》据道藏本等作"夫越虽国富兵强"，此无"国"字据王先慎集解本，或据乾道本。中国：指当时中原地区的诸侯国。

[2] 得：能。制：控制。这句话是说，不是我所控制得了的。

[3] 壅蔽：言路堵塞受蒙蔽。是国：中原这些国家。"是国"句：中原这些诸侯国和当年的越国没有什么不同。

[4] 智：知。这里的三句话，正是上文说及的"知类""察类"的例证。"智不类越"句承上文，意思是，中原诸侯国知道自己的国家不像国富兵强的越国那样，遥远得无助于己，也无法来管控自己。"而不智不类其国"句：却不知道（本国）不同于越国（国富兵强而自我管控）之处：因主失国柄而自己不能管控自己。"不类越""不类其国"中"类（相似）"的对象都是越国，但内容不同。

[5] 宋、简：指宋桓公、齐简公。宋桓公信用子罕任宋国司城（掌管土木建筑的官），子罕后杀宋桓公自代之。齐简公时执政大臣田成子杀简公而夺权政权。全句是说，如今的不知治国之术的君主，都知道宋桓公、齐简公的过错，却不明白失败的原因在于无治国之术，就不能察知自己和宋桓公、齐简公是同一类人和事。事类：承上文，指无术治国之君、宋简二公，都与虎豹失去爪牙同类。

[5] 类：同类事物推比。类已经成为韩非认识社会，有效地推行法治的重要工具。

[段旨]

韩非子善于从反面举证说明辩类对实行法治的重要性。

### §3.3.1.3—140

"不察其类""不察其事类"和"不知类"就是不能"明分以辩类"。不能"明分以辩类",就能导致过失祸患的后果[1]。这就足以证明辩类的重要性了。

[注释]

[1] 韩非关于"类"的四个否定性说法密切相关,一脉相承,最终只能导致一个肯定性的后果。

[段旨]

韩非强调辩类的重要性。

### 二　辩类的例证

### §3.3.2.1—141

辩类就是把事物加以分类。韩非子采用的分类法有着自己的特点:(一)他的分类法是归纳的而不是演绎的[1]。他分析了历史事实和社会现象,把它们归纳成不同的类别。他不是用演绎法根据一定的标准把一定的对象分成类的,而是从具体事实出发所作的归类。(二)正由于他的分类是根据具体事实着重归纳方法的,因此他总是采用多分法,而不大采用二分法。二分法总会具有抽象的公式的性质,而具体事实的类别却要由它自身来决定,因此常常不能适用二分法[2]。

[注释]

[1] 这句话本身就说明,分类有两种:归纳分类法和演绎分类法。中国古代的类,大都是归纳而成。《墨辩·经说上》:"命之马,类也;若实也者,必以是名也。"实,特征。有马的特征的动物都归为马。演绎之于分类的必要性,康德有说:"由于普遍的自然规律虽然在诸物之间按照其作为一般自然物的类而提供出这样一种关联,但并不是特别地按照其作为这样一些特殊自然存在物的类而提供的:所以判断力为了自己独特的运用必须假定这一点为先天原则……";又说,"为了确信对目前这个概念的演绎的正确性和把它确定为先验知识原则的必要性",而没有演绎的规则,"就不会有从一个一般的可能经验的普遍类比向一个特殊类比的进展"(邓译本《判断力批判》,第18、19页)可见康德强调分类中的演

绎法是以他的知性先验法则为前提的。如将先验法则改成对象本身的法则（事实也是如此），则分类中的演绎是将对象物的分类与它的相关法则或分类标准一致起来。

［2］关于二分法的抽象性，康德说，对于不同的美的艺术，"人们也可以用二分法来建立这种划分……只不过这样一来它们就太抽象，而且看起来不太适合于普通的理解罢了。"（邓译本《判断力批判》，第166页）而多、多分的优点，康德说："同质的多合起来构成着一。"又因量的多少"也取决于单位的（尺度的）大小"，故而不可能有绝对的多和少，"而每次都只能提供出一个比较的概念"（邓译本《判断力批判》，第86、87页）。可见，多的区分总是具体的，可供比较研究的。

[段旨]

韩非子分类法是归纳分类法而非演绎分类法，是多分法而非二分法。

### §3.3.2.2—142

《主道》把人主的雍分做五类：

"人主有五雍，臣闭其主曰雍；臣制财利曰雍；臣擅行令曰雍；臣得行义曰雍；臣得树人曰雍[1]。"

《二柄》说：

"明主之所导制其臣者，二柄而已矣[2]。二柄者，刑德也[3]。"

又说：

"人主有二患：任贤，则臣将乘于贤以劫其君；妄举，则事沮不胜。[4]"

《八奸》把"奸"分成八类：

"凡人臣所道成奸者有八术：一曰：在同床[5]。……二曰：在旁[6]。……三曰：父兄[7]。……四曰养殃[8]。……五曰：民萌[9]。……六曰：流行[10]。……七曰：威强[11]。……八曰：四方[12]。……"

《三守》说：

"凡劫有三：有明劫；有事劫；有刑劫[13]。"

《南面》说：

"人主又诱于事者，有雍于言者，二者不可不察也[14]。"

《观行》说：

"天下有信数三[15]。一曰：智有所不能立；二曰：力有所不能举；三曰：强有所不能胜[16]。"

《安危》把安术分成七类，把危道分成六类：

"安术有七，危道有六。安术：一曰：赏罚随是非；二曰：祸福随善恶；三曰：死生随法度；四曰：有贤不肖而无爱恶；五曰：有愚智而无非誉；六曰：有尺寸而无意度；七曰：有信而无诈[17]。危道：一曰：斫削于绳之内；二曰：斫割于法之外；三曰：利人之所害；四曰：乐人之所祸；五曰：危人之所安；六曰：所爱不亲，所恶不疏[18]。"

《功名》说：

"明君所以立功成名者四：一曰：天时；二曰：人心；三曰：技能；四曰：势位[19]。"

《内储说上七术》把"主子所用"的术分成七类：

"主子所用也七术，所察也六微[20]。七术：一曰：众端参观；二曰：必罚明威；三曰：信赏尽能；四曰：一听责下；五曰：疑诏诡使；六曰：挟势而问；七曰：倒言反事。[21]"

《内储说下六微》把"主之所察"的现象分做六类：

"六微：一曰：权借在下；二曰：利异外借；三曰：托于似类；四曰：利害有反；五曰：参疑内争；六曰：敌国废置；此六者，主之所察也[22]。"

《说疑》把历史上的人臣分成六个类型：

"昔者有扈氏有失度，讙兜氏有孤男，三苗氏有成驹，桀有侯侈，纣有崇侯虎，晋有优施，此六人者，亡国之臣也[23]。"

"若夫许由、续牙、晋伯阳、秦颠颉、卫侨如、狐不稽、重明、董不识、卞随、务光、伯夷、叔齐，此十二人者，……此之谓不令之民也[24]。"

"若夫关龙逢、王子比干、随季梁、陈泄冶、楚申胥、吴子胥，此六人者，……先古圣王皆不能忍也，当今之世，将安用之[25]？"

"若夫齐田恒、宋子罕、鲁季孙意如、晋侨如、卫子南劲、郑太宰欣、楚白公、周单荼、燕子之，此九人者之为其臣也，……唯圣王之智能禁之，若夫昏乱之君，能见之乎[26]？"

"若夫后稷、皋陶、伊尹、周公旦、太公望、管仲、隰朋、百里奚、蹇叔、舅犯、赵衰、范蠡、大夫种、逢同、华登，此十五人者，……此谓霸王之佐也[27]。"

"若夫周滑之、郑王孙申、陈公孙宁、仪行父、荆芋尹申亥、随少师、越种干、吴王孙頟、晋阳成泄、齐竖刁、易牙，此十二人者之为臣也，……有臣如此，虽当圣王，尚恐夺之，而况昏乱之君，其能无失乎[28]？有臣如此者，皆身死国亡，为天下笑。"

又把人臣的奸分成五类：

"人臣有五奸，而主不知也。为人臣者，有侈用财货赂以取誉者，有务庆赏赐予以移众者，有务朋党徇智尊士以擅逞者，有务解免赦罪狱以事威者，有务奉下直曲怪言伟服瑰称以眩民耳目者，此五者，明君之所疑也，而圣主之所禁也[29]。"

又说：

"孼有拟适之子，配有拟妻之妾，廷有拟相之臣，臣有拟主之宠，此四者，国之所危也[30]。"

《诡使》说：

"圣人所以为治道者三：一曰利，二曰威，三曰名[31]。"

《六反》把人分做十二类：六类是"世之所誉"；六类是"世之所毁"[32]。这两个六类人是相反的，所以叫做"六反"。

"畏死远难，降北之民也，而世尊之曰贵生之士[33]。学道立方，离法之民也，而世尊之曰文学之士[34]。游居厚养，牟食之民也，而世尊之曰有能之士[35]。语曲牟知，伪诈之民也，而世尊之曰辩知之士[36]。行剑攻杀，暴憿之民也，而世尊之曰磏勇之士[37]。活贼匿奸，当死之民也，而世尊之曰任誉之士[38]。此六民者，世之所誉也。"

"赴险殉诚，死节之民也，而世少之曰失计之民也[39]。寡闻从令，全法之民也，而世少之曰朴陋之民也[40]。力作而食，生利之民也，而世少之曰寡能之民也[41]。嘉厚纯粹，整穀之民也，而世少之曰愚戆之民也[42]。重命畏事，尊上之民也，而世少之曰怯慑之民也[43]。挫贼遏奸，明上之民也，而世少之曰谄谗之民也[44]。此六者，世之所毁也。奸伪无益之民六，而世誉之如彼。耕战有益之民六，而世毁之如此。此之谓六反。"

《八说》把"匹夫之私誉"的人分做八类：

"为故人行私，谓之不弃[45]。以公财分施，谓之仁人[46]。轻禄重身，谓之君子[47]。枉法曲亲，谓之有行[48]。弃官宠交，谓之有侠[49]。离世遁上，谓之高傲[50]。交争逆令，谓之刚材[51]。行惠取众，谓之得民[52]。……此八者，匹夫之私语，人主之大败也[53]。"

《五蠹》把五类人叫做"邦之蠹"[54]。

"是故乱国之俗，其学者，则称先王之道以借仁义，盛容服而饰辩说，以疑当世之法，而贰人主之心[55]。其言古者，为设诈称，借于外力以成其私，而遗社稷之利[56]。其带剑者，聚徒众，立节操，以显其名，而犯五官之禁[57]。其患御者，积于私门，尽货赂，而用重人之谒，退汗马之劳[58]。其工商之民，修治苦窳之器，聚弗靡之财，蓄积待时，而侔农夫之利[59]。此五者，邦之蠹也。"

[注释]

[1] 壅：被阻塞，受蒙蔽。闭：闭塞，封锁。制：控制。擅行令：专权颁行法令。得：能够。行义：私下里给人好处。树人：指私结党羽。

[2] 所导：所由，所经。导：通"道"。制：控制。所导制：所用来控制……的办法。二柄：刑罚和封赏。

[3] 刑德：刑和德，指刑罚和赏赐。

[4] 乘于贤：借助于贤名。妄举：胡乱用人，用坏人。沮：毁败。不胜：不能取胜。

[5] 八术：造成"八奸"的八种手段。八奸：八种篡夺君权的阴谋手段。在同床：指贪恋女色。

[6] 在旁：指八面玲珑，处处讨好，阳奉阴违，暗行不轨。

[7] 父兄：指大臣用金钱美女收买国君的兄弟、庶子，用花言巧语笼络近臣权重者，唆使他们在国君面前说尽好话、使绊子，左右国君，坐收渔翁之利。

[8] 养殃：指用宫室台池，美饰子女狗马博取国君欢心，设下陷阱。

[9] 民萌：是指收买民心。萌，通"氓"，民也。

[10] 流行：指用"巧文之言，流行之辞"来蛊惑人主坏其心。

[11] 威强：指人臣"聚带剑之客，养必死之士"造成威慑以胁迫国君。

[12] 四方：指削弱本国力量事奉大国，借大国的威势，强国的军队迫使国君就范。

[13] 劫：劫夺。这里指篡夺君位。明劫：公开篡位。事劫：通过政事篡位。事，政事。刑劫：专门用刑罚篡位。

[14] 诱：引诱，诱惑。于：介词，表被动。

[15] 信数：可信度，必然性的道理。

[16] "智有"句：智慧有办不成的某事。所：代词，指代某事、某物、某比较对象。"力有"句：力量有不能举起的某物。"强有"句：实力有不能胜出的对象。

[17] "一曰"句：赏罚据是非而定。"四曰"句：根据实际情况判定人的贤与不贤，而不凭主观上的喜爱和厌恶。爱恶（wù）：喜爱和讨厌。"五曰"句：根据人的实际能力判定其愚蠢还是智慧，而不管他人是诽谤还是赞誉。非：通"诽"。"六曰"句：量度客观事物按测量标准而不是按主观臆断。意度（duó）：主观揣测。"七曰"句：办事守信用而不欺诈。

[18] 危道：危险的做法。斫（zhuó）：砍。绳：木工用的墨线。"砍削"句：比喻说办事违规。斫割：《韩非子校注》据乾道本作"断割"，周著作"斫割"，据王先慎《集解》本。"斫割"句：胡作非为于法律之外，违背法令任意裁断。"利人"句：以他人的祸患为有利。"乐人"句：以他人遭灾祸为快乐。"危人"句：危害他人的安全。所爱、所恶："所+动词"结构，表"动词义+的人（或对象）"。

[19] 技能：泛指治事本领。势位：权势高位。

[20] 七术：控制臣下的七种方法。六微：六种隐蔽的情况。

[21] 众端：许多头绪，许多方面。参观：参验证实。必罚明威：坚决惩罚犯罪分子以显示威严。信赏：赏赐守信务必兑现。尽能：指最大限度地发挥臣下的能力。一听责下：逐一听取臣下的言论并督责其行动。疑诏诡使：发出可疑的诏令，使出诡诈的手段，以考察臣下是否忠诚。挟（xié）知而问："知"字周著作"势"字，据《韩非子校注》本、王先慎《集解》本改。意思是：怀藏已知的事询问臣下，以测试他们是否

忠诚。倒言反事：说与本意相反的话，做与事实相反的事，以刺探臣下的阴谋。

[22] 权借在下：国君的权势被臣下盗用。利异外借：因君臣利益不同，臣下借外部诸侯国的势力谋私利。托于似类：奸臣会借似是而非的事情来欺骗君主而谋私利。利害相反：由于利害关系相反，臣下就会通过危害君主和他人来谋取私利。参疑内争：不同等级名分的人不断越位导致内部争权夺利，杀戮无故。参：错杂。疑：通"拟"，拟比，相似。敌国废置：按敌国的意图任免大臣，为敌国谋利。

[23] 有扈氏：夏代的一个部落名。失度：传说是有扈氏的相。讙（huān）兜氏：尧时的一个部落名。孤男：人名，事迹失考。三苗：又名有苗，古代南方的一个部落名。成驹：人名，事迹失考。桀：夏代最后一个君主。侯侈：传说为夏桀的宠臣。纣：商纣王，为周武王所灭。崇侯虎：商纣王的宠臣。优：以歌舞诙谐供人取乐的人。施：春秋晋献公的名优，曾教唆献公宠妾骊姬杀害太子申生，逼走献公的其他几个儿子，造成晋国大乱，事见《国语·晋语一》。

[24] 若夫：句首发语词，要是说起那……，至于。许由：传说尧时的贤人，尧要让天下给他，他逃到箕水隐居。续牙（即续身）、晋伯阳（即伯阳）、董不识（疑即东不訾）传为舜的七友之一。秦颠杰、卫侨如、重明，皆事迹不详。狐不稽（疑即《庄子·大宗师》里的狐不偕）：据成玄英疏为尧时贤人，不接受尧的禅让而投水自尽。卞随、务光：商汤灭夏桀后，将君位让给他们，他们不接受而投水自尽。伯夷、叔齐：殷末遗民，武王灭商后，不食周粟而饿死在首阳山。不令之民：不服从命令的人。

[25] 关龙逢（páng）：因直谏夏桀被杀。见《韩诗外传》卷四。王子比干：商纣王的叔父，因屡次劝谏而遭剖心处死。事见《史记·殷本纪》。随季梁：随，春秋诸侯国名，在今湖北省随县。季梁，曾劝谏随侯内修国政，外结交楚国。参见《左传·桓公六年》。陈泄冶：春秋陈国大夫泄冶因向陈灵公直谏而被杀。楚申胥：申胥当是楚文王大臣葆申，曾直谏文王"王之罪当笞"。事见《吕氏春秋·直谏》。吴子胥：楚人伍子胥，后投奔吴国，为吴王夫差的大夫，屡次直谏被疏远，最终被迫自杀。忍：容忍。安用之：如何使用他们。

[26] 齐田恒：春秋末齐卿田常，即田成子，公元前481年发动政变，攻杀齐简公，篡夺了政权。宋子罕：宋大臣戴子罕劫杀宋桓侯，夺得宋国政权。鲁季孙意如：春秋末鲁执政卿季平子，公元前517年驱逐鲁昭公，独揽朝政。晋侨如、郑太宰欣、单荼：事迹失考。卫子南劲：春秋时卫国将军子南弥牟的后人，后投靠魏国，魏灭卫后魏惠成王封他为侯。楚白公：楚平王孙白公胜，避难到吴国，被召回后于公元前479年发动政变，杀令尹子西，废惠王自立，不久兵败自杀。事见《左传·哀公十六年》。子之：燕王哙（kuài）的相，公元前316年燕王哙让位于他，引起太子反抗，齐国出兵干涉，杀子之。见《史记·燕召公世家》。"唯圣王"句：只有圣明的君王能抑制住他们，至于昏乱的国君，能看得出来吗？

[27] 后稷：周族的始祖，传说他做过尧的农官。皋陶（yáo）：传说古代夷族的部落首领，做过尧的掌管刑法的官。伊尹：商汤的相。传说出身奴隶，做过汤的厨师，助汤灭夏桀，建立了商王朝。周公旦：姬旦。周武王的弟弟，佐武王灭商，并摄政成王，建立周王朝的典章制度。太公望：姜太公吕望，一名姜尚，武王灭商时的军师。管仲：齐桓公的相，曾辅佐桓公成为春秋时期第一霸主。隰（xí）朋：齐桓公的右相，曾协助管仲进行政治改革。百里奚：春秋时虞国大夫，晋灭虞后入秦，辅佐秦穆公成就霸业。蹇（jiǎn）叔：春秋时秦国大夫，与百里奚共同帮助秦穆公建立霸业。舅犯：狐偃，字子犯，晋文公的舅父，曾随文公在外流亡十九年，返晋后帮助晋文公建立霸业。赵衰（cuī）：晋文公的卿，曾随文公在外流亡十九年，后帮助晋文公建立霸业。范蠡（lǐ）：春秋末楚国人，后为越国大夫，帮助越王勾践灭吴建立霸业。大夫种（zhòng仲）：文种，与范蠡一起倡导农战，助勾践灭吴。逢（páng）同：越国大夫，外交家。曾为勾践制定结齐亲楚附晋的方针，形成对吴的外交攻势。事见《史记·越王勾践世家》。华登：春秋宋国华费遂子，在宋争权失败，奔吴为大夫。载《国语·吴语》韦昭注。佐：成事之助，帮助。

[28] 滑（gǔ）之，周威王时人，事迹不详。王孙申：未称王的郑国人，当作公孙申，事迹不详。公孙宁：孔宁，春秋陈国大夫。仪行父（fū）：陈国大夫，与孔宁一起引诱陈灵公荒政乱国。荆芋尹申亥：楚国芋尹官申亥。事迹见《国语·楚语上》。少师：春秋随国大夫，公元前

704 年，楚攻随，少师采取错误战术，随大败，随侯逃走，少师被俘。事见《左传·桓公八年》。种（chóng）干：人名，事迹失考。种，姓，本仲氏。王孙颔（é）：一名王孙雒（luò），吴公子，曾劝吴王夫差与越国议和，北上伐齐，与晋争霸，吴王听信了他的话，放松了对越国的警惕，最终被越灭亡。阳成泄：春秋晋智伯瑶家臣，事迹不详。竖习、易牙：春秋齐国人，齐桓公宠臣，桓公病，乘机作乱，阻塞宫门，饿死桓公，并致桓公死七日不收。

[29] 侈用：滥用。财货：财富货物。赂：行贿。务：从事，致力于。庆赏赐予：奖励恩赏施舍。移众：拉拢百姓。狥智尊士：王先慎《集解》本作"狗"，《校注》本作"狥"。狗智、狥智：顺从有智者。尊士：尊重士子。擅逞：专权放肆，为所欲为。解免赦罪狱：指解除赋税，免去徭役，赦免罪犯，去除刑罚。狱：刑狱，刑罚。以事威者：用来虚涨自己威势的人。奉下直曲怪言伟服瑰称：奉迎讨好下民，是非不分，发表奇谈怪论，祭起不一般的伟大旗帜，穿着奇装异服，说大话声称如何如何以盅惑人心。以眩民耳目者：用以混淆视听，欺骗舆论的人。禁：禁止。

[30] 孽（niè）子：庶子。拟：比拟，充当，匹敌。适：通"嫡"。适之子：嫡子。

[31] 所以为治道者：用来作为治理天下的原则。利、威、名：利益、威势、名分。

[32] 誉：赞誉。毁：诋毁，痛骂。

[33] 远难：远离危难。降北：投降败逃。贵生：珍惜生命。

[34] "学道"句：学习先王之道创立新说，是违离法制的贱民，而社会上却尊称他是有学问的学士。方：方术，学术。

[35] 游居厚养：到处游说，取得丰厚的报酬。牟（móu）：贪取，侵夺。牟食之民：指那些靠游说混饭吃的人。

[36] 语曲：诡辩。牟：通"务"。知：通"智"。牟知：从事于玩弄智巧。辩知之士：长于辩术的智能之士。

[37] 憿（jiǎo）：徼（jiǎo），侥幸。暴憿：凶残冒险的暴徒。磏（lián）：磨刀石。磏勇之士：锋芒毕露的勇敢的斗士。

[38] 活贼匿奸：放走乱臣贼子藏匿邪恶之人。任：担当，负有。任

誉：负有声誉。

[39] 赴险：奔赴国难。殉：牺牲。殉诚：为忠诚献身。死节：殉节。为节操献身。少之曰：贬低他说。失计：失算。失计之民：不会打算的人。

[40] 寡闻：见闻少，不听胡言乱语。从令：服从命令。全法：完全按法令办，守法。朴陋：浅薄、愚昧。

[41] 力作而食：努力耕作而谋生。生利之民：创造财富的能人。寡能：无能。

[42] 嘉厚纯粹：善良忠厚，单纯朴实。整：正。慤：善。整慤：正直善良。愚戆（zhuàng）：愚笨、呆板。

[43] 重命畏事：重视命令，害怕出事。怯慑（shè）：胆小怕事。

[44] 挫贼遏奸：挫败乱臣贼子，阻止奸臣作恶。明上：助国君明察。谄谀：谄媚谀毁。周著据乾道本、王先慎《集解》本"谄"作古字"調"，今据《校注》本改。

[45] 故人：旧友。不弃：指不抛弃老朋友。

[46] 公财：公家的财产。分施：分别施舍，散发掉。

[47] 轻禄重身：轻视公家的禄米重视自己的身价，指不好好为国家做事，光考虑如何谋私利。

[48] 枉法曲亲：歪曲法制，偏袒亲友。有行：有德行。

[49] 弃官宠交：抛弃官职，看重私交。有侠：有义气。

[50] 离世遁上：逃离现实，躲避国君。高傲：清高傲世。

[51] 交争逆令：相互争斗，违抗命令。刚材：刚强之才。

[52] 行惠取众：施行恩惠，笼络民众。得民：得民心。

[53] "此八者"句：这八种道德说教，可从普通人的私下议论中得到些许赞誉，却是国君的大失败。

[54] 邦之蠹：国家的蛀虫。蠹，蛀虫。

[55] 俗：习俗，风气。学者：研究文献典籍的儒生。借：借助，依靠。盛容服：讲究仪表服饰。饰辩说：修饰言辞，高谈阔论。疑：通拟。比拟，虚构。贰：不专一。

[56] 言谈者：指到处游说的纵横家。谈：周著据乾道本、《集解》本作"古"，顾广圻校："古当作谈，上文云言谈者为势于外。"《校注

本》据顾校改作"谈",今据改。为设诈称:编造谎言,招摇撞骗。为,通伪。成其私:成就他们的私利。而遗社稷之利:而丢失国家的利益。

[57] 带剑者:身带利剑的侠客。聚徒众:纠集党徒属下。立节操:标榜气节操守。显其名:显扬他们的名声。五官:官,官职。《礼记·曲礼下》载"天子之五官"曰司徒、司马、司空、司士、司寇。《韩非子》里的"五官"当为泛指执掌国家大权的部门。禁:禁令。

[58] 患御者:担心征发他们抵御入侵者的人。指逃避服兵役的人。积于:聚集在。私门:贵族门下。尽货赂:用尽财务行贿。重人:有权势的人。谒:请托,央人说情。退汗马之劳:逃避服兵役的辛劳。

[59] 苦窳(yǔ):粗劣。弗靡:联绵词,(供)奢靡。蓄积:指商人囤积居奇。待时:等待时机。侔(móu):通"牟"(móu),谋取。

[段旨]
韩非子分类逻辑中的二分法、多分法举 25 例。

### §3.3.2.3—143

从这些丰富的例证中,我们可以归纳做下列几点。

(一)他所进行分类的对象是历史现象和社会现象,着重点只限于法术政治的范围[1]。

(二)他所分成的类的数目从两类到八类[2]。(甲)两类的有《二柄》的二柄和二患,《南面》的二壅。(乙)三类的有《三守》三劫,《观行》的信数三,《诡使》的治道三。(丙)四类的有《功名》的"所以立功成名者四",《说疑》的四拟。(丁)五类的有《主道》的五壅,《说疑》的五奸,《五蠹》的五蠹。(戊)六类的有《安危》的六危道,《内储说下六微》的六微,《说疑》六类人臣,《六反》的奸伪无益之民六类和耕战有益之民六类。(己)七类的有《安危》的七安术,《内储说上七术》的七术。(庚)八类的有《八奸》的八奸,《八说》的"匹夫之私誉"的人八类。

(三)他的分类方法的程序是从观察事实开始,然后综合归纳,由事实本身来决定客观对象所应该分成的类别。这些分成的类别既不是空疏的概括,更不是虚妄的揣测;而是有事实的根据,具体的内容的。因此我们认为这些分类都是反映现实真实无妄的分类[3]。

（四）他的分类标准具有法家观点，这从分成的类别的名称上像五壅五奸五蠹等就可以看出来。有时也运用了有无律采用二分法的分类，例如《六反》的"无益之民六"和"有益之民六"[4]。这十二类民根据有益无益做标准把他们归入两个大类里。这有益无益的标准也是根据法家观点来确定的。[5]

[注释]

[1] 周著把韩非子逻辑分类看作源自社会历史现象的分类，逻辑分类的着重点在"法术政治"，这就明确了韩非子逻辑分类的基础和重点；又明确提出韩非子的政治是"法术政治"。这里涉及逻辑分类，乃至逻辑本身的实质性基础，韩非子政治性质、政治观的提法，两者都值得注意。

[2] 这里概括的韩非子逻辑二分法和多分法分类共七种，各色人等26例，尽在第142节所举的24例中。

[3] 韩非子逻辑分类的认识过程、性质和价值。

[4] 有无律：根据"有"和"无"二元对待来确定对象的分类原则。

[5] 韩非子逻辑分类的法家标准。

[段旨]

对韩非子逻辑分类的综合评价。

# 第四章　判　　断

§ 4. 0. 0. 1——144

韩非子深刻认识到判断的重要作用，也灵活地运用了各种不同类型的判断[1]。同时在他的论著中，我们也可以看到表现在判断间的各种不同的关系[2]。因此，我们分三节来讨论判断：（一）判断的重要作用；（二）判断的类别；（三）判断间的关系。

[注释]

[1] 概念、判断、推理、思维规则同一律等、逻辑证明反驳等逻辑运用，是形式逻辑的五大构成。判断是形式逻辑的基础构成，它是运用概念对研究对象作出肯定或否定，即是或非的思维形式。判断的类型有，简单判断可分直言判断和关系判断；复合判断可分联言判断、选言判断、假言判断和负判断。以上六大判断在下文都有涉及。

[2] 判断间的不同关系：周著指被判断的不同对象在内容上有联系，但使用了同一类型的判断的不同对象判断间的语言逻辑关系。如说直言判断间的语言逻辑关系有，并列关系、反对关系、矛盾关系等。

[段旨]

韩非子逻辑中的判断有不同的类型，同一类型的判断间有丰富的不同关系。

## 第一节　判断的重要作用

§ 4. 1. 0. 1——145

韩非子讲究"刑名法术之学"，必然要重视政治上的决断。政治上的决断包括"言"和"行"两个方面，我们从逻辑的角度来看，就可以把这个决断归结为思惟上的判断。[1]

[注释]

[1] 这里分析了从韩非子刑名之学到思维逻辑判断的内在线索。那是从刑名到政治，到"言"和"行"的决断，到逻辑判断。刑名是基础，逻辑是思维的必然，是周著研究的目标和指向。

[段旨]

韩非子逻辑判断的研究基础在其刑名法术之学。

### §4.1.0.2—146

他把"判断"叫做"断"，有时候也叫做"断制"。他从法术的观点出发，曾经从正面和反面两方面的理由来说明"断"的重要作用，照他看来，判断的作用影响到国家的强弱和存亡。[1]

《孤愤》里他首先提到独断：

"今大臣执柄独断，而上弗知收，是人主不明也[2]。"

《外储说右上》他又引申子的话说[3]：

"申子曰：能独断者，故可以为天下主。"

又说：

"明主之道，在申子之劝独断也[4]。"

这是一般原则的说法，在《内外储说》里他又说到具体的事例[5]。《内储说上七术》说：

"叔孙相鲁，贵而主断[6]。"

《内储说下六微》说：

"州侯相荆，贵而主断[7]。"

《外储说右下》说：

"子之相燕，贵而主断[8]。"

又说：

"昔者齐桓公爱管仲，置以为仲父，内事理焉，外事断焉，举国而归之[9]。"

《外储说左下》也说：

"以断为敢行大事乎？公曰：敢。牙曰：君知能谋天下，断敢行大事[10]。"

又说:

"昔周成王近优侏儒以逞其意而与君子断事[11]。"

这都是从正面来说的,对于一切事物都应该有决断。

《说疑》说:

"无数以度其臣者,必以其众人之口断之[12]。"

《难四》说:

"人君非独不足以见难而已,或不足以断制[13]。"

《有度》说:

"家务相益,不务厚国,大臣务相尊,不务尊君,小臣奉相交,不以官为事[14]。此其所以然者,由主之上不断于法,而信下为之也[15]。"

这都是从反面来说的。从这里就更反衬出判断的重要作用。当遇见疑难问题的时候,更应该有所抉择;尤其当进退两难的情况下,用判断来决定取舍就格外重要了。韩非子在《显学》里要求人主在儒、墨的是非之间有所抉择。《内储说上七术》也叙述了韩王在"讲"和"不讲"二者之间决定了取舍[16]:

"三国至,韩王谓楼缓曰[17]:三国之兵深矣,寡人欲割河东而讲,何如[18]?……臣故曰:王讲亦悔,不讲亦悔[19]。王曰:为我悔也,宁亡三城而悔,无危乃悔,寡人断讲矣[20]。"(旧注:"言讲事断定[21]。")

[注释]

[1] 这两句话交代了韩非子刑名逻辑中的判断术语名,及逻辑判断在韩非子眼中的巨大实际作用。汪奠基将"断"与"经""说""证"都看作韩非子"说式"的四大构成,并把它们看作韩非推理论证的四个程序,以"断"为"验证论点,即依经说各事例,参验名实证明,断论经文论点所据的真实内容"。(《中国逻辑思想论文选》,第551页)

[2] 执柄:执掌政权。

[3] 申子:指申不害(约公元前385—前337年),法家代表人物,主张用术驾驭群臣。曾任韩昭侯的国相。

[4] 劝:鼓励。

[5] 这句话明确了韩非子刑名之"断"的逻辑有从一般说法到具体事例，即有从一般抽象到具体表述。这里的《内外储说》是对《内储说》《外储说》的综合说法。

[6] 叔孙：指叔孙豹，春秋后期鲁国执政的三大贵族（季孙氏亦即叔孙氏、孟孙氏、仲孙氏）之一。贵而主断：地位尊贵而且专权独断。

[7] 州侯：人名，楚顷襄王的宠臣。

[8] 子之：人名，战国燕王哙（kuài）的相，懂得用术，博取了燕王的信任，燕王哙欲让位给他，引起太子平的不满，齐国出兵干涉，将他杀死。燕：战国诸侯国，包括今河北大部，山西、辽宁部分地区。

[9] 仲父：长辈。桓公对管仲的尊称。举国：全国。

[10] 断：果断，判断力。敢：敢于。牙：齐国谋士东郭牙。君知：《校注》本作"若知"，据顾广圻校"君当作若"，周著据乾道本、王《集解》本作"君"。君知：国君知道（管仲……）。如以顾校改"若知"，则"知"为"智"的古字，指管仲的智慧。

[11] 优侏儒：身材矮小的能歌善舞的人。优：优伶，善歌舞诙谐者。逞：逞就，放纵。断事：决断国家大事。

[12] 数：术。度（duó）：衡量。

[13] 非独不足……，或不足于……：双重否定句。不仅仅是不能从事……，有时还不能……。"人君"句意为：国君不仅仅不能看清国家将要遭受的清祸患灾难，有时还不能在灾难发生后作出决断。

[14] 相：代词，它，他。"家务"两句：对私家财产千方百计增益它，不想办法使国家富裕强大。"大臣"两句：群臣追求使他们自己尊贵，不设法提高国君的威望。"小臣"两句：小官员持国家发的禄米结交他人，不以自己的官职为事。

[15] "此其"句：这种局面的形成的原因，那是因为上不能以法律为据作出决断，而只是轻信下面的胡言乱语造成的。

[16] 韩王：当指秦昭襄王。讲：指和入侵者讲和。二事均见引文及注。

[17] 三国至：《校注》作"三国兵至"，周著据乾道本、《集解》本无"兵"字。三国至，指韩、魏、齐三国军队在韩集结，准备联合攻打秦国。韩王一句：此句连上《校注》本作"三国兵至韩，秦王谓楼缓

曰"。周著据乾道本、《集解》本无"秦"字。周著引文"三国至，韩
王……"二句，当据《集解》本说，标点为"三国至韩，王谓楼缓曰"，
"王"指秦昭襄王。此处仍周著之旧，因上文已有"韩王在'讲'与
'不讲'二者之间决定了取舍"说。楼缓：赵国人，纵横家，曾任秦昭襄
王国相。

[18] 深：深入，临近。寡人：国君自称。河东：黄河以东。指秦国
在黄河以东占有的地区，在今河南。讲：讲和，议和。何如：如何，怎
么样。

[19] 悔：后悔。

[20] "为我悔也"四句意为：如果说我会因此而后悔，那宁可为丢
了三城而后悔，不要等到危及国家安全而后悔，我决定讲和了。

[21] 旧注：指《集解》本王先慎本人的注文。讲事断定：讲和之事
决断确定。

[段旨]

韩非子刑名之学中的逻辑判断的术语是"断"或"断制"，并从正
(遇事作出决断的益处)、反 (不作出决断的害处) 两个方面举出十三个
证例说明之。

### §4.1.0.3—147

总之，韩非子坚执着法术观点，强调"独断"和"断制"。这种
"独断"和"断制"都是用法术作为具体内容的。在逻辑上说，这种
"独断"和"断制"必然是判断的思惟形式。他既然从正面和反面来论证
"断"在政治实践上的重要作用，这也就可以看做是在逻辑上论证了判断
的重要作用了[1]。

[注释]

[1] 这句话表明，周著视韩非子逻辑判断来自他的政治实践中的
"断"的实施及其作用。本节"总之……重要作用"明确揭示了一个重要
之点：韩非子在政治实践上的"断"的作用，法术观点上的"独断"和
"断制"，思维形式上的逻辑判断，三者是一致的，亦即韩非子政治实践
理论、社会治事法、逻辑三者的一致性。这不仅揭橥韩非，彰显先秦逻
辑思想深度，实际上也是周先生自己从韩非子逻辑中体悟到的理性认识。

[段旨]

小结。韩非子逻辑判断的作用，并揭橥韩非子政治实践中的"断"、社会治理中的"独断""断制"之法，逻辑判断三者的一致性。

# 第二节　判断的类别

## §4.2.0.1—148

韩非子不但认识到判断的重要作用，而且具体地运用了各种类型的判断。我们现在根据一般逻辑学上的判断的分类来给以叙述，并且尽可能地揭示出他的判断的类型上的特点[1]。

[注释]

[1] 一般逻辑学：这里指形式逻辑。

[段旨]

交代本节的宗旨是要从形式逻辑判断分类叙述韩非子逻辑中的判断的分类。

## §4.2.0.2—149

一般都根据量、质、关系和样式四种标准给判断进行不同的分类[1]。（一）按照量做标准可以把判断分做单称判断、特称判断和全称判断三类[2]。（二）按照质做标准可以把判断分做肯定判断和否定判断两类[3]。（三）按照关系做标准可以把判断分做直言判断、假言判断和选言判断三类[4]。（四）根据样式做标准可以把判断分做实然判断、或然判断和必然判断三类[5]。

[注释]

[1] 周著在这里提出的用四种标准给逻辑判断分类，四种标准，特别是后两种，形上性，形式化最显著。量和质也是抽象的。康德说："一种不是基于客体概念"，"即不包含判断的客体的量，而只包含主观的量，对后者我也用普适性来表达"，而后者的普适性，也"只是主观的，每次都是感性的普遍有效性"。至于质的规定，那是"为了在一物上表象出一个客观合目的性"，"而在该物中杂多与这个概念（它提供该物上杂多的联结规则）的协调一致就是一物的质的完善性"。（邓译本《判断力批

判》，第49、50、63页）可见康德既强调量与质的客观性，又指明量与质的主体性中理应包含的概念、普遍性、联结规则、完善性等。周著以量、质与关系、样式同为形上性、形式化标准来作逻辑分类作业，良有以也。

[2]单称判断：是对某一个特定的个别的对象作出断定的判断，其中谓项的断定全等于主项的整个外延。如说：吴敬梓是《儒林外史》的作者。特称判断：是对某类中的一部分作出断定的判断。其中谓项所断定的只是主项的部分外延。例如，有的美国人是亚裔的。全称判断：是对某一类对象的全体作出的判断。其中谓项所断定的是主项的全部外延。例如，自由总是对必然的认识和改良。这三大判断都是直言判断。周著以"量"作为这三大判断的共性，这里的量，既是某事某物的具体的数量，也是有逻辑判断意义，甚至是有审美意义的量。康德说："凡是我们只要能按照判断力的规范在直观中描述（因而审美地表现）的东西，全部都是现象，因而也全部都是某种量。"（邓译本《判断力批判》，第88页）

[3]肯定判断就是它的主项所反映的对象具有谓项所反映的某种性质的判断。例如，台湾是中华人民共和国领土的一部分。否定判断就是它的主项所反映的对象具有谓项所反映的某种性质的判断。例如，南京不是中国的直辖市。

[4]以关系做标准：什么是关系？康德说："关系的图型，这就是诸知觉在一切时间中（即根据一条时间规定的规则）的相互关联性。"（邓译本《纯粹理性批判》，第143页）可见，关系既是客体的，也是主体认知的。直言判断：参见第27节注释。正文中周著已述按量、按质将直言判断分成五大类。直言判断由主项S和谓项P构成，它的最基本的逻辑式是：S是P，S不是P。细分之有：全称肯定判断"所有S是P"、全称否定判断"所有S不是P"、特称肯定判断"有些S是P"，特称否定判断（有些S不是P）。假言判断：假言判断是一种复合判断（其对待是简单判断，直言判断即是），它反映客观事物之间条件与结果关系的判断，它断定一类情况的存在是他类情况产生的条件。假言判断又叫条件判断。它的一般的逻辑表达式有：如果p，那么q。只有p，才q；或非p，则非q。当且仅当p，则q。第一式为充分条件逻辑式，例如"如果有水源，那么沙漠化就能得到有效治理"。第二式为必要条件逻辑式，例如"只有加强全民防护，才能遏制住疫情的蔓延"。第三式为充分必要条件逻辑

式，例如"当且仅当掌握了发展现代高科技的主动权，才能不受制于人"。选言判断也是一种复合判断，又称析言判断，它能断定事物出现的几种情况。与它相对待的是联言判断即合取判断（例如"他既是科学家，又是文学家"）。选言判断的逻辑表达式：p 或者 q；要么 p，要么 q。例如，"职场成功人士，要么其智商高，要么其情商高"。

　　[5] 根据样式做标准：样式，事物存在的方式。康德说，"时间中一切存有和一切变更"都是某种东西即实存的样态，在时间中的持续存在和变更是实体的"实存的那种方式"，"因而属于这些实体的诸规定"（邓译本《纯粹理性批判》，第143页）。样式，样态，或者可称模态。周著按样式进行分类的判断就是模态判断。按照康德对样态的解释，模态判断当是"实体的诸规定"判断，也是严肃的，讲究质的规定性的判断。实然判断：模态逻辑一般不列实然判断，只分成必然判断和可能判断。实然判断：表示实际上存在的实存、实有的判断，表达上用说明性，描摹性判断语"实际上是……""应当是……""当是……"，也可称为应然判断。例如"火星上应当是有生命存在的（因为已经发现那里有水）""历史是最好的教科书"。或然判断：即通常所说的可能判断。它断定某事物的情况可能存在，它也可分两种：可能肯定判断和可能否定判断。可能肯定逻辑式：S 可能是 P，S 是 P 是可能的，例如"缺乏运动可能损害健康"；可能否定判断逻辑式：S 可能不是 P，S 不是 P 是可能的，例如"神童可能不是未来的科学家"。必然判断：断定事物与其属性的联系有必然性。例如"人的生命只有一次"。它也可分成两种：必然肯定判断，逻辑式：S 必然是 P，S 是 P 是必然的。例如"长江后浪推前浪，时代新人胜旧人"；必然否定判断，逻辑式：S 必然不是 P，S 不是 P 是必然的。例如"欺骗舆论的谎言决不能掩盖事实的真相"。应当指出的是，周著从量、质、关系、样式（模态）四个方面将逻辑判断分成四大类十一小类，与康德的做法一致。康德在论述"知性在判断中的逻辑机能"时说："1. 判断的量：全称的、单称的、特称的。2. 判断的质：肯定的、否定的、无限的。3. 判断的关系：定言的、假言的、选言的。4. 判断的模态：或然的、实然的、必然的。"（邓译本《纯粹理性批判》，第64页）。周著判断分类标准及类别说当来自康德。康德说的定言判断即今直言判断。

[段旨]

判断分类的四大标准和十一类别。

### §4.2.0.3—150

我们可以注意的有三点：（一）这四种分类法所形成的类别之间有着互相交错的关系。例如《说疑》说："凡术也者，主之所以执也；法也者，臣之所以师也。"这两个判断都是全称判断，同时也都是肯定判断，直言判断和实然判断[1]。（二）韩非子的选言判断比较少，有些选言判断可以看做是二难推理的简略形式[2]。（三）直言判断和假言判断的结构形式非常丰富，尤其是假言判断可以说是韩非子最善于运用的判断形式[3]。

[注释]

[1]"这两个"三句：这里周著实际是从逻辑判断的结构层次上看待不同类别的逻辑判断之间的交错关系。揭示的过程是，一是确定《说疑》这两句是全称判断（可参见第149节的逻辑式和说明作业），二是知同一逻辑层次有全称肯定判断，三是全称和全称肯定判断所隶属上位判断直言判断，四是据全称肯定判断推知其在庶几另一逻辑系统：模态逻辑判断中的实然判断（应然判断）性质。

[2]选言判断：指假言选言判断。二难推理及其简略形式：参见第9节注释。但二难推理的简单形式并不简单，例如"要么你是传统文化工作者，你得立足当下；要么你不是，也得立足当下；无论你是还是不是，你都得立足当下，为当今文化发展做贡献"。

[3]直言判断和假言判断逻辑结构式见第149节。

[段旨]

据四大分类法形成的韩非子十一类判断有交错关系、选言判断少、直言判断和假言判断多三种情况。

### §4.2.0.4—151

根据这种情况，我们分两部分来叙述他的判断的类型。（一）判断的各种类型的例证。（二）假言判断的解析。由于直言判断比较简单，而假言判断比较复杂，因此我们着重地把假言判断给以详细的解析[1]。

[注释]

［1］ 如果说，第149、150节都只是讲了逻辑判断的一般情形，本节则说即转入韩非子逻辑判断的具体情形。即把一般逻辑判断原理与韩非子判断的具体研究紧密结合起来。

[段旨]

提出下一步的具体研究思路：韩非子判断的各种类型例证集合；韩非子假言判断详解。

## 一　判断的各种类型的例证

§4. 2. 1. 1—152

甲、单称判断、特称判断和全称判断。

（一）单称判断。它是对单独的个体事物所下的判断[1]。

　　1. 墨子者，显学也。（《外储说左上》）

　　2. 子产者，子国之子也[2]。（《外储说左下》）

　　3. 申不害，韩昭侯之佐也[3]。（《定法》）

　　4. 韩者，晋之别国也[4]。（《定法》）

　　5. 仲尼，天下圣人也。（《五蠹》）

（二）特称判断，它是对一部分的同类事物所下的判断。

　　1. 今为人子者，有取其父之家[5]。（《忠孝》）

　　2. 为人臣者，有取其君之国者矣。（《忠孝》）

　　3. 观其所举，或在山林薮泽岩穴之间[6]。（《说疑》）

　　4. 或在囹圄缧绁缠索之中[7]。（《说疑》）

　　5. 或在割烹刍牧饭牛之事[8]。（《说疑》）

（三）全称判断。它是对同类事物的全体所下的判断。这类判断在语文的表现形式上有着一定的特点：就是在主词上用"凡"在宾词上用"皆"来表示全称的量。当然这"凡"和"皆"是可以省略的，而且事实上也是常常被省略的[9]。

　　1. 凡奸臣皆欲顺人主之心，以取信幸之势者也[10]。（《奸劫弑臣》）

　　2. 今诸侯之士徒，皆私门之党也[11]。（《外储说右下》）

　　3. 今岩穴之士徒，皆私门之舍人也[12]。（《外储说右下》）

　　4. 凡明主之治国也，任其势[13]。（《难三》）

　　5. 凡上所治者，刑罚也[14]。（《诡使》）

**[注释]**

　　[1] 这里对单称判断所下的定义较 §4.2.0.2—149 的单称判断说更为简明。

　　[2] 子国：人名。春秋时郑国执政的卿，子产的父亲。

　　[3] 韩：战国时诸侯国名。在今河南中部、西部和山西东南部。韩昭侯，韩国君主，公元前362—前333年在位，曾任申不害为相，实行变法。佐：辅助。

　　[4] 别国：分出的国家。指从晋国分出的韩、赵、魏三家。周安王二十六年（公元前376年）魏武侯、韩哀侯、赵敬侯灭晋侯而三分其国，史称"三家分晋"。参见《史记·晋世家》。

　　[5] 取：夺权。这句话是说，如今为人子者，有夺权他的父亲家庭的情况。

　　[6] 薮（sǒu）：浅水长草地，沼泽。

　　[7] 囹圄（língyǔ）：监牢。縲绁（xièxiè）：绳索。

　　[8] 割烹：宰割烹饪。刍（chú）牧：割草放牧。刍，割草。饭牛：喂牛。

　　[9] 周著在这里用判断语言表达法"凡"和"皆"来说明全称判断。揭示逻辑式里的判断语言表达，可扩大视野，加深对逻辑判断的认识，它使我们认识到逻辑判断的实际语言表述还是丰富的。弗雷格说："思想的实际表达工具是句子，这种工具不适于描述表象。""比较'真'这一谓词与美，后者有程度，前者没有程度。"又说："思维与想象和感情在人的心灵中最初是混杂在一起的。逻辑的任务仅仅是将逻辑的东西分离出来，而且这不意味我们应该没有想象地进行思考，因为这肯定是不可能的；而是意味我们有意识地将逻辑的东西与依赖于感情和表象的东西区分开来。"（王路译：《弗雷格哲学论著选辑》，第199、220页）

　　[10] 信幸：《校注》本作"亲幸"，周著据《集解》本作"信幸"。王先慎集解："各本信作亲，今据《治要》（唐魏征等辑《群书治要》）改。下正作'信'。""下"指下文有"此人臣之所以取信幸之道也"句。全句意思是，凡是奸臣都想要顺从国君的心理，以博取国君的信任和宠

幸的势位。

[11] 私门之党：私人的党羽。

[12] 岩穴之士徒：隐居山林的士人。舍（shè）人：门客。

[13] 任其势：用自己的权势。

[14] 上所治者：周著据乾道本、《集解》本作此。《校注》本称"据文意改"成"上之所以治者"。所治者：所字结构，所＋动词＋助词者。所治者：治理天下的方法。全句意为，国君治理天下的方法，用刑罚。

**［段旨］**

韩非子单称判断、特称判断、全称判断举例 15 例。


**§4.2.1.2—153**

乙、肯定判断和否定判断。

（一）肯定判断，它是表示肯定意义的判断[1]。

　　1. 礼者，外饰之所以谕内也[2]。（《解老》）

　　2. 赏罚者，邦之利器也[3]。（《喻老》）

　　3. 夫智者，知祸难之地而辟之者也[4]。（《难二》）

　　4. 史举，上蔡之监门也[5]。（《内储说下六微》）

　　5. 吴子，为法者也[6]。（《外储说右上》）

（二）否定判断，它是表示否定意义的判断。

　　1. 桓公之所应优，非君人者之言也[7]。（《难二》）

　　2. 赏无功之臣。罚不辜之民，非所谓明也[8]。（《说疑》）

　　3. 处多事之时，用寡事之器，非智者之备也[9]。（《八说》）

　　4. 当大争之世，而循揖让之轨，非圣人之治也[10]。（《八说》）

　　5. 夫仁义辩智，非所以持国也[11]。（《五蠹》）

**［注释］**

[1] 这里对肯定判断的定义十分简明。可比照§4.2.0.3—150对肯定判断的相关说法。

[2] 外饰：乾道本作"外节"。周著据《集解》本作"外饰"，王先慎以乾道本作"节"误。《校注》本亦作"外饰"。外饰：礼节上的一些表现。谕：表明。谕内：表明内心的情感。这句话是说，礼是用一些外

表的礼节来表明内心情感的。

[3] 邦：国家。利器：锋锐的兵器。

[4] 辟："避"的古字。

[5] 上蔡：地名。在今河南上蔡县西南。监门：看门的人。

[6] 吴子：吴起，战国初期卫国人。法家代表人物，著名军事家。

[7] 优：优人，以歌舞诙谐供人取乐的人。应优：回答优人的话。

[8] 不辜：无罪。

[9] 器：做法，办法。备：准备，应对。

[10] 大争：激烈争夺。揖让：拱手谦让。轨：轨度，规矩。

[11] 持：保全，长久拥有。这句话意为，施行仁义，辩说夸口使智术，不是保全国家的办法。

[段旨]

韩非子肯定判断和否定判断举例10例。


### §4.2.1.3—154

丙、直言判断、假言判断和选言判断。

（一）直言判断。它是一个主词和一个宾词结合而成的判断，也就是主宾词式的判断[1]。它是表示异同关系的判断[2]。

    1. 令者，言最贵者也[3]。（《问辩》）

    2. 法者，事最适者也[4]。（《问辩》）

    3. 仁者，慈惠而轻财者也。（《八说》）

    4. 柄者，杀生之制也[5]。（《八经》）

    5. 势者，胜众之资也[6]。（《八经》）

（二）假言判断。它是具有因果关系的两个直言判断联结而成的判断[7]。它是前件后件式的判断，前项后项式的判断，前命题后命题式的判断。

    1. 上下易用，国故不治[8]。（《扬权》）

    2. 不见其采，下故素正[9]。（《扬权》）

    3. 三守不完，则劫杀之征也[10]。（《三守》）

    4. 神不淫于外，则身全[11]。（《解老》）

    5. 赏罚不信，则禁令不行[12]。（《外储说左上》）

（三）选言判断。它是具有选择关系的两个以上的直言判断联合而成的判断[13]。

1. 是当涂者之徒属，非愚而不知患者，必污而不避奸者也[14]。（《孤愤》）

2. 夫诱道争远，非先则后也[15]。（《喻老》）

3. 人主之大物，非法则术也[16]。（《难三》）

4. 人君之所任，非辩智，则修洁也[17]。（《八说》）

5. 明据先王，必定尧舜者，非愚即诬[18]。（《显学》）

[注释]

[1] 宾词，通常是指判断词后面的逻辑成分，但先秦古汉语无真正的判断词（"……者……也"只是表判断语气的语气词），故这里讲的宾词实际上是谓词。

[2] 周著以直言判断为表异同关系的判断，十分简明直接。如前所说，直言判断是简单判断，也是由关系决定的判断，但直言判断又可分全称肯定、全称否定、特称肯定、特称否定，这些又和量与质的维度密不可分。参见第 150 节，故直言判断是具有量和质的规定的性的一种判断。它直接反映某客体对象具有某种性质（S 是 P），或不具备某种性质（S 不是 P）。如说"《红楼梦》的作者是曹雪芹，不是蒲松龄"。但周著将直言判断明确为表异同关系，则如康德所言："自然在其原则上将越是简单，在其经验性规律的表面的异质性上会越加一致，我们的经验就会前进得越远"（邓译本《判断力批判》，第 23 页）；"第一级范畴（量和质的范畴）任何时候都应包含有同质的东西的一个综合"（邓译本《实践理性批判》，第 142 页）。又同异关系论，详参见第 78 节。

[3] 令：命令，君命。这句话是说，国君的命令是最尊贵的言论。

[4] 法：法律。这句话是说，法律，是办事的最高准则。

[5] 柄：权力。这句话是说，权柄，是操生杀大权的关键。

[6] 势：权势。资：资本，根本。这句话是说，权势，是胜过众人的根本。

[7] 关于假言判断，参见第 9、19 节。关于假言推理与因果关系的联结，参见第 19 节。关于康德尤重因果关系说，周著受其影响明显，参见第 32 节。

[8] 这句话是说，上下的地位和作用颠倒了，国家就治不好。

[9] 见：现。采：文采，智能。素：情愫，真诚不欺。《二柄》有"去好去恶，群臣见素。群臣见素，则大君不蔽矣"句。"不见"句意为：（国君）不显现自己的智能，下臣就守正不欺。

[10] 三守：指国君的三个坚守：心藏不露，独自决断，独揽国柄。完：完整，圆满。征：征兆。

[11] 淫：游荡，放纵。

[12] 信：守信，兑现。

[13] 选言判断，参见第149节。选言判断也是一种复合判断，又称析言判断，它能断定事物出现的几种情况。与它相对的是联言判断，即合取判断（例如"他既是一名军人，又是一位大学高才生"）。选言判断的逻辑表达式：p或者q；要么p，要么q。例如"职场成功人士，要么其智商高，要么其情商高"。无论是析取"……或者……"，还是析取"要么……要么……"，两者都是选言肢。选言肢的真假值与选言判断结论的真假值之间的关系是比较复杂的。相容选言判断逻辑式"p或者q，它的符号式p∨q"真假值四种"p真q真，p∨q真；p真q假，p∨q真；p假q真，p∨q真；p假q假，p∨q假"。不相容选言判断逻辑式"要么p要么q，它的符号式p←\→q"，真假值四种"p真q真，p←\→q假；p真q假，p←\→q真；p假q真，p←\→q真；p假q假，p←\→q假"。应该说，周著举韩非子例来说明选言判断则更简明，明晰，真假值也容易看清。又，周著将选言肢明确为直言判断，是对形式逻辑的一个小的贡献或小的发现。

[14] 当涂者：掌握国家要害部门权力的人。徒属：门徒党羽。污：卑污，卑鄙。"非愚"两句：不是愚蠢到不知道国家灾祸的人，就一定是卑鄙到不避行奸作恶（与坏人同流合污）的人。全句以"不是……就是……"为选择逻辑关系连接词。

[15] 诱：引导。诱道：引导在大道上。这句话是说，引导马在大路上作远程竞赛，不是跑在前，就是跑在后。全句以"不是……就是……"为选择。

[16] 大物：大事。这句话是说，君主的大事，不是法治，就是术治。全句以"不是……就是……"为选择。

[17] 所任：任用的人。辩智：有口才。修洁：品行好。

[18] 明：公开。明据：公开地宣称依据。必定：武断地肯定。诬：欺骗。全句意为：那种公开地宣称依据先王，武断地肯定尧舜的一切，不是愚蠢，就是欺骗。

[段旨]

韩非子直言判断、假言判断和选言判断举例 15 例。

### §4.2.1.4—155

（丁）实然判断或然判断和必然判断[1]。

（一）实然判断。它是表示事物的真实性的判断[2]。

    1. 城濮之事，舅犯谋也[3]。（《难一》）

    2. 仲尼之对，亡国之言也[4]。（《难三》）

    3. 夫尧之贤，六王之冠也[5]。（《难三》）

    4. 霸王者，人主之大利也[6]。（《六反》）

    5. 富贵者，人臣之大利也。（《六反》）

（二）或然判断。它是表示事物的可能性的判断[7]。

    1. 国携者，可亡也[8]。（《亡征》）

    2. 贼生者，可亡也[9]。（《亡征》）

    3. 国躁者，可亡也[10]。（《亡征》）

    4. 两主者，可亡也[11]。（《亡征》）

    5. 下怨者，可亡也[12]。（《亡征》）

（三）必然判断。它是表示事物的可能性的判断[13]。表达定义的直言判断和表达必然的因果关系的假言判断都是必然判断[14]。

    1. 夫利者。所以得民也[15]。（《诡使》）

    2. 威者，所以行令也。（《诡使》）

    3. 名者，上下之所同也[16]。（《诡使》）

    4. 君无术，则弊于上[17]。（《定法》）

    5. 臣无法，则乱于下[18]。（《定法》）

[注释]

[1] 详参见第 149 节注释 [5]。

[2] 事物的真实性，指客观事物的实在性，更是指事情的真实性。

这从下文的举例"霸王""城濮之战""仲尼之对""尧之贤"等可知皆事情。康德视"实在性在纯粹知性概念中是和一般感觉相应的东西；因而这种东西的概念自在地本身表明某种（时间中的）存在；否定性的概念则表现某种（时间中的）非存在"，并以"一切对象作为自在之物的先验质料（事物性，实在性）"（《康德三大批判精粹》2018 年版，第 105 页）。周著用语"事物的真实性"即事物的实在性，与康德"事物性，实在性"是一致的。康德将"事物""事情"（事实）都用 sachheit（事物性，事实性）表示，是混用事物和事情的。周著将"城濮之战"等事情说成"事物"，与康德 sachheit 双重含义一致。

[3] 城濮之事：城濮的事情，指公元前 632 年晋楚城濮之战。城濮在今河南省濮阳县南。战争开始时楚国占优势，晋文公用舅犯之计，后退九十里。后选择有利时机，突然猛攻楚军薄弱的两侧，楚军大败。晋文公从此取得了霸主地位。舅犯：狐偃，字子犯，晋文公舅父。一作咎犯。

[4] 仲尼之对：指上文孔子回答楚大夫叶公子高、鲁哀公、齐景公的问政各不相同。

[5] 六王：指尧、舜、禹、商汤王、周文王、周武王。冠：首。

[6] 人主：国君。大利：大有利，大利好，最大优势。

[7] 事物的可能性：指可能发生的事情。参见本节注释 [2]。

[8] 国携者：指国君在国外，国内又立一君；太子在国外当人质，国内又立一太子。这样会引起国人怀有二心，国家可能因此而灭亡。

[9] 贼生者：滋生杀人之心的人。指被折辱的大臣又去亲近他，被惩罚的小民又去使用他，这些人会伺机报复杀人。凡姑息、成全"贼生者"的国君可能亡国。

[10] 国躁者：躁，浮躁。国躁指政局动荡不安。

[11] 两主：指上文所说的"后妻淫乱，主母（太后）畜秽（蓄养姘夫），外内混通，男女无别"。

[12] 下怨：臣民怨恨。怨恨的原因：宠信之人受进用而旧臣被黜退，无德才者掌大事而贤者被隐匿，无功者地位显贵而有功者地位卑微渺小。

[13] 这句话中的"事物"也是指事情进行的真实过程。参见注释 [2]。

[14] 表达定义的直言判断是必然判断，参见第 149 节注释 [4]"直言判断"。因直言判断的全称肯定、否定，特称肯定、否定，可知直言判断是必然判断。关于下定义，详参见第 8 节注释 [1] [2]，关于定义和概念的关系见第 108 节注释 [1]。又：康德说："一个概念的（而非概念之客体的）可能性的标准就是这种定义，在其中，概念的单一性，从概念中可以直接派生出来的一切东西的真实性，以及最后，从它里面引出的东西的完整性，乃是为了产生这个概念所需要的东西。"正是这三种性质，以及它"对客体的关系完全置于不顾，这些概念的运作才被纳入使知识与自身一致的普遍逻辑规则之下来"。（《康德三大批判精粹》2018 年版，第 82 页）关于定义和判断，下定义就是要对定义对象作出判断，定义就意味着判断。康德说："一切范畴都是建立在判断中的逻辑机能之上的，而在判断中已想到了联结，因而想到了给予概念的统一性。"（《康德三大批判精粹》2018 年版，第 90 页）康德在这里所说的范畴无疑包括概念，也包括经用概念下的定义。且前引下定义所涉及概念的单一性、真实性、完整性，都是须经判断确认的。表达必然的因果关系的假言判断是必然判断：用因果关系说明假言判断，参见第 19 节注释 [2]、[3]，第 32 节注释 [1]、[2]，第 154 节注释 [7]。因果必然式，参见第 59 节注释 [2]、第 63 节注释 [3]。康德又说："现在让我们假定，由于我们的批判而成为必要的这一区别，即作为经验对象的物与作为物自身的同一物的区别，权当它没有作出，那么，因果性原理，因而自然机械作用的原理在规定这些物时就必然会绝对一般地适用于一切物，把它们当作起作用的原因。"（《康德三大批判精粹》2018 年版，第 21 页）康德的这段话，在假言判断句中言类似"自然机械作用"的不容置疑的必然性因果原理对判断，尤其是在寻求物与物之间的系列区别时不可避免地会用到的假言判断的重要作用。

[15] 这句话是说，利，是用它来获得民众拥护的手段。所以：古汉语古代格式，用……来……，所，代词。这句话属上文说的"表达定义的直言判断"。

[16] 所同道：同道之所。所，代词。道：道路，遵行的原则。这句话是说，名是上下共同遵行的原则。这句话也属上文说的"表达定义的直言判断"。

[17] 弊：通"蔽"，受蒙蔽。这句话是说，如果国君不掌握好申不害所说的识别群臣的"术"，那么就会为周围的大臣所欺骗。这句话属上文说的"表达必然的因果关系的假言判断"。

[18] 这句话是说，如果大臣不运用法制，就会被下民捣乱。这句话属上文说的"表达必然的因果关系的假言判断"。

[段旨]

有关实然判断、或然判断和必然判断的说明和举例15例。

## 二　假言判断的解析

### §4.2.2.1—156

假言判断是复杂的判断，因此应该给它以比较详细的分析[1]。假言判断和直言判断的界限虽然是明确的，但在语文表现上有着疑似的地方[2]。因此还有必要来阐明它们之间的区别。这样，我们就分两部分来讨论：（甲）假言判断和直言判断的区别；（乙）假言判断的类型。

[注释]

[1] 判断和推理固然是形式逻辑上的二事，但由假言推理的复杂性可知假言判断的复杂。可详参本书第19节注释 [1]、[2]、[3]。

[2] 借助"语文表现"的研究来深化对逻辑的认识，是周著的特色之一。参见第15、17节及42节注释 [1]、第53节注释 [1]。假言判断和直言判断在语言表达上的相似之处：假言判断和直言判断都是以逻辑关系为标准划分的判断，都反映某种逻辑关系。参见第149节及注释 [4]。康德说："协同性（交互作用）的图型，或者诸实体在偶性方面的交互因果性的图型，就是一个实体的规定和另一个实体的规定按照一条普遍规则而同时并存。"（《康德三大批判精粹》2018年版，第106页）这就是说，表因果性的假言式实际上就是诸"实体的规定"的联结式的直言表达，假言式与直言表达式密切不可分。周著一再强调直言判断与假言判断不可分，与康德的上述看法是一致的。罗素则说："不存在任何特殊的理由来假定，那就是世界开始的方式，即世界是从n阶关系而非1阶关系开始的。"（《逻辑与知识》商务印书馆2009年8月第1版，第245页）不必，或无法用"如果……那么……"假定处，必然由多阶关系的直陈法说出。

[段旨]

面对假言判断的复杂性，特别是它和直言判断的疑似，主张从两个方面来讨论这两种判断之间的区别。

**§ 4. 2. 2. 2—157**

甲、假言判断和直言判断的区别。

假言判断和直言判断的区别可以从两个方面来观察：（一）形式结构上；（二）内容意义上[1]。

（一）在形式结构上：直言判断是主宾词式的判断[2]；假言判断是前项后项式的判断。

（二）在内容意义上：直言判断是表示主词和宾词之间的异同关系的判断；假言判断是表示前项和后项之间的因果关系的判断[3]。形式结构和内容意义是判断的两面，这两面是互相适应的，是一个统一体[4]。由于形式结构的不同就表现了不同的内容意义。反之，由于内容一样的不同也就采用了不同的形式结构。

[注释]

[1] 从"形式结构上"和"内容意义上"来观察逻辑研究对象，是一作逻辑研究时应予采用的普遍认知的方法。周著指出这一两方面观察法，有普遍的代表性指导意义。但无论是"形式结构"，还是"内容意义"，都是形式化的表述，前者不必说，后者如说直言判断是表主词和宾词（谓词）之间异同关系内容的判断，假言判断是表示因果关系内容的判断。"关系"也是内容，是形式化了的内容之一种。康德说："思维在判断中的一切关系是：（a）谓词对主词的关系，（b）根据对结果的关系，（c）被划分的知识和这一划分的全部环节的相互之间的关系。"（《康德三大批判精粹》2018 年版，第 73 页）周著列出的两种"内容意义上"的"关系的判断"与康德之说完全一致。

[2] 宾词：谓词。见前引康德言谓词。

[3] 见前引康德说三种关系中的前两种关系。

[4] 形式与内容相适应，相一致，是普遍的思维原则和表达原则。在逻辑上的表现，则首先表现为"单一性、真实性和完整性的概念"，及其运作"被纳入到使知识与自身一致的普遍逻辑规则之下来"（《康德三

大批判精粹》2018 年版，第 82 页）。即表现为具备"三性"特质的概念内容与"普遍逻辑规则"形式的内在的"自身一致"。形式逻辑里的内容和形式的一致要比一般内容表达中的内容和形式的一致要严密。

[段旨]

直言判断和假言判断的区分从"形式结构"和"内容意义"两方面说明。

### §4. 2. 2. 3—158

一般的说，直言判断之形式结构上采用"……者，……也"的格式，在内容意义上表示异同关系[1]。例如《八说》说：

> "贵臣者，爵尊而官大也[2]。重臣者，言听而力多也[3]。"

这两个判断都是直言判断。假言判断在形式结构上采用"……，则……"的格式，在内容意义上表示因果关系[4]。例如《五蠹》说：

> "事智者众，则法败，用力者寡，则国贫[5]。"

这两个判断都是假言判断。因此，假言判断和直言判断的界限是非常明确的。但是由于语文表现上的灵活性使得它们之间也有疑似的现象，这是我们应该深切注意加以区分的。例如《诡使》说[6]：

> "法令，所以为治也。"

> "夫立法令者，以废私也。"

这两个判断在形式结构上都有直言判断的格式。前一个判断用"也"，后一个判断用"者"和"也"，而且后者比前者更完备地具有直言判断的格式。但是我们认为：（一）前一个判断是直言判断，"所以为治也"是用来说明"法令"的性质的，"法令，所以为治也"是一个作用定义[7]。（二）后一个判断却是假言判断，"以废私也"是用来说明"立法令"的原因的，由于要"废私"，所以要"立法令"。

又如《五蠹》说：

> "夫王者，能攻人者也，而安，则不可攻也；强，则能攻人者也，治，则不可攻也。[8]"

这四个判断中的第一个具有直言判断"者"和"也"的形式结构，后三个都兼有直言判断"也"和假言判断"则"的形式结构[9]。但在内容意义上说，它们都应该被看做是假言判断[10]。意思是："如果是'王者'，就能攻人；如果'安'了，就可以不被攻；如果'强'了，就能攻人；如果'治'了，就可以不被攻[11]。"

又如《显学》说：

"无参验而必之者，愚也；弗能必而据之者，诬也[12]。"

这两个判断都是完整地具备了直言判断"者"和"也"的形式，但在内容意义上说，它们也都应该被看做是假言判断[13]。

意思是："如果没有参验就加以断定，那就是愚蠢；如果不能断定就用它做根据，那就是妄论。"

[注释]

[1]　这句话里说到，上古汉语判断句式"……者，……也"与韩非子逻辑中的直言判断相一致，也是从语言入手深化逻辑的好例子。

[2]　这句话是说，地位显贵的大臣，爵位尊贵，官职很高。

[3]　这句话是说，能操纵国家权力的重臣，说好话取信于国君而且势力很大。言听：指国君听他的话很多。这两句话的上文有：明主之国，有贵臣，无重臣。

[4]　这句话里说到，上古汉语表因果关系的句式"……，则……"与假言判断逻辑式相适应。

[5]　事智者：从事智力活动的人，指"修文学，习言谈"的人。用力者：从事农耕和打仗保卫国家的人。

[6]　这里引用《诡使》里的两句话，可直译为："法令，用它来从事治理的呀！"句中"法令"仅仅是一个名词，它作为需要做出解释和判断的对象，需要直接作出判断。第二句"建立法令制度的目的（原因），是用它来废弃私利的呀！"句中有个动词"立"（建立），并构成"动词＋宾语＋提顿语气词'也'字"短语结构，直译或理解时就必然加上"原因""目的"字样。同样地，我们也可以说，如原文无"立"字，就完全与上句同，成了直言判断。

[7]　参见直译此句时所作的语义理解。

[8]　这段话是二层复句，以"能攻人者也，则不可攻也；能攻人者也，则不可攻也"为中分第一层联合复句；以"……者也，则……"为第二层转折复句。从联合复句内部的对比看，后一复句是两个假言判断"……，则……"，前一判断也应该是两个假言判断。这是从句法结构的

语义看判断的性质。首句中的"王"字：读 wàng，作动词用，称王，称霸。王者：称王称霸的人。

[9] 周著说"后三个都兼有直言判断'也'"的说法不妥，这三个"也"都是表提顿的语气词，非表判断语气。

[10] 后三句表假言判断，有"则"字作语义标记。周著将第一句也作为假言判断，显然是根据"称王的人，才有能力去攻打别国"句的语义得出的。也可参见注释 [8]，从联合复句内部的语义构成去看。

[11] 古汉语"夫……，则……"，用转折连词"则"联结的因果句，相对于现代汉语"如果……，那么……"，构成假言判断。

[12] 诬：欺骗。这两句话的意思是，（如果）未用事实加以检验就认为必然如此，那是愚蠢；（如果）不能肯定必然如此就将它作为依据，那是欺骗。

[13] 周著深谙语言与逻辑的区别，从貌似直言判断的"……者……也"句式中分离出假言判断。分离的切入点和标准是该表达式所表达的内容的逻辑性质。

[段旨]

从"……者……也"直言判断表达式分离出假言判断举例。


### §4.2.2.4—159

综合起来，我们有两点说明：

（一）首先我们必须按照形式结构和内容意义两个方面来区分直言判断和假言判断。"者……也"和异同关系之间"则"和"因果关系"之间一般都是互相适应的[1]。这表现了判断内容和命题形式的一致性；同时也表现了判断内容和语法结构的一致性。

[注释]

[1] 这句话中的"异同关系之间'则'"指直言判断，"'因果关系'之间'则'"指表因果关系的假言判断。全句意为："者……也"语言结构式和直言判断、假言判断均相适应，"者……也"语言结构式因其表达的实际内容意义的不同可分直言判断和假言判断两种。重要的是，周著重视语言结构形式、语言表达内容、逻辑判断三者之间的关系的研究。揭示出同是"者……也"式因内容的不同可分直言判断和假言判断两种，

只是三者关系研究成就的个例。康德在讲述"纯粹理性的二律背反"时，曾以三段论推理说明之。第一种是与"主观诸条件的无条件统一的"，它能"与定言的三段论推理相应，这些三段论推理的大前提作为原则陈述的是一个谓词对一个主体的关系"。第二种则是"按照与假言的三段论推理的类比而把现象中诸客观条件的无条件统一当作自己的内容"，还有第三种，也是假言推理中的"可能性的客观条件的无条件统一作为自己的主题"。（邓译本《纯粹理性批判》，第347、348页）康德说的"定言推理"就是直言推理，定言判断就是直言判断（参见第149节注释［4］文末）由以上可知，康德非常重视直言判断与假言判断之间关系的研究。周著承之而专题研究阐发之。

**［段旨］**

韩非子书中"者……也"既可表直言判断，又可表假言判断。

### §4. 2. 2. 5—160

但是语法结构也不是和判断内容完全一致的，同时，命题形式也不是和判断内容完全一致的[1]。当我们偶然发现这不一致的现象时，就应该撇开语法结构和命题形式，依照判断内容作最后的决定[2]：表示异同关系的是直言判断，表示因果关系的就是假言判断。

**［注释］**

［1］这句话既讲了语法与逻辑的不同，也讲了逻辑语言的命题语言形式与逻辑判断内容的不同。从前者到后者，都非常深刻。具体例证都可从上文具体说明中觅得。

［2］从"撇开"和"依照"这两句话看，形式与内容间的关系在别一场合：逻辑推理研究中的取舍。语法结构形式，逻辑命题形式是次要的，而逻辑判断内容是最终决定逻辑判断性质的依据。仅就逻辑判断内容决定逻辑判断性质这一点而言，其一般理性价值，正如康德所说，那些"只有在感性上才能通盘加以规定的实存，但就某种内部能力而言却是在与一个理知的（虽然只是思维到的）世界的关系中进行规定的"（邓译本《纯粹理性批判》，第308页）。周著所说的"逻辑判断的内容"正是"一个理知的世界的关系"。

**[段旨]**

韩非子逻辑研究中应该注重依照逻辑内容决定逻辑判断的性质。

### §4.2.2.6—161

乙、假言判断的类型

给假言判断分类可以从它的内容意义和形式结构这两个方面来分别加以考察。（一）按照内容意义做标准，可以把它分做两个类型：（甲）条件式的假言判断；（乙）因果式的假言判断。（二）在这（甲）和（乙）两个大类中，再按照形式结构做标准，进行进一步的分类，分成更小的类别。[1]

**[注释]**

[1] 这关于假言判断的分类，形式逻辑一般按充分条件、必要条件、前件和后件的肯定或否定来分类，参见第19节注释[1]。周著在此提出了假言判断新的分类法：据内容意义分成条件式假言判断和因果式假言判断两大类，然后再按结构形式对两大类细分之。这是不同于形式逻辑本身的充分、必要条件、前后件肯定、否定说的那种分类法，很值得注意。

**[段旨]**

周著提出的从判断内容入手的假言判断分类法。

### §4.2.2.7—162

在形式结构上作进一步的分类又可采用两种标准：

（一）按照条件的先后分做先条件后结果的条件式假言判断和先结果后条件的假言判断；同时，按照因果的先后分做先原因后结果的因果式的假言判断和先结果后原因的因果式的假言判断。

（二）按照前项后项的数目的多寡可以把条件式的假言判断和因果式的假言判断同样的分做：（甲）一个前项和一个后项的假言判断。（乙）多个前项和一个后项的假言判断。条件式的假言判断还有一个前项和多个后项的特殊形式。现在列表表示如下：

| | | 一、按照条件的先后做标准分 | （一）先条件后结果的条件式的假言判断 |
|---|---|---|---|
| 假言判断 | （甲）条件式的假言判断 | | （二）先结果后条件的条件式的假言判断 |
| | | 二、按照前项后项的数目的多寡做标准分 | （一）一个前项一个后项的条件式的假言判断 |
| | | | （二）多个前项一个后项的条件式的假言判断 |
| | | | （三）一个前项多个后项的条件式的假言判断 |
| | （乙）因果式的假言判断 | 一、按照因果的先后做标准分 | （一）先原因后结果的因果式的假言判断 |
| | | | （二）先结果后原因的因果式的假言判断 |
| | | 二、按照前项后项的数目的多寡做标准分 | （一）一个前项一个后项的因果式的假言判断 |
| | | | （二）多个前项一个后项的因果式的假言判断 |

**［段旨］**

假言判断划分的下位层次分类法要点并列表。

**§4.2.2.8—163**

韩非子的假言判断的类型是丰富多彩的，现在把它们的例证列举如下：

甲、条件式的假言判断。它是表示条件和结果的关系的假言判断。例如《扬权》说："不伐其聚，彼将聚众[1]。""不伐其聚"是条件，"彼将聚众"是结果。这就是条件式的假言判断。

一、按照条件的先后做标准分做两类。

（一）先条件后结果的条件式的假言判断。

　　1. 爱臣太亲，必危其身[2]。（《爱臣》）

　　2. 人臣太贵，必易其主[3]。（《爱臣》）

　　3. 主妾无等，必危嫡子[4]。（《爱臣》）

　　4. 兄弟不服，必危社稷[5]。（《爱臣》）

　　5. 不适其赐，乱人求益[6]。（《扬权》）

（二）先结果后条件的条件式的假言判断。

　　1. 上智捷举中事，必以先王之法为比[7]。（《有度》）

2. 欲为其国，必伐其聚[8]。（《扬权》）

3. 欲为其地，必适其赐。（《扬权》）

4. 欲利而身，先利而君[9]。（《外储说右下》）

5. 欲富而家，先富而国。（《外储说右下》）

二、按照前项后项的数目的多寡做标准分做三类。

（一）一个前项一个后项的条件式的假言命题[10]。

1. 臣闭其主，则主失位[11]。（《主道》）

2. 臣制财利，则主失德[12]。（《主道》）

3. 臣擅行令，则主失制[13]。（《主道》）

4. 臣得行义，则主失名[14]。（《主道》）

5. 臣得树人，则主失党[15]。（《主道》）

（二）多个前项一个后项的条件式的假言判断。

1. 去其智，绝其能，下不能意[16]。（《主道》）

2. 不慎其事，不掩其情，贼乃将生[17]。（《主道》）

3. 散其党，收其余，闭其门，夺其辅，国乃无虎[18]。（《主道》）

4. 大不可量，深不可测，同合刑名，审验法式，擅为者诛，国乃无贼[19]。（《主道》）

5. 狱讼繁，仓廪虚，而有以淫侈为俗，则国之伤也[20]。（《解老》）

（三）一个前项多个后项的条件式的假言判断。

1. 今若以誉进能，则臣离上而下比周[21]。（《有度》）

2. 若以党举官，则民务交而不求用于法[22]。（《有度》）

3. 人主自用其刑德，则群臣畏其威而归其利矣[23]。（《二柄》）

4. 主用术，则大臣不得擅断，近习不敢卖重[24]。（《和氏》）

5. 官行法，则浮萌趋于耕农，而游士危于战陈[25]。（《和氏》）

[注释]

[1]其聚：那些朋党。聚：通"藂"（cóng 同丛、丛），指丛生的杂草，比喻朋党。全句意为：如果不讨伐那些朋党，他们就会聚众闹事。

[2]这句意为：如果宠臣太亲近，就必定危及自身。

[3]易：改变。这句意为：如果大臣的地位太高贵，就必定会变换他们的国君。

[4]这句意为：正妻和小妾没有等差区别，那就必然危及正妻生的

嫡子。

［5］这句意为：国君的兄弟不服从国君，那就必定危及国家。

［6］不能做到赏赐适度，乱臣就谋取好处。

［7］上智：高智商的人。捷举：办事敏捷。中（zhòng）事：符合事理。比：比拟，参照。这句意为：智商高的人办事敏捷且符合事理，那必定是以先王之法为参照的。

［8］为：动词。做强，做大。

［9］而：代词，你。

［10］这里的"命题"是指判断。

［11］闭：指臣下闭塞君主的视听。位：指国君俯视天下的地位。

［12］制：控制，指大臣控制国家的财利。德：恩德，指国君失去以利收买人心的恩德。

［13］这句意为：如果臣下擅自发号施令，君主就会失去对发号施令的控制权。

［14］名：指国君行仁义的好名声。

［15］这句意为：如果臣下拉帮结派，则国君就失去帮扶的人。党：党羽，这里指帮助的人。

［16］其：指君主自己的。意：动词，揣度。这句意为：国君去掉自己的智慧，隐藏自己的才能，臣下就无法揣度。

［17］这句意为：如果国君不能谨慎从事，不掩盖自己真实的想法，奸臣的图谋就会产生。

［18］这句意为：解散奸臣的同党，收审他的余孽，阻塞他的私门，铲除他的帮凶，国家才没有"老虎"。

［19］大不可量：指君主的决策显得广大无边。同合刑名：对臣下的行动和言论加以审核，要求两者完全一致。审验法式：考察和检验法度执行的情况。擅为者诛：擅自作为者严加惩处。

［20］狱讼：诉讼案件。仓廪：仓库。淫侈：淫逸奢侈。俗：习俗，风气。

［21］以誉进能：根据声誉选拔人才。离上：与国君离心离德。比周：结党营私。

［22］党：朋党。务交：热衷于交际，勾结朋党。不求用于法：不寻

求依法办事。

[23] 这句意为：如果君主独自使用刑罚和奖赏，那么群臣就畏惧国君的威势和奔向奖赏带来的利益。

[24] 术：法术，掌权的方法。擅断：专权独断。近习：左右近侍。卖重：卖弄权重，弄权。

[25] 官行法：官府执行法令。浮萌：游民。萌，通"氓"，民。游士：游说之士。陈：阵。战陈：战争阵地，战场。危：冒着危险。

[段旨]

韩非子表条件和结果的条件式假言判断的类型和举例。

### §4.2.2.9—164

乙、因果式的假言判断[1]。它是表示原因和结果的关系的假言判断。例如《主道》说："符契之所合，赏罚之所生也[2]。""符契之所合"是原因，"赏罚之所生也"是结果。这就是因果式的假言判断。

一、按因果的先后做标准分成两类。

（一）先原因后结果的因果式的假言判断。

    1. 夫唯嗜鱼，故不受也[3]。（《外储说右下》）

    2. 今人主以其清洁也，进之[4]。（《外储说右下》）

    3. 以其不适左右也，退之[5]。（《外储说右下》）

    4. 以其公正也，誉之。（《外储说右下》）

    5. 以其不听从也，废之。（《外储说右下》）

（二）先结果后原因的因果式的假言判断。

    1. 治不足而日有余，上之任势使然也[6]。（《有度》）

    2. 其罪典衣，以为失其事也[7]。（《二柄》）

    3. 其罪典冠，以为越其职也。（《二柄》）

    4. 臣之所不弑其君者，党与不具也[8]。（《扬权》）

    5. 所以谓尧贤者，以其让天下于许由[9]。（《外储说右下》）

二、按照前项后项的数目的多寡做标准分做两类。

（一）一个前项一个后项的因果式的假言判断。

    1. 下匿其意，用试其上。（《扬权》）

    2. 上操度量，以割其下[10]。（《扬权》）

3. 听大国，为救亡也。（《八奸》）

4. 省同异之言，以知朋党之分[11]。（《备内》）

5. 恣欲于马者，擅辔筴之制也[12]。（《外储说右下》）

（二）多个前项一个后项的因果式的假言判断。

1. 主孤于上，而臣成党于下，此田成子所以弑景公者也。（《奸劫弑臣》）

2. 秦民习故俗之有罪可以得免，无功可以得尊显也，故轻犯新法[13]。（《奸劫弑臣》）

3. 有赏罚而无喜怒，故圣人极[14]。（《用人》）

4. 有刑法而死无螫毒，故奸人服[15]。（《用人》）

5. 人主多无用之辩，而少不易之言，此所以乱也[16]。（《外储说左上》）

**[注释]**

[1] 因果式的假言判断：参见本书第19节正文和注释 [2]、[3]、[4]，参见第32节正文和注释。

[2] 符契：凭据。真凭实据。这句话意为：据真凭实据办，赏罚就随之而生，可靠可信。

[3] 嗜：爱吃。这句话意为：正因为爱吃鱼，所以不能接受他人的馈赠。

[4] 清洁：清正廉洁。

[5] 不适左右：不去迎合国君的近臣亲信。

[6] 治不足而日有余：事情不够办，每天都有空余时间，办事游刃有余。任势：使用权势。使然：使之如此。

[7] 典：典职，负责管理。这句话意为：（韩昭侯）怪罪管理衣服的人，是因为认为那人没做好自己的本职工作。

[8] 所不弑：不杀……的原因。所：代词，这里表原因。党与：朋党。不具：不具备，没有形成。

[9] 所以谓：称道……的原因。让：让位。

[10] 度量：指法度。割：控制，制裁。

[11] 省（xǐng）：省察，审视。这句话意为：审察相同和不同的话，用以知道朋党的区分。

[12] 恣欲：得心应手地驾驭。擅：独自掌控。辔（pèi）：马缰绳。

筴：同"策"，指马鞭子。周著据《韩非子集解》作"筴"，《韩非子校注》作"策"。这句话意为：随心所欲地驾驭马，是因为独掌马缰绳和马鞭子的控制权。

[13] 习故俗：习惯于旧风俗。得免：获得赦免。轻犯：轻易触犯。

[14] 无喜怒：不凭喜怒。极：这里指最高的治国境界。

[15] 螫（shì）：有毒腺的毒虫用尾部刺人。螫毒：毒害。这里比喻逞私威而害人。全句意为：（明君）按法制处死人，而不是凭个人的喜怒，逞私威而杀人，所以奸人服罪。

[16] 多：看重，赞美。辩：巧言动听之说。少：看轻，轻视。不易：不轻易改变，具有必然性。

[段旨]

因果式假言判断的分类和举例。


### §4.2.2.10—165

综合起来说：（一）在语文表现上，即形式结构上，条件式的假言判断用"则"，因果式的假言判断用"故"或"所以"[1]。（二）在内容意义上，条件和原因可以在前项，也可以在后项。反之，结果可以在前项，也可以在后项。（三）在前项后项的书目上，条件式的假言判断比较复杂。因果式的假言判断比较简单。例如《亡征》全篇的四十七个假言判断都是多个前项一个后项的条件式的假言判断。（四）条件式的假言判断具有一个前项多个后项的形式，而因果式的假言判断就缺少这种形式。（五）条件式的假言判断是最正规的假言判断；因果式的假言判断虽然也是假言判断，但在一定的情况下也可以被看做是推理形式中的前提和结论的结合体[2]。（六）一般的说，假言判断应该是一个前项和一个后项构成的，为什么这里会出现多项性呢？我们的解释是：由于客观事物之间存在着一因多果和多因一果的现象，韩非子观察了这些现象，用语文把它们表达出来。我们比较详细地分析这些假言判断的类型，正可以表现出韩非子逻辑的特点。

[注释]

[1] 故：所以。所以：代词加介词形成的结果，意为：因为它而（造成）（引起）……

[2] 因果式假言判断也是假言推理中的前提和结论的构成，可参见第 19 节注释 [2]、[3]、[4]，第 32 节注释 [2]。

[段旨]

总结韩非子条件式假言判断和因果式假言判断的特点。

# 第三节　判断间的关系

### §4.3.0.1—166

判断间的关系是指在内容意义上有着一定联系的任何一对同类型的判断间的关系说的[1]。韩非子运用的直言判断和假言判断都是非常丰富的。而且它常常把同类型的判断灵活地联系在一起。表现了整齐骈偶的议论文的特殊风格。我们来讨论判断间的关系：（一）直言判断间的关系。（二）假言判断间的关系。

[注释]

[1] 故这句话讲判断间关系的义域有四：内容意义上的、有一定意义联系的、同类型判断，如直言判断内或假言判断等具体表达的判断句。重视和研究判断的关系，是康德的一贯思想。康德说："对于现象中的一切实体，就它们同时并存而言，都必然处于相互的交互作用的普遍协同性之中。"这里的"普遍协同性"既有共同性，也有普遍联系的意义，判断高于"一切实体"，在"严格的普遍性上，亦即不能允许有任何例外地来设想一个判断"，而"指出加在一个判断上的无限制的普遍性比指出这个判断的必然性更明白一些，所以不妨把上述两个标准分开来使用，它们每一个就其自身说都是不会出错的"。（邓译本《纯粹理性批判》，第193 页、"导言"第 3 页）这里的普遍性既在判断本身，也如同实体那样在判断之间。

[段旨]

什么是判断间的关系。

## 一　直言判断间的关系

### §4.3.1.1—167

韩非子善于观察异同和矛盾，因此他把互相类似的判断联合地运用，表现了并列关系，又把互相反对互相矛盾的判断联合地运用，表现了反对关系和矛盾关系。表示并列关系的判断在内容意义上是互相类似的，表示反对关系和矛盾关系的判断在内容意义上是互相排斥的。因此，并列关系可以说是判断间的同的关系，反对关系和矛盾关系可以说是判断间的异的关系。现在分别地引用例证来表明这三种关系。

（一）并列关系。它是互相并列的判断间的关系。

1. 天有大命，人有大命[1]。（《扬权》）

2. 知者不以言谈教，而慧者不以藏书箧[2]。（《喻老》）

3. 侧室公子，人主之所亲爱也；大臣廷吏，人主之所与度计也[3]。（《八奸》）

4. 圣人者，审于是非之实，察于治乱之情者也。（《奸劫弑臣》）

5. 夫严刑者，民之所畏也；重罚者，民之所恶也[4]。（《奸劫弑臣》）

（二）反对关系。它是相对矛盾的判断间的关系。

1. 度量之立，主之宝也，党与之具，臣之宝也[5]。（《扬权》）

2. 虚静无为，道之情也；参伍比物，事之形也[6]。（《扬权》）

3. 夫庆赏赐予者，民之所喜也；杀戮刑罚者，民之所恶也。（《二柄》）

4. 夫以实告我者，秦也；以名救我者，楚也[7]。（《十过》）

5. 害身而利国，臣弗为也；害国而利臣，君不为也[8]。（《饰邪》）

（三）矛盾关系。它是绝对矛盾的判断间的关系。

1. 此人主之所以独擅也。非人臣之所以得操也。（《主道》）

2. 圣人之治国也，固有使人不得不爱我之道，而不恃人之以爱为我也[9]。（《奸劫弑臣》）

3. 明主者，不恃其不我叛也，恃吾不可叛也[10]。（《外储说左下》）

4. 不恃其不我欺也，恃吾不可欺也。（《外储说左下》）

5. 邻子之言，非分谤也，益谤也[11]。（《难一》）

[注释]

[1] 天：自然。大命：必然趋势，普遍法则。这句话意为：大自然

有发展的必然趋势，人有生存的普遍法则。

[2] 知者：智者。智慧之人。箧（qiè）：箱子。不以藏书箧：用不到藏书箱，比喻不生搬硬套书本知识。全句意为：有智慧的人不用空谈说教，聪明的人不生搬硬套书本知识。

[3] 侧室：承上文"何谓父兄，曰……"，故这里的侧室指君主的兄弟、叔父伯父。亲爱：亲近宠爱。廷吏：朝廷的官吏。所与度计：与他们一起谋划的人。所与：代词＋介词，与他们……的人。度（duó）计：推测商讨，谋划。

[4] 畏：恐惧。恶（wù）：厌恶，逃避。

[5] 度量：比喻法度。党与：朋党。具：具备，形成。

[6] 道之情：道的本来面貌。参伍：用事物多方面交互比较加以验核。比物：联结事物。事之形：事物的实际情形。"参伍"句意为：联结事物，经交互比较验核事情的真伪，那是根据事物的实际情形来处事的办法。

[7] 告：周著据乾道本、集解本作"告"，《韩非子校注》作"害"。实：实际行动。名：名义上，空话。

[8] "害身""害国"，周著据集解本两作"害"字。乾道本"害国"作"富国"，《韩非子校注》已改成两作"害"字。"弗为""不为"，周著据集解本两作"为"字。《韩非子校注》"不为"作"不行"。

[9] 固有：原本就有。恃：依靠。人之以爱为我：因个人的私心偏爱为国君效力。

[10] 不我叛：不背叛我。"我"作为代词宾语在否定句中提前。吾不可叛：我的不可能背叛，即国君有使人无法背叛的法术。吾：代词作定语。

[11] 郤（xì）子：郤献子，晋卿郤克。晋卿韩厥将杀人，郤克不讲有罪无罪而前往救之。分谤：分担（对韩厥）的非议。益谤：增加（对韩厥）的非议。谤：谤议，非议。

[段旨]

直言判断间的关系可分三大类。


§4.3.1.2—168

关于直言判断间的关系我们有以下几点总的说明：

（一）具有并列关系的两个直言判断，或者是主词相同，或者是宾词相同，或者是主词和宾词都不相同。这不相同的主词和宾词在内容意义上总是有着一定的联系：或者主词是并列概念，或者宾词是并列概念，或者主词和宾词都是并列概念，这是使两个直言判断具有并列关系的根据。[1]

（二）具有反对关系的两个直言判断的主词和宾词都是相异的：或者主词是反对概念，或者宾词是反对概念，或者主词和宾词都是反对概念。

（三）具有矛盾关系的两个直言判断的主词是相同的，宾词是矛盾概念。

（四）表示并列关系的两个直言判断或者都是肯定判断，或者都是否定判断。表示反对关系的两个直言判断，或者都是肯定判断，或者都是否定判断。表示矛盾关系的两个直言判断一般的都是一个肯定判断和一个否定判断。[2]

（五）反对概念之间是容许有中间性的概念的，因此具有反对关系的两个判断只表示相对的矛盾。矛盾概念是绝对矛盾的，因此具有矛盾关系的两个直言判断表示了绝对的矛盾。[3]

（六）正由于具有矛盾关系的两个直言判断体现了"不两立"的"矛盾之说"，因此它们具有明确的推理的性质。同样的一对矛盾判断，我们可以从判断间的关系和推理两方面来观察它们，例如："郤子之言，非分谤也，益谤也。"我们从判断间的关系上看，就说它们是表示矛盾关系的两个直言判断。如果从推理的角度看，就可以把它们解释做省略了大前提"郤子之言，分谤乎？抑益谤乎[4]？"的选言三段论式。"非分谤也"是否定的小前提；"益谤也"是肯定的结论。这就是一个以弃为取式的选言三段论式。从这里我们可以看出判断间的关系和推理之间的联系性来。[5]

[注释]

[1]无论是前文并列关系直言判断的举例，还是本段的概括，都是以并列关系的语言表达为视点的。对并列关系直言判断作出的主词、宾词相同、不相同关系三小类概括，就意义联系作出的涉及并列概念的三小类概括，深化了对并列关系直言判断的认识。直言判断内容丰富，形式结构多种。逻辑书上将其分成肯定判断、否定判断，单称判断、特称

判断、全称判断，全称肯定判断、全称否定判断、特称肯定判断、特称否定判断。据逻辑关系对直言判断所作分类则更复杂。（参见中国人民大学逻辑教研室《形式逻辑》，第68—71、71—79页）直言判断，也可参见本书第27、149、150节的注释。相较之下，周著对并列关系直言判断相关特点的揭示简单明了。这项成果的取得说到底是以语言为视点研究逻辑的结果，是语言逻辑成果。如果以1978年创建中国逻辑与语言研究会，创办学术刊物《逻辑与语言学习》为我国语言与逻辑研究相结合的开端（参见李先焜《逻辑基本知识》，该书作者和内容介绍第2页），则周著（1958年）的研究更早，其学术史的意义显然。

［2］这一段将直言判断语言逻辑研究所得的分类与一般逻辑的分类相对应而纳入之。

［3］反对关系的矛盾只是相对的，矛盾关系的矛盾是绝对的，举例见本书第167节。这一重大区分也是周著语言逻辑研究的重大成果，有普遍的意义。关于反对概念的性质，康德的二律背反已经涉及。康德说："玄想的推理的第二级是指向某个给予现象的一般条件系列之绝对总体性的先验概念的，从对于在某个方面的系列的无条件的综合统一我任何时候都有一个自相矛盾的概念这一点，我推论出相反方面的统一的正确性，而对后者我仍然也不具有任何概念。在这种辩证推理那里理性的这一状况我将称之为纯粹理性的二律背反。"（邓译本《纯粹理性批判》，第287页）反对概念与矛盾概念的区别就在于，反对一个并不能衍推另一个，例如反对说"这只猫是黑的"，不能推出"这只猫是白的"，因这只猫可能是不黑也不白，是棕色的。而黑色和白色是矛盾的，可知反对概念与矛盾概念的区别所在。斯特劳森说："说两个陈述是反对命题，就是说它们互不相容，但留下了这样一种可能性：存在某个陈述与它们两者都不相容。"（《西方哲学英汉对照辞典》，第202页）由以上可知，周著区分反对概念和矛盾概念是正确的，有重要逻辑史意义和思想理论意义。

［4］抑：古汉语选择连词，抑或，或者。

［5］关于判断和推理的关系，一般认为：概念，命题，判断，推理，论证，是形式逻辑的五大层级和内容构成，故判断和推理间的关系是密切的、不用细说的。美国实用主义哲学家皮尔士说："推理是一个过程，在这个过程中，推理者意识到，一个判断，即结论，是被另一个或一些

判断，即前提，根据普遍的思想习惯所确定的，对于这个思想习惯，他可能无法精确地阐述，但他认为它对真理知识具有决定意义。"(《西方哲学英汉对照辞典》，第 860 页)

[段旨]

关于直言判断间的关系的六点说明。

## 二 假言判断间的关系

### §4.3.2.1—169

假言判断间的关系也和直言判断间的关系一样，可以分做三种来叙述：(一)并列关系；(二)反对关系；(三)矛盾关系。

(一)并列关系。它是互相并列的判断间的关系。

　　1. 言已应，则执其契；事已增，则操其符[1]。(《主道》)

　　2. 法不信，则君行危矣；刑不断，则邪不胜矣[2]。(《有度》)

　　3. 刑重，则不敢以贵易贱；法审，则上尊而不侵[3]。(《有度》)

　　4. 国小，则事大国；兵弱，则畏强兵。(《八奸》)

　　5. 大国之所索，小国必听；强兵之所加，弱兵必服[4]。(《八奸》)

(二)反对关系。它是相对矛盾的判断间的关系。

　　1. 有功，则君有其贤；有过，则臣任其罪[5]。(《主道》)

　　2. 赏偷，则功臣堕其业；赦罚，则奸臣易为非[6]。(《主道》)

　　3. 所恶，则能得之其主而罪之；所爱，则能得之其主而赏之[7]。(《二柄》)

　　4. 喜之，则多事；恶之，则生怨[8]。(《扬权》)

　　5. 主过予，则臣偷幸；臣徒取，则功不尊[9]。(《饰邪》)

(三)矛盾关系。它是绝对矛盾的判断间的关系。

　　1. 群臣百姓之所善，则君善之；非群臣百姓之所善，则君不善之。(《八奸》)

　　2. 德，则无德；不德，则有德[10]。(《解老》)

　　3. 法，则听之；不法，则距之[11]。(《八奸》)

　　4. 善任势者，国安；不知因其势者，国危[12]。(《奸劫弑臣》)

　　5. 爱，则亲；不爱，则疏。(《备内》)

[注释]

[1] 这句话的意思是：如果国君答应过臣下，那就拿出契约进行核对；要是办事已经增加成效，那就手持符契去兑现。

[2] 信：守信，坚决执行。行：将。不断：不果断。胜（shēng）：尽。不胜：不尽，不会完结。

[3] 刑重：刑罚严厉。以贵易贱：以高贵的地位去轻视那些地位低下的人。法审：法令严明。上尊而不侵：国君得到尊重而不被侵夺。

[4] 索：索要。听：听从。服：屈服。

[5] 这句话意为：获得成功，则君主就有了贤能的好名声；有失误，则有臣下担当罪责。

[6] 偷：苟且，不负责任。堕（duò）：通"惰"，懒惰，懈怠。赦罚：赦免该处以刑罚的人。

[7] 这句话的主语是上文的"世之奸臣"。

[8] 这句话的意思是：国君喜欢某事，奸臣就讨好生事；国君厌恶某事，奸臣就产生埋怨。

[9] 过予：错误地给予奖赏。偷幸：偷，苟且侥幸，私下里抱有侥幸心理。徒取：白白地获得奖赏。功不尊：功劳不尊贵。

[10] 这句话意为：自以为有德，那就没有德；不自以为有德，那就保全了德。

[11] 距：通"拒"。

[12] 任势：犹言动用权势。因其势：凭借那权势。

[段旨]

假言判断间的三大关系分类和举例。

### §4. 3. 2. 2—170

关于假言判断间的关系，我们也有几点总的说明：

（一）表示并列关系，或者表示反对关系，或者表示矛盾关系的两个假言判断，它们的前项和后项都是彼此相异的。

（二）表示并列关系的两个假言判断，或者前项具有并列的性质，例如"言已应"和"事已增"；或者前项和后项都具有并列的性质，例如"国小，则事大国；兵弱，则畏强兵"。

（三）表示反对关系的两个假言判断，或者前项具有反对的性质，例如"有功"和"有过"；或者前项和后项都具有反对的性质，例如"赏偷，则功臣堕其业；赦罚，则奸臣易为非"。

（四）表示矛盾关系的两个假言判断，有的前项和后项都具有绝对矛盾的性质，一面肯定和一面否定互相矛盾，例如"德，则无德；不德，则有德"。有的前项具有绝对矛盾的性质，而后项只具有互相反对的性质，例如"法，则听之；不法，则距之"。

（五）表示矛盾关系的两个假言判断很像印度因明上的同异喻的喻体，表现着"同品定有性"和"异品遍无性"[1]。不过照因明的规定，应该把"德，则无德；不德，则有德"，改说做"德，则无德；有德，则不德"[2]。

（六）如果从推理的角度看表示矛盾关系的两个假言判断，也可把它们解释做假言三段论式[3]。例如："德，则无德"是大前提，"不德"是否定前项的小前提，"则有德"是否定后项的结论。又如："法，则听之"是大前提，"不法"是否定前项的小前提，否定后项的结论应该是"则不听之"，而现在说做"则距之"也是可以的，因为"则距之"是可以被包括在"则不听之"的范围里的[4]。但这表示矛盾关系的两个假言判断在说法上好像只具有互相对照的形式，似乎缺乏些从一般原则推到特殊事件的演绎推理的性质，因此，也似乎可以把它们解释做从正面推到反面，或从反面推到正面的具有特殊性质的直接推理[5]。总而言之，我们可以从这里看出它们和推理之间的极为密切的关系来[6]。

**［注释］**

[1] 因明：参见本书第28节的正文和注文。因明中的喻：参见第29节的正文和注文。相当于三段论语言表达。同异喻：同品、异品的相关佛理的说明性语言表达和明确，亦即文中所说"同品定有性"和"异品遍无性"。同品定有性：因明学术语。梵文 sapaksle sattvam。品，类。同品，同类。它是因（理由，三段论判断或推理得出的结论）的三相（表现）之一，用以表因与宗（命题）后陈（谓词）的关系。例如判断："人类是创制和使用生产工具和有声语言的灵类。"整个判断是"因"，整个判断结论也是"宗"，"因""宗"在命题判断中是相同的。"创制……灵类"是"因"也是"宗"的"后陈"，在逻辑判断中是谓词。学术界对因明第一相（遍是宗法性，所有的宗——有法都是因。亦系表明因与

宗之前陈之关系，如例"人类是……灵类"与主词"人类"的关系）、第三相（因与宗之后陈的反对性亦即异品的关系）的理解较为一致，对第二相"同品定有性"的理解分歧较大。一般认为，如上例，凡所有认同"创制……灵类"（因、宗之后陈，谓词）皆"同品"，"必有性"属于"人类"；凡所有不认同"创制……灵类"者为"异品"，"遍无性"都不属于"人类"（此条亦上述第三相）。可参见张忠义《从"定有"看"同品定有性"》（《社会科学辑刊》1987 年第 3 期）一文中的相关说法，或参见沈剑英《因明学研究》（修订本）（东方出版中心 2002 年 10 月版），该书中对"同品定有性"的相关解释，也可参见丁福保《佛学大词典》（上海书店 1991 年 12 月影印版）第 983 页中栏"同品定有性"条。这一经偈语录原出自印度大乘佛教经师陈那的弟子商羯罗主的著作《因明入正理论》，书中解释因明学的"因三相"（因三相又称逻辑上的宗"三支"），第二相即此条。今谓：喻是经说明性或描述性语言明确因明中的理由或结论；因明是指相关佛理的理由据证结论；宗是因明学逻辑判断或推理；后陈是宗的谓词。喻在语言表达和使明白确凿无疑中被言说；因明在佛教教义、佛理之学理范围内明确其理由；宗在因明学即佛理逻辑学中作判断或推理。见之于语言文字三者即语言说明、佛理、逻辑判断都是一回事，成就一事的底层是语言和逻辑的一致性。

［2］据上注可知，"同品定有性"当宗的后陈（谓词）始终得到认同，谓词与因、宗一致，在"德，则无德"和"不德，则有德"中，"则无德""则有德"均为宗之后陈，当始终认同一致，周著前举后陈未变，后句如仍原说，形成绝对矛盾关系，后陈不能认同一致，故将原句的后陈"有德"改成前陈："有德，则不德"取消了原句主词的绝对矛盾关系，且原句后陈"无德"与今改句后陈"不德"始终认同一致，符合"同品定有性"。周著取消前陈绝对矛盾关系，改成"德"与"有德"的"同品"关系，今改原句后陈为前陈，改原句前陈为后陈，使后陈不变，形成"定有性"，是对因明学学理"同品定有性"的深刻理解，也是对此经偈的又一解释，可补学界对此偈语解释的不足。

［3］这句话是说，周著将把上文中所举出的《老子》《八奸》矛盾关系假言判断例，改作为三段论推理：直言三段论演绎推理。学界有云："直言三段论就是借助于一个共同概念把两个直言判断联结起来，从而得

出结论的演绎推理。"（中国人民大学哲学系《形式逻辑》，第 170 页。）有关三段论的概念、判断性质，参见本书第 8 节注释［4］、第 9 节注释［4］，有关三段论的推理性质，参见第 8 节注释［4］、第 9 节注释［5］。三段论 sullogismos 意为"论证"（《西方哲学英汉对照词典》，第 976 页）。亚里士多德说："三段论是一种论证，其中只要确定某些论断，某些异于它们的事物便可以必然地从如此确定的论断中推出。所谓'如此确定的论断'，我的意思是指结论通过它们得出的东西，就是说，不需要其他任何词项就可以得出必然的结论。"又说："三段论既可以从证明的前提推出，也可以从辩证的前提推出，因为无论是证明者还是论辩者都是首先断定某一谓词属于或不属于某一主项，然后得出一个三段论的结论。"（苗力田主编：《亚里士多德全集》第一卷，中国人民大学出版社 1990 年9 月第 1 版，第 84、85 页）可知三段论的概念判断性质和推理性质，且以推理性质更重要，也更显豁。

　　［4］"则距（拒，拒绝）"义与"则不听之"义同。

　　［5］"但这表示……直接推理"句：既然周著文中举出的《老子》《八奸》中的两个矛盾关系的假言判断都可以分别改作三段论推理，而据上一条注释，可知三段论推理是直接的，简单而易明确的，这句话的说出就有了三段论本身推理性质上的依据。且分别从两个矛盾关系的假言判断改作推理后的文义本身看，也确实如此直接，简明，从正、反推到反、正甚明。

　　［6］从三段论判断和推理共存，三段论直接演绎推理之间的关系的简单明白，可知判断和推理之间，推理与推理之间的"极为密切的关系来"。此外，形式逻辑不同的逻辑推理之间本来就有割不断的联系。康德说：形而上学（指普遍的哲学认识论，也应包括逻辑方法在内）"在认识原则方面是一个完全分离的、独立存在的统一体，在其中，像在一个有机体中那样，每一个环节都是为着所有其他环节，所有环节又都是为着一个环节而存在的，没有任何一个原则不同时在与整个纯粹理性运用的全面的关系中得到研究而能够在一种关系中被可靠地把握住的"（邓译本《纯粹理性批判》第二版，序第 18、19 页）。

　　［段旨］
　　关于假言判断间的关系的六点说明。

# 第五章　直接推理

## §5.0.0.1—171

我们分四个部分来叙述韩非子的推理形式[1]：（一）直接推理；（二）类比推理；（三）演绎推理；（四）归纳推理。[2]这四个部分的内容的多寡是不均等的。我们根据韩非子的论著中所表现出来的推理形式的具体情况，多的就多加以叙述，少的就少加以叙述。

[注释]

[1] 虽然概念、判断、推理关系密切，正如康德所说："普遍逻辑学在其分析论中，……所讨论的就是概念、判断和推理。"（《康德三大批判精粹》人民出版社2001年版，第148页）但各自的实质不同。一般来说，形式逻辑著述以概念、判断、思维规律、推理、综合论证为顺序而展开，可见推理的独特本质和地位。推理：由已知的判断推导出新的判断的思维形式叫作推理。构成推理的基础是始终反映客观事实的概念，构成推理的前提是客观的真或假的判断。罗素说："推理是我们达到新知识的一种方法，关于推理的非心理成分就是那种能使我们正确推理的关系。"（参见《西方哲学英汉对照辞典》，第499页）思维规则对揭示推理的本质有重要意义，思维规则与推理的必然联结，参见第19节注释[4]。又，推理，参见第168节注释[5]。

[2] 推理的第一层次分类是直接推理（简单推理）和间接推理（复杂推理），参见第172节注释[1]。第二层次分类一般分成归纳推理和演绎推理。前者包括其自身、类比推理、因果推理。有的逻辑书也把因果推理看作演绎推理，说成是因果判断构成的假言推理，周著即如此，可参见第19节注释[2]、[3]、[4]，第32节注释[2]，第165节注释

[1]。值得注意的是，康德也是倾向于把因果推理看作演绎推理的。康德说，知识和理性"仿佛是在寻找某个已给予的结果的原因，因而本身具有某种类似于一个假设的性质"，为此，"即使我的主观演绎不能对读者产生我所期望的说服力，但我在这里给予优先关注的客观演绎却会获得其全部的力量"（邓译本《纯粹理性批判》第一版，序第6页）。又说，"一般变化的因果性不是完全处于一个先验——哲学的边界之外并以经验性的原则为前提"，因而"一切变化"这一命题"就会有可能轻而易举地在这里以数学式的自明性得到证明"（邓译本《纯粹理性批判》第一版，第162页）。亦可参阅第32节注释[2]引康德在"二律背反"中言因果关系，故不可避免地有演绎推理性质，周著受康德的影响尤其重视因果关系，将其视作一思维规则。后者（指演绎推理）包括其自身种种、一个直言判断为前提推出一个直言判断结论的直接推理、直言三段论判断构成的推理、关系推理、联言推理、选言推理、假言推理、二难推理、各种复合判断构成的复杂推理、模态推理等。

[段旨]

韩非子推理形式可分四大部分叙述。

## §5.0.0.2—172

推理分直接推理和间接推理两类[1]。演绎推理和归纳推理都是间接推理。直接推理是简单的推理，间接推理是复杂的推理。类比推理是处在直接推理和间接推理之间的推理[2]。因此我们首先叙述直接推理。

[注释]

[1] 推理的第一层次分类当此直接推理、间接推理和介于二者之间的推理。

[2] 类比推理：它与归纳推理和演绎推理都不同，它是从个别到个别，从特殊到特殊的推理。例如：某甲缺乏社会风浪的磨炼，遇事优柔寡断，某乙也是如此，少不了也成了这种人。

[段旨]

直接推理和间接推理的领属，类比推理的特殊归属。

## §5.0.0.3—173

用已知的判断作为前提推出未知的判断作为结论叫做推理[1]。直接推理是推理的起点，是最简单的推理。它直接从一个判断推出另一个判断来。它是由两个判断所构成的推理形式。[2]

[注释]

[1] 推理：这句话给推理下了定义。参见第171节注释 [1]。

[2] "直接推理"至"形式"两句：这里的直接推理最简单，两个判断间进行，两个判断构成，总之是严格限制在"两个"，逻辑书上一般称之为"直言判断直接推理"，而非"直言判断间接推理"（由两个或两个以上前提加一个结论，总之是三个或三个以上的判断构成，又称"直言三段论式推理"）

[段旨]

什么是推理？什么是两个判断构成的直接推理？

## §5.0.0.4—174

在韩非子的论著中，表现了直接推理的三种方式：（一）换质法；（二）换位法；（三）换质位法。这是一般的方式，另外还有（四）直接推理的特殊方式。[1]现在分别地给以叙述。

[注释]

[1] 现在据第171—174节的内容和有关注释，画出推理总表（见附表一），共分七个层次。

[段旨]

韩非子逻辑两项式直接推理的四种方式。

附表一                                                逻辑推理分类总表

| 零层 | 一层 | 二层 | 三层 | 四层 | 五层 | 六层 | 七层 |
|---|---|---|---|---|---|---|---|
| 推理 | 间接推理 | 演绎推理 | 非模态演绎推理 | 简单判断推理 | 直言判断推理 | 直言判断直接推理 | 换质法 |
| | | | | | | | 换位法 |
| | | | | | | | 换质换位法 |
| | | | | | | | 特殊方式法 |
| | | | | | | 直言判断间接推理（直言三段论） | |
| | | | | 关系判断推理 | | | |
| | | | | 复合判断推理 | 联言推理 | | |
| | | | | | 选言推理 | | |
| | | | | | 假言推理 | | |
| | | | | | 二难推理 | | |
| | | | | | 其他 | | |
| | | | 模态演绎推理 | | | | |
| | | 归纳推理 | | | | | |
| | 直接推理 | | | | | | |
| | 介于直接推理和间接推理之间的推理 | 类比推理 | | | | | |

# 第一节  换质法

## §5.1.0.1—175

换质法是变换判断的质的直接推理方式[1]。它把原来的肯定判断变换做新的否定判断，或者把原来的否定判断变换做新的肯定判断[2]。在推理过程上说，就是从肯定的前提得出否定的结论，或者从否定的前提得出肯定的结论[3]。换质法事实上不过是采用肯定和否定的两种说法说出同一个思想内容罢了[4]。例如《解老》说：

　　"夫故以无为无思为虚者，其意常不忘虚，是制于虚也[5]。"

"其意常不忘虚"是否定的说法表示否定判定，"是制于虚也"是肯定的说法表示肯定判断。这是从原来"不忘虚"的否定判断变换做新的"制于虚"的肯定判定的换质法。

**[注释]**

[1] 此说法已体现在第185节附表一、二中，可互参征之。

[2] 这句话表中没有体现。它是对换质法的深一层次的研究，也是对换质法性质的规定。简言之，就是将原有推理中的肯定判断或否定判断改变成与之相反的判断，故谓"换质"。

[3] 这句话是从推理过程上看换质法的实质，是前提和结论的肯定和否定的两两互换。

[4] 这句话从语言表达说换质法。综上所述，本节从开头至此已从换质法的逻辑位置、定义性的规定、推理过程、语言表达四个方面来说换质法。

[5] "是制于虚也"句《校注》本作"是制于为虚也"，有"为"字。今仍周著引文。这句话是说，所以说故意用无所作为无所思虑来表现虚，他的内心就常常不能忘记虚，这就被虚牵制住了。可知用无为无思表现虚是大前提，不能忘记虚是小前提，被虚牵制住是结论。这是从三句话构成一个三段论式的推理来理解的。但若要分析其内部构成的性质，则又可分析成原判断肯定判断和新判断否定判断两个判断形成的推理，见下一节文字。

**[段旨]**

什么是换质法？换质法举例。


### §5.1.0.2—176

这里的原判断和新判断都共同用"夫故以无为无思为虚者"做主词。新判断"是制于虚也"的"是"是重指代词，它是重指原判断的主词因而表明新判断的主词和原判断的主词是一样的。我们如果把它补出来就可以写做下列的两个判断[1]：

　　　夫故以无为无思为虚者，其意常不忘虚。（原判断）

　　　夫故以无为无思为虚者，是制于虚也。（新判断）

这样看来，这两个判断不过是对于同一个主词给予肯定和否定的两种说明罢了。这两种说明是表达了同一个思想内容的。

**[注释]**

[1] 这一做法的可行性见上一节注释文字。它给予我们的启示是：

对于同一个三段论推理，可通过分析其内在判断的不同构成，来更深入地理解其推理的构成和性质。

[段旨]

换质法例式"原判断肯定新判断否定"举例，语言表述上它不过是对同一主词的不同说明。

### §5.1.0.3—177

还有一点值得注意，就是先秦古代汉语一般的都不用系词[1]。当判断在它的形式结构上，也就是在语文的表达形式上具有否定词"非""不""无"时，这些判断一般的都可看作是否定判断；因此"不忘虚"是一个否定判断。"不忘虚"就是"制于虚"，反过来说，"忘虚"就是"不制于虚"，它们都是一肯定和一否定的矛盾说法。用现在汉语来说，"不是忘虚"就是"是制于虚"，反之"是忘虚"就是"不是制于虚"。加个系词"是"进去，就更可以看出它们是一个肯定判断和一个否定判断的真实面貌。

[注释]

[1] 这句话中的"一般的"三字，是为了准确言之。洪诚先生说："考之实际，'是'这个系词在西汉前期就产生了。"又说："系词性的'为'，春秋以前用'惟'，战国以后用'为'。以动词而论，'为'与'惟'无关；以表肯定语气与连系作用而论，'为'是替代'惟'的职务而形成系词的。"（洪诚：《雒诵庐论文集》，第2页）

[段旨]

否定判断"不忘虚"和肯定判断"制于虚"的语义辨析和检测。

# 第二节 换位法

### §5.2.0.1—178

换位法的直接推理也和换质法的直接推理一样，并不表示新的思想内容[1]。它不过把同一个思想内容用两个不同形式的判断表示出来，也就是采取两种不同的说法罢了[2]。

[注释]

[1] 换位法的直接推理性质的定位参见第174节附表一。换质法将原有的肯定说法改成否定说法，或将原有的否定说法改成肯定说法，故无新内容产生。换位法只是将原判断的主词变成宾词，宾词变成主词（见下节），亦无新内容产生。

[2] 换质法和换位法的共同点都是说法的改变，即语文表达是肯定与否定互换，主语与宾语互换。

[段旨]

换位法与换质法都是换个说法，都不产生新的内容。

### §5.2.0.2—179

换位法是主词和宾词的调换位置[1]。它把原判断的主词调换做新判断的宾词，把原判断的宾词调换做新判断的主词。例如《解老》说：

"身全之谓得。得者，得身也[2]。"

原判断的主词"身全"换做新判断的宾词"得身"；原判断的宾词"得"换位做新判断的主词"得"。它们在语文表达上的语法结构不相同，也是两个有差别的判断；但是却表现着同一的思想内容。当然，既然采用了两种不同的说法，也必然会在情调色彩上显示出一定的差异来。[3]

[注释]

[1] 从语文表达上说，换位法就是主语和宾语互换。

[2] 这句话《校注》作"身全之谓德，德者，得也"。此处据《集解》本作三"得"字。王先慎《集解》称："'谓得''得者'两'得'字，各本作'德'。案：'身全之谓得，得者，得身也'，正承上'得者'言之。"这里的"上'得者'"，指上文"德者，内也；得者，外也"里的"得者"。《集解》还说：《太平御览》七百二十"引正作'得'，明作'德'误。今据正"。今仍周著所引。但如作两"德"字，仍是换位法直接推理。

[3] 从"它们在语文"至"一定的差异来"三句：这里已经从语文表达的语法结构上看、从思想内容上看、从修辞色彩上看，分别是有差别的判断、相同的内容、情调色彩上有差异。可知语文学的研究将逻辑研究引向具体和深入。

**［段旨］**

换位法语文表达的具体说明和举例。

### § 5. 2. 0. 3—180

换位法可以分做两类：（一）全称肯定判断的换位法；（二）全称否定判断的换位法。由于韩非子很少用特称判断，因此他的换位法都只限于全称判断。[1]

（一）全称肯定判断的换位法。

　　（1）《解老》：虚者之无为也，不可无为为有常。

　　　　　　不可无为为有常，则虚[2]。

这里的原判断的宾词"不可无为为有常"，换位做新判断的主词；换判断的主词"虚者之无为也"，换位做新判断的宾词"虚"。"虚者之无为也"和"虚"虽然在措辞上大不相同。但是在实质内容上是一样的。这可以引《解老》同一节里的话"所以贵无为无思为虚者，谓其意无所制也"来作为内证。可见"无为"就是"虚"。

一般逻辑学书上都说一般的全称肯定判断换位后应该是特称肯定判断，只有定义的换位是例外，因为定义的主词和宾词是相等的[3]。这里的例证具有定义的性质，因此它从全称肯定判断换位后仍旧是全称肯定判断。

　　（2）《解老》：凡失其所欲之路而妄行者之谓迷。

　　　　　　迷，则不能至于其所欲至矣。

　　　　　　今众人之不能至于其所欲至，故曰迷。

这里的三个判断表现的两次换位。从第一个判断"凡失其所欲之路而妄行者之谓迷"，换位做"迷，则不能至于其所欲至矣"，这是第一次换位。再从第二个判断"迷，则不能至于其所欲至矣"，换位做"今众人之不能至于其所欲至，故曰迷"，这是第二次换位。这三个判断都是释名定义，因此这两次换位都是从全称肯定判断换位成全称肯定判断[4]。

　　（3）《难一》：夫善赏罚者，百官不敢侵职，群臣不敢失礼，上设其法，而下无奸诈之心。如此，则可谓善赏罚矣。[5]

这个例证里，原判断的主词"善赏罚"换位做新判断的宾词；原判断的宾词"百官不敢侵职，群臣不敢失礼，上设其法，而下无奸诈之心"的本身就是用两个直言判断和一个假言判断构成的。由于它太长了，为了避免重复，因此换位做新判断的主词时，就用指示代词"如此"来代替它。这也是全称肯定判断换位做全称肯定判断[6]。

[注释]

[1] 本段有关换位法的性质、定位可参见第 174 节附表一。但总的说，本段是对直言判断换位法，特别是它的分类的进一步深入研究。全称判断，参见第 152 节注释 [9]。肯定判断和否定判断见第 153 节注释[1]。

[2] 这两句话意为：虚的人对待无为的态度，不可以以无为作为心心念念的常事；不作为心心念念的常事，就虚了。前、后两句话意思完全一样，不过是换了一种说法而已。

[3] 一般逻辑书上的说法是：直言判断换位法的直接推理有效式之一：原判断 SAP→换位后的新判断 PIS。即全称肯定判断换位后变成特称肯定判断，式中 A 表全称判断，I 表特称判断。（参见中国人民大学哲学系编《形式逻辑》，第 159 页）例如，大学老师（S）是（A）有研究生学历的人（P）。换位后只能说：有研究生学历的人（P）有些是（I）大学老师（S）。不能说"都是（A）"逻辑书上也说到直言判断换位法的另一个有效式 SEP←→PES，即主项（主词）、谓项（谓词、宾词）互换，没有量的限制，又叫简单换位。周著讲到的定义换位属于这一类换位。例如，中国获联合国环保最高荣誉奖的林场（S）是（E）河北省塞罕坝林场（P）。因主词和宾词相等，故两者可换位，说成：河北省塞罕坝林场（P）是（E）中国获联合国环保最高环荣誉奖的林场（S）。

[4] 释名定义：解释名称或名物的定义。至于定义的方法，可以是说明性质的，也可以是描写性质的，或两种方法相结合的。这里对"迷"这个名称作了说明性的定义解释。这一举例的三个判断两次换位，符合有效式 SEP←→PES。

[5] 这段文字见《难一》四。周著以这段文字中的"夫善赏罚者"至"奸诈之心"为原判断，以"如此"句为换位后的新判断。侵职：侵夺他人的职守。侵，侵夺。

[6] 这句话是呼应前一小节的。《难一》里的这个换位判断例虽非

"释名定义"，仍是符合有效式 SEP⟷PES 的。

[段旨]

全称肯定换位法举例及其解释。

## §5. 2. 0. 4—181

（二）全称否定判断的换位法[1]。

(1)《五蠹》：所利非所用，所用非所利[2]。

(2)《显学》：所养者非所用，所用者非所养[3]。

这是两个典型性的换位法的例证。它们都是从全称否定判断换位做全称否定判断[4]：把原判断"所利非所用"换位做新判断"所用非所利"；把原判断"所养者非所用"换位做新判断"所用者非所养"。原判断和新判断都表达同一个思想内容。不过把判断的主词和宾词互相对调罢了。

(3)《奸劫弑臣》：适夫人，非所以事君也；适君，非所以事夫人也[5]。

(4)《外储说右下》：佯爱人，不得复憎也；佯憎人，不复爱也[6]。

这两个例证都具有假言判断的意思。虽然不能够被认做典型性的换位法，但是也可以看做是特殊性的换位法。它们都是从否定判断换位做否定判断：可以解释做前项和后项的互相对调。原判断和新判断表示着同一的思想内容。[7]

[注释]

[1] 关于全称否定判断，可参见第 152 节正文以及注释［9］、第 153 节正文。全称否定判断推理换位法也可用有效式 SEP→$\overline{P}$ES 来表示，例如，凡是思想解放的人，都不是不赞成改革开放的人。换位成：不赞成改革开放的人都不是思想解放的人。

[2] 这句话意为，国家给予利益的人，不是国家所要用的人，国家所要用的人，却从国家得不到利益。

[3] 这句话是说，国家所供养的人不是所要用的人，所要用的人不是国家所供养的人。

[4] 这句话等于告诉我们，所举出的两个例证合乎有效式 SE$\overline{P}$→

$\overline{P}E\overline{S}$。

[5] 适：顺从。夫人：指楚春申君的正妻。君：指春申君。据上文可知，这里指"楚庄王之弟春申君"，非春申君黄歇。楚庄王，即楚顷襄王。

[6] 佯（yáng）：假装。复：再，重新。这句话承上文"人主不佯憎爱人"之后是说，（国君）假装爱某人，就不能再去憎恨他；假装憎恨某人，就不好再去爱他。

[7] 这一段话讨论所举"适夫人"和"佯爱人"二例皆否定判断换位作否定判断。归根到底，二例符合有效式 $SE\overline{P}→\overline{P}E\overline{S}$。

[段旨]

全称否定判断换位法举例及其解释。

# 第三节　换质位法

### §5.3.0.1—182

换质位法是先换质后换位的直接推理方式[1]。它可以说是换质法和换位法的联合运用[2]。例如《解老》说：

"虚者，谓其意所无制也。今制于为虚，是不虚也。[3]"

"虚者，谓其意所无制也"是这个换质位法中作为前提的原判断："虚"是主词，"所无制"是宾词。"今制于为虚，是不虚也"是这个换质位法中作为结论的新判断："制于为虚"是主词，"虚"是宾词。换质位的结果是：用原判断的宾词的矛盾概念做新判断的主词，用原判断主词做新判断的宾词。在这里，原判断的宾词"所无制"的矛盾概念"制于为虚"做了新判断的主词；原判断的主词"虚"做了新判断的宾词。这个换质位法的例证表现了从全称肯定的原判断先换质后换位变做全称否定的新判断。如果要补出这个换质位的全部过程来，就应该写做：

虚者，谓其意所无制也。（原判断。全称肯定判断。）

虚者，谓其意非非所无制也[4]。（先换质做全称否定判断。）

非所无制者，非虚也。（再换位做全称否定判断。）

"非无所制"就是"有所制"，"有所制"就是新判断中的主词"制于为虚"。"非虚"就是新判断中的"不虚"，"非"和"不"都是表示否定判断中的否定词。因此新判断中的宾词是"虚"。[5]

[注释]

[1] 逻辑书上把换质位法看作换质和换位并用的直接推理。步骤是：先将原判断换质，再将换质后的判断换位。结果是：原判断的谓项的矛盾概念成了新判断的主项，原判断的主项成了新判断的谓项。例如，绿水青山就是金山银山。换质成：绿水青山不是非金山银山。再换位成：非金山银山不是绿水青山。

[2] 这里说的"联合运用"就是逻辑书上说的换质法和换位法的有效结合。逻辑书上将这种有效结合归结为三个有效式：一式：SAP→SE$\overline{P}$→$\overline{P}$ES 举例：上例"绿水青山"例即是。二式：SEP→SA$\overline{P}$→$\overline{P}$IS 举例。原判断：所有演艺人员都不是自然科学工作者。换质：所有演艺人员是非自然科学工作者。换位：有些非自然科学工作者是演艺人员。三式：SOP→SI$\overline{P}$→$\overline{P}$IS 举例。原判断：有些钢琴师不是大学老师。换质：有些钢琴师是非大学老师。换位：有些非大学老师是钢琴师。以上，SAP、SEP、SOP 都能进行换质位，唯独 SIP 不能，因为 SIP 换质得 SO$\overline{P}$，而 SO$\overline{P}$不能换位。原判断：有些钢琴师是大学老师。换质：有些钢琴师不是非大学老师。但不能换位说成：所有非大学老师都是钢琴师。以上换质位有效式参见中国人民大学主编《形式逻辑》，第 162 页。

[3] 周著据乾道本、《集解》本作"所无制"，《校注》本据张榜本改成"无所制"。这两句意为：虚，说的是人的内心无牵制它的东西（不受任何外物牵制），现在被虚牵制，就不是真正的虚。从语文表达上看，这两句话似乎少了点什么，上句讲不受外物牵制，下句就讲被虚牵制，似句意有隔，周著在下文中经逻辑的换质，再换位予以补出来了。

[4] 这句话从逻辑推理上补出了注 [3] 所说的语义隔阂。

[5] 这三句话是将改写后的换位新判断与原文中的换质位判断（省略了换质）中的新判断作对照。特别强调改写后的新判断的宾词即谓词是"虚"，而非"非虚"，这就和原文中的原判断主词"虚"完全一致起来。"非"只是否定判断词，犹今"不是"，新判断中的宾词是"虚"，不是"非虚"，完全符合古汉语表达的原意。

[段旨]

换质位法内在逻辑推理过程解析和举例。

**§5.3.0.2—183**

这里还有两点有关语文表现上的问题需要说明的。

（一）"虚者，谓其意所无制也"里既然有了否定词"无"，为什么仍旧说它是肯定判断呢？这就更需要用和逻辑结构相适应的语法结构来加以说明了[1]。由于"所无制"在语法上是个名词性词组，相当于一个名词的用途，因此"所无制"中的"无"不能表示全句的否定语气[2]。判断的内容意义和它的语文表现是一个统一体，这个判断的语文表现上既然是肯定语气，因此，这个判断是肯定判断[3]。

（二）"今制于为虚，是不虚也"，为什么是一个判断而不是两个判断呢？由于"是"是重指代词，代替了"今制于为虚"，它们是同一个东西，是语法上的同位语[4]。"今制于为虚，是不虚也"，就等于"今制于为虚者，不虚也"[5]。因此，它只是一个判断。

**［注释］**

［1］这句话再次充分表明周著十分重视用语言结构的解析来丰富和深化对相应逻辑结构的理解，逻辑研究的深入离不开汉语语法结构的研究。此为周著逻辑思想之大者。

［2］这句话将"所无制"中的"无"字限制在该名词性结构之内，而不在全句起否定作用。如上文校勘成"无所制"后同：仅仅否定名词性结构"所制"，不在全句起否定作用。

［3］这句话表明，逻辑判断类型名称往往取决于句型名称，逻辑与句法密不可分。

［4］这句话立足于上古汉语中的"是"作指示代词，不是判断词。参见第177节及其注释［1］。这里周著确认"是"只是代词，而非判断词。关于判断词"是"对形成判断的作用，及其这种作用的限定，康德有过说法。他说："'是'（译者注：德文为 sein，含'是''存在''有'等意）显然不是什么实在的谓词，即不是有关可以加在一物的概念之上的某种东西的一个概念。它只不过是对一物或某些规定性本身的肯定。用在逻辑上，它只是一个判断的系词。""小词'是'并非又是一个另外的谓词，而只是把谓词设定在与主词的关系中的东西。"（邓译本《纯粹理性批判》，第476页）又说："判断中的系词'是'的目

的，它是为了把给予表象的客观统一性与主观统一性区别开来。"如说"物体是有重量的"这个判断，"物体"是有客观统一性的，"有重量"已属于知识体系内的主观统一性。（参见邓译本《纯粹理性批判》，第95页）

[5] 原句也可说成"今制于为虚，此不虚也"，仍是一个判断。

[段旨]

换质位判断中涉及的"无所……""所无……"的"无"，"……，是……"结构的"是"的性质和用法的说明。

# 第四节　直接推理的特殊方式

### §5. 4. 0. 1—184

在韩非子的论著里，我们还可以看到两种特殊性的直言推理[1]。一种是用原判断的主词和宾词作为新判断的主词和宾词的附加语的直接推理。这种推理一般逻辑学书上把它列为附加法的直接推理的一种[2]。例如《外储说右上》说：

"法者，所以敬宗庙，尊社稷[3]。

故能立法从令，尊敬社稷者，社稷之臣也。"

原判断的主词"法"和宾词"敬宗庙，尊社稷"都用做新判断的主词和宾词中的附加语，这段话在措辞上是有些毛病的，如果要求整齐一致些就应该写做：

"法者，所以敬宗庙，尊社稷。

故能立法从令者，敬宗庙，尊社稷之臣也。"

这个直接推理中的原判断和新判断是同质的，都是肯定判断。从原判断推到新判断，增加了一些新的思想内容。他又同样的用"法者，所以敬宗庙，尊社稷"这个原判断作为前提并且在附加法的基础上推出一个相反的判断来：

"夫犯法废令，不尊敬社稷者，是臣乘君而下尚校也[4]。"

这个直接推理除了运用附加法之外，又运用了矛盾律，因此在推出来的新判断里，更增加了一些新的思想内容。这个新判断虽然用了肯定的面貌出现，但和原判断对照着看，它实在是原判断的否定：

　　"法者，所以敬宗庙，尊社稷。

　　夫犯法废令，不尊敬社稷者，是臣乘君而下尚校也。"

　我们把它写得整齐一致些就成为：

　　"法令者，所以敬宗庙，尊社稷。

　　夫犯法废令者，不敬宗庙，不尊社稷者也。"

　"不敬宗庙，不尊社稷者"是"非社稷之臣"，也就是"臣乘君而下尚校也。"

　[注释]

　[1] 关于直接推理的特殊方式的逻辑位置，参见第174节的附表一。

　[2] 逻辑书上把这一种附加推理说成：在原判断的主谓项附加同一成分而构成新的判断的直接推理。由于原判断的主谓项附加成分后变成了复杂概念（或称复合概念），所以这种推理又称复杂概念推理（复合概念推理）。附加式直接推理要求做到：附加一定成分后的原判断主谓项关系的性质不变；附加一定成分后不产生歧义。在原判断主谓项附加同一成分的推理关系式是：S是（不是）P→QS是（不是）QP，式中Q表同一附加成分。例如，文化兴盛从来都是强国的基础→现代科学文化的兴盛是奠定现代化强国的基础。又如，让一部分人先富起来不是为富不仁→持公平正义价值观的让一部分人先富起来不是反公平正义价值观的为富不仁。

　[3] 宗庙：祖宗的神庙。摆放祖宗神主和祭祀的地方。

　[4] 乘君：凌驾于国君之上。乘，凌驾。尚，通"上"，校（jiào）：通"较"，较量，引申为侵犯。下尚校：臣下侵犯国君。

　[段旨]

　直接推理特殊方式即附加法推理方式之一种的举例、改写和解析。


### §5.4.0.2—185

　另一种特殊性的直接推理是运用矛盾律的直接推理，同时也是假言判断的直接推理[1]。例如《内储说上七术》说：

　　"夫人臣必仁而后可与谋，不忍人可与近也[2]。

　　不仁则不可与谋，忍人则不可近也。"

　这种假言判断的直接推理既可以看做是（一）具有矛盾关系的假言

判断；又可看做是（二）属于间接推理范围的混合式的假言推理。它们的前项和后项都是矛盾概念，因此，是具有矛盾关系的假言判断。如果把它看做混合式的假言推理，那么就可以作如下的解析：

　　　　夫人臣必仁，而后可与谋；

　　　　不忍人而后可近也。

　　这是两个前项表因后项表果的互相并列的大前提。

　　　　不仁，则不可与谋；

　　　　忍人，则不可近也。

　　这是两个并列的小前提用来否定表因的前项，两个并列的结论用来否定表果的后项[3]。

　　但是我们为什么又把它看做特殊性的直接推理呢？这是由于：在语文表现上，它们都是一对具有矛盾关系的假言判断，简洁精炼[4]。同时，它们的前项和后项都是绝对相反的矛盾概念："仁"和"不仁"；"可与谋"和"不可与谋"；"不忍人"和"忍人"；"可近"和"不可近"。只要依照不两立的矛盾律，就可以由前一个判断直接推出后一个判断来，似乎不要经过什么间接的过程。虽然如是，它毕竟还是可以解释做混合式的假言推理的，因此，我们把它叫做特殊性的直接推理。这一方面可以把它和一般的直接推理区别开来，另一方面也可以在它的身上看出直接推理和间接推理的联系性来[5]。

**［注释］**

　　[1] 对这一类特殊性的直接推理，一般逻辑书上不涉及。周著对这一类判断，事实上也不是直接从"特殊性直接推理"看的，而是从"矛盾关系假言判断"（参见第169节、第170节及其注释 [1]、[2]）和"间接推理的混合式假言推理"（参见第217、218、219节及其注释）来看的。但周著把两者结合起来后作为"特殊性直接推理"提出，依然是有价值的，它丰富了我们对特殊方式直接推理的认识。矛盾律直接推理同时也是假言判断直接推理，参见本书第170节及其注释 [5]。

　　[2] 忍：狠心。忍人：对人狠心。

　　[3] 两个并列的小前提指"不仁""忍人"，表因的前项指"必仁""不忍人"。两个并列的结论指"不可与谋""不可近"，用来否定表果的后项指大前提中的"可与谋""可近"。

　　［4］这句话既讲语言表达，又讲矛盾逻辑关系和假言判断逻辑，将语言与逻辑紧密结合，以下几句也都是如此。两结合的目的是说出"由前一个判断直接推出后一个判断来"，而不要再"经过什么间接的"逻辑推理"过程"，语言说明及分析之功在于可省略不少逻辑上的说明和辨析。

　　［5］这里讲了"特殊直接推理"与"一般直接推理"的区别和联系，是也。但更重要的是，周著等于在直接判断假言推理之外，新立出一项借助矛盾律而形成的间接判断假言推理。这不能不说是周著通过研究中国古代逻辑后对一般形式逻辑学提出的新见。

**［段旨］**

　　提出另一具有矛盾律的特殊性的直接判断假言推理，或可视作因矛盾律而形成的间接判断假言推理，意义较大。

**附表二　　　　　《韩非子》四大推理之一：直接推理小结**

| 推理 | 名称 | 内容 | 类别 | 简例 | 公式 |
|---|---|---|---|---|---|
| 直接推理 | 换质法 | 变换判断性质的直接推理法 | 由原否定判断变换成新的肯定判断 | 其意常不忘虚，是制于虚也 | SAP（原判断式）←→（表互相推理，且前后等值）SEP̄（换质后的新判断式） |
| | | | 由原肯定判断变换成新的否定判断 | 常忘虚，不制于虚 | |
| | 换位法 | 变换判断的位置，将主词和宾词调换位置 | 全称肯定判断换位法 | 虚者乃不可无为为有常；不可无为为有常则虚 | 原判断 SAP→换位后的新判断 PIS。即全称肯定判断换位后变成特称肯定判断，式中 A 表全称判断，I 表特称判断。又：有效式 SEP ←→ PES，即主项（主词）、谓项（谓词、宾词）互换，没有量的限制，又叫简单换位 |
| | | | 全称否定判断换位法 | 所利非所用，所用非所利 | |

续表

| 推理 | 名称 | 内容 | 类别 | 简例 | 公式 |
|---|---|---|---|---|---|
| 直接推理 | 换质换位法 | 先换质后换位的直接推理法。换质法和换位法的联合运用 | | | 一式：SAP→SE$\overline{P}$→$\overline{P}$ES。<br>二式：SEP→SA$\overline{P}$→$\overline{P}$IS。<br>三式：SOP→SI$\overline{P}$→$\overline{P}$IS。<br>举例均见正文注释文字内 |
| | 特殊方式的直接推理 | 附加法直接推理增加思想内容。间接范围内的混合式是具有矛盾关系的假言推理 | 附加法直接推理 | 见正文和注释 | S 是（不是）P→QS 是（不是）QP，式中 Q 表同一附加成分 |
| | | | 间接范围内的混合式假言推理 | 见正文 | S 是/不是 P→QS 是/不是 QP。式中 Q 表另一判断的构成 |

# 第六章　类比推理

## §6.0.0.1—186

类比推理是从个别事件推到个别事件的推理[1]。它是间接推理。它的推理性质虽然和直接推理有着间接性和直接性的不同，但在推理形式上看，它们都是比较简单的推理[2]。类比推理是间接推理的起点，演绎推理和归纳推理都是在类比推理的基础上发展起来的[3]；因此，我们也可以把类比推理看做是从直接推理过渡到间接推理的过程上的中间性的推理形式[4]。

[注释]

[1] 对类比推理的逻辑位置参见第174节附表一，逻辑书上把类比推理看作一种从个别到个别，从特殊到特殊的推理形式，是从两个或两类事物的某些属性的相似或相异出发，根据其中某个或某类事物有没有某些属性，进而推出另一个或另一类事物也有或没有某一属性的过程。并把它分成正类比、反类比、合类比三大类［参见中国人民大学《形式逻辑》（修订本），第293、294页］。一般不强调它的间接推理性质。周著本节末仍将类比推理视作"从直接推理过渡到间接推理的过程上的中间性的推理形式"。周著强调类比推理的间接性，同时又指明它的"过程上的中间性"，与康德对类比的看法是一致的。康德说："我们的这些类比真正体现了一切现象在某些指数下关联起来时的自然的统一性，而这些指数无非表达了时间（就其把一切存有都包含于自身中而言）对统觉的统一的关系，这种统一只有在按照规则的综合中才能发生。"这里，"自然的统一性"都是客观的，直接观察到的，经过能把"一切存有都包含于自身中"的"时间"形成"统一的关系"和"规则的综合"又是主

体性的，难以直接观照的，因而是间接的。他还说："这些类比共同说明了：一切现象都处于一个自然中，并且处于其中，因为没有这种先天的统一性，任何经验的统一性，因而对任何经验中的对象的规定也都将会是不可能的了。"（邓译本《纯粹理性批判》，第195页）这里，类比作用的说明，始终离不开既是主体的又是客体的"先天的统一性"，"经验的统一性"是客观的，"经验中的对象的规定"又离不开主观思维的作用，没有它一切规定性的说明，一切规则范畴的出现"都将会是不可能的了"。康德是从认识论来说明类比关系的，与纯形式逻辑关系的说明不同，但仍然可看出他对类比关系的逻辑上的见解。

[2] 如果把类比推理的"类比"看作两个事物或对象有着相似或相反的关系可资比较，而作有某种关系判断性质的类比推理，则类比推理是关系推理的一种更为典型的表现，该推理的间接推理性质，与演绎推理、归纳推理在间接推理层面上的联结，简单推理性质，都可清晰立见。参见本书第174节附表一。康德总是将类比与关系在本源上联结在一起，认为时间样态的"持存性、相继性和同时并存"这些"三种类比的普遍原理"，归根到底是"建立在一切现象按照它们在时间中的关系的综合统一性之上的，因为这本源的统觉"说到底是"经验性意识在时间中的关系"。（邓译本《纯粹理性批判》，第166、167页）

[3] 演绎推理、归纳推理与关系推理在间接推理层面上相遇合。参见第174节附表一。

[4] 参见第174节附表一。

[段旨]

类比推理的性质及其与其他推理关系的说明。

### §6.0.0.2—187

类比推理是在同类事物中由个体推到个体的推理，它的基本概念是"类"的概念[1]。韩非子的"类"概念，一方面和辩类有关系，另一方面和类比推理有关系[2]。辩类是概念问题，类比推理是推理问题。辩类的"类"，我们在第四章里已经叙述过了。现在叙述类比推理，首先要明确它的范围，要明确它的范围，就有必要来阐明作为它的基础的"类"概念。

**[注释]**

[1] 关于个体推个体说，参见第 186 节注释 [1]。"类"的概念，康德事实上把类看作多个有层次的概念的集合和应用。康德说："那些单个物的多种多样性并不排除种的同一性。多个种必须只被当作少数类的各种不同的规定来处理，但这些类又还必须由更高的种类来处理，如此等等。"康德将形成类、寻求类、用类推理，看作"是一条经院派的规则或逻辑原则，没有它，理性的任何运用都不会发生"，可见类的形成在逻辑推理中太重要了，"因为我们只有当诸物的特殊属性所从属的那些普遍属性被当作基础时"，即形成类时，"在此限度内才能从普遍的东西推出特殊的东西"（邓译本《纯粹理性批判》，第 512 页）。

[2] 关于"类"范畴，辩类，参见本书第 68 节注释 [1]，第 69 节注释 [1]、[2]。

**[段旨]**

类比推理和"类"。

### §6.0.0.3—188

韩非子"类"概念有两种涵义：（一）同类事物的类，也就是属于同一类型的事物的类；（二）异类事物具有类似之点的类，也就是不同类的事物可以用做比拟譬喻的类。[1]

（一）同类事物的类。例如《定法》说：

"穰侯越韩、魏而东攻齐，五年而秦不益一尺之地，乃成其陶邑之封[2]。应侯攻韩八年，成其汝南之封[3]。自是以来，诸用秦者，皆应、穰之类也。"

这里的类是指同一类的人。又如《说疑》说：

"言是如非，言非如是，内险以贼其外，小谨以征其善，称道往古，使良事沮，善禅其主，以集精微，乱之以其所好，此夫郎中左右之类者也。"

这里的类，也是指同一类型的人。

（二）异类事物具有类似之点的类。例如《外储说左说》说：

"今田仲不恃人而食，亦无益人之国，亦坚瓠之类也[8]。"

这里的"类"是比喻性质的"类"把田仲的无用比做坚瓠。又如

《人主》说：

"当使虎豹失其爪牙，则人必制之矣[9]。今势重者，人主之爪牙也[10]。君人而失其爪牙，虎豹之类也[11]。"

这里的"类"也是比喻性质的"类"，把人主的"失其势重"比做"虎豹"的"失其爪牙"。

在这"类"的概念的两种不同的涵义中，第一种同类事物的"类"是一般逻辑学书上所说的"类"，类比推理的"类"也就是这种"类"；第二种比喻性质的"类"不是逻辑学上所说的"类"，因此是被逻辑学所排斥的东西。

**[注释]**

[1] 关于同、异对立和转化与范畴、类的关系，参见本书第41节注释 [1]，第68节注释 [1]，第78节注释 [2]、[3]、[4]。关于相同事物是逻辑上的同类，而相异事物不能是逻辑上的同一类，只能是修辞比喻上的同一类，在认识论上它们是不同类的。康德说："鉴赏判断就愉悦而言是带着要每个人都同意这样的要求来规定自己的对象（规定为美）的，好像这是客观的一样。"康德将此称作"审美判断的第一特性"，实际就是一种主体间性。康德又说："因为鉴赏判断恰好就在于，一个事物只是按照那样的性状才叫作美的，在这性状中，该事物取决于我们接受它的方式。"作为判断，两个事物同类还是不同类，"我们应当思维的是，一个先天的判断必须包含一个客体概念，它包含有对这个客体的认识的原则，而鉴赏判断却根本不是建立在概念上的，它任何时候都不是认识判断，而只是一个审美判断。"（邓译本《判断力批判》，第123页）

[2] 穰（ráng）侯：魏冉，因受封于穰（位于今河南邓州市），故称穰侯。他原本是楚国人，秦昭襄王（前306—前251年在位）母宣太后的异父弟，犹昭襄王国舅，四次任国相，位高权重，借机多次扩大自己的封地。穰侯越韩、魏而东攻齐：指秦武王死后，昭襄王接位，穰侯越过韩国（在今山西东南部和河南中部）、魏国（魏文侯与赵、韩"三家分晋"后建都山西夏县西北的安邑，全盛时魏惠王迁都大梁，即今河南开封）向东攻打齐国（今山东北部、东部，河北东南部）。益：增加。成：周著据《韩非子集解》作"成"字。王先慎集解："各本成作城，据

〈御览〉（太平御览）引改。"成，成为，《韩非子校注》作"城"。城，作动词用，筑城。陶邑：定陶，在今山东荷泽市定陶区北。此地原为宋地，后被秦国攻占。陶邑之封：公元前284年，燕、秦等五国联合攻齐，秦占有定陶，魏冉把它占为自己的封地。

[3] 应侯：范雎的封号。范雎，原是魏国人，公元前266年，秦昭襄王任命他为相，取代了魏冉。以功封于应（今河南鲁山县东北），故称应侯。应侯攻韩：参见《史记·范雎列传》："范雎相秦二年，秦昭王四十二年（公元前265年），东伐韩少曲、高平，拔之。""昭王四十三年，秦攻韩汾泾，拔之。"（中华书局本《史记》第七册，第2415、2417页）《秦本纪》未及范雎助昭王攻韩事。汝南之封：汝河以南的封地。汝河，在今河南南部，洪河（流经河南东南部的淮河的支流）的支流。

[4] "内险"二句：周著据《集解》标点。《韩非子校注》标点为"内险以贼，其外小谨，以征其善"。以：而。贼：狠毒。征：通"证"，证明，表明。四句意为：把对的说成错的，把错的说成对的，内心险恶而施狠毒于外，小心谨慎以表明其善良。

[5] 称道：引用。往古：过去，远古。沮：败坏。"称道"二句意为：称引远古的事，把好事办坏。

[6] 禅：通"擅"，专事，控制。精微：细微，隐情。"善禅"三句：善于控制君主，收集君主内心隐微的考虑，以国君的偏好来扰乱国君对国家的治理。

[7] 郎中：官名，战国始置。主管侍卫、通报工作。

[8] 田仲：即陈仲子，战国时齐人。恃（shì）人：依靠他人。周著据《集解》本作"恃人"，王先慎《集解》："各本'恃'下有'仰'字。"《韩非子校注》作"恃仰人"。"仰"亦仰仗、依靠之义。坚瓠（hù）：坚硬的葫芦。

[9] 当：通"倘"。当使：如果让。

[10] 势重者：位居高位，握有重权的人。

[11] 君人：统治人。

[段旨]

韩非子书中的两种"类"，一类是用作逻辑推理的"同类事物"的"类"，一类是用作修辞比喻的"异类事物"的"类"。

### §6.0.0.4—189

由于有这两种"类"，因此就有两种"类比"[1]。前一种是同类事物的"类比"，也就是逻辑学上的类比推理；后一种是比喻性质的"类比"，有点像《诗》六义中的"比"，严格说起来，实在不能叫做推理[2]。但是由于它在先秦典籍中被运用得非常广泛，又由于它经常出现在具有推理性质的议论文中，在说理上也未尝没有一些说服力；因此，我们就把它也包括在类比推理的范围中，并且把它叫做比喻性质的类比推理[3]。

[注释]

[1] 关于类比，康德曾在"经验的类比"这一前提下将类比分成三种：第一类比，它合乎"实体的持存性原理"，即在时间的变化中客观本质的共性不断得到揭示；第二类比，明确"一切变化都按因果联结的规律而发生"；第三类比，即"按照交互作用或协同性的法则同时并存的原理"作类比。（参见邓译本《纯粹理性批判》，第 165、170、175、190页）这三种类比，无论从它们的前提"经验的类比"看，还是从三种类比各自遵循的原则看，它们都是逻辑推理，都是依据同类客观对象的共同性作出的类比推理。康德说："一个经验的类比将只是一条规则，按照这条规则，是要从知觉中产生出经验的统一性（不是像知觉本身那样作为一般经验性直观的统一性）来，而这种经验类比作为有关对象（现象的对象）的原理将不是构成性地起作用，而只是调节性地起作用。"（邓译本《纯粹理性批判》，第 169 页）类比的推理作用，要达到的目的，此种推理的局限性等，都作了交代。至于修辞比喻中的类比，参见第 188 节注释 [1]。周著区分两种类比，与康德的思想是一致的，因借助于语言表达同类之比和异类之比，则更为明晰易懂。

[2]《诗》六义：《诗·大序》将"风、雅、颂，赋、比、兴"称为"六义"。比：比拟，比喻。

[3] 康德只是将逻辑推理中的类比与修辞上的比喻的类比分开探讨，未发现康德将修辞上的比喻看作"比喻性质的类比推理"。周著则从汉语表达特点区分两种类比，进而将异类作比看作比喻性类比推理。

[段旨]

两种类比，分别形成两种类比推理，一种是逻辑学说的类比推理，一种是比喻性质的类比推理。

### § 6. 0. 0. 5—190

这样一来，类比推理的范围扩大了，它就可以分做两类：（甲）同类相推的类比推理，这是典型的基本的类比推理；（乙）异类比喻的类比推理，这是特殊的具有修辞性质的类比推理。现在分别加以叙述。

**［段旨］**

两种类比。本段有承上启下的作用。

# 第一节　同类相推的类比推理

### § 6. 1. 0. 1—191

同类相推的类比推理可以分做两类[1]：（一）从已知的事例推出未知的事例的类比推理；（二）用两个以上的已知事例互相类比的类比推理。

（一）从已知的事例推出未知的事例的类比推理。它是最典型的类比推理，有着引古证今预测未来的作用。例如《二柄》说：

"田常徒用德，而简公弑[2]；子罕徒用刑，而宋君劫[3]。故今世为人臣者，兼刑德而用之，则是世主之危，甚于简公、宋君也。"

这是两个类比推理的联合运用，我们可以把它解析成两个类比推理：

（1）田常徒用德，而简公弑。（大前提。前项表原因而后项表结果。）

故今世为人臣者用德。（小前提表已有的原因。）

则是世主之危如简公也。（结论表应有的结果。）

（2）子罕徒用刑，而宋君劫。（大前提。前项表原因而后项表结果。）

故今世为人臣者用刑。（小前提表已有的原因。）

则是世主之危如宋君也。（结论表应有的结果。）[4]

韩非子把这两个类比推理联合在一起运用，大前提小前提和结论都是互相并列的，在措辞上也就更加增强了力量[5]；因此就把小前提和结论说做："故今世为人臣者，兼刑德而用之，则是世主之危，甚于简公、宋君也。"由于不是"徒用德"或"徒用刑"而是"兼刑德而用之"，因此"世主之危"也就"甚于简公、宋君"了。

又如《说林》说[6]：

"晋用六卿而国分，简公两用田成、阚止而简公杀[7]；魏两用犀首、张仪而西河之外亡[8]。今王两用之，其多力者树其党，寡力者借外权。群臣有内树党以骄主，内（衍）有外为交以削地，则王之国危矣[9]。"

这个类比推理是由三个大前提一个小前提和一个结论组织而成的[10]。这三个大前提都是具体的事例，表现了同一类型的事件。其实只要用这三个大前提中的任何一个作为大前提就够了；而韩非子却用了三个，这不过是语文表达上的修辞手段用以加强力量罢了。"其力多者树其党，寡力者借外权。群臣有内树党以骄主，内（衍）有外为交以削地"，这一段是用来解释"今王两用之"所能引起的情况的。因此这个类比推理如果只采用一个大前提，并且取消了小前提的解释部分，那么可以精简做下面的样子[11]：

魏两用犀首、张仪而西河之外亡。（大前提。前项表原因而后项表结果。）

今王两用之。（小前提表已有的原因。）

则王之国危矣。（结论表应有的结果。）

[注释]

[1] 这"两类"区分是从该类比推理的内在逻辑结构来区分的。与前面说的逻辑上的类推和修辞比喻上的类推的类型上的区分完全不同。

[2] 田常：田成子，陈成子，陈恒，春秋末齐国大臣，他采用各种手段争权民心，扩大势力，于公元前481年发动政变，攻弑齐简公，夺权了齐国的政权。徒：只，仅仅。简公弑：简公被杀。

[3] 子罕：皇喜，姓戴。曾任宋国的司城，掌管土木建筑工程，兼任刑狱。他劫杀宋桓侯，夺取了宋国的政权。宋君劫：宋君被劫杀。

[4] 周著将相关推理改造成两个三段论推理，而这两个三段论推理之间的关系是同类类比关系。紧接着，下文的说明也是说这一点。

[5] 大前提、小前提、结论都是互相并列的这一点，可利用周著改造作出的两个三段论分别提取对照之便知。

[6] 下面这段话见《说林》上篇。

[7] 六卿：指春秋时晋国的赵氏、魏氏、韩氏、中行氏、范氏、知氏。国分：指公元前403年晋卿赵籍、魏斯、韩虔三家分晋，同年周天子

正式承认三家为诸侯。简公：齐简公，春秋末期齐国的君主。田成：指田成子。阚（kàn）止：字子我，齐简公的宠臣，与田成子分任左、右相。《史记·田敬仲完世家》："齐人共立其（悼公）子壬，是为简公。田常成子与监止（阚止）俱为左右相，相简公。田常心害监止，监止幸于简公，权弗能去，于是田常复修釐子（田常父陈釐子田乞）之政，以大斗出贷，以小斗收……遂杀简公。"弑：被杀。《韩非子校注》《韩非子集解》均作"杀"字，今仍周著原本引乾道本作"弑"字。

[8] 犀首：魏国的官名，武职。这里用修辞上的指代，以官名指代人名，指魏国人公孙衍，他做过犀首官，是合纵派的代表人物。张仪（？—前310年）：战国时魏国贵族的后代，先游说楚国，未果，后入秦游说大获成功，于秦惠文王十年（公元前328年）任国相，封武信君。其间，力主秦国实行连横，即分别联合六国中的某几个国家，对六国实行各个击破的策略。他瓦解了齐、楚联盟，夺取了楚国的汉中之地，逼迫魏惠王向秦国献地。秦武王即位后回到魏国任国相，不久去世。西河：指黄河以西原属魏国的地盘，在今陕西东部，渭河以北。西河之外亡：据《史记·秦本纪》魏向秦国献纳西河之地，在秦惠文王八年（公元前330年），正是张仪在秦期间事，较这里说的张仪回到魏国任国相的时间要早近二十年。

[9] 乾道本"有"字前有"内"字，《韩非子校注》已删，此处从周著引乾道本存"内"字，但周著已括注"内"字为衍文。

[10] 三个大前提指"晋用六卿"至"西河之外亡"三事。一个小前提指"今王两用之"至"借外权"。一个结论指"群臣有"至"王之国危矣"。

[11] 这里，周著将原有的类比推理的三段论内在结构"3+1（另含两种情况的解释）+1"简化为"1+1+1"。

[段旨]

韩非子同类类比推理的分类。从已知事例推出未知事例的同类类比推理的举例及其内在逻辑结构分析和简化。

### §6.1.0.2—192

（二）用两个以上的已有事例互相类比的类比推理。它不是从已知的事例推测未知的事例的类比推理，因此它是特殊性的类比推理。它列举已知的事例，类比出它们的共同原因。初步的具有了归纳推理的性质[1]。但是由于它没有归纳出一般的原则性的全称的结论，这是它和归纳推理相差一间之处；因此它不是归纳推理。它虽然不是归纳推理，但是已经具有了一些归纳推理的性质，因此可以把它叫做归纳性质的类比推理[2]。例如《爱臣》说：

> "昔者纣之亡，周之卑，皆从诸侯之博大也[3]。晋之分也，齐之夺也，皆以群臣之太富也[4]。夫燕、宋之所以弑其君者，皆以（应作此）类也[5]。故上比之殷、周，中比之燕、宋，莫不从此术也。"

这个例证可以解析做三个具有归纳推理性质的类比推理[6]：

（1）"昔者纣之亡，周之卑，皆从诸侯之博大也。"前项表结果，后项表原因。前项里并列着两个事例"纣之亡"和"周之卑"后项里的"诸侯之博大"是"纣之亡"和"周之卑"的共同原因。

（2）"晋之分也，齐之夺也，皆以群臣之太富也。"也是前项表结果而后项表原因。前项里并列着两个事例"晋之分"和"齐之夺"，后项里的"群臣之太富"是"晋之分"和"齐之夺"的共同原因。

（3）"夫燕、宋之所以弑其君者，皆以（应作此）类也。"也是前项表结果而后项表原因。前项里并列着"燕、宋之弑其君"这两件事例，后项里的"类"指出它们具有和"晋之分"和"齐之夺"的共同原因即"群臣之太富"。

这三个类比推理归纳起来成为两组：

（一）殷周卑亡的共同原因是"诸侯之博大"，这是由两个事例归纳出来的共同原因。

（二）晋、齐、燕、宋的分夺弑君的共同原因是"群臣之太富"，这是由四个事例归纳出来的共同原因。殷、周是天子，晋、齐、燕、宋是诸侯，这是有区别的；"诸侯之博大"和"群臣之太富"也是"诸侯"和"群臣"的差异。但是这六个事例仍旧有共同的类似之点，可以把它们类比在一起，所以他总结说："故上比之殷、周，中比之燕、宋，莫不从此术也。"

**[注释]**

[1] 关于归纳推理的逻辑位置，类比推理与归纳推理间可能存在的

关系，参见本书第 174 节附表一。

[2] 关于类比推理有归纳推理的性质，或归纳推理离不开类比推理。康德说："任何一个全称命题，即使它是从经验中（通过归纳）得出来的，都可以在一个理性推论中用作大前提。"那么，又如何能"归纳"出可用于"理性推论"中的"命题"即概念或类似于原则的"更高的概念"呢？康德明确指出："那么就必须去寻求有关这一知识来源的一个把这两个概念（按：指逻辑的，又是理性的）都包含在自身之下的更高的概念，然而，我们可以通过与知性概念的类比而指望使逻辑概念同时成为先验概念的钥匙，使前者的机能表同时提供出理性概念的谱系。"（邓译本《纯粹理性批判》，第 262 页）

[3] 纣（zhòu）之亡：商代最后一个帝王商纣王，名受辛，腐败昏庸，国力削弱，崛起于西部的周国乘机发展，于公元前 1046 年周武王起兵灭商。周之卑：东周王朝的衰微。从：由。殷商时代，西伯（文王）三分天下有其二。《史记·殷本纪》："西伯（文王）归，乃阴修德行善，诸侯多叛纣而往归西伯。"又："西伯既卒，周武王之东伐，至盟津，诸侯叛殷会周者八百。"东周后期，诸侯势力逐渐强大，挟天子以令。《史记·周本纪》："平王之时，周室衰微，诸侯强并弱，齐、楚、秦、晋始大，政由方伯。"博大：指势力强大。

[4] 晋之分，齐之夺：参见第 191 节注释第 [2]、[3]。

[5] 燕：诸侯国名。包括今河北省北部、中部和山西省、辽宁省等部分地区。宋：诸侯国名，包括今河南省东部和山东省、安徽省、江苏省等的部分地区。燕、宋之所以弑其君：燕王哙三年（公元前 318 年）哙让国于他的掌权大臣子之。后四年（公元前 314 年）太子平等起兵反抗，齐宣王乘机攻占燕国，哙和子之被杀。事见《史记·燕召公世家》。战国时宋国大夫司城（司空）戴喜，即皇喜，字子罕，公元前 370 年废宋桓侯（名辟兵）夺取了宋国的政权。可参见《史记·宋微子世家》。又参见清代苏时学《爻山笔话》卷三"戴氏篡宋"条，北京出版社 2000 年 7 月版。"皆以类也"之"以"：《韩非子校注》已据明代张鼎文本改成"此"字，周著此处仍据乾道本、《韩非子集解》本作"以"字，但括注明确为当作"此"字。

[6] 关于归纳推理和类比推理的关系，参见本节注释 [1]、[2]，

也可参见第八章《归纳推理》开头的文字。这里通过举例和说明，把两者间的关系说得更具体了。至于下文在逻辑结构分析中将前项为果，后项为因的因果关系分析看成归纳性质的，参见本书第59节注释［2］讲到的休谟和康德对因果关系的鉴定都不同程度地涉及因果关系本身的归纳性质。这里将因果分析置于"具有归纳性质的类比推理之下"，也与康德视因果为归纳相一致。

［段旨］

用两个以上已知事例推出未知事例的同类类比推理的举例及其内在逻辑结构的语义分析。

# 第二节 异类比喻的类比推理

## §6.2.0.1—193

异类比喻的类比推理是具有修辞性质的推理[1]。韩非子经常运用这种类比推理。它虽然不能增加议论文的逻辑性，但却能加强议论文的生动性[2]。

［注释］

［1］参见第188节注释［1］和第189节注释［3］。

［2］关于韩非子的文学价值，杨义有一独到之说："韩非在自觉的思想层面上是'反文学'的，但它在写作层面上却是出色的词章家。长期以来，学者大多对这种'韩非式悖论'缺乏深度的认知，对这一问题颇少涉及，不过，从古人留下的零散的议论中，我们还是能够感受到韩非作品独特的力度和美感。"杨义将韩非子作品称作"上书体"。从《初见秦》至《显学》共五十篇的风格是"在看透人情世态的阴暗面中趋于犀利的成熟、峻急的深刻和寡恩的实用"，而到了《忠孝》至《制分》最后五篇则"韩非上书字头陡变，行文气势奇峭、峻急凌厉，一扫早年上书试探性斟字酌句的拘谨"（杨义：《韩非子还原》，第232页）。韩非子作品的"反文学"性质和"上书体"特征，是对全书的鸟瞰和总体抽绎，优点是可起统揽韩非子文学全局和作具体研究时的深入指导。周著从韩非子内在逻辑言其对文学特征如修辞比喻的内在包含，由逻辑而修辞，由哲理而文理，由思想大家而文章作者和文学作家，由韩非子内在逻辑

本体导出文学价值。周著的做法，实为研究韩非子文学特征的另一条途径、高明选择和哲思衔异，对如何紧密结合古代作品而深入研究古代文学也是有启发作用的。

[段旨]

比喻推理是修辞性质的推理。

### § 6. 2. 0. 2—194

这种类比推理都是由两个部分构成的。（一）用来类比的部分；（二）被类比的部分。用来类比的部分是譬喻比拟的性质，它总是先出现，处在被类比的部分的前面；被类比的部分是议论的正意所在，它总是后出现，处在用来类比的部分的后面。现在我们列举一些例证；并说明它们的组织结构，用来显露它们的真实面貌。

（1）《有度》："绳直而枉木斫，准夷而高科削，仅衡县而重益轻，斗石设而多益少[1]。故以法治国，举措而已矣[2]。"

这个类比推理是由五个互相并列的假言判断组织而成的。前四个互相并列的假言判断是用来类比的部分；后一个假言判断是被类比的部分。

[注释]

[1] 枉：曲。斫：砍削。句意为：墨线直了弯曲的部分就要被砍削。准：测试平不平的器械。夷：平。高科：突出的部分。句意为：用平准器来测量平不平，高出的部分就要被削除。权衡：秤。县：通"悬"。句意为：挂起秤杆来称重，重物就要减少些以增加轻物。斗石：容量单位，十斗为一石（dàn），重一百二十斤。句意为：设置斗石就要减少多的增加少的。

[2] 举：举起来，升。措：放下来。举措：犹言安排，处置。

[段旨]

异类比喻类比推理的两部分构成：前作比，后被比。举例：前四后一构成例。

### § 6. 2. 0. 3—195

（2）《二柄》："夫虎之所以能服狗者，爪牙也（大前提），使虎释其爪牙而使狗用之（小前提），则虎反服于狗矣（结论）[1]。人主者，以刑德制臣者也（大前提），今君人者释其刑德而使臣用之（小前提），则君反制于臣矣（结论）[2]。"

这个类比推理是由两个互相并列的混合式假言三段论式组织而成的[3]。前一个混合式假言三段论式是用来类比的部分；后一个混合式假言三段论式是被类比的部分。在这里，他把"人主"比做"虎"；把"臣"比做"狗"，把"刑德"比做"爪牙"。这虽然是比喻性质的类比，但却类比得具体生动而又深刻有力[4]。

[注释]

[1] 服：制服。反服于：乾道本无"于"字，《韩非子校注》补出"于"字。周著引文据《集解》本有"于"字。"于"，表被动的介词。反服于：反过来被……制服。这句话是说，老虎所以能制服狗，是因为它有爪牙，如果使老虎失去爪牙而为狗所用，则老虎就会反过来被狗制服。

[2] 刑德：刑罚和赏赐，刑赏。这句话是说，君主用刑赏控制臣下，如果君主放弃刑赏而让臣下用它，则君主就会反过来被臣下控制。

[3] 混合式假言三段论式：通常是由假言判断做大前提，直言判断做小前提和结论而构成的假言三段论式。参见本书第216节，又可参见第28节注释[1]，据此，可知混合式假言三段论式是常见的假言三段论推理式。反观引《二柄》的举例，"夫虎之"句是假言判断，"使虎释"句是直言判断，"则虎反服"句是直言判断。

[4] 这里周著从比喻（修辞）、类比（逻辑）、具体生动（文章的文学效果）三个方面来说韩非子文学。有人因该段中言及"虎""狗"比喻，便以他篇不及此喻以为后人作假，批评者认为"则近似于玩笑之说了"。此外，"论者又认为此文三部分中，首段论'刑德'二柄，二段次论刑名，三段论人生二患，内容完全不相当，没有连带的关系，故而认为是杂凑而成。其实这三个方面是紧密联系在一起的：首先说人主以'二柄'管理臣下的重要性，其次说人主要进行正确赏罚就必须'审合刑名'，最后说人主要正确赏罚还必须避免'二患'。全文是很流畅的，不可能是杂凑之作。"（马世年：《〈韩非子〉的成书及其文学研究》，第65

页）总的来说，这一批评是正确的。借虎、狗之喻说"二柄"的重要性，人主借"刑德"赏罚以制臣，用"刑德"赏罚须避免臣控制赏罚、人主反制于臣这"二患"。周著则将此段的内在逻辑揭示之，前一个作比的三段论，后一个被比的三段论，各言其小前提、大前提、结论，在三段论构成中用完每句话，无一余言，远不啻"全文流畅"，而是整体结构，内在构境的逻辑结构合理和严密整体中的优美境界。推广之，周著的做法是研究韩非子乃至先秦诸子文学新的探索。

[段旨]

由两个互相并列的混合假言三段论式构成的异类比喻。

### §6.2.0.4—196

（3）《奸劫弑臣》："无捶策之威，衔橛之备，虽造父不能以服马[1]。无规矩之法，绳墨之端，虽王尔不能以成方圆[2]。无威严之势，赏罚之法，虽尧、舜不能以为治[3]。"

这个类比推理是由三个互相并列的假言判断组织而成的。前两个互相并列的假言判断是用来类比的部分；后一个假言判断是被类比的部分。每一个假言判断的前项和后项都用否定词"无"和"不"表示判断的否定性质，含有破斥的力量[4]。每一个假言判断的中间都有一个用"虽"的词组表现了拓展跌荡的辞气[5]。这样一种修辞手法和句子结构是曾经被古文家啧啧称道过的[6]。

[注释]

[1] 捶策：周著按《集解》本作"捶"（chuí），《韩非子校注》作"棰"（chuí）。捶：通"箠"（chuí），鞭子。捶策，箠策：指马鞭子。棰策，亦指马鞭子。衔橛（jué）：马嚼子。衔：勒在马口上的铁。橛，马口中衔的横木。造父：人名。春秋末晋国人，以善于驾驭车马而闻名。服：控制，驾驭。这句话是说，没有了马鞭子的威势，马嚼子的装备，即使造父这样的能手也无法控制住骏马。

[2] 绳墨：墨线，木匠画线的工具。端：正，校正。王尔：传说中的古代巧匠。这句话是说，如果没有圆规和角尺的规范，墨线的校正，即使巧匠王尔也不能指靠他来制成方形物和圆形物。

[3] 这句话是说，如果没有威严的权势，赏罚的制度，即使尧、舜

这样的贤君，也不能指靠他们治理好天下。

[4] 破斥：批判否定。

[5] 拓展跌荡：开阔豪放，宽广多变。辞气：文辞语气，文字风格。

[6] 啧啧（zézé）：拟声词，形容咂嘴或说话声。古文家称道，如杨义说唐宋人因韩非文字的"激切动人之情"多引用"入诗"，"朱熹也将韩非文章列入可资模写的范本"，明代杨慎"称许韩非文章笔端之变化矣，谓为'韩子连珠'"，等等（杨义：《韩非子还原》，第 232 页）。

[段旨]

由三个互相并列的否定性假言三段论式构成的异类比喻。

## §6. 2. 0. 5—197

（4）《奸劫弑臣》：托于犀车良马之上，则可以陆犯阪阻之患[1]。乘舟之安，持楫之利，则可以水绝江河之难[2]。操法术之数，行重罚严诛，则可以致霸王之功[3]。

这个类比推理也是由三个互相并列的假言判断组织而成的。前两个互相并列的假言判断是用来类比的部分；后一个假言判断是被类比的部分。每个判断的前项和后项都是肯定的，具有建立的意思[4]。这和前一个例证恰好形成一个对比。

[注释]

[1] 犀车：坚固的车子。犀甲、兕甲，皆坚固之物。陆犯：在陆地上克服。犯，《尔雅·释诂上》："犯，胜也。"胜（shēng），力能担当，经得起。阪（bǎn）：山坡。阻：危险之地。患：困难，危难。这句话的意思是：坐上坚固的车子，骑上精良的骏马，就可以在陆地上克服山坡险阻造成的危难。

[2] 乘：凭借。持：通"恃"，依靠。檝：周著据乾道本、《集解》本作"檝"字，《韩非子校注》本已改作常用字"楫"。檝、楫：船的桨。绝，横渡，越过。这句话是说，凭借船的安全，依靠船桨的便利，就可在水里克服大江大河造成的困难。

[3] 操：掌握。数：理数，道。行：实施。致：获得。这句话意为：

掌握法术之道，实施重罚严诛，就可因此获得称王称霸的功业。

[4] 上一个假言判断是"无……（无）……，虽……不……"构成，意在否定，批判；这一个假言判断是"肯定性V……肯定性V……，则可以V……"构成。整个判断在"肯定性V……"，故谓正面肯定的，正面"建立"的。

[段旨]

由三个互相并列的肯定性假言三段论式构成的异类比喻。

### §6.2.0.6—198

（5）《外储说左上》：夫良药苦于口，而智者劝而饮之，知其入而已己疾也[1]。忠言拂于耳，而明主听之，知其可以致功也[2]。

这个类比推理是由两个互相并列的假言判断组织而成的[3]。前一个假言判断是用来类比的部分；后一个假言判断是被类比的部分[4]。这里把"致功"比做"已疾"；把"忠言"比做"良药"，这是非常真切的比喻性的类比。

[注释]

[1] 劝：勉励，鼓励。已：停止，消除。已己疾：使自己的疾病停止，自己的病就痊愈。这句话是说，优良的药物吃起来很苦，而智慧的人勉励自己吃下去，知道药物入口，自己的病就痊愈。

[2] 拂：掸拂，违逆。致：达到，得到，收获。这句话是说，忠言听起来不顺耳，但高明君主听取它，知道它可以用来收获好的功效。

[3] 这里的举例是两个互相并列的假言判断，而第195节举《二柄》例是由两个互相并列的混合式假言判断，区别在于一"混合三段论"，一非混合的一般三段论。"混合式三段论"见第195节注释[3]。通常由假言大前提加直言小前提和结论组成。而本例的两个互相并列的假言判断，完全由直言大前提加直言小前提和结论组成。本例"良药"句大前提直言判断，"智者劝"小前提直言判断，"知其入"句结论直言判断。被类比三句亦全部直言判断。

[4] 本段讲了作比部分的假言判断和被比部分的假言判断，尚未

涉及两部分的假言判断的内部构成及其性质，但已列作异类比喻的五大类比推理的第五大类比推理，前四个是，五个互相并列的假言判断组成、两个互相并列的混合式假言三段论组成、三个互相并列的否定性假言判断组成、三个互相并列的肯定性假言判断组成，第五个是，两个互相并列的非混合式假言判断组成。列作第五个，意味着作者对其假言判断的内部逻辑构成及其性质已经了然。相关构成及性质参见本节注释〔3〕。

**[段旨]**

由两个互相并列的非混合式假言判断组织而成的异类比喻。

**附表三　　　　《韩非子》四大推理之一：类比推理小结**

| 推理 | 内容说明 | 性质 | 分类 | | 举例 | 公式 |
|---|---|---|---|---|---|---|
| 类比推理 | 在同类事物中，以"类"为概念，从个别事物到个别事物的推理 | 间接推理。也是从直接推理过渡到间接推理的过程中的中间性推理 | 同类相推的类比推理 | 从已知推未知。最为典型。两个类比推理的联合运用。正类比 | 齐田成子只是用德，齐简公被弑，今世人臣用德，世主之危如简公 | A 对象有 abc，B 属性对象有属性 ab，所以 B 对象也有属性 C |
| | | | | 用两个以上的事例互相类比的类比推理。已有归纳推理性质。合类比 | 纣亡，周卑，皆因诸侯势力太大 | A 对象有 abcd，也有 e，B 对象有 abcd，A、B 两对象有共性以包含 abcde |
| | | | 异类比喻的类比推理 | 4 个作比 + 1 个被比 | 见正文。绳直、准夷、权衡悬、斗石设备有结构，依法治国亦然 | 假言判断 AB-CD 作比 + 假言判断 E 被比 |
| | | | | 1 个混合式假言三段论作比 + 1 个混合式假言三段论被比 | 虎制服狗靠的是爪牙，去虎爪牙让狗用，狗制服虎。人主用刑德制服大臣…… | 混合式假言判断 A 作比 + 混合式假言判断 B 被比 |

| 推理 | 内容说明 | 性质 | 分类 | | 举例 | 公式 |
|---|---|---|---|---|---|---|
| 类比推理 | 在同类事物中，以"类"为概念，从个别事物到个别事物的推理 | 间接推理。也是从直接推理过渡到间接推理的过程中的中间性推理 | 异类比喻的类比推理 | 2个互相并列的否定性假言判断作比＋1个否定性假言判断被比。批判、否定性的 | 无捶策之威……，无规矩之法……，同样，人主无威严之权势…… | 互相并列的否定性假言判断A、B＋否定性假言判断C |
| | | | | 2个互相并列的肯定性假言判断＋1个肯定性假言判断。肯定、建设性的 | 见第197节正文 | 互相并列的肯定性假言判断A、B＋肯定性假言判断C |
| | | | | 1个互相并列的非混合直言三段论式假言判断＋1个互相并列的非混合直言三段论式假言判断 | 见第198节正文 | 互相并列的非混合直言三段论式假言判断A＋互相并列的非混合直言三段论式假言判断B |

# 第七章　演绎推理

## §7.0.0.1—199

演绎推理是从一般原则到特殊事件的推理，也是从全体到部分的推理[1]。韩非子是法家，他的学术思想体系的本身就具有演绎系统的性质。《主道》里阐述了从"道"的总概念抽绎出"形名"再产生出"赏罚"演绎过程说：

> "道者，万物之始，是非之纪也[2]。是以明君守始，以知万物之源，治纪，以知善败之端[3]。故虚静以待令，令名自命也，令事自定也[4]。虚则知实之情，静则知动者正，有言者自为名，有事者自为形[5]。形名参同，君乃无事焉，归之其情[6]。

**[注释]**

[1] 演绎推理：参见本书第 28 节注释 [1]，第 29 节注释 [1]，第 174 节后附表一。推理，演绎推理从一般到个别，从全体到部分的性质，康德说："推理可理解为一判断借以由另一判断推出的思维功能，因此，一般说来，推理就是由另一判断引导出的一判断。"康德将推理与判断的关系结合得那么紧，以至于难分难解，这也为读者找到了往往难以分清推理和判断、推理规则和判断规则的缘由。演绎推理就是康德所说的"知性推理"，关于演绎推理的一般和个别的关系问题。康德说："在由下属判断而成的（per judicia subalternata）知性推理中，两个判断中量的方面是有区别的。在这里，由全称判断导出特称判断，是依照从普遍到特殊的推理（ab universali ad particulare valet consequentia）原理进行的。"（康德：《逻辑学讲义》，商务印书馆 2010 年 10 月第 1 版，第 110、111 页）周著所说的"从一般原则到特殊事件"，"从全体到部分的推理"，

与康德说的"从普遍到特殊的推理","由全称判断导出特称判断"是完全一致的。

[2] 始：开始，本原。纪：纲纪，准则。

[3] 源：来源，由来。治：研治，研究。善败：事情的成败。端：开端，事情的起因。这句话是说，因此高明的君主坚守本原，以知万物的由来；研治处理天下大事的准则，以知事情成败的起因。

[4] 虚静以待令：乾道本、王先慎《韩非子集释》"待"字下有"令"字，《韩非子校注》已删除"令"字，周著据乾道本、王先慎本保留"令"字。这句话是说，所以用虚静勿躁的态度来对待事物的变化，让事物的名称据它所反映的内容自己来确定；让事情的成败据它自己的性质和取舍来决定。

[5] 实之情：事实的真相。动者正：行动正确。自为名：自己说出主张。自为形：自己表现出办事成效。这四句话是说，保持虚就能知道事实的真相，保持静就能知道办事是否出成效。有话要说的人让他自己说出自己的主张，有事要办的人让他自己办出成效。

[6] 形名参同：指将办事成效与言论对照验核。这句话是说，只要将言论和实效对照验核，国君就不会忙碌，一切都会归结为实事实情。

[段旨]

演绎推理和举例。

## §7.0.0.2—200

"守始""治纪"就是"虚静"，"守始""治纪""虚静"就能够"知万物""知善败""知实""知动"，然后能够观察"事"和"言"，参同"形"和"名"，这些都是从"道"的总概念演绎出来的[1]。

[注释]

[1] "守始"至"名"都是从"道"演绎出来的。由一总概念"道"演绎而出下位分概念的做法，在思想方法上是有根据的。康德说："关于认以为真的性质和种类的叙述中，我们可以得出普遍的结果，即我们的一切确信不是逻辑的就是实践的。"有如老子的"道"，当然完全可以属于"认以为真"一类的，"那个认以为真毕竟是充分的，我们便是在确信，并且是逻辑的或是由客观的根据而来的确信（客体确定）。"（康德：

《逻辑学讲义》，第 72 页）

[段旨]

重申韩非子《主道》里的那些涉及统治者的处己修养和处事认知的法家思想范畴都是由"道"这个总概念演绎出来的。

### §7.0.0.3—201

在这个演绎过程中，"道者，万物之始，是非之纪也"是联合了两个直言判断作为大前提，以下都用并列的假言判断上承大前提向下推演出"形名参同"的结果来。这里表明了从"道"到"形名"的演绎过程[1]。《主道》又说：

"符契之所合，赏罚之所生也[2]。"

"符契之所合"是产生"赏罚"的原因。所以说："赏罚之所生也。""赏罚"是"符契之所合"的结果。"符契之所合"就是"形名参同"，因此"赏罚"也就是"形名参同"的结果。这里用假言判断表明了从"形名"到"赏罚"的演绎过程[3]。

[注释]

[1] 这里将第 199 节的举例作了以下的逻辑分析："道者"至"是非之纪"是大前提，从"是以明君"至"有事者自为形"，为"并列的假言判断"，显然将"是以"句理解成"因此要是明君守始，就……"；将"故虚静"句理解成"所以说要是虚静……就能使……""有言者"两句理解成"要是有言者，就……；要是有事者，也就……"。故周著将"是以"以下十一句看作"并列的假言判断"是合理的。

[2] 犹言以臣下提出的主张作为符，实施的效果作为契，将言论符号与实效契据对照作"形名"是否相合的验核，赏罚就因此而产生。

[3] 第 199 节的说明和举例，第 200 节的说明，第 201 节的部分说明，都明确了从"道"到"形名"的演绎过程，本节则明确从"形名"到"赏罚"的演绎过程。值得注意的是，本节内周著将因果关系判断列入假言判断，参见本书第 32 节及其注释 [1]、[2]。

[段旨]

继从"道"到"形名"的演绎推理之后，再举例说明从"形名"到"赏罚"的演绎推理。

**§7. 0. 0. 4—202**

在这个从"道"到"形名"从"形名"生"赏罚"的推演绎过程里，虽然没有明确地表明一定的推理形式，但已经可以使我们体会到他的推理形式上的特点[1]。这推理形式上的特点是：（一）大前提是直言判断，其他都是假言判断，表示了直言判断和假言判断联合运用的格局。（二）作为大前提的直言判断以及其他的假言判断都是并列结构[2]。这两个特点在韩非子的推理形式上是表现得非常显著的，当我们具体地分析他的不同类型的推理形式时还将对这种现象加以更详细的说明。

[**注释**]

[1] 推理形式：推理和推理形式是密不可分的，推理"从已经确定为真或为假的另一个或一些陈述中引出一个陈述（作为结论）的程序"。"程序"就是过程和方式。更引罗素《数理哲学导论》中的话："推理是我们达到新知识的一种方法。关于推理的非心理成分就是那种使我们能正确推理的关系。"推理本身是一种"方法"，是一种"正确推理的关系"。（《西方哲学英汉对照辞典》，第449页）还应指出的是，推理和推理形式不可分又是基于推理与判断密不可分而言的。康德总是把推理和推理形式或推理方式并提，且借此直接表明推理与判断的关系，例如他说："一切直接推理的基本性质及其可能的原理，仅在于判断的单纯形式的改变。"又说："知性推理贯穿判断的逻辑功能的一切类别，因而，其主要方式是借量、质、关系和样式各环节规定的。"（康德：《逻辑学讲义》，第110、111页）

[2] 这里指出的两大特点，是说直言判断和假言判断联合运用、两种判断皆并列逻辑结构。直言判断、假言判断、选言判断是三大最基本的判断，这一规定性决定韩非子推理特点的必然性选择：直言判断和假言判断的联合运用。康德曾论述三大基本判断称："就关系来看，判断或者是直言的，或者是假言的，或者是选言的。这就是说，在判断中，所有表象或者作为谓项对主项的关系，或者作为结论对根据的关系，或者作为区分支对被区分概念的关系而从属于意识的统一性，直言判断是通过第一种关系规定的，假言判断是通过第二种关系规定的，选言判断是

通过第三种关系规定的。"（《逻辑学讲义》，第101页）周著在叙述韩非子推理两大特点时未涉及选言判断，是因为韩非子用选言判断甚少，参见第203节正文。

[段旨]

韩非子推理或推理形式的两大特点。


## §7.0.0.5—203

我们分四个部分来叙述他的演绎推理：（一）直言推理；（二）选言推理；（三）假言推理；（四）二难推理[1]。他很少运用直言推理和选言推理，尤其是选言推理，几乎绝无仅有[2]。假言推理却特别丰富，同时，以假言推理为基础的二难推理也是最常见的推理形式[3]。因此，韩非子的演绎推理的重点有两个：（一）假言推理；（二）二难推理。这可以说是韩非子逻辑的特点。

[注释]

[1] 直言推理，参见本书第9节注释[3]，第27节注释[4]。选言推理，参见本书第9节注释[5]。假言推理，参见本书第9节注释[3]。二难推理，参见本书第9节注释[2]。

[2] 这句话交代了上文概括韩非子推理特点时未及选言推理的原因。

[3] 二难推理以假言推理为基础：参见第9节注释[2]。事实上，二难推理是非常复杂的，参见本书第七章第四节"二难推理"专论。二难推理的基本式例如：如果是学人，应该做到严谨，如果不是学人，也应该处事严谨，或者是学人，或者不是学人，都应该严谨。康德提出的"由小反对判断而构成的知性推理"正包含着二难推理基本形式和复杂形式。康德说："小反对判断是这样的两个判断，即其一所特殊肯定或否定的，是其他特殊所否定或肯定的。"又说："在小反对判断中并无纯粹的严格对立，因为在一个判断中所否定或肯定的，并不是另一判断所肯定或否定的同一客体，比如：在推理'有些人是有学问的，所以有些人不学无术'中，前一判断所断定的就不是另一判断否定的那些人。"（康德：《逻辑学讲义》，第113页）还应指出的是，康德的二律背反包含着假言条件的二难推理，康德说：

"玄想的推理的第二级是指向某个给予现象的一般条件系列之绝对总体性的先验概念的，从对于在某个方面的系列的无条件的综合统一我任何时候都有一个自相矛盾的概念这一点，我推论出相反方面的统一的正确性，而对后者我仍然也不具有任何概念，在这种辩证推理那里理性的这一状况我将称之为纯粹理性的二律背反。"（邓译本《纯粹理性批判》，第287页）可知康德的二律背反从"一般条件系列"假言二难推理入手，进入"无条件的综合统一"的辩证思考。带有辩证逻辑含义的二律背反包含和吸收了形式逻辑二难推理。

**［段旨］**

如何叙述韩非子的演绎推理。韩非子演绎推理的重点在假言推理和二难推理，这也是韩非子逻辑特点之所在。

### §7.0.0.6—204

《韩非子》共五十五篇，不同类型的推理形式各别地表现在一定的篇章里[1]。假言推理集中地在《解老》《孤愤》《主道》里出现；二难推理集中地在《难言》《奸劫弑臣》《孤愤》《说难》《难一》《难二》《难三》《难四》里出现[2]。

**［注释］**

［1］杨义说："《汉书·艺文志》载《韩非子》五十五篇，今本也有五十五篇，但其中很多不可靠的。"（《韩非子还原》，第228页）可备一说。但这里的"不可靠"，主要是就"非韩非本人所作"而言的，作为《韩非子》书的文献、文本本身的内在逻辑问题的研究，是不受影响的。

［2］由举例可知，《韩非子》书中的二难推理是主要的。为什么？因为《韩非子》以矛盾律为其最重要的逻辑原则，周著以矛盾律与二难推理密不可分。参见本书第9节。周著说："韩非子善于运用矛盾律，二难推理特别多。"汪奠基则明确区分了韩非子的矛盾律与亚里士多德的矛盾说。亚氏矛盾说是说"对某一事物不能同时既肯定又否定"，逻辑上不能说同一思想既真又假。而韩非子矛盾说是说两个不同主词（不同事物）的两个不同谓词（事物的不同属性）的不相容、不两立的属性关系说的。矛和盾的对立是客观存在。在"以子之矛陷子之盾"时才使鬻者"弗能

应"，产生矛盾逻辑关系（《中国逻辑思想史》，第190、191页）。从静态的客观存在的对立到动态思维、言语活动和付诸实施产生矛盾逻辑，这个过程中不可或缺二难推理。故韩非子逻辑必以矛盾律为其说，当以二难推理为其常。

[段旨]

韩非子不同类型的推理的篇章分布。

# 第一节　直言推理

### §7.1.0.1—205

直言推理是由直言判断构成的推理形式[1]。这种推理形式就是直言三段论式[2]。韩非子不但很少运用直言三段论式；而且由于具体地表达他的学术思想，因此他所运用的直言三段论式也用带证式和省略式的语文形式出现[3]。现在我们根据这些情况，把它的直言三段论式分做三个类型来叙述：（一）完全式的直言三段论式；（二）带证式的直言三段论式；（三）省略式的直言三段论式。

[注释]

[1] 有关直言判断参见本书第9节注释 [4]，第27节注释 [4]。关于直言判断的直接推理，参见本书第184节和注释，它的逻辑位置参见第174节附表一。

[2] 而事实上，直言判断本身也是很复杂的。直言判断的直接推理周著已在换质法、换位法、换质换位法、特殊方式法中有详述，本书亦有相应注释，还可参见第185节附表二。

[3] 带证式：指大前提或小前提带有说明的直言三段论式。参见本书第207节。

[段旨]

对韩非子很少运用的直言三段论式仍可分三种类型来研究。

## 一　完全的直言三段论式

### §7.1.1.1—206

完全的直言三段论式是完全具备大前提、小前提和结论的直言三段论式[1]。

  （1）《喻老》：邦者，人君之辎重也。（肯定的大前提）[2]

      主父生传其邦。（否定的小前提）[3]

      此离其辎重者也。（否定的结论）[4]

  （2）《十过》：寡人闻邻国有圣人，敌国之忧也。（肯定的大
前提）

      今由余，圣人也[5]。（肯定的小前提）

      寡人患之。（肯定的结论）[6]

  （3）《内储说下六微》：敌国有贤者，国之忧也。（肯定的大
前提）

      今荆王之使者甚贤。（肯定的小前提）

      寡人患之。（肯定的结论）[7]

  （4）《说林上》：普天之下，莫非王土，率土之滨，莫非王
臣[8]。（肯定的大前提）

      今君天下。（肯定的小前提）

      则我天子之臣也。（肯定的结论）[9]

  （5）《喻老》：在骨髓，司命之所属，无奈何也[10]。（肯定的大
前提）

      今在骨髓。（肯定的小前提）

      臣是以无请也。（肯定的结论）[11]

  这五个例证中，例（1）是最典型的直言三段论式[12]。例（2）（3）
（4）（5）的大前提都采用直言判断的结构形式，虽然内容意义上似乎也
可以解释做假言判断，但是我们仍旧把它们都看做直言判断[13]。

  **[注释]**

  [1] 完全的直言三段论推理式是 M－P，S－M/S－P，中项是大前提
的主项，小前提的谓项。例如，"一国两制"是我国社会主义制度优越性
的体现，港澳地区是实行"一国两制"的/港澳地区是享受社会主义制度
种种优越性的。

  [2] 邦：国家，诸侯国。辎（zī）重：辎，古代一般指装运军需物
资的车，库车。辎重，犹言负担。肯定的大前提，即 M－P。

  [3] 主父：指赵武灵王，名雍，生前即将王位传给小儿子何，而

自称主父。生:在世时。否定的小前提,即S-M。在三段论推理式P-M,S-M/S-P中,中项是大前提的谓项,小前提的谓项。例如,北大、清华是正在向世界一流大学迈进的大学,一般地方性大学暂时还不具备迈向世界一流大学的条件/一般地方性大学不以迈向世界一流大学为目标。

[4]据以上推理式和举例,大前提肯定,小前提否定,结论否定。上式小前提只能否定,如肯定,则三式全成了无意义的同义语反复。

[5]由余:春秋时晋国人,流亡到戎(古国名,在今山东菏泽市西南)为臣,后到秦国,受秦穆公重用。

[6]《十过》中的这段话合乎完全的直言三段论推理式,即M-P,S-M/S-P。

[7]《内储说下六微》中的这段话合乎完全的直言三段论推理式,即M-P,S-M/S-P。

[7]《内储说下六微》中的这段话合乎推理式M-P,S-M/S-P。

[8]这四句话出于《诗·小雅·北山》。莫非:没有不是。率:循,沿着。滨:海边。率土之滨:四海之内。四句话意为:普天之下的土地,没有不是国君的领土,四海之内的王臣,没有不是国君的臣仆。

[9]《说林上》的这段话合乎推理式M-P,S-M/S-P。

[10]司命:传说管辖人类生命的神。属:管辖。这句话是说,当疾病深入骨髓,生命之神主宰着,就没法治疗了。

[11]是以:因此。请:请君召见我。《喻老》的这一三段论式合乎推理式M-P,S-M/S-P。

[12]这句话表明:周著以三段论推理式P-M,S-M/S-P为典型的直言三段论式构成的直言推理(不存在直言推理、假言推理两可的问题,只能是直言推理)。

[13]这段话表明:周著以三段论推理式M-P,S-M/S-P为直言判断结构式构成的直言判断,虽然它也可看作假言判断,但仍然将它看作直言判断。

[段旨]

完全的直言三段论式构成的直言推理举例五,分类二。

## 二 带证式的直言三段论式

### §7.1.2.1—207

带证式的直言三段论式是在大前提小前提上带有说明的直言三段论式[1]。例如《外储说右上》说：

> 夫礼，天子爱天下，诸侯爱境内，大夫爱官职，士爱其家，过其所爱曰侵。（肯定的大前提上带有说明）[2]

> 今鲁君有民，而子擅爱之。（肯定的小前提上也带有说明）[3]

> 是子侵也，不亦诬乎。（肯定的结论）[4]

如果把带有的说明去掉，那就剩下一个简明的完全的直言三段论式：

> 过其所爱曰侵。（大前提）

> 子擅爱之。（小前提）

> 是子侵也。（结论）

[注释]

[1] 这里的带证式的直言三段论式，主要是从语言表达的证明上讲的，是语言表达内容的丰富产生的大前提、小前提的带证语言逻辑范畴，并没有从三段论本身去揭示带证的逻辑结构本身（例如未说及带证式三段论中必有大前提或小前提是不完整的省略推理，或大前提、小前提都是不完整的省略推理，参见中国人民大学哲学系逻辑教研室《形式逻辑》，第195、196页），综观本节全文更可看出这一特点。

[2] 过其所爱：超过他所爱的范围，如说诸侯超过他所爱的范围，大夫超过他所爱的范围，等等，都是"侵"。侵：侵犯。带有说明：与下文说出的简明三段论式比较可知，"夫礼……士爱其家"均为该肯定的大前提上"带有说明"，并进而可知这"带有说明"的性质是语言表述上的。

[4] 擅：擅自，任意。诬：胆大妄为。这段话是说，根据礼的规矩，天子爱全天下的人，诸侯爱自己国境内的人，大夫爱管辖范围内的人，士爱他的家人，超过这个界限去爱，就是侵犯；如今鲁国君主统治下的民众，你随便去爱，这是冒犯君主，这不是胆大妄为吗？这里的带证三段论推理也符合直言三段论推理式 M–P，S–M/S–P。

[段旨]

带证式直言三段论举例和语言逻辑分析。

### 三 省略式的直言三段论式

§ 7. 1. 3. 1—208

省略式的直言三段论式可以分做两类[1]：（一）省略了前提的省略式的直言三段论式[2]；（二）省略了结论的省略式的直言三段论式[3]。省略的前提可以是大前提，也可以是小前提，韩非子却只运用了省略了大前提的省略式的直言三段论式。

[注释]

[1] 省略的三段论式，也只是在语言表达上的省略，被省略的前提或结论仍是很清楚的。仅仅是语言表达上的省略，与上文仅仅是语言表达上的带证是相似的。

[2] 省略了大前提的省略式举例：我们每个人的一生都作为生命的载体而存在（小前提 S－M），我们都应该无例外地将人生融入社会，贡献社会（结论 S－P）。省略了大前提：生命的价值归根到底在于融入社会，贡献社会（大前提 M－P）。如省略小前提，则可说成：生命的价值归根到底在于融入社会，贡献社会（大前提 M－P），我们都应该无例外地将人生融入社会，贡献社会（结论 S－P）。

[3] 省略的结论的省略式：我们每个人的一生都作为生命的载体而存在（小前提 S－M），生命的价值归根到底在于融入社会，贡献社会（大前提 M－P）。由以上可知，省略式的直言三段论推理式是，小前提 S－M→结论 S－P。大前提 M－P→结论 S－P。小前提 S－M→大前提 M－P。参见第 262 节附表六。

[段旨]

[1] 省略式直言三段论式概述以及韩非子仅有省略大前提的省略式。

§ 7. 1. 3. 2—209

（一）省略了前提的省略式的直言三段论式。例如《难二》说：

小人无义。（肯定的小前提）

必不能度之义也。（否定的结论）[1]

省略了自明的否定的大前提是：无义者，必不能度之义也。

又说：

　　君子度之义。（肯定的小前提）

　　必不肯说也。（否定的结论）[2]

省略了自明的否定的大前提是：度之义者，必不肯说也。

[注释]

[1] 度（duó）：量，衡量，测量。之：代词，他的。这两句话的意思是，小人没有正义，肯定不能测量他的正义。这一省略式的逻辑式是，MEPL，SAM→SEP 式中 A 表肯定（affirm），E 表否定（negate 第一个元音字母），L 表省略（leave out）。

[2] 这一省略式的逻辑式是，MEPL，SAM→SEP。

[段旨]

省略了大前提的省略式直言三段论式举例。


§7.1.3.3—210

（二）省略了结论的省略式的直言三段论式。例如《外储说右下》说：

　　夫人主之所以镜照者，诸侯之士徒也[1]。（肯定的小前提）

　　今诸侯之士徒，皆私门之党也。（肯定的大前提）[2]

省略了的自明的肯定的结论是：故人主之所以镜照者，皆私门之党也。

又说：

　　人主之所以自羽翼者，岩穴之士徒也[3]。（肯定的小前提）

　　今岩穴之士徒，皆私门之舍人也。（肯定的大前提）[4]

省略了的自明的肯定的结论是：故人主之所以自羽翼者，皆私门之舍人也。

[注释]

[1] 所以镜照者：用以对照的。所以……者：古汉语固定结构。以，介词。所：特殊指示代词，用来形成名词性结构。者：代词。此结构意为：用来做……的那个对象。士徒：士人，门人。这句话意为：国君用来对照自己的，是诸侯的门下士人。

[2] 党：党羽。这句话意为：如今诸侯手里的士人，都是私人门下的党羽。这一省略式三段论推理式是，MAP，SAM→SAPL。

[3] "羽翼"二字，《韩非子校注》据乾道本作"浅㨆（jiǎn shāo）"，浅，通"㦸"（jiǎn），猛鸟攫物状，引申为"勇猛"。㨆：被侮辱，被侵犯。浅㨆：勇猛自卫，防御侵犯。周著据《韩非子集解》作"羽翼"。岩穴之士徒：隐居山林的士人们。

[4] 舍人：门客。这一段的意思是，国君借以捍卫自己的人，是隐居山林的士人们。如今那些隐居山林的士人都成了私人门下的门客。这一省略式的三段论推理式是，MAP，SAM→SAPL。

[段旨]

省略了结论的省略式直言三段论式举例。

# 第二节　选言推理

### §7.2.0.1—211

选言推理是由选言判断作为大前提所构成的推理形式[1]。这种推理形式就是选言三段论式。韩非子所运用的选言判断很少，因此他的选言三段论式也很少。

[注释]

[1] 选言判断参见本书第149节注释[4]。选言推理参见第9节注释[5]，第21节注释[1]，第174节附表一。

选言判断又称析取判断，它是一种复合判断，用来断言几种可能的情况下有一种是真实存在的情况，逻辑上是真的。最常见的例子是，一个三角形，或者是直角三角形，或者是钝角三角形，或者是锐角三角形。选言判断的分类：以P和q为选言肢，∨表相容的"或者"，either的元音ei表不相容的"要么"。选言判断的用语还有"也许""可能""不是……就是"等表选择意义的关联词语。相容选言判断式"P，q，P或者q（P∨q）"，不相容选言判断式为"P，q，要么P，要么q，（P ei q）"。

相容选言判断式分类有，P真q真，则P或者q（P∨q）真，举例如上述三角形三选言相容例；P真q假，则P或者q（P∨q）真，举例，三角形或者是直角三角形真，或者是钝角三角形假（亦即直角三角形真，锐角三角形真），则 P∨q 真；P 假，q 真，则 P 或者 q（P∨q）真，举例按上例推；P 假，q 假，则 P 或者 q（P∨q）假，举例，三角形是直角三角形假，是钝角三角形假，则 P∨q 假。

　　不相容判断式举例：面对前进道路上的困难，要么战胜它，要么被困难吓倒。不相容判断式分类有：P 真，q 真，则要么 P，要么 q（P ei q）假，举例，面对困难战而胜之真，退而避之真，则 P ei q 假。P 真，q 假，则要么 P，要么 q（P ei q）真，举例，面对困难战而胜之真，退而避之假，则 P ei q 真。P 假，q 真，则要么 P，要么 q（P ei q）真，举例，面对困难战而胜之假，退而避之真，则 P ei q 真。P 假，q 假，则要么 P，要么 q（P ei q）假，举例，面对困难战而胜之假，退而避之假，则 P ei q 假。以上为选言判断一般。

　　选言推理：运用选言判断作出的推理。选言推理的前提和结论是由选言判断和直言判断构成的。通常把选言判断的前提叫作大前提，因为它涉及的范围较大，把直言判断的前提叫作小前提，因为它涉及的范围较小。它是由选言判断选言肢的性质决定其分类的，一类是相容选言判断构成的相容选言推理；另一类是不相容选言判断构成的不相容选言推理。

　　相容选言推理大前提是相容选言判断，小前提和结论是直言判断。它只有一种正确式，即肯定否定式（本书第 9 节注释［4］已涉及）。公式是，大前提 P 或者 q，小前提非 P（或非 q），结论所以 q（或 p）。举例，以史为鉴，或者站在历史的交汇点上，审时度势，引领时代的发展，或者立足本职，砥砺前行，力求把身边的事办好（大前提 P 或者 q）。作为一个普通人，不能企及前者（小前提非 P），那就努力把本职工作做好（结论所以 q）。相容选言推理的过程是，否定一个选言肢，就要肯定另一个选言肢。因为相容选言判断不可能两个选言肢同假，否定一个就要肯定另一个。相容选言推理没有肯定否定式，因为相容选言推理两个选言肢既然相容，就可以同真，如上例，肯定一个就要肯定另一个，不可能肯定一个就否定另一个，如上例绝不可能肯定前者而否定后者。以上是相容选言推理一般。

　　不相容选言推理大前提是不相容选言判断，小前提和结论是直言判断。它有两种正确的推理式，一种是肯定否定式，另一种是否定肯定式（这两种本书第9节注释［4］均已涉及）。肯定否定式的公式是，大前提 P 或者 q，小前提 P（或 q），结论所以非 q（或非 p）。举例，在人和自然的关系上，要么秉承人与自然和谐的理念，不负青山绿水，要么与自然为敌，胡乱开发，自毁家园（大前提 P 或者 q）。中国主张人与自然的和谐（小前提 P），所以中国不与自然为敌（结论所以非 q）。不相容选言推理肯定否定式的规则是，肯定一个选言肢，就要否定另一个选言肢。因为这一推理是从大前提两个不相容选言判断引申出来的，大前提两个不相容选言判断是互相排斥的，只能一真一假，不可能两个同真，肯定一个就要否定另一个。不相容选言推理另一种方式是否定肯定式，它的公式是，大前提 P 或者 q，小前提非 P（或非 q），结论所以 q（或 p）。举例，在人和自然的关系上，要么秉承人与自然和谐的理念，不负青山绿水，要么与自然为敌，胡乱开发，自毁家园（大前提 P 或者 q）。中国不主张人与自然为敌（小前提非 q），所以中国秉承人与自然和谐理念（结论所以 P）。不相容选言推理否定肯定式的规则是，否定一个选言肢，就要肯定另一个选言肢。因为这一推理是从大前提两个不相容选言判断引申出来的，大前提两个不相容选言判断是互相排斥的，只能一真一假，不可能两个同假，否定一个就要肯定另一个；不可能否定一个同时也要否定另一个，如上例绝不可能否定后者而也要否定前者。以上是不相容推理一般。

［段旨］

什么是选言推理？韩非子选言推理很少。

### §7. 2. 0. 2—212

韩非子的选言判断，有的只是单独运用的判断，有的是二难推理的结论[1]。因此他的选言三段论式都是省略了大前提的，也就是说在语文表现上都是不完全的选言三段论式，都只有小前提和结论。

［注释］

［1］单独运用的判断：这里指只有小前提和结论的省略式三段论判断。二难推理：参见本书第9节注释［2］。

**［段旨］**

韩非子选言推理的重要特点是省略大前提，只有小前提和结论的省略式。

**§7.2.0.3—213**

一般逻辑学书上都把选言三段论式分做以弃为取式和以取为弃式两类[1]。韩非子只运用了以弃为取式的选言三段论式，也就是只运用了具有否定的小前提和肯定的结论的选言三段论式。

（1）《外储说右下》说：

> 彼民之所以为我用者，非以吾爱之为我用者也。（否定的小前提。弃。）
>
> 以吾势之为吾用者也。（肯定的结论。取。）[2]

这里省略了的大前提是：彼民之所以为我用者，非以吾爱之为我用者，则以吾势之为我用者也[3]。

（2）《难一》说：

> 舅犯谓不厌诈伪者，不谓诈其民。（否定的小前提。弃。）
>
> 谓诈其敌也。（肯定的结论。取。）[4]

这里省略了的大前提是：舅犯谓不厌诈伪者，非谓诈其民，则谓诈其敌也。[5]

**［注释］**

［1］这里所讲的"以弃为取式"，即上文所说的不相容选言推理中的否定肯定式，"以取为弃式"，即上文所说的不相容选言推理中的肯定否定式。还需要指出的是，周著关于选言判断"弃、取"式的区分，与康德的以下说法是一致的。康德说："在选言推理中，大前提是一选言命题，因而，作为这种命题，必然有区分支和选言支。在这里，或者（1）由一选言支的真实推理其余各支的虚妄，或者（2）由除了一选言支以外所有其余各支的虚妄，推论这一支的真实。前者由定立式（oder penendo tollentem［或由立而破］）所成，后者由取消式（tollendo ponentem［由破而立］）所成。"（《逻辑学讲义》，第125页）周著说的"以弃为取"即康德说的"由破而立"即不相容选言判断的否定肯定式；周著说的"以取为弃"即康德说的"由立而破"，即不相容选言判断的肯定否定式。参

见第 262 节附表六。

[2] 这段话的意思是，那些民众为我所使用的原因，并不是因为我爱他们而为我使用，而是因为我的权势而为我所使用。

[3] 从补出的这句话看，是不相容选言判断，整段推理合乎大前提 P 或者 q，小前提非 P（或非 q），结论所以 q（或 p）。

[4] 舅犯：一作咎犯，名狐偃，字子犯，晋文公的舅父。公元前 632 年晋楚城濮之战，开始时楚军占优势，晋用舅犯计策，先退兵九十里，选择有利时机，猛攻楚薄弱的两翼，大败楚军，建立了晋文公的霸业。这三句话的意思是，舅犯说不厌倦做欺诈伪装的事，不是说对那些平民百姓欺诈，说的是欺诈敌人。

[5] 从补出的大前提看，"非谓诈其民"与"则谓诈其敌"是不相容选言判断。整段是不相容选言推理的否定肯定式。

[段旨]

韩非子"以弃为取"，即不相容选言三段论判断构成的否定肯定式选言推理举例。

# 第三节　假言推理

### § 7. 3. 0. 1—214

假言推理在内容意义上是表现因果关系的形式，在形式结构上是用假言判断作为全部构成分子或作为主要构成分子的推理形式[1]。这种推理形式就是假言三段论式[2]。由于韩非子善于运用假言推理，因此他的假言推理就非常丰富多彩。这也就有必要来详细地叙述他的假言推理的各种类型。

[注释]

[1] 因果关系构成假言推理，参见本书第 32 节和注释 [1]、[2]。康德说："所与表象彼此"的关系是"作为结论对根据的关系"（康德：《逻辑学讲义》，第 101 页），"结论对根据的关系"实际上就是指因果关系。后一句话还说假言判断是假言推理的基础，两者密不可分。参见本书第 199 节注释 [1]。

[2] 三段论式一般都是用来说判断的，假言三段论式一般都

是指假言判断，这里直接指假言推理，亦说明判断与推理密不可分。

[段旨]

假言推理是表因果关系的，它以三段论判断为基础，韩非子的假言推理特别多。

### §7.3.0.2—215

我们把他的假言推理分做三类：（一）混合的假言三段论式；（二）纯粹的假言三段论式；（三）联锁的假言三段论式。[1]

[注释]

[1] 假言推理的逻辑位置可见第 174 节附表一。该表也是将直言推理、选言推理、假言推理、二难推理都置于演绎推理下的。值得注意的是对假言三段论式推理的结构类型的划分。

[段旨]

韩非子的假言推理分三大类。

### 一　混合的假言三段论式

### §7.3.1.1—216

混合的假言三段论式是由假言判断做大前提而由直言判断做小前提和结论的假言三段论式。这又可以分做两类：（甲）完全的混合假言三段论式；（乙）省略的假言三段论式。

[注释]

[1] 假言推理的性质分类见第 9 节注释 [3]，这里的分类是从判断的类别入手对混合式假言三段论推理再作结构类别的划分。

[段旨]

韩非子混合式假言推理的结构类别。

（甲）完全的混合假言三段论式

### §7.3.1.2—217

完全的混合假言三段论式，是完全具备了大前提小前提和结论的混合假言三段论式。这又可以分做两类：甲、简单的完全的混合假言三段论式；乙、复杂的完全的混合假言三段论式。这简单的形式和复杂的形式是根据大前提小前提和结论的数目的多寡来加以区别的：大前提小前提和结论都只有一个的是简单式；大前提小前提和结论都有两个以上的是复杂式。在简单式和复杂式之中，又有建立式和被斥式的不同。这是根据肯定或否定来加以区别的：小前提和结论都对大前提表示肯定的叫做建立式；小前提和结论都对大前提表示否定的叫做破斥式。[1]现在分别叙述如下。

**[注释]**

[1] 这一整段话，也是从三段论构成的一整个假言推理的结构关系来说"完全的混合假言三段论式"的假言推理的分类的。以两个层次完成此分类：（大小前提和结论都只有一个的）简单式/（大小前提和结论都有两个以上的）复杂式→（小前提和结论都对大前提表肯定的）建立式/（小前提和结论都对大前提表否定的）破斥式。关于假言推理中的建立式和破斥式，康德在论述假言推理的三段论构成（可见周著用三段论构成来说假言推理的结构关系也与康德的逻辑思想一致）时讲道："假言推理是这样一种推理，这种推理以一假言命题为大前提。因此，假言推理由两个命题构成，1）一个前件（antecedens）和2）一个后件（consequens），在这里，推理是按照定立式或取消式进行的。"（康德：《逻辑学讲义》，第124页）康德说的"前件"包括大、小前提之一贯，"后件"可指结论，定立式即建立式，取消式即破斥式。可知周著用小前提和结论对大前提表肯定或否定来说建立式和破斥式，与康德用假言推理中的"前件"和"后件"来说假言推理中的定立式和取消式，是完全一致的。这是周著渗透着康德哲学思想的又一证据。

**[段旨]**

完全的混合假言三段论式推理的分类。

### §7. 3. 1. 3—218

甲、简单式。它是大前提、小前提和结论只有一个的假言三段论式。它分做建立式的简单式和破斥式的简单式两类。

（一）建立式的简单式。例如《饰邪》说：

夫舍常法而从私意，则臣下饰于智能。（前项表因后项表果的大前提）

臣下[1]饰于智能。（小前提肯定表果的后项）

则法禁不立矣。[2]（结论肯定表因的前项）[3]

（二）破斥式的简单式。例如《三守》说：

三守不完，则三劫起。（前项表因后项表果的大前提）

三守完。（小前提否定表因的前项）

则三劫者止。[4]（结论否定表果的后项）[5]

[注释]

[1] 乾道本无"下"字，《韩非子校注》已据道藏本等补出"下"字，周著引用有"下"字，或据王先慎《韩非子集解》本。

[2] 舍：丢弃。常法：日常使用的法令规则；固定的法制。私意：个人好恶。这四句话的意思是，舍弃固定的法制而屈从个人的好恶办事，臣下就会用智巧来粉饰自己；臣下用智巧粉饰自己，法制禁令就不能够发挥作用。

[3] 这里举出的简单式三段论假言推理是大前提、小前提和结论一应俱全的。而康德曾说："假言理性推理因此没有中概念，在这种推理中，一命题的联贯性（die Konsequenz）仅由另一命题指明，这就是说，在假言推理的大前提中，联贯性为两个互相分离的命题所表达，其中第一个命题是前提，第二个命题是结论。小前提把或然条件变为一个直言命题。"（康德：《逻辑学讲义》，第 124 页）。这里，康德讲了没有"中概念"的假言推理，周著举出的是完整的三段论式假言推理，可知韩非子逻辑的优点，亦知周著研究韩非子逻辑时认知的独到。康德还说："由假言推理没有中概念而仅有两个命题组成这一点可以看出，这种推理实际上不是理性推理，而毋宁只是一直接的，由一个前件和后件——依照质料和形式——来表示的推理（consequentia immediata demonstrabilis [ex antecedente et consequente] vel quoad materiam vel quoad forman）。"康德还说："每一理性推理都应是一个证明，但是假言推理只是在自身中引用一证明根据，因此，假言推理不可能是理性推理，这也是明显的。"（康德：《逻辑学讲义》，第 124 页）比照康德对缺乏"中概念"的价值评判，可知作为对象研究的韩非子逻辑，以及研究者本人的认知分析和最终发现，

中国古代由完整的三段论构成的假言判断是一切实的标准理性推理，这在逻辑史上有重要意义。

[4] 三守：指国君必须遵守的三条原则，即心事藏而不露，独自决断，独揽权柄。韩非认为，有了这三条，就能防止"三劫"。三劫：公开的篡权，玩弄外事的篡权，专擅刑罚的篡权。劫，劫难，指劫持君主，篡夺国家政权。"三守"是"术"，用来驾驭群臣，"三劫"是权臣篡夺国家政权的途径。君主只有用"三守"防"三劫"，才能巩固政权。完：完整；完全把握住。

[5] 应注意，这里的破斥式的简单式假言推理也是完整的三段论假言推理，"中概念"小前提不缺位，亦见其中国逻辑史价值。

[段旨]

韩非子假言推理中的"完全的混合的假言三段论式"简单式推理的分类和举例。

### §7. 3. 1. 4—219

一般逻辑学书上都说假言三段论式应该遵守两条规则：（一）只能肯定原因，因而肯定结果，不能肯定结果，因而肯定原因；（二）只能否定结果，因而否定原因；不能否定原因，因而否定结果。并且把前项限于表因，后项限于表果，那么这两条规则就可以改写做：（一）只能肯定前项因而肯定后项，不能肯定后项因而肯定前项；（二）只能否定后项因而否定前项，不能否定前项因而否定后项。[1]

[注释]

[1] 这一段话是周著将韩非子混合假言三段论式简单式与一般逻辑书所言相关规则作对照，并改写之。周著以韩非子逻辑丰富现代逻辑。相关对照内容可制成附表四，见下。

[段旨]

韩非子完全的混合假言三段论式简单式与一般逻辑书对照和规则。

**附表四　　周著韩非子混合假言三段论式简单式逻辑比较**

| 一般逻辑书所述 | | | | 周著所述韩非子逻辑 | | | 与康德逻辑学比照 | |
|---|---|---|---|---|---|---|---|---|
| 因果关系 | | | | 原因（前件和后件）| 走向 | 结果（前件和后件）| 周著假言推理的完全混合假言三段论式简单式之建立式和破斥式 | 康德假言推理逻辑构成有前件和后件。有定立式和取消式 |
| | | | | 肯定 | ← | 肯定 | | |
| | | | | 否定 | → | 否定 | | |
| | | | | 参下 | | | | |
| | | | | 参下 | | | | |
| 一般逻辑书所述前后件关系 | | | | 周著所述一般逻辑中的原因和结果 | | | | |
| 条件 | 前件 | 走向 | 后件 | 原因（前件）| 走向 | 结果（后件）| | |
| 充分条件 | 肯定 | → | 肯定 | 只能肯定 | → | 肯定 | 从理论上说，现代逻辑是包含康德逻辑学的 | 从理论上说，康德逻辑思想是现代一般逻辑学的基础 |
| | 否定 | ← | 否定 | | | | | |
| | 否定 | →×（不能）| 否定 | | | | | |
| | 肯定 | ×← | 肯定 | | | | | |
| 必要条件 | 否定 | → | 否定 | | | | | |
| | 肯定 | ← | 肯定 | | | | | |
| | 肯定 | →× | 肯定 | 不能否定 | → | 否定 | | |
| | 否定 | ×← | 否定 | 肯定 | ← | 不能肯定 | | |
| 充分必要条件 | 肯定 | → | 肯定 | | | | | |
| | 肯定 | ← | 肯定 | | | | | |
| | 否定 | → | 否定 | | | | | |
| | 否定 | ← | 否定 | 否定 | ← | 只能否定 | | |

资料来源：表中列出的一般逻辑书所述参照中国人民大学出版社《形式逻辑》（修订本）第214—220页。

## §7.3.1.5—220

这两条规则是有成立理由的，但由于只是形式的，因此不是绝对的[1]。在韩非子运用的假言判断里，前项和后项都可以表原因和结果[2]。前项不必一定表示原因，后项也不必一定表示结果。在假言判断的具体内容上看，有时可以由肯定结果因而肯定原因，有时也可以由否定原因因而否定结果[3]。上面所引的《饰邪》和《三守》的两个例证正表现了这种现象，这是由于它们具有内在的必然的因果关系的缘故[4]。在这里是不需要用那由抽象的一果多因和一因多果所规定出来的公式来套的，由于韩非子逻辑是具有实质内容的具体的逻辑[5]。

[注释]

[1]"这两条规则"如第219节开头所述，已填写在附表四中周著所述栏下栏。周著认为这两条规则有局限性。这里的"形式"是指上表中的"周著所述"栏，尤其指下栏两个有局限性的式例，当然也可包括"一般逻辑书所述"栏里列出的逻辑规则是一些带普遍性公式，无疑是形式化了的。"不是绝对的"就意味着这些逻辑公式需要用具体内容去充实，在作具体充实中对公式本身作相应的修改，周著所述栏上栏是修改后的表述，用以适应具体的逻辑推理内容的表述。

[2]周著概括的前项和后项都可以表原因和结果，已经反映在附表四周著栏上栏。在一般逻辑书中，例如充分条件的"肯定→肯定"，也是前项、后项都能既表原因又表结果的。例如，前件：活动和静养两结合就能健康长寿/后件：某甲两结合/某甲健康长寿。前因后果：因为两结合能健康长寿，所以某甲做到两结合就健康长寿。前果后因：因为某甲两结合，所以他做到了两结合能健康长寿。

[3]这两句话作为假言判断的逻辑构成，已见于附表四周著所述栏上栏。

[4]《饰邪》引例后件小前提肯定结果进而结论肯定表因的前件大前提中的前项；《三守》引例后件小前提否定结果进而结论否定表果的前件大前提中的后项。均见第218节。这两项逻辑原则已经反映在附表四周著所述栏上栏。

[5]在一般逻辑学书里，作为假言推理的因果关系的举例一般都是单一的，如说"如果P，那么q，因为P，所以q"，P、q一般都是单项的。周著在这里指出一般逻辑学往往有"一果多因"和"一因多果"的语言表述和抽象公式，而周著强调的是，不需要用这类"由抽象的一果多因和一因多果所规定出来的公式来套的"。康德先验辩证思维中的二律背反论及因果关系规则的单一性，二律背反中的因果的具体表述也可能由多项"因"或多项"果"构成，但康德说："现在由于我们进

展到了力学性的诸概念", 而在"力学性的二律背反中或许会有这样一个能够与理性的要求共存的预设, 它就能够从这种观点出发", 在争执中起到很好的调解作用 (邓译本《纯粹理性批判》, 第 431 页)。"预设"和"观点"具体内容可能由多项构成的, 不过作为"能够与理性的要求共存的预设"和能够作为逻辑推理起点的"观点", 且往往表现为原因和结果的关系的抽象, 却只能看作单一的"一个"。更何况"每一个起作用的原因都必然有一种品格, 即它的原因性的一条法则, 舍此它就根本不会是什么原因了"。从属于"原因性"的原因作为一种主体的"经验性的品格", 都"有可能从作为条件的其他现象中被推导出来, 从而与这些现象结合着而构成自然秩序的一个唯一序列的各项了", 而主体的"经验性的品格"也是"那些作为现象的行动的原因" (邓译本《纯粹理性批判》, 第 437 页)。原因可能有多个, 但"原因性""法则""经验性的品格""一个唯一的序列", 却始终只能是"一个"。有理由认为, 周著"不需要"那些"一果多因"和"一因多果"的抽象, 与康德哲理逻辑中的二律背反涉及"原因性"的"法则", 作为主体的"经验性的品格"的原因的来源和构成, 包括原因和结果的关系抽象, 是同一的。甚至可以说, 周著指出的韩非子逻辑的具体性在思维方法上正体现了康德所说的"原因性"法则和"经验性的品格", 作为思维的规则和方法, 是可以超越时空的。

**[段旨]**

韩非子假言判断的前项和后项都可以表原因和结果, 韩非子逻辑是有实质内容的具体的逻辑。

### §7.3.1.6—221

乙、复杂式。它是大前提、小前提和结论都有两个以上的假言三段论式[1]。它也分做建立式的复杂式和破斥式的复杂式两类。

(一) 建立式的复杂式。例如《八奸》说:

明主之为官职爵禄也, 所以进贤材, 劝有功也[2]。

这是前项表果后项表因的大前提, 一个前项两个后项。可以看做是两个并列的大前提的联合。[3]

故曰: 贤材者 (小前提), 处厚禄, 任大官[4] (结论)。

功大者（小前提），有尊爵，受重赏[5]（结论）。

这里两个小前提和两个结论分承大前提：两个小前提都肯定表因的后项；因而两个结论也都肯定表果的前项[6]。

又如《主道》说：

有智而不以虑，使万物知其处；

有行而不以贤，观臣下之所因；

有勇而不以怒，使群臣尽其武。[7]

这是三个前项表因后项表果的互相并列的大前提。

是故去智（小前提）而有明（结论）；

去贤（小前提）而有功（结论）；

去勇（小前提）而有强（结论）。[8]

这是三个肯定表因的前项的互相并列的小前提和三个肯定表果的后项的互相并列的结论。它们虽然和大前提在措辞上有些不同，但在内容意义上是初无二致的。[9]

**[注释]**

[1] 这句话只是说，同一个三段论式中可以有两个以上的大前提，两个以上的小前提，两个以上的结论，这与第220节批评"一果多因"和"一因多果"不矛盾。

[2] 为：设置。职：官吏职级，官位。劝：鼓励，奖励。这句话是说，高明的君主设置官位、爵位、俸禄，是为了提拔贤才，奖励建功立业的人。

[3] 这里是说前项"明主"句表果，后项"所以"两句表因。前项加后项，结果加原因，构成一个统一的大前提。"两个并列的大前提"是指可分解成"明主之为官职爵禄也，所以进贤材"；"明主之为官职爵禄，所以劝有功也"。这里说的是两个大前提，或一个统一的大前提中有两个后项，并没有说有两个原因。

[4] 这句话是说，所以说，有才能的人得到丰厚的俸禄，做大官。

[5] 这句话是说，功劳大的人拥有尊贵的爵位，受重赏。

[6] 这两句话解析了两个小前提，两个结论，与一个统一的大前提（或者说两个并列的大前提）的后项、前项的对应关系。进一步彰显了引例作为复杂式的内在逻辑构成的明晰性。

[7] 虑：思虑。处：处所，位置。"有行"句王先慎作"有贤而不以行"，因下文有"去智""去贤""去勇"相对应，不作"去行"，故王说可从。贤：才德，才干。因：凭借，根据。勇：武勇。怒：发怒，耍威风，逞能。这三句话的意思是，（君主）有智慧而不用来思虑，使万物处在它们应处的位置上；有才德而不表现出来，用来观察臣下处己处事的依据；有武勇而不逞能，以便让群臣各尽其力。三句话的逻辑构成：3个大前提＝3个前项表因＋3个后项表果。

[8] 这三句话是说，所以说君主用不着思虑费神，一切依法办事，就有了明智；用不着使用自己的德才，让臣下尽力，就有了治理国家的大功劳；用不着显出自己的武勇，用臣下的武勇，就有了国君的强大。这三句话的逻辑构成：3个小前提（对应3个大前提的3个表因的前项）＋3个结论。

[9] 这段话重申了"是故"至"而有强"的逻辑构成。

[段旨]

举《八奸》一例、《主道》一例说明建立式的复杂式假言三段论推理，并分析该式的内在逻辑构成。

§7.3.1.7—222

这两个例证在大前提之后和小前提结论之前用了"故曰"和"是故"，这是表示推理的连词。在"故曰"和"是故"的后面，表面是好像只有一个判断，实质上却应该解释做小前提和结论的联合。这种把"故曰"和"是故"放在大前提之后和小前提结论之前的现象，正可以看做韩非子逻辑的推理形式在语文表现上的特色。同时，这也是先秦古代汉语用来表达逻辑推理时所采用的语法结构上的特色。[1]

[注释]

[1] 本段可概括成韩非子假言推理逻辑式"大前提＋'故曰''是故'推理用连词＋小前提和结论的联合"。

[段旨]

韩非子逻辑式"大前提＋'故曰''是故'推理用连词＋小前提和结论的联合"是韩非子逻辑推理的语文表现和语法逻辑结构特色。

**§7.3.1.8—223**

（二）破斥式的复杂式。例如《功名》说：

> 非天时，虽十尧不能冬生一穗（大前提）；
>
> 逆人心，虽贲、育不能尽人力（大前提）。
>
> 故得天时（小前提），则不务而自生（结论）；
>
> 得人心（小前提），则不趣而自劝（结论）。[1]

这里是两个前项表因后项表果的互相并列的大前提，两个并列的小前提否定前项，因而两个并列的结论否定后项[2]。

[注释]

[1] 尧：我国原始社会末期部落联盟的杰出首领，传说中的贤君。逆：违背。贲、育：指孟贲、夏育。二人均传为战国时期著名的大力士。"则不务"之"不"字：乾道本无"不"字，《韩非子校注》已补出。周著或据王先慎《集解》本补出。务：从事，劳作。趣：通"促"，催促。上古"趣""促"二字的声纽均为清纽，相同声纽而通假。劝：勉励，勉力。这四句话是说，如果不合天时，即使有十个唐尧也不能让冬天地里结出一个穗儿；如果违背人心，即使是大力士孟贲、夏育也不愿意出把力。所以说，得到天时那就是不做事也会自动长出穗儿；得到人心那就是不加催促而自觉勉力。

[2] 这句话概括作为"完全的混合假言三段论式的破斥式复杂式"举例中的逻辑构成：大前提（两个前项表因，两个后项表果，互相并列）＋小前提（两个并列的小前提否定大前提前项）＋结论（两个并列的结论否定大前提后项）。"否定"二字导出"破斥"之名。"完全的"是说大前提、小前提和结论俱全。"混合"是说大前提作假言判断，小前提、结论都作直言判断。"复杂"是说大前提、小前提和结论都是两个以上。

[段旨]

破斥式复杂假言三段论推理举例及其内在逻辑构成分析。

（乙）省略的混合假言三段论式

**§7.3.1.9—224**

省略的混合假言三段论式，是省略了大前提小前提和结论之一的混合假言三段论式。韩非子经常运用省略了小前提的混合假言三段论式，而且这种混合假言三段论式总是结论先出而大前提后随。因此，（一）"省略小前提"和（二）"结论在前而大前提在后"可以被看做是他的省略的混合假言三段论式上的两个特点。[1]

[注释]

[1] 本段文字围绕"省略"二字给研究对象"省略的混合假言三段论式"下定义，找特点，实际上就是回答研究对象"是什么"和"怎么样"这两大逻辑问题。

[段旨]

韩非子逻辑中的省略的混合假言三段论式定义和逻辑构成的特点。

### §7.3.1.10—225

省略的混合假言三段论式也可以分做简单式和复杂式两类，在简单式和复杂式之中，又都可以分做建立式和破斥式两种。现在分别叙述如下。

### §7.3.1.11—226

甲、简单式。它是只有一个结论和一个大前提的假言三段论式。它又可以分做建立式的简单式和破斥式的简单式两类。但是韩非子所运用的省略的混合假言三段论式里却只有建立式的复杂式，而没有建立式的简单式。在复杂式里，破斥式比建立式运用得多；在简单式里，全部运用了破斥式。[1]

[注释]

[1] 这两段将省略式混合假言三段论推理分层分类：第一层次分两类，简单式、复杂式；第二层次再分两类，建立式、破斥式。于是有，简单式建立式（韩非子逻辑中0例），简单式破斥式（韩非子逻辑凡简单式全用此式）；复杂式建立式（韩非子逻辑有用例），复杂式破斥式（较复杂式建立式用例多）。周著在这里对省略式的两个层次的分类，更接近康德"由两个命题"，一个前件大前提，一个后件结论构成的"定立式""取消式"假言推理。康德的说法已见第217节注释[1]。

[段旨]

周著这两段对韩非子逻辑省略式混合三段论推理作了两个层次的四大分类。

## §7. 3. 1. 12—227

他为什么不运用建立式的简单式呢？这大概是由于建立式的简单式太显得平淡而单调的缘故。建立式的简单式的结论和它的前提是一致的，在措辞上便有点像同语反复。[1]

[注释]

[1] 本段说"简单式建立式（韩非子逻辑中 0 例）"的原因，是有同义语反复之嫌。例如，有了健康的体魄才能多做贡献（大前提），故他能负起历史担当（结论）。句中省略小前提"他有健康的体魄"。"负起历史担当"与"（为国家）多做贡献"是同义语。又可直接参见第 229 节周著的举例。

[段旨]

蠡测"简单式建立式（韩非子逻辑中 0 例）"的原因。

## §7. 3. 1. 13—228

在韩非子的论著中，破斥式的例证是非常丰富的，这也就是他在推理形式上善于运用矛盾律的具体表现[1]。破斥式体现了矛盾律，因为它的结论总是和它的前提处于互相矛盾的地位[2]。这又可以分做两类来叙述：（甲）大前提在前结论在后的破斥式；（乙）结论在前大前提在后的破斥式。

（甲）大前提在前结论在后的破斥式。这可以引用《孤愤》里的例证：

（1）诸侯不因，则事不应（大前提），故敌国为之讼[3]（结论）。

（2）百官不因，则业不进（大前提），故群臣为之用[4]（结论）。

（3）郎中不因，则不得近主（大前提），故左右为之匿[5]（结论）。

（4）学士不因，则养禄薄礼卑（大前提），则学士为之谈也[6]

（结论）。

这四个例证都省略了小前提，如果补出来就成了下列的样子：

（1）诸侯不因，则事不应（大前提），欲事应（小前提），故敌国为之讼（结论）。

（2）百官不因，则业不进（大前提），欲业进（小前提），故群臣为之用（结论）。

（3）郎中不因，则不得近主（大前提），欲近主（小前提），故左右为之匿（结论）。

（4）学士不因。则养禄薄礼卑（大前提），欲养禄厚礼隆（小前提），则学士为之谈也（结论）。

**［注释］**

[1] 矛盾律：参见本书第9节注释 [1]，第16节注释 [1]、[2]，第42节注释 [1]，第43节注释 [2]，第204节注释 [2]。

[2] 这句话是说，破斥式逻辑推理中的结论和前提总是互相矛盾。从形式逻辑五大构成"概念、判断、规则、推理、论辩或求证"来看，破斥式是推理，矛盾律是规则，两者的关系是第三、四项之间的关系。

[3] 因：依靠，凭借。应：答应。敌：匹敌，力量相当。为之……：古汉语中的"介词'为'＋宾语'之'＋动词"固定结构。意思是"给他（替他）做……"讼：通"颂"。这句话的上文是，当涂之人擅事要，则外内为之用。意思是，身居要职的权臣掌控了国家要害部门的大权，国外国内的大臣都为他效力。承上文，这句话的意思是，各国的诸侯如果不依靠他（当涂之人），那么诸侯要到他的国家办事他就不答应，所以和他的国家力量相当的别的国家都为他歌功颂德。

[4] 这句话是说，群臣百官要是不依靠他，职务就得不到提升，所以大臣们都尽力为他效劳。

[5] 郎中：君主的侍从官。为郎居中，掌管机要信息和警卫。左右：指国君的近臣。为之匿：替他（当涂之人）隐瞒实情。这句话是说，服侍君主的郎中官不依靠他，那就不能接近君主，靠他提拔起来的那些君主近臣就替他隐瞒实情不报告国君。

[6] 学士：做学问的知识阶层，学者。养禄薄：供养家糊口的俸禄微薄。礼卑：受到的礼遇低下。谈：谈话，谈饰，胡吹。这句话意为，

学者要是不依靠他，得到的俸禄就微薄，受到的礼遇就低下，于是学者就替他吹捧。

[段旨]

大前提在前，结论在后的省略式破斥式举例，及其试补而成的相应的完全式破斥式。

## §7. 3. 1. 14—229

这四个破斥式都具有前项表因后项表果的大前提，小前提都是否定后项的结果，结论都是否定前项的原因[1]。如果把这四个破斥式的大前提联合在一起如何再把它们的结论联合在一起，那就变成联合的复杂的破斥式[2]。破斥式在语文表达上比建立式显得生动有力，如果把破斥式"诸侯不因，则事不应，故敌国为之讼"，改写做建立式"诸侯因之，则事应，故敌国为之讼"，那就好像重复了同一个思想内容，并且变得平淡无力得多了[3]。怪不得韩非子要在《孤愤》里多次运用破斥式来表达他的孤愤[4]。

[注释]

[1] 这四个破斥式原本都是省略小前提的省略式，这里据补出小前提之后的完全混合三段论推理简单式分析此例的内在构成：大前提 == 前项表因 + 后项表果；小前提 == 否定后项的结果；结论 == 否定前项的原因。

[2] 复杂的破斥式参见本书第 223 节。

[3] 关于改破斥式为建立式则表达无力，近于同义语重复，参见第 227 节和注释 [1] 的举例说明。

[4] 破斥式为什么会表达能力强，它的逻辑机制是什么？康德把破斥式叫作取消式（参见本书第 217、226 节），取消离不开否定。又假言推理充满着矛盾律的运用，这两者正是破斥式表达能力强的根本原因。康德说："我们也可能将这条原理（按：指矛盾律原理）作一种积极的运用，即不仅仅是消除虚假和错误（只要这是基于矛盾之上的），而且也认识真理。因为，如果这判断是分析的，则不管它是否定的还是肯定的，它的真理性任何时候都必然是能够按照矛盾律来充分认识的。因为凡是作为概念已经包含在客体的知识中并在其中被想到的东西，永远都是对相反的东西进行着正当的否定，却必然会由该客体对这概念本身加在肯

定，因为，该概念的反面将会是与这个客体相矛盾的。"又说："所以我们也必须承认矛盾律是一切分析性的知识的一条普遍的、完全充分的原则。""不能有任何知识与这条原理相违背而不自我消灭，这诚然使这条原理成为我们知识的真理的必要条件。"（邓译本《纯粹理性批判》，第147页）矛盾律，否定，消除（取消）都涉及了，这段话几乎就是针对假言推理取消式讲的。

**［段旨］**

联合的复杂的破斥式。破斥式表达的优点。

### §7.3.1.15—230

（乙）结论在前大前提在后的破斥式。《孤愤》的开头就运用了这种破斥式。

智术之士，必远见而明察（结论）。不明察，不能烛私（大前提）[1]。（省略了小前提"欲烛私"）

能法之士，必强毅而劲直（结论）。不劲直，不能矫奸（大前提）。（省略了小前提"欲矫奸"）[2]。

《主道》也有这样的破斥式：

君无见其所欲（结论）。君见其所欲，臣将自雕琢（大前提）。（省略了小前提"欲臣不雕琢"）[3]。

君无见其所意（结论）。君见其所意，臣将自表异（大前提）。（省略了小前提"欲臣不表异"）[4]。

这里所引的破斥式也都是具有前项表因后项表果的大前提，小前提都是否定表果的后项，因而结论都是否定表因的前项[5]。

**［注释］**

[1] 首先要对这句话的三段论划分确认其是否正确，可加"因为……所以"或"如果……那么"检测之。如说"因为不明察，不能烛私，所以智术之士，必远见而明察"，逻辑上成立，反之就不能成立，可知划分正确。智：通"知"，懂得，通晓。术：法家讲究"法术势"三合一之"术"，指使用和驾驭群臣的策略和办法。烛：照见，洞察。这句话按三段论顺序是说，如果不能明察秋毫，亦不能洞见营私舞弊，而要想洞察阴谋诡计，那么就要像通晓法术的人那样，必须富有远见而又明察

秋毫。

　　[2] 强毅：坚强果断。劲直：刚毅正直，刚正不阿。矫奸：纠弹惩罚奸邪的人。这句话按三段论顺序是说，如果做不到刚毅正直，就不能纠弹和惩罚奸邪之人，要想纠弹惩罚奸邪之人，那就得像能按法办事的人那样，必须刚强果断、刚正不阿。

　　[3] 无：通"毋"，不要。见：通"现"，表现。欲：欲望，好恶。雕琢：粉饰。这句话按三段论顺序是说，如果国君表现出自己的好恶，大臣就自己粉饰自己，要想群臣不粉饰自己，那么高明的君主就不要表现出自己的好恶。

　　[4] 意：意图，想法。表异：表现出某种特殊才能，伪装自己。这句话按三段论顺序是说，如果国君表现出自己的想法，臣下就迎合国君而表现出某种特殊的才干，要想臣下不伪装自己，那么国君就不要表现出自己的想法。

　　[5] 这段话是以大前提的前项、后项的内容性质表因、表果，肯定、否定为尺度来检测小前提、结论的内容性质。这一做法的提出和运用，可参见第185节注释 [3]、第219节及其附表四、第220节注释 [2]、第221节注释 [3]。此外，这段话里指出大前提中有"前项表因后项表果"，并同整个破斥式假言推理中的因果关系或假设关系，形成语言表达上的二层假设复句。相关例句作层次分析如下，例如，不明察，‖不能烛照，│智术之士，必远见而明察。又如，君见其所欲，‖臣将自雕琢，│君无见其所欲。逻辑分析和语言分析虽然是两个不同的领域，但总是存在这样或那样的联系，语言层次关乎逻辑层次，逻辑层次表现为语言层次。

　　[段旨]
　　结论在前、大前提在后的省略式破斥式举例及其逻辑层次与复句层次的关系。


　　§7.3.1.16—231
　　乙、复杂式。它是具有两个以上的结论和大前提的假言三段论式。它也可以分做建立式的复杂式和破斥式的复杂式两类。
　　（一）建立式的复杂式。例如《用人》说：

闻古之善用人者，必循天，顺人，而明赏罚。（三个并列的结论）

循天，则用力寡而功立；顺人，则刑罚省而令行；明赏罚，则伯夷、盗跖不乱。[1]（三个并列的大前提）

这个例证里具有三个前项表因后项表果的互相并列的大前提。省略了小前提"欲用力寡而功立；刑罚省而令行；伯夷、盗跖不乱"肯定表果的后项。因而三个互相并列的结论肯定表因的前项。[2]

**[注释]**

[1] 善用人：善于使用臣下。天：天道，天的运行规则，自然规律。循天：遵循天道。顺人：顺应人情。明赏罚：赏罚分明。省：简省，减少。伯夷：商代末年孤竹国君主的长子，因推让君位而逃走，后来又反对周武王灭商。后人推赞其为大贤人。跖（zhí）：传说中春秋末期大乱天下的人，被称为"盗跖"。这两句话按三段论是说，因为遵循自然规律就会用力少而建立功业，顺应人间世情，就能刑罚简省而君令实行，赏罚分明而能分清大贤与大盗，所以我们就能听说古代善于使用大臣的人，必定会遵循自然规律，顺应人间世情，赏罚分明。

[2] 这段话是分析问题的方法，同第 230 节，可参见注释 [5] 的说明。这里"三个前项表因后项表果的后项并列的大前提"是"循天，则……；顺人，则……；明赏罚，则……"，为三个并列假设（因果）复句，以三个顺承连词"则"为语言标记。省略的三个小前提是对大前提后项的肯定，肯定性语义指向为"功立、令行、不乱"，结论只能是对大前提表因前项的肯定，肯定性语义指向为"循天、顺人、明赏罚"。全句是三层复句：循天，‖则用力寡而功立；‖顺人，‖则刑罚省而令行；‖明赏罚，‖则伯夷、盗跖不乱；｜闻古之善用人者，‖必循天，‖顺人，‖而明赏罚。

**[段旨]**

省略的混合假言三段论建立式复杂式举例和内部构造分析。


**§ 7. 3. 2. 17—232**

（二）破斥式的复杂式。例如《主道》说：

明君无偷赏，无赦罚。（两个并列的结论）

赏偷则功臣堕其业；赦罚则奸臣易为非。[1]（两个并列的大

前提）

这个例证里具有两个前项表因后项表果的互相并列大前提。省略了的小前提"欲使功臣毋堕其业；奸臣不敢为非"，否定表果的后项。因而两个互相并列的结论否定表因的前项。[2]

[注释]

[1] 偷：苟且，随便。偷赏：随便给予赏赐，指不合法的奖赏。赦罚：赦免刑罚。堕：通"惰"。"堕""惰"二字上古都是定组歌部字。这两句话的意思是，高明的君主没有随随便便的不合法的奖赏，没有可以赦免的刑罚；随便给予不合法的奖赏有功之臣就会懈怠懒惰，赦免刑罚奸臣就轻易出来为非作歹。

[2] 这段话充满了否定，故为破斥式。矛盾，否定是破斥式的语义标记。以大前提的前项、后项，表因、表果，肯定、否定为尺度来分析结论、补出小前提的做法，参见第230节并参注释[5]，第231节注释[2]。两个并列的大前提"赏偷则……；赦罚则……"，语义标记是两个并列句。分句内以"则"为标记，形成前件和后件，"则"字可明前件表因，后件表果。省略的小前提是两个否定句"毋堕其业、不敢为非"，是对大前提表果后项的否定，两个并列的结论"无偷赏、无赦罚"只能是对大前提表因的前项的否定。此外，何以证明大前提、结论的划分是确定的，可以用"因为……所以"检测之："因为赏偷则……，赦罚则……，所以明君无偷赏，无赦罚"逻辑成立，反之不能成立。可知结论在前，大前提在后的划分是正确的。有本例破斥式例句的表达也是二层复句：赏偷则功臣堕其业；‖赦罚则奸臣易为非；∣明君无偷赏，‖无赦罚。

[段旨]

省略的混合假言三段论式的破斥式的复杂式举例及其内在逻辑结构分析。

## 二　纯粹的假言三段论式

### §7.3.2.1—233

纯粹的假言三段论式是大前提小前提和结论都是假言判断的假言三段论式[1]。这又可分做两类：（甲）完全的纯粹假言三段论式；（乙）省略的假言三段论式。

[注释]

[1] 这句话再次说明判断和推理的关系。判断是推理的先行和基础，推理是判断的运用、发展和结果。

[段旨]

纯粹假言三段论的基本分类。


（甲）完全的纯粹假言三段论式

§ 7.3.2.2—234

完全的纯粹假言三段论式是完全具备了大前提小前提和结论的纯粹假言三段论式。例如《难一》说：

待万世之利（果），在今日之胜（因）。（前项表果后项表因的大前提）

今日之胜（果），在诈于敌（因）。（前项表果后项表因的小前提）

诈敌（因），万世之利也（果）。[1]（前项表因后项表果的结论）[2]

[注释]

[1] 待：期待。万世之利：世世代代获利。诈于敌：对于敌人搞欺诈。"万世之利也"句"也"字《韩非子校注》据乾道本作"而已"，周著据集解本作"也"。全句意为：期待世世代代获胜，在于今日战胜敌军；今日战胜敌军，又在于对敌人使用欺诈手段。因为欺诈敌军，而能世世代代获利。

[2] 这段话的三段论内在逻辑构成分析，也是以大前提的前项和后项的因果关系为尺度的。

[段旨]

完全的纯粹假言三段论推理的界说和举例。


§ 7.3.2.3—235

这是典型的完全的纯粹假言三段论式。大前提小前提和结论在语文表现上的措辞都是一样的，因此表现得清楚明白。但由于前提和结论的句法结构有所不同，因此，它们的前项和后项所表示的"因"和"果"

的次序也有差异：前提的前项都表"果"，后项都表"因"；反之，结论的前项却表"因"，后项却表"果"。如果我们把它们的句法结构调整一下，就是把大前提和小前提的前项和后项对调一下，使前项都表"因"，后项都表"果"，那就会使这个纯粹假言三段论式更显出明显的格局来[1]。现在把它改写如下：

> 胜，则有万世之利。（大前提）
>
> 诈敌，则胜。（小前提）
>
> 诈敌，万世之利也。（结论）[2]

**［注释］**

[1] 这段话仍以大前提的前项后项之因果表达为尺度，以语言表达的句法结构的调整为变动机制，来说明变动前的因果关系和变动后的因果关系的不同，进而由此不同读出三段论在因果关系变动前和变动后的不同格局，尤其是变动后的新格局，借以认知三段论式前后的不同。参见第 236 节附表五。这是借句法结构的变动来研究三段论逻辑结构的不同，类似于用语言变换法来研究语法结构。应当视为周著为深入韩非子逻辑的研究法创设。但语言的变换分析很严格，朱德熙先生《变换分析中的平行性原则》（《中国语文》1986 年第 2 期）要求变换式都是同类型的，即 A→A' 变换前的 A 式内部的施事、与事、受事关系与变换后 A' 式内部的这些关系形相同；同样地，在 $A_1 → A_1$' 式中，变换前的 $A_1$ 式内部的施事、与事、工具关系与变换后 $A_1$' 式内部的这些关系形相同；同样地，在 $A_2 → A_2$' 式中……。从竖向看，$AA_1 A_2$ …… $A_n$ 与 A' $A'_1$ $A'_2$……$A'_n$组成一个矩阵。在这个矩阵中，横行的句子间是变换关系，竖行的句子间是同构关系，即 $AA_1 A_2$……$A_n$同构关系，A' $A'_1$ $A'_2$……$A'_n$同构关系。可见同在语义、语法领域内的变换很严格。而在逻辑和句法两个不同领域内的变换、变动起到对应、参照、便于比较说明的作用，还是比较简明的、直观的。简单地说，大前提、小前提皆前果后因，结论前因后果；"把它们的句法结构调整一下"，大前提、小前提皆前因后果，结论前因后果。其实，这一变动也可直接从逻辑上、因果关系上说明。参见第 236 节附表五。

[2] 这里改写后的三段论的大前提、小前提、结论都是前因后果。参见第 236 节附表五。

**[段旨]**

纯粹假言三段论式的分类和完全纯粹假言三段论式举例及其内部逻辑转换。

附表五　　　　　　　**完全的纯粹假言三段论式综合**

| 项目 | 分类 | 大前提 | | 小前提 | | 结论 | |
|------|------|------|------|------|------|------|------|
| | | 前项 | 后项 | 前项 | 后项 | 前项 | 后项 |
| 完全的纯粹假言三段论 | 一般式 | 果 | 因 | 果 | 因 | 因 | 果 |
| | 一般式转换式 | 因 | 果 | 因 | 果 | 因 | 果 |
| | 简单式 | 因 | 果 | 因 | 果 | 因 | 果 |
| | 复杂式 | 因 | 果 | 因 | 果 | 因 | 果 |

**§7.3.2.4—236**

这是简单的格式，另外还有复杂的格式。例如《解老》说：

可欲之类，进则教良民为奸，退则令善人有祸。（大前提）

奸起，则上侵弱君；祸至，则民人多伤。（小前提）

然则可欲之类，上侵弱君而下伤人民。[1]（结论）[2]

这是个完整无缺的复杂的纯粹假言三段论式。它具有两个互相并列大前提，两个互相并列的小前提和两个互相并列的结论[3]。

**[注释]**

[1]"大前提"句按张觉理解为，可以引起欲望的那类东西，提倡它的话，就会使好人做坏事；禁止它的话，就会让好人遭到祸害（张觉：《韩非子全译》，第305页）。"小前提"句：奸邪产生，那么对上就会侵犯和削弱国君；祸患来临，那么平民百姓就会受很多伤害。"结论"句：如此看来，可以引起欲望的那类东西，对上侵犯和削弱国君，对下伤害平民百姓。

[2]这段话的三段论内部构成大前提、小前提、结论的前项皆为因，后项皆为果。与前例改写的三段论简单的格式皆前因后果同。参见本节附表五。

[3]两个互相并列的大前提指"可欲之类，进则……""可欲之类，退则……"，两个并列的小前提指"奸起……""祸至……"，两个并列

的结论指"可欲之类,上侵弱君""可欲之类,下伤人民"。

[段旨]

完全纯粹假言三段论复杂格式举例及其内在逻辑构成。


(乙) 省略的纯粹假言三段论式

§ 7. 3. 2. 5—237

省略的纯粹假言三段论式是省略了大前提小前提或结论之一的纯粹假言三段论式。韩非子所运用的纯粹假言三段论式经常以省略的姿态出现。在内容意义上隐含着的部分在语文表现上被省略了,被省略的部分是不言而喻的。韩非子在表达他的法家思想时具体而灵活地运用着这种推理形式,为了措辞的简洁,是需要省略的。如果把省略了的部分补出来,反而会觉得噜苏和累赘。[1]

[注释]

[1] 关于省略式,上文已经出现多次,参见本书第208节省略式直言三段论式、第212节选言三段论中的省略大前提、第224节省略的混合假言三段论式等。"省略三段论"说,古已有之。亚里士多德(公元前384—前322年) 的最初用法,指建立在一个或然前提基础上的推理,但后来,它指不明确说出一个前提或结论的那种三段论或其他形式的推理,被省略的前提或结论一般容易被补充。引英国哲学家约翰逊《逻辑学》一书中的话说:"这样的三段论被表述为省略三段论,即至少省略了一个必需的命题。"(《西方哲学英汉对照辞典》,第306页)。周著揭示的韩非(约公元前280—前233年) 省略三段论种种用法及其完密性,无疑是先秦哲学对省略三段论说及其完善做出的贡献。

[段旨]

省略的纯粹假言三段论式描述。


§ 7. 3. 2. 6—238

省略的纯粹假言三段论式里被省略的部分常常是结论。这也是有一定道理的,因为大前提和小前提既然都具备了,那么被省略的结论就是明白易见的了。例如《二柄》说:

去好去恶,群臣见素。(大前提)

群臣见素，则大君不蔽矣。[1]（小前提）

自明而被省略了的结论是："去好去恶，则大君不蔽矣。"[2]

[注释]

[1]"好"字后的"去"字，乾道本无，《韩非子校注》已补出。周著据《集解》本"去好去恶"句。恶（wù）：厌恶。见（xiàn）：同"现"。素：张觉以素通"愫"，真情（见《韩非子全译》，第 86 页）。蔽：遮蔽，受欺骗。这两句话是说，除去个人的爱好和厌恶，群臣就会表现出真实的情感；群臣露出自己的内心世界，那么国君就不会受欺骗。君主"去好去恶"，藏匿自我，是韩非"术"的重要组成部分，借以驾驭群臣，防止大臣钻空子，投其所好而思篡夺国柄。

[2]这里补出的结论亦可改说成"故大君必去好去恶"。

[段旨]

省略的纯粹假言三段论式常常作省略结论并举例。

## §7.3.2.7—239

省略的纯粹假言三段论式可以分做两个类型：（一）简单式；（二）复杂式。现在分别地举例给以叙述。

（一）简单式。它是只具有一个大前提和一个小前提的省略的纯粹假言三段论式。

（1）《三守》："三守完，则三劫者止。（大前提）

三劫止塞，则王矣。[1]（小前提）"

省略了自明的结论是："三守完，则王矣。"

（2）《饰邪》："赏刑明，则民尽死。（大前提）

民尽死，则兵强主尊。[2]（小前提）"

省略了自明的结论是："赏刑明，则兵强主尊。"

（3）《解老》："苟极尽，则费神多。（大前提）

费神多，则盲聋悖狂之祸至。[3]（小前提）"

省略了自明的结论是："苟极尽，则盲聋悖狂之祸至。"

（4）《内储说下六微》："所爱有子，君必爱之。（大前提）

爱之，则必欲以为后。[4]（小前提）"

省略了的自明的结论是："所爱有子，则必欲以为后。"

  (5)《外储说左下》："夫直议者，不为人所容。（大前提）

        无所容，则危身。[5]（小前提）"

省略了的自明的结论是："夫直议者，则危身矣。"

[注释]

[1] 三守：君主必须遵守的三项原则，即心藏不露，独自决断，独揽权柄。韩非认为，遵守了这三原则，就能防止篡夺君位的"三劫"：公开的篡权，玩弄外事的篡权，专擅刑罚的篡权。塞：堵塞，杜绝。王（wàng）：作动词用，称王。这两句话是说，三条原则遵守得好，那么三种公开篡夺君位的事就会被制止，三种篡夺君位的事被制止杜绝，君主就能成就王霸之业。

[2] 尽死：拼命。这两句话是说，赏罚分明，那么臣民就拼命；臣民拼命，那么兵力就强大，君主就尊贵。

[3] 苟：假如。极尽：指无保留地使用自己的听力、视力、智力。盲聋悖狂：眼瞎耳聋狂乱。这两句话是说，假如毫无保留地用尽自己的力气，那么就会耗费的精神太多；耗费的精神太多，那么眼瞎耳聋狂乱的祸害就会来到。

[4] 所爱：所爱的小妾。这两句话见于《内储说下六微》，意思是，所爱的妾有了儿子，君王必定喜爱他，喜爱他就必定要立他为王位继承人。

[5] 直议者：说直话的人。这段话见于《外储说左下》，意思是，说直话的人，不能被人容忍，没有容忍他的人，就会危及自身。参见第262节附表六。

[段旨]

[1] 省略结论的纯粹假言三段论式简单式举例。


### §7.3.2.8—240

（二）复杂式。它是具有两个以上的大前提和两个以上的小前提的省略的纯粹假言三段论式。例如《解老》说：

  "知治人者，其思虑静。知事天者，其孔窍虚。（这是两个互相并列的大前提）

  思虑静，故德不去。孔窍虚，则和气日入。[1]（这是两个互相并列的小前提）"

这里省略了自明的两个互相并列的就是："知治人者，故德不去。知事天者，则和气日入。"

又如《五蠹》说：

"献图，则地削。效玺，则名卑。（这是两个互相并列的大前提）

地削，则国削；名卑，则政乱矣。[2]（这是两个互相并列的小前提）"

这里省略了的自明的两个互相并列的结论是[3]："献图，则国削。效玺，则政乱矣。"

[注释]

[1] 治人者：治理人事的人。事天者：遵循自然规则，和天地自然保持一致的人。孔窍：七窍，即眼睛、鼻腔、耳朵、嘴巴。和气：大自然的精气。日入：每天都进入。这段话是说，懂得治理人事的人，他的思虑就安静，懂得和天地自然和谐一致的人，他的七窍就空虚。思虑安静，天生的德行就不会离去，七窍空虚，大自然的精气天天进来。

[2] 献图：献出地图，割让国土。效玺：送上象征国家权力的印玺。这两句话是说，献出地图，国土就越来越小；交出印玺，国君的名声就卑微。国土变小，国力削弱；君位卑微，国政乱套。

[3] 参见第262节附表六：《韩非子》演绎推理省略式综表。从第208节省略直言三段论至本节已举出省略例23例，可见《韩非子》省略推理式较多。省略式，康德把它归之于"隐蔽的理性推理"，康德说："与正规的理性推理相反，一切移置前提，或者略去一个前提，最后，或者只有中概念与结论相联结的推理，都可算作隐蔽的（criptica）理性推理。第二种隐蔽的理性推理（在其中，有一个前提没有表达出来，而只是一同想到）叫作残缺推理或省略推理。第三种称为收敛推理。"（《逻辑学讲义》，第126、127页）周著反复补出"省略了的自明的否定的大前提""省略了的自明的结论"（参见第209、238、239、240节）正是肯定所说的"一同想到"之类。省略式，犹置零式。近现代西方哲学中的置零法，是一种显明逻辑语言深层结构的方法，它是基于完全合理性假设来构造一种模型的逻辑方法。维特根斯坦在《逻辑哲学论》中说："逻辑命题通过把命题结合成无所言说的命题而表明其逻辑性质。这种方法也

可称为置零法。"（参见《西方哲学英汉对照辞典》，第1076页）就以下研究路径而言，将中国古代逻辑的文本、系统、范畴、价值、方法、术语，乃至言说，放在世界整体逻辑系统中作深度比较研究，是十分有益的，也是可行的。

[段旨]

省略的纯粹假言三段论式复杂式及其举例。

### 三 联锁的假言三段论式

§7.3.3.1—241

联锁式的假言三段论式是由二个以上的纯粹假言三段论式组成的假言推理[1]。它是几个纯粹假言三段论式的联合运用。我们已经说过假言推理和二难推理是韩非子逻辑在推理形式上的特色[2]。联锁的假言三段论式又可以说是假言推理上的特色：它不但在数量上被运用得很多，而且在形式上也显现着多样性。

[注释]

[1] 关于联锁（连锁）推理，康德极为重视，说："仅由一个理性推理组成的理性推理是简单的，由许多理性推理组成的理性推理是复合的。"在复合理性推理中，"许多理性推理不是通过单纯的同位，而是通过隶属（如根据与结论）互相联结其中的复合推理，被称为理性推理的连锁（多重推理）"。在复合三段论或连锁推理中，"由许多省略的、围绕一个结论而互相联结起来的推理，叫作复合三段论或连锁推理。连锁推理可以或者是前进的，或者是倒退的；人们依照这两种方式，从较近的根据升至较远的根据，或者从较远的根据降至较近的根据"。康德还区分了直言连锁推理和假言连锁推理。康德说："前进的或倒溯的连锁推理可以或者是直言的，或者是假言的。前者由作为谓项系列的直言命题组成，后者由作为连贯性（von Konsequenzen）系列的假言命题组成。"（《逻辑学讲义》，第129、130页）由以上可知，康德对联锁推理的阐说和把握，本身就是层层推进的联锁式的。下面我们也将看到，周著对韩非子逻辑中的联锁推理的把握，也是层层推进的。

[2] 参见本书第9节。

[段旨]

联锁假言推理的定义和特色。

## §7.3.3.2—242

联锁的假言三段论可以分成两个类型：（甲）完全的联锁假言三段论式；（乙）省略的联锁假言三段论式[1]。现在来分别地给它们举例，并加以必要的说明。

[注释]

[1] 参见第 262 节附表六。

[段旨]

联锁假言推理可以分成两个类型。

（甲）完全的联锁假言三段论式

## §7.3.3.3—243

完全的联锁假言三段论式是完全具备了几个前提和一个结论的联锁假言三段论式。由于在语文表现上可以省略结论，因此这种完全的形式很少见到[1]。例如《内储说上七术》说：

"夫弃灰于街，必掩人。（大前提）

掩人，人必怒。（第一个小前提）

怒，则斗。（第二个小前提）

斗，必三族相残也。（第三个小前提）

此残三族之道也。[2]（结论）"

[注释]

[1] 参见第 237、238 节。

[2] 掩人：指灰土飞扬，扑面盖人。三族：家族。这段话是说，将灰倒在街道上必定会灰土飞扬扑面盖人，灰土飞扬扑面盖人就会引人发怒，引人发怒就会争斗，争斗就一定会引起家族间一方残杀另一方。可见，将灰倒在街道上是残杀家族的做法（应予以惩处）。

[段旨]

完全联锁假言三段论式举例。

### §7.3.3.4—244

这个推理形式是完整无缺的：由一个大前提三个小前提和一个结论组织而成。结论："此残三族之道也。"虽然在形式结构上采用了直言判断的形式，但是"此"是指"夫弃灰于街"说的，因此在内容意义上却是个假言判断[1]。它的意思是："夫弃灰于街，残三族之道也。""弃灰于街"是表示原因的。"残三族之道"是表示结果的。因此它是个表示因果关系的假言判断。

[注释]

[1] 这里将"此"指代的内容代入原句，知原句是假言判断。这是周著从语言深入逻辑做法的另一种方法，实际上已是形式语义学的做法。形式语义学借助形式的或逻辑的方法来讨论语言记号的意义，本质上是语言哲学的研究法。这里从"此"指代形式进入形式语言，然后分析其逻辑结构，讨论语言记号的逻辑意义。这里依然符合形式语义学一般做法的程序，符合形式语义学所关注的重心：指称和意义（参见《西方哲学英汉对照辞典》，第916页）。

[段旨]

[1] 第243节的举例是表因果关系的假言判断。

### §7.3.3.5—245

这个联锁假言三段论式是三个纯粹假言三段论式的联合运用。因此可以解析做三个纯粹假言三段论式：第一个纯粹假言三段论式省略了结论："夫弃灰于街，人必怒。"这个省略了的结论同时又是第二个纯粹假言三段论式的省略了的大前提；第二个纯粹假言三段论式也省略了结论："夫弃灰于街，则斗。"这个省略了的结论同时又是第三个纯粹假言三段论式的大前提[1]。现在解析表示如下：

第一个纯粹假言三段论式：

　　大前提：夫弃灰于街，必掩人。

　　小前提：掩人，人必怒。

省略了的结论：夫弃灰于街，人必怒。

第二个纯粹假言三段论式：

省略了的大前提：夫弃灰于街，人必怒。

小前提：怒，则斗。

省略了的结论：夫弃灰于街，则斗。

第三个纯粹假言三段论式：

省略了大前提：夫弃灰于街，则斗。

小前提：斗，必三族相残也。

结论：此（指"夫弃灰于街"）残三族之道也。

[注释]

[1] 这段话实际上是"此"字后形式语义分析的具体深入和细化。这一细化过程在语言表达上是顶针式的。

[段旨]

详说第243节的举例是三个纯粹假言三段论式的联合运用。


### §7.3.3.6—246

又如《解老》说：

"夫能有其国，保其身者，必且体道。（大前提）

体道，则其智深。（第一个小前提）

其智深，则其会远。（第二个小前提）

其会远，众人莫能见其所极。（第三个小前提）

唯夫能令人不见其事极。[1]（结论）[2]"

这个完整无缺的联锁假言三段论式也是由三个纯粹假言三段论式组织而成的。它也可以和上述的例证一样，可以被解析做三个纯粹假言三段论式。第一个纯粹假言三段论式里省略了的结论是："夫能有其国，保其身者，则其智深。"第二个纯粹假言三段论式里省略了的结论是："夫能有其国，保其身者，则其会远。"[3]

[注释]

[1] 必且：一定将。体道：身体力行地遵行客观规律。会（kuài）：计谋，打算。会远，计谋深远。莫能：没有人能……。所极：（想法上的）终极之处。唯夫：唯有那种人。事极：办事的根本目的。这段话是说，那些拥有自己的国家，保全其身体的人，必将能身体力行地遵行客观规律。遵行客观规律的人，他的智慧就深邃；智慧深邃的人，就会谋

划得很深远；谋划得很深远，众人之中就没有人能看出他到底在想什么。唯有上述那种人能使人看不见他办事的最终目的是什么。

[2] 这也是由一个大前提、三个小前提、一个结论组成的完全的联锁假言三段论式，同第243节例。逻辑上亦同第244节"此"字后形式语义分析的具体深入和细化。这一细化过程在语言表达上是顶针式的。

[3] 这里讲了两个三段论，第一个是，大前提：夫能有其国，保其身者，必且体道。小前提：体道，则其智深。省略了的结论：夫能有其国，保其身者，则其智深。第二个是，大前提：夫能有其国，保其身者，必且体道。小前提：其智深，则会其远。省略了的结论：夫能有其国，保其身者，则会其远。

[段旨]

完全联锁假言三段论式再举例及其内在逻辑的形式语义分析。

## §7.3.3.7—247

这个联锁假言三段论式的结论是："唯夫能令人不见其事极。"王先慎在《韩非子集解》里注说："顾广圻曰：能上当有体道二字，先慎曰：顾说是。"我们认为顾、王的说法是有一定道理的，但是不够深刻妥当。这里有两点理由：（一）这里的中心概念不是"体道"而是"夫能有其国，保其身"。（二）下文紧接着："不见其事极者，为能保其身，有其国。"这正好给这个结论"唯夫能令人不见其事极"作注解，因为它们是同一个含义，不过是前项和后项换位罢了[1]。因此我们说："唯夫能令人不见其事极"的意思是："唯夫能有其国，保其身者，能令人不见其事极。"[2]

[注释]

[1] 前项和后项的换位：第246节举例中的大前提"夫有其国，保其身"在结论"唯夫能令人不见其事极"后，《韩非子·解老》有原文："不见其事极者为保其身，有其国"句，前项和后项互换。

[2] 第246节注释[1] 将"唯夫"中的"夫"解释为指示代词"那个"。《论语·先进》"夫人不言，言必有中"句"夫人"即：那个人。唯：单独用作副词，表对事物范围的限定，只，只有，只是。《左传·襄公十四年》"唯余马首是瞻"句的"唯"。"夫"既作指示代词用，

"那个"为何物？寻找至于上文大前提中的"能有其国，保其身者"。周著则完全从形式语义的逻辑揭示"唯夫能令人不见其事极"的意思是"唯夫能有其国，保其身者，能令人不见其事极"，是也。

[段旨]

第246节联锁假言三段论式举例中的结论"唯夫能令人不见其事极"的逻辑语义解释。

### §7.3.3.8—248

还有一个可能，就是"唯夫能令人不见其事极，不见其事极者，为能保其身，有其国"里的第二个"不见其事极"是衍文[1]。如果是这样，那么"唯夫能令人不见其事极者，为能保其身，有其国"仍旧是这个联锁假言三段论式的结论。它虽然在措辞上对易了前项和后项，但在逻辑思惟上是合理的妥帖的。[2]

[注释]

[1] 第二个"不见其事极"中的"其"字乾道本无，《韩非子校注》已补出。此处周著据《集解》第二个"不见其事极"有"其"字而出之。

[2] 第247节据第一个"不见其事极"所在句中"能"字前有顾广圻、王先慎所说"体道"二字而改进之，当是"夫能有其国，保其身"语，逻辑指向为此三段论的结论与大前提前项、后项相呼应。本节第248节则以第二个"不见其事极"为衍文，逻辑指向亦以此三段论的结论与大前提前项、后项相呼应。周著用了两种不同的语文方法来寻求此三段论的相同的形式语义的解释。

[段旨]

以第二个"不见其事极"为衍文，此三段论的形式语义解释同前；结论和大前提仍然相呼应。

### §7.3.3.9—249

又如《解老》说：

"人有欲，则计会乱。（大前提）

计会乱，则有欲甚。（第一个小前提）。

有欲甚，则邪心胜。（第二个小前提）

邪心胜，则事经绝。（第三个小前提）

事经绝，则祸难生。（第四个小前提）

由是观之，祸难生于邪心，邪心诱于可欲。[1]（结论）"

这个完整无缺的联锁假言三段论式是四个纯粹假言三段论组织而成的，因此可以解析做四个纯粹假言三段论式。它所省略了的自明的四个结论是这样的：

（1）第一个纯粹假言三段论式的结论是："人有欲，则其欲甚。"

（2）第二个纯粹假言三段论式的结论是："人有欲，则邪心胜。"

（3）第三个纯粹假言三段论式的结论是："人有欲，则事经绝。"

（4）第四个纯粹假言三段论式的结论是："人有欲，则祸难生。"[2]

**[注释]**

[1] 计会（kuài）：计算，打算，计谋。有欲：有欲望。甚：强烈。胜：胜出，占上风。事经绝：办事的纲纪断绝，办事不循规矩。祸难：祸患灾难。诱：诱发，开始产生。可欲：依张觉说当从字面来理解，即可引起欲望的东西，指声色，玩好，淫丽之类。这段话是说，人有了欲望，就会打算混乱；打算混乱，就会占有欲强烈；占有欲强烈，就会邪心占上风；邪心占上风，就会办事不循规矩；办事不循规矩，就会产生祸患灾难。从上面这些说法看，祸患灾难产生于邪恶之心，邪恶之心诱发于那些可以产生欲望的东西。

[2] 这里把一个独立的、完整无缺的（1个大前提＋4个小前提＋1个结论）联锁假言三段论式改变成四个独立的纯粹假言三段论式，它们是由"1个共同大前提（相当于4个内容相同的大前提）＋4个小前提＋4个结论"组成的。周著将"一个独立完整无缺联锁"假言三段论式改变成"四个独立的纯粹"假言三段论式，是逻辑式转换，参见第235节注释[1]，其作用是对原有的"一个独立的完整无缺联锁"假言三段论式进一步作出新的形式语义学解释。

**[段旨]**

《解老》一个独立的、完整无缺的联锁假言三段论式举例及其经逻辑变换作出形式语义的解释。

### §7.3.3.10—250

这个联锁推理的结论应该是："人有欲，则祸难生。"韩非子却用了一个纯粹假言三段论式："祸难生于邪心，邪心诱于可欲。"来表达了这个结论。[1] "邪心诱于可欲"，就是"人有欲，则邪心胜"；"祸难生于邪心"，就是"邪心胜，则祸难生"[2]。他在这里把"邪心"用做中项，因此"人有欲，则祸难生"，就是这两个前提的结论，这个结论也就是这个联锁推理的结论[3]。

**[注释]**

[1] 这两句话是说，逻辑变换后的第二个纯粹假言三段论式的结论，第二个、第四个结论的综合结论应该是变换前的整个联锁假言三段论式的结论。但说法上有些不同，实质相同。为什么？周著作了较详细的说明。这一说明本身也是形式语义学的解释。

[2] 变换前总结论"邪心诱于可欲"＝变换后第二个三段论式结论"人有欲，则邪心胜"；变换前总结论"祸难生于邪心"＝变换后第二个三段论式结论"人有欲，则邪心胜"、第四个三段论式结论"人有欲，则祸难生"的综合结论"邪心胜，则祸难生"。

[3] 中项，一般可用来指三段论式构成"大前提、小前提、结论"中的小前提，这里指两个连续因果判断"人有欲，则邪心胜"和"邪心胜，则祸难生"，"邪心"成了两个因果判断的共同项中项（中介项）。犹言 A＝B，B＝C，则 A＝C。去掉 B 项，去掉中项"邪心"，则得到"人有欲，则祸难生"，即变换后的第四个纯粹假言三段论式的结论。因中项的确立是在变换后的第二个纯粹假言三段论式的结论和变换前的总结论后半部分呼应并等值，是在变换后的第二个和第四个三段论式结论的综合和变换前的总结论前半部分呼应并等值的基础上形成的；中项的取消是在变换后的第四个纯粹假言三段论式结论和变换前总结论的前半部分的基础上做出的选择。可见，中项的形成和取消都涉及变换后的相关结论和变换前的相关结论，得出变换后的第四个三段论式的结论与变换前的总结论呼应等值是有逻辑关系上的根据的，简言之，是同一律，也是矛盾律（不矛盾律）的运用。

[段旨]

从"中项"的建立和取消来作形式语义的解释，说明变换后的第四个纯粹假言三段论式的结论就是变换前的总结论，两者完全一致。

（乙）省略的联锁假言三段论式

§7.3.3.11—251

省略的联锁假言三段论式是省略了自明的结论的联锁假言三段论式。这种省略式运用得相当多，在《解老》里有着集中的表现。这又可以分做两个类型：（一）简单式；（二）复杂式。

[段旨]

什么是省略的联锁假言三段论式，以及它的分类。

§7.3.3.12—252

（一）简单式。它是具有一个大前提和几个小前提的省略的联锁假言三段论式：

（1）《备内》："徭役多，则民苦。（大前提）

民苦，则权势起。（第一个小前提）

权势起，则复除重。（第二个小前提）

复除重，则贵人富。[1]（第三个小前提）"

省略了的自明的结论是："徭役多，则贵人富[2]。"

（2）《备内》："徭役少，则民安。（大前提）

民安，则下无重权。（第一个小前提）

下无重权，则权势灭。（第二个小前提）

权势灭，则德在上矣。[3]（第三个小前提）"

省略了的自明的结论是："徭役少，则德在上矣。"

（3）《解老》："积德，而后神静。（大前提）

神静，而后和多。（第一个小前提）

和多，而后计得。（第二个小前提）

计得，而后能御万物。[4]（第三个小前提）"

省略了自明的结论是："积德，而后能御万物[5]。"

（4）《解老》："忧，则疾生。（大前提）

疾生，而智慧衰。（第一个小前提）

智慧衰，则失度量。（第二个小前提）

失度量，则妄举动。（第三个小前提）

妄举动，则祸害至。[6]（第四个小前提）"

省略了的自明的结论是："忧，则祸害至[7]。"

[注释]

[1] 复：除免（赋税）。"复"与"除"同义。《洪武正韵·屋韵》："復，除也。"《资治通鉴·后晋高祖天福六年》："乃命復其境内税三年。"胡三省注："復，除免也。"重：权势者的权势更重。复（復）除重：免除（民众的）徭役赋税，权势者的权势变得更重。这段话是说，徭役多，民众就苦；民众苦，管理徭役的官吏的权重势力就大起来；权重势力大起来，免除徭役赋税的权重势力也就更重；免除徭役赋税的权重势力更重，权贵们就更富裕。

[2] 这句话是说，徭役多了，权贵们就更富裕。

[3] 这段话是说，徭役少了，民众就平安无事；民众平安无事，下面就没有重大的权力；下面没有重要的权力，臣下的权势也就消灭了；臣下的权势消灭了，恩德就全归结于君王。

[4] 这段话是说，积累了道德，精神就安详；精神安详了，就能增加安和；安和增加了，就能谋划得当；谋划得当，就能驾驭万物。

[5] 这句话是说，积累道德，就能驾驭万物。这里当属从省略联锁假言三段论式挖掘出思想史上的至理名言：积累道德就能驾驭万物。

[6] 这段话是说，忧愁万分，就会生病；生了病，就会智慧衰退；智慧衰退，就会失去行动的准则。失去行动准则，就会轻举妄动；轻举妄动，灾祸就会降临。

[7] 这句话是说，忧愁，就会灾祸降临。

[段旨]

举四例，说明省略的联锁假言三段论式的简单式，其组成是一个大前提，三个以上小前提，省略一个自明的结论。

## §7.3.3.13—253

（一）复杂式。它是具有几个互相并列的大前提和几个互相并列的小前提的省略的联锁假言三段论式。它可以说是几个互相并列的简单的省略的联锁假言三段论式的联合运用。

（1）《解老》："视强，则目不明。听甚，则耳不聪。思虑过度，则智识乱。[1]（三个互相并列的大前提）

目不明，则不能决黑白之分。耳不聪，则不能别清浊之声。智识乱，则不能审得失之地。[2]（第一组三个互相并列的第一个小前提[3]）

目不能决黑白之色，则谓之盲；耳不能别清浊之声，则谓之聋；心不能审得失之地，则谓之狂[4]。（第二组三个互相并列的第二个小前提）

盲，则不能避昼日之险。聋，则不能知雷霆之害。狂，则不能免人间法令之祸。[5]（第三组三个互相并列的第三个小前提）"

省略了的自明的三个互相并列的结论是："视强，则不能避昼日之险。听甚，则不能知雷霆之害。思虑过度，则不能免人间法令之祸。[6]"

（2）《解老》："有道之君，外无怨仇于邻敌；而内有德泽于人民。（两个互相并列的大前提）

夫外无怨仇于邻敌者，其遇诸侯也外有礼仪；内有德泽于人民者，其治人事也务本。（第一组两个互相并列的第一个小前提）

遇诸侯有礼仪，则役希起；治民事务本，则淫奢止。[7]（第二组两个互相并列的第二个小前提）"

省略了的自明的两个互相并列的结论是："有道之君，则役希起，则淫奢止。"

（3）《解老》："人君者无道，则暴虐其民；而外侵其邻国。（两个互相并列的大前提）

内暴虐，则民产绝；外侵欺，则兵数起。（第一组两个互相并列的第一个小前提）

民产绝，则畜生少；兵数起，则士卒尽。（第二组两个互相并列的第二个小前提）

畜生少，则戎马乏；士卒尽，则军危殆。（第三组两个互相并列的第三个小前提）

戎马乏，则将马出；军危殆，则近臣役。[8]（第四组两个互相并列的第四个小前提)"

省略了的自明的两个互相并列的结论是："人君者无道，则将马出，则近臣役。[9]"

**[注释]**

[1] 智识：智慧和辨识能力，智力，指大脑。这三句话是说，看的东西太过分，眼睛的视力就变坏；听的东西太过分，耳朵的听力就变坏；思考的问题超过一定的限度，人的大脑就会昏乱。

[2] 决：判断。清浊之声：清亮悠扬的声音和粗重凝浊的声音。审：审察。这三句话是说，眼睛不明亮，就不能判断出黑和白的区分；耳朵听不清，就不能分辨出清亮悠扬的声音和粗重凝浊的声音；大脑昏乱了，就不能审察成功和失败的根源。

[3] "组"，是就三个并列的小前提构成数形成组块而言的。"个"，是该小前提的次第而言的。

[4] 狂：狂乱，迷乱。

[5] 昼日：白天。昼日之险：白天容易发现的险象。这段话是说，眼瞎了就不能避开白天的危险，耳聋了就不知道雷电的灾害，狂乱了就不能避免触犯人间法令带来的祸殃。

[6] 这段话是说，看到的东西太过分，就不能避免白天的危险；听到的东西太过分，就不能了解雷霆带来的灾害；考虑的问题太多，就不能避免触犯人间法令而招祸。

[7] 邻敌：相邻的势均力敌的国家。德泽：恩德泽惠。遇：对待，款待。礼义：礼节和道义。治人事：治理民众的事。务本：致力于国家的根本大业农业。役：战役，战争。淫：过分。淫奢：过分奢侈。这段话是说，有道德的国君，对外无怨仇于与它势均力敌的邻国，对内有恩德泽惠于民众。对外无怨仇于与它势均力敌的邻国，对待诸侯就必定讲究外交礼节和道义。对内有恩德泽惠于民众的人，治理民众的事必定致力于国家的根本大业农业。对待诸侯讲究外交礼节和道义，战争就很少出现；治理民事致力于国家的根本大业，过分的奢侈就被禁止。

[8] "人君者"句乾道本作"人君无道道"，无"者"字，重出"道"字。校注本校勘作"人君无道"，张觉《韩非子全译》本仍依乾道本作"人君无道道"，并将第一个"道"字释为介词"由"。周著据《韩

非子集解》本作"人君者无道"，有"者"字，"道"字不重出，意为
"国君，不讲道德"。暴虐其民：残暴地虐待民众，残害百姓。民产：民
众的产业。绝：断绝。数（shuò）：屡次，频发。畜（xù）：蓄养。畜
生：蓄养的牲口。戎马：战马。危殆：极其危险。将马：主帅骑的战马。
近臣：指国君身边的将帅。役：服役，指参战。这段话的意思是，国君
不讲道德准则，就会对内残暴地虐待老百姓，对外侵略和欺负他的邻国。
对内残暴地虐待民众，民众的产业就断了后路；对外侵略欺负邻国，用
兵之事就会频频发生。民众的产业没有了，蓄养的牲口就少了；战事频
发，战士就死光了。蓄养的牲口少了，战马就缺乏；战士死光了，国家
的军队危险到极点。战马缺乏，主帅的战马就要出阵；国家的军队危险
了，国君身边的将帅就要参战。

[9] 这句话是说，国君没有道德准则，结局就是主将的战马出阵，
守卫国君的心腹也得参战。

[段旨]

什么是复杂式的省略联锁假言三段论式，举例及其内在结构的逻辑
分析。

# 第四节　二难推理

### §7.4.0.1—254

二难推理是由假言判断和选言判断联合组成的推理形式[1]。它总是
用两个假言判断做大前提。如果作为大前提的两个假言判断的前项和后
项都相异，那么小前提和结论都是选言判断[2]。如果大前提的前项相同，
那么小前提是直言判断而结论是选言判断[3]。如果大前提的后项相同，
那么小前提是选言判断而结论是直言判断[4]。

[注释]

[1] 二难推理：参见本书第9节注释 [2]，第204节注释 [2]。康
德说："二难推理是假言——选言理性推理，或者说，是一假言推理，而
其后件是一选言判断。"（《逻辑学讲义》，第126页）

[2] 一般逻辑学书上二难推理的定义是：二难推理是一个选言判断
和另一些数目同选言判断的选言肢相等的假言判断作为前提的演绎推理。

这等于是说假言推理和选言推理的联合运用形式即二难推理。故它又常常被称为假言选言推理。一般来说，它常常被分为简单式二难推理和复杂式二难推理。简单式可分成简单式的构成式（亦可称简单式的建立式）和简单式的破斥式，复杂式可分成复杂式的构成式（亦可称复杂式的建立式）和复杂式的破斥式。第一种：简单式的构成式。大前提中两个假言判断的前件不同，后件相同。小前提选言判断的两个选言肢分别肯定两个假言判断的前件，结论是一个直言判断，它肯定大前提中的两个假言判断的共同的后件。公式是：如果 p，则 r；如果 q，则 r；p 或者 q；结论：所以 r。例如，如果是技术工人，则是中国创造的重要力量；如果是科技人员，更是中国创造的重要力量；是技术工人或者是科技人员；所以他们都是中国创造的重要力量。周著举《有度》"今若以誉进能"例属此。第二种：简单式的破斥式。大前提中两个假言判断的前件相同，后件不同。小前提中选言判断的两个选言肢分别否定两个假言判断的后件。结论是一个直言判断，它否定大前提中的两个假言判断的共同的前件。公式是：如果 p，则 q；如果 p，则 r；非 q 或者非 r；结论：所以非 p。例如，如果是大学老师，则要教好大学生；如果是大学老师，则要从事与大学专业设置有关的科学研究工作；某甲没有做大学教学工作，或者没有从事与大学专业设置有关的科学研究工作；结论：所以某甲不是大学老师。如果将上式中小前提的选言否定"非 q 或者非 r"改成联言否定"非 q 并且非 r"，则逻辑上更加严密，表达上也更加合理，如上例中将"或者没有从事"改成"并且没有从事"即可。第三种：复杂式的构成式。大前提中两个假言判断的前后件均不同，小前提中选言判断的两个选言肢分别肯定两个假言判断的前件。结论是一个选言判断，它的两个选言肢分别肯定大前提中的两个假言判断的后件。公式是：如果 p，则 r；如果 q，则 s；p 或者 q；结论：所以，r 或者 s。例如，如果你是一名老师，则要立德树人，行为世范，为培养接班人挑起眼下的历史担当；如果你是一名学生，则要全面发展，爱党爱国，努力成为堪当民族复兴历史重任时代新人。老师或者学生，要挑起眼下的历史担当，或者要认清自己未来的历史责任，这是历史的自觉。第四种：复杂式的破斥式。大前提中的两个假言判断前后件均不同，小前提中选言判断的两个选言肢分别否定大前提中两个假言判断的后件。结论是一个选言判断，它的两个选言肢分别否定大前提中两个假言判断的前件。公式是：如果 p，则 r；如果 q，则 s；非 r 或者非 s；结论：所以，非 p 或者非 q。例如，如果是大国工匠，则以努力创建"中国制造"品牌为职志；如果是哲学社会科学研究专家，则以马克思主义与继承、弘扬、创新研究中华传统文化相结合为奋斗目标；不以创建"中国制造"品牌为目标，或者不以马克思主义与传统文化创新研究相结合，结论：那就不是大国工匠或者不是哲学社会科学工作者。和上述第二种一样，小前提的选言判断也可构成假言联合判断，结论也随之变成联合假言判断，即将上式小前提"非 r 或者非 s"改成"非 r 并且非 s"结论也由"所以，非 p 或者非 q"改成了"所以，非 p 并且非 q"，这样逻辑更加严密；表述上从"不以……，或者不以""不是……，或者不是……"改成了"不以……，并且（也）不以""不是……，并且（也）不是……"也更加顺畅了。康德很看重三段论中的破斥式推理："三段论推理的 modus tollens（译者注：否定后件式）是从后果的假（说明：如上述第四式'非 r 或者非 s'）推论到根据的假（说明：如上述第四式结论部分指称大前提前件'非 p 或者非 q'），这种推理不仅是非常严格的，也是极为容易证明的。因为，哪怕只要能从这个命题中引出唯一的一个家的后果，那么这个命题就是假的。"（邓译本《纯粹理性批判》，第 603 页）康德高度评价这种推理法的逻辑价值认识价值："现在，不用在某种明示的证明中遍历那可以借助于对诸根据的可能性的完备洞见而导致某种知识的真实性的整个根据序列，我们可以只要在那些从其反面得来的后果中找到一个假的后果，那么这个反面也是假的，因而我们所要证明的知识就是真的了。"（同上第 603 页）由以上二难推理的四种情况可知，二难推理说到底是假言推理、选言推理、联言推理的综合运用。为保障二难推理的有效性，大前提中的假言判断务必是正确充分条件的假言判断（见本书第 9 节注释 [2]），小前提中的选言判断的两个选言肢必须是穷尽的，只有两种可能，没有第三种可能。否则二难推理会失效，沦为诡辩。这里的二难推理两大保障，实际上也是二难推理的真实性法则。（四大分类和真实性法则均参见中国人民大学出版社《形式逻辑》修订版，第 220—228 页）

[3] 这一推理可概括成公式如下：大前提：如果 p，则 r；如果 p 则 s。小前提：p。结论：r 或者 s。这是能成立的。例如，如果保持人和大

自然的和谐，则可赢得宜居的生态环境；如果保持人和自然的和谐，则可减少自然灾害。保持人和自然的和谐。结论：能赢得宜居的生态环境或者减少自然灾害。前述二难推理四种无此式，可视为周著对二难推理类别的补充。

[4] 这一推理的公式：如果 p，则 r；如果 q，则 r；p 或者 q，所以 r。正是前述的第一种简单式构成式二难推理。

[段旨]

什么是二难推理？它的大前提、小前提和结论的构成。

### §7.4.0.2—255

顾名思义，二难是进退两难的意思。因此二难推理是表示二者之间必居其一的推理。它的大前提由两个假言判断提出两种绝对矛盾的可能性；它的小前提和结论的选言判断表示二者必居其一的境地。这是二难推理的基本意义，具有这种意义的二难推理是典型的二难推理。[1] 韩非子善于运用矛盾律，因此他也善于运用建立在矛盾律的基础上的典型的二难推理[2]。例如《说林上》说：

　　"变是心也，居晋而可；不变是心也，虽远越，其可以安乎[3]？"

这是个省略小前提和结论的二难推理。这里的大前提是由假言判断提出了两种绝对矛盾的可能性。省略了的小前提"变是心或不变是心"和结论"可以安或不可以安"都表示二者必居其一的两难境地。[4]

[注释]

[1] "它的大前提……典型的二难推理"三句话：重申二难推理的构成，大前提是两个假言判断，小前提和结论是选言判断，参见第 254 节注释 [2] 内的相关说明。"绝对矛盾""二者必居其一"的提法应予以注意。

[2] 有关韩非子矛盾律的性质，矛盾律与二难推理的关系，参见第 9 节注释 [1]，第 204 节注释 [2]。

[3] 是：代词，这个。指作乱。晋：古诸侯国名，公元前 11 世纪周分封，姬姓。在今山西西南部。后历经晋献公、晋文公、晋景公，疆域大有扩展，拥有今山西大部、河北西南、河南北部和陕西一角。至公元前四世纪中叶，分为韩、赵、魏三家。越：古诸侯国名，范围包括今浙江大部分，江西、江苏的一部分。这句话是说，改变作乱的心思，居住

在晋国就可以了；不改变作乱的心思，即使住在遥远的越国，难道就可以安宁了吗？

[4] 根据这段话将"变是心也……可以安乎"的推理概括成公式：大前提：如果p，则r；如果q，则s。省略了的小前提：p或者q。省略了的结论：所以r或者s。可知，此例属前述第三种，即复杂式的构成式。

[段旨]

韩非子运用矛盾律建立二难推理。复杂式二难推理举例及其内在逻辑构成分析。


### §7.4.0.3—256

但是二难推理形式所能表达的思想内容并不只限于这种进退两难的意义。有时也可以表示二者并存的意义：即由大前提的两个假言判断提出两种互相并列的可能性，再由小前提和结论的选言判断表示二者并存的情况[1]。韩非子也运用了表示这种意义的二难推理。例如《有度》说：

> "今若以誉进能，则臣离上而下比周；若以党举官，则民务交而不求于法[2]。"

这也是个省略了小前提和结论的二难推理。这里的大前提由两个假言判断提出了两种互相并列的可能性。省略了的小前提"以誉进能或以党举官"和结论"臣离上而下比周或民务交而不求用于法"，都表示二者并存的意义[3]。

[注释]

[1] 这里不再强调大前提的两个假言判断的"绝对矛盾的可能性"，但仍应该说，韩非子二难推理是矛盾律的运用。这里牵涉对矛盾律的理解。参见第204节注释 [2]。说到底，韩非子的"矛盾律"同时也是"不矛盾律"。由这里的逻辑概括，可知这种推理应属简单式的构成式二难推理。

[2] 誉：名誉，名声。进：选拔。臣离上：臣下背离国君。下比周：在下面紧密勾结。党举官：以朋党关系推举官吏。这里是说，现在如果根据名声来选拔人才，则臣下就会背离国君，私下勾结；如果以朋党关系推举官吏，则臣民就会热衷于交往拉关系，而不寻求按国家法律办事。

[3] 据本节注释 [1] 指出的逻辑概括和这里对大前提的说明、省略

小前提和结论的补出，可知举例《有度》的逻辑式是，如果 p，则 r；如果 q，则 r；小前提：p 或者 q；结论：所以 r。合乎第一种简单构成式二难推理。

[段旨]

[1] 二难推理中的不矛盾律的运用，简单构成式二难推理的举例及其逻辑结构分析。

§7.4.0.4—257

韩非子所运用的二难推理在数量上是相当多的，在语文表达上是丰富多彩，富于变化的。我们根据这些具体情况，把他的二难推理分做三个类型来加以叙述：（一）完全式的二难推理；（二）省略式的二难推理；（三）带证式的二难推理。[1]

[注释]

[1] 这里对二难推理分成三个类型：完全式、省略式、带证式，与周著将直言推理（第205节）、混合假言三段论式推理（第216节）、纯粹假言三段论式（第233节）分成这三种类型的做法是相同的。作为推理的分类，康德曾把理性推理区分为"正规的理性推理"和"隐蔽的理性推理"："正规理性推理是这样一种推理，这种推理不仅就质料而言包含一切必需的东西，而且就形式而言也是正确完美地表达的。与正规的理性推理相反，一切移置前提，或者略去一个前提，最后，或者只有中概念与结论相联结的推理，都可以算作隐蔽的（cryptica）理性推理。"（《逻辑学讲义》，第127页）这里"正规的理性推理"就是完全式，"隐蔽的理性推理"就是省略式。值得注意的是，三个类型的分类是按三段论三式有无状况的分类，前述四种情况的分类是按三段论三式逻辑构成特征的分类。周著将二难推理的三大类分类法和四种分类法都讲到了。

[段旨]

二难推理可分做三个类型。

## 一　完全式的二难推理

§7.4.1.1—258

完全式的二难推理是具有大前提小前提和结论的二难推理。例如

《孤愤》说：

"智术之士，明察听用，且烛重人之阴情；能法之士，劲直听用，且矫重人之奸行。（大前提表示两种互相并列的可能性）

故智术能法之士用；（小前提表示二者并存的意义）

则贵重之臣，必在绳之外矣。[1]（结论）[2]"

由于这两个二难推理表示二者并存的意义，因此小前提没有采取选言命题的形式[3]。结论在措辞上是用相反的话来说的，它本来应该是："则烛重人之阴情，矫重人之奸行矣。"[4]

[注释]

[1] 智术之士：懂得使用和驾驭群臣的策略和手段的人。智：通"知"，知道，懂得。术：法术，指使用和驾驭群臣的策略和手段。听用：主张被国君采纳，自身得到任用。烛：照见。重人：权臣。劲直：刚强正直。矫：矫正，纠正。绳外：绳墨之外，法制之外，为法制所不容。这段话是说，通晓法术的人，明察秋毫，得到国君的听信任用，而且能照见权臣的阴谋。能依法办事的人，刚强正直，得到国君的听信任用，而且能纠正权臣的奸行。所以说，通晓法术、依法办事的人得到重用，权重之臣就必定不能为法制所容。

[2] 这里二难推理的逻辑式可概括为：如果 p，则 r；如果 p'，则 r'；小前提：p（p'）；结论：所以 r（r'）。式中 p 与 p' 近同；r 与 r' 近同。此式相当于上述第一种逻辑式简单构成式：如果 p，则 r；如果 q，则 r；p 或者 q；结论：所以 r。

[3] "二者并存"，见式中"如果 p，则 r；如果 p'，则 r'"。"小前提没有采取选言命题的语文形式"，参见式中小前提表达式 p（p'）。

[4] 这两句话是说，小前提 p（p'）"智术能法之士"确定后，结论当是两个假言判断的后项必定能做到"烛重人之阴情、矫重人之奸行"，也就是原文表达的结论"贵重之人，必在绳之外"。"结论是用相反的话说的"是说小前提"智术能法之士"，结论"贵重之人"，一反；小前提用假言判断的前件表达，结论用假言判断的后件表达，二反。

[段旨]

完全式二难推理举例及其三段论式的当属简单式的构成式。

### §7.4.1.2—259

又如《显学》说：

> 无参验而必之者，愚也；弗能而据之者，诬也。（两个假言判断做大前提）
>
> 故明据先王，必定尧、舜者；（一个选言判断做小前提）
>
> 非愚，则诬也。[1]（一个选言判断做结论）[2]

这也是个具有完整无缺的形式的二难推理。作为大前提的两个假言判断表示了两种互相矛盾的可能性[3]。小前提和结论都是表示选择关系的选言判断。小前提综合了大前提里的两个前项："故明据先王，必定尧、舜者"是"或无参验而必之，或弗能而据之"的意思[4]。结论综合了大前提里的两个后项，表达了二者必居其一的意思[5]。

[注释]

[1] 参验：依据事实加以验证。必之：决断某事。诬：欺骗。明据：宣扬和根据。这几句话是说，不用事实加以验证，就对事物作出决断，这是愚蠢；不能确定事物的真假就把它作为依据，那是欺骗。所以那种宣扬和依据先王之道，处处肯定尧、舜的做法，不是愚蠢，就是欺骗。

[2] 这个二难推理的三段论式当是，如果p，则r；如果q则s；p或者q；结论：所以，r或者s。当合于前述第三种复杂式构成式。

[3] 这句话合于式中"如果p，则r；如果q则s"。

[4] 这句讲小前提的话，合于式中"p或者q"。

[5] 这句话合于式中"所以，r或者s"。

[段旨]

完全式二难推理举例及其三段论式的当属复杂式的构成式。

### 二 省略式的二难推理

### §7.4.2.1—260

省略式的二难推理是省略了小前提或小前提和结论的二难推理。韩非子所运用的二难推理绝大多数是省略式的。这大概有两个原因：（一）由于他的目的只在于表达他的法家思想，因此在语文表现上不一定需要采用二难推理的完全形式。即使采用了省略式，也并不妨碍他的学术思想的表达。（二）完全式的二难推理虽然在形式结构上具有大前提小前提和结论三个部分；但在内容意义上看，大前提中就已包含了二难推理的一切内容。小前提不过重述了大前提的前项，结论也不过重述了大前提的后项[1]。因此在具体而灵活地运用二难推理时，小前提和结论就有着被省略的可能性和必要性。如果一定都要求说出小前提和结论，有的时候就造成行文措辞上的重复和累赘；也会妨碍议论文的简洁性和精炼性。

[注释]

[1] 参见第 254 节注释 [2]，第 258 节注释 [2]、[3]。

[段旨]

什么是省略式二难推理？省略什么？为什么能省略？

## §7.4.2.2—261

省略式的二难推理可以分做两个类型来叙述：（一）省略了小前提的省略式的二难推理；（二）省略了小前提和结论的省略式的二难推理。

（一）省略了小前提的省略式的二难推理

（1）《孤愤》："其可以罪过诬者，以公法而诛之；其不可被以罪过者，以私剑而穷之。（大前提）

是明法术而逆主上者，不戮于吏诛；必死于吏剑矣。[1]（结论）[2]"

这里省略了的小前提是："其可以罪过诬者，或其不可以罪过者。"[3]这个二难推理在思想内容上表示"不戮于吏诛；必死于吏剑"二者必居其一的意义，但这"二者必居其一"的二者"戮于吏诛"和"死于私剑"又是可以互相并存的：既可以"戮于吏诛"，也可以"死于私剑"[4]。这个二难推理在表达语气上是陈述的性质，也可以把它叫做陈述性的二难推理。

（2）《孤愤》："其可以以功伐借者，以官爵贵之；其可以借以美名者，以外权重之。（大前提）

是以弊主上而趋于私门者，不显于官爵，必重于外权矣。[5]

（结论)[6]"

这个二难推理和例（1）是同一个类型的。它表示二者必居其一，但这二者又可以互相并存[7]。同时，它也是陈述性的二难推理。

　　（3）《难一》："使小臣有智能而遁桓公，是隐也，宜刑；若无智能而虚骄矜桓公，是诬也，宜戮。（大前提）

　　小臣之行，非刑则戮[8]。（结论)[9]"

这里省略了的小前提是："小臣有智能而遁桓公，或无智能而虚骄矜桓公。"[10]这个二难推理表现了"非刑即戮"的二者必居其一的意义[11]。在表达语气上，它具有和对方论敌互相辩论的作用，因此可以把它叫做辩论性的二难推理。

　　（4）《难三》："势不可害，则虽强天下，无奈何也，而况孟常、芒卯、韩、魏能奈我何？其势可害也，则不肖如如耳、魏齐、及韩、魏，犹能害之。（大前提）

　　然则害与不侵，在自恃而已矣。[12]（结论)[13]"

这里省略了的小前提是："势不可害，或其势可害。"[14]这个二难推理表现了"害与不侵"的二者必居其一的意义[15]。"害与不侵"就是"害或不侵"。"或"和"与"的交换互用是汉语的语文表现上经常见到的现象[16]。这个二难推理的大前提的后项在措辞上引用了具体的人名和国名，运用了"虽""况""犹"几个连词，表现了拓展跌宕的辞气[17]。实质上，大前提只是："势不可害，则人不能侵；其势可害也，则人能侵之"的意思。在表达语气上，这也是个辩论性的二难推理[18]。

**[注释]**

[1]　其：代词，法术之士。诬：诬陷。"以公法而诛之"中的"以"字：乾道本无，《校注》本已补。周著于此处据《集解》本出"以"字。被：强加。私剑：私门豢养的刺客。逆：违背。这段话是说，法术之士可以用罪名诬陷的，就按国家的法律处死他们；那些不可以强加罪名的，就叫私门的刺客结果了他们的性命。这样一来，精通法术而不顺着国君的心思，不是被官吏杀害，那就必定被刺客暗杀。

[2]　这段话的逻辑式是，如果 p 则 r；如果 q，则 s；p 或者 q；结论：所以，r 或者 s。合乎前述第三式复杂式结构式。

[3]　这是说省略了"p 或者 q"。

[4] 从"这个二难推理"至"也可以'死于私剑'"：合于式中"结论：所以，r 或者 s"部分。

[5] 伐：功劳。《左传·庄公二十八年》："且旌君伐。"杜预注："伐，功也。"功伐：功劳。弊：蒙蔽。趋：奔走，效劳。外权：国外的势力。这里是说，那些可以用功劳做凭借的，就用封官加爵的办法使他们高贵起来，那些可以凭借美誉名声的，就借助国外的势力使他们获取权重。因此，那些以蒙蔽国君而奔走效力于私门的人，不是显贵于官爵，就是必定借国外势力而担任重要的职务。

[6] 这段话的逻辑式是，如果 p，则 r；如果 q，则 s；小前提：p 或者 q；结论：所以 r 或者 s。当是第三式复杂构成式。

[7] 见上式小前提：p 或者 q。"二者又可以互相并存"一语与"p 或者 q"互证。

[8] 小臣：《难一》上文有"齐桓公时，有处士曰小臣稷"，张觉引日本学者太田方称："小臣，姓。稷，名。"遁：远离，回避。隐：隐匿不仕。宜刑：乾道本"也"字后无"宜刑"二字，《韩非子校注》已补出，此处周著据《集解》本出"宜刑"二字。虚骄矜：装腔作势，自命不凡。这段话是说，如果小臣稷有智慧和才能而回避桓公，这是隐匿不仕，应该处以刑罚；如果没有智慧和才能而在桓公面前装腔作势，自命不凡，这是欺骗国君，应该处以死刑。小臣稷的行为，不是处以刑罚就是遭砍头。

[9] 这段话的逻辑式是，如果 p，则 r；如果 q，则 s；省略小前提：p 或者 q；结论：所以，r 或者 s。当是第三式复杂构成式。

[10] 这句话可与"省略小前提：p 或者 q"互证。

[11] 这句话可以和"结论：所以，r 或者 s"互证。应该指出的是，原句"非刑则戮"在逻辑上仍偏重于"……或者……"的语义逻辑，而非"非……或者非……"的破斥式语义逻辑，这是应该注意的。

[12] 势不可害：指国君自己的权势不可受侵害。孟常：乾道本作"孟常"，《韩非子校注》校改作"孟尝"。张觉《全译》本亦作"孟尝"并译为孟尝君。周著于此处据《集解》本作"孟常"。不肖如如耳：乾道本"如"字后不重出"如"字，校注本已补出第二个"如"字，周著据《集解》本作"如如耳"。恃：依靠。这段话是说，国君自己的权势不可

侵犯，那么即使强大的各国联盟也奈何我不得，更何况孟常、芒卯、韩国、魏国又能拿我怎样？自己的权势可以随便受到侵犯，那么即使无能之辈像如耳、魏齐，以及眼下的韩国、魏国都能来伤害。如此看来，受侵犯还是不受侵犯，全在于自己的实力。

[13] 这段话的逻辑式是，如果 p，则 r；如果 q，则 s；省略小前提：p 或者 q；结论：所以，r 或者 s。当是第三式复杂构成式。

[14] 这句话是说，"省略小前提：p 或者 q"，亦是两者互证。

[15] 这里的"害与不侵"的二者必居其一的选择依然是一种逻辑选择，仅语气上强势而已，故它符合"结论：所以，r 或者 s"，周著下文"害与不侵"就是"害或不侵"一句已经交代得很清楚了。

[16] 例如，懂德语与不懂德语，对康德的理解是不同的。"与"字可改成"或"字。吴昌莹《经词衍释》卷一"与"字下云："与，如也。"引《论语·八佾》："与其媚于奥，宁媚于灶。"与其巴结屋子里西南角的神，不如巴结灶神。"与其"即"如其"，亦即"或其"。杨伯峻以"与其"为选择连词。《经词衍释》卷三："或，犹'如'也，若也。'如''若'均有'或'训，则'或'自可作'如'训、'若'训也。"并举例引《孟子·尽心上》"是犹或紾（zhěn 扭转）其兄之臂，子谓之姑徐徐云尔"称："言是犹若也。"按吴昌莹的说法，"是犹或"即"是犹如"，"是犹若"，亦当"是犹与"，释读为"这种情况与扭转兄的手臂，你却说姑且慢慢地扭"（的做法没有两样）。

[17] 这句话是说，逻辑式里后项 r 和 s 在语言表达上的种种特点，是周著常用的借语言深入逻辑的做法，但此例更显豁，也更深入。

[18] 辩论性二难推理：本节第三例《难一》例后已说及，又本节第一、第二例《孤愤》例后说及陈述性的二难推理。周著对二难推理实际上作了三个层次的分类：在语言表达乃至辞气上分作陈述性二难推理和辩论性二难推理两大类；在三段论判断本身组成的完整性与否上分作完全式二难推理、省略式二难推理、带证式二难推理三大类；在三段论判断的逻辑式构成上分作四大类简单式构成式、简单式破斥式、复杂式构成式、复杂式破斥式。关于陈述性推理，康德说，对于一个"在自然的形而上学这个标题下被提供出来"的理性体系，最主要的只能是形式逻辑了。它"具有无可比拟地更为丰富的内容。这个批判必须

首先摆明形而上学之可能性的源泉和条件"，康德说的"摆明"不同于他所说的"阐明"，"摆明"有太多的叙述和交代；"若是把该体系的所有原则也都在批判中陈述出来，属于该体系本身的详尽性的毕竟还有：不要缺乏任何派生出来，这些概念不能先天地凭跳跃产生出来，而必须逐步地去探寻，同样地，由于在那里概念的全部综合已被穷尽了，所以在这里就额外要求也做到这样。"康德把这些看作"轻松的"工作，甚至是"消遣"中的事（邓译本《纯粹理性批判》第一版，序第 8 页）。这里已经讲清了"陈述"的"摆明"对象不外乎是形式逻辑，"陈述"的批判性、体系性原则，"陈述"本身的逻辑内容和派生的逻辑内容，"陈述"的工作特点和做事的愉悦之美感。可以说，康德对陈述推理的思考是全面的。关于辩论性二难推理，康德说："二难推理可用于辩明真理，也可用于——通过对其命题提出种种困难来——攻击真命题。"（《逻辑学讲义》，第 126 页）一般形式逻辑书上，都很少以语言表达乃至辞气为标准对判断或推理作陈述性质的、辩论性质的分类。康德重视语言对逻辑分类的作用，这当与康德（1724—1804）生活的年代德国已经很重视语言的研究有关。如 1769 年德国普鲁士皇家科学院设立语言学专项奖金，以征集关于语言起源研究的最佳论文。最有名的获奖论文是赫尔德《论语言的起源》（1770 年获奖，1772 年第一版）。康德将语言作为逻辑分类的重要参照标准，可谓十八世纪的德国重视语言学研究另一与之平行的步道。康德、赫尔德在前，十九世纪上半叶德国青年语法学派在后，以青年语法学派为推手，德国成了世界语言学的研究中心，实在是渊源有自，背景不凡。

[段旨]

省略小前提的二难推理的四个例举及其内在逻辑结构分析。

### §7. 4. 2. 3—262

（二）省略了小前提和结论的省略式的二难推理

这种二难推理既然已经省略了小前提和结论；因此语文上只留下了个大前提，也就是只留下了两个假言判断。作为大前提的两个假言判断总是表示着矛盾不两立的两种可能性，因此，虽然在形式结上省略了小前提和结论，但是二者必居其一的意思已经在大前提中显现出来了。例如《难一》说：

"贤舜，则去尧之明察；圣尧，则去舜之德化。不可两得也[1]。"

这"不可两得也"所表示的矛盾不两立的意思正可以用来说明这个例证是个省略了小前提和结论的二难推理[2]。现在再举例如下：

（1）《说林下》："以我为君子也，君子安可毋敬也；以我为暴人也，暴人安可侮也[3]。"

（2）《说林下》："且死者无知，则以臣衅鼓无益也；死者有知也，臣将当战之时，臣使鼓不鸣[4]。"

（3）《说林下》："君长有齐，奚以薛为？君失齐，虽隆薛城至于天，犹无益也[5]。"

（4）《内储说上七术》："夫齐、荆之事也诚利，一国尽以为利，是何智者之众也；攻齐、荆之事诚不利，一国尽以为利，何愚者之众也。[6]"

（5）《内储说上七术》："法不立而诛不必，虽有十左氏，无益也；法立而诛必，虽失十左氏，无害也。[7]"

（6）《外储说右上》："王听之，则是说行于王而重于置夫人也。王不听，是说不行，而轻于置夫人也。[8]"

（7）《难一》："文公之所以先雍季者，以其功耶？则所以胜楚破军者，舅犯之谋也；以其善言耶？则雍季乃道其后之无复也，此未有善言也。[9]"

（8）《难一》："且韩子所斩若罪人，郤子奚分焉；斩若非罪人，则已斩之矣，而郤子乃至，是韩子之谤已成，而郤子且后至也。[10]"

（9）《难二》："使桓公发仓囷而赐贫穷，论囹圄而出薄罪，非义也，不可以雪耻；使之而义也，桓公宿义。[11]"

（10）《难三》："君不知，则有燕操、子罕、田常之贼；知之，则以管仲寺人自解，君必不诛。[12]"

**[注释]**

[1] 贤：动词，贤舜：赞扬舜的贤德。圣：动词，圣尧：称颂尧的功劳。这句话是说，赞扬舜的贤德，就会抹去尧的明察；称颂尧的功劳，

就会否定舜的道德教化：不可能两者都对。

[2] 省略的小前提是，"贤舜或圣尧"。省略的结论："故去尧之明察，或去舜之德化"。可知此例的逻辑式是，如果 p，则 r；如果 q，则 s；省略小前提：p 或者 q；省略结论：所以，r 或者 s。当是第三式复杂构成式。

[3] 安可：何以可，怎么可以。毋：不。暴人：残暴的人。侮：侮辱。这句话是说，如果把我看作君子，对君子怎么可以不敬重他呢？要是以我为残暴之人，对残暴之人怎么可以侮辱他呢？省略的小前提："以我为君子或以我为暴人。"省略的结论："故安可毋敬，安可侮。"因"安可毋敬"与"安可侮"义近，故此例的矛盾的"不两立"性较低。逻辑式同前。

[4] 衅鼓：以血祭鼓。此例省略的小前提"死者无知或死者有知也"，省略的结论"故以臣衅鼓无益也，或臣衅鼓不鸣"。因"衅鼓无益"与"衅鼓"后"使鼓不鸣"义近，故此例的矛盾的"不两立"性较低。逻辑式同前。

[5] 长有齐：长久地掌握齐国的政权。奚：疑问代词，何，什么。奚以："奚"作介词"以"的疑问代词宾语提前。奚以……为：古汉语固定结构，用……做什么。薛：战国时孟尝君父田婴因战功封于薛（今山东滕州东南）。隆：隆起，升高。城：城墙。这几句话是说，如果你长久地掌握齐国的政权，还要用薛地做什么？如果你丢失了齐国的政权，即使将薛地的城墙筑得高到天上，还是没有什么益处啊！省略了的小前提：君长有齐或君失齐。省略了的结论：所以，奚以薛为？或者"隆薛城至于天，犹无益也"。因用薛地做什么，与"隆薛城至于天而无用"义相近。故此例的矛盾的"不两立"性较低。逻辑式同前。

[6] 诚：确实。这里是说，如果攻打齐国、楚国的事确实有利，全国的人都认为有利，为何聪明人这么多？如果攻打齐国、楚国的事情确实无利可图，全国的人都以为有利，为何愚蠢的人这么多？省略了的小前提：攻齐、楚有利，一国尽以为利；攻齐楚无利，一国尽以为利。省略了的结论：故智者之众或愚者之众。逻辑式同前。

[7] 必：坚定，果敢。十左氏：十个左氏城。张觉据尹桐阳《韩子新释》（1919）注：左氏即左城也，在今山东曹县西北六十五里。

这里是说，法令不确立而惩罚不坚决，即使有了十个左氏城也是没有用处的；法令确立而惩罚坚决实施，即使失去了十个左氏城，也没有什么伤害。这里省略的小前提：法不立而诛不必，或法立而诛必。省略的结论是：故虽有十左城而无益，或虽失十左城而无害。本例逻辑公式同前。

［8］置：置立，立。这句话是说，如果王（齐威王）听从了，那么建议取得成功，而在立夫人这件事上就会被威王看重；如果威王不听，那么建议失败，而在立夫人这件事上就会被威王看轻。省略的小前提：齐威王听从建议，建议成功；或者齐威王不听从建议，建议失败。省略的结论：故建议成功，受到齐威王的看重，或者建议失败，被齐威王看轻。本例逻辑公式同前。

［9］雍季：陈奇猷说："雍季，注家皆无考。余以为当即《左·文六年传》之公子雍。杜注云：'公子雍，晋文公子，襄公庶弟，杜祁之子。'"（见《韩非子新校注》，第841页）耶：表疑问的语气词，吗。常与下文"也"字配合使用。这里是说，如果文公先奖赏雍季是因为他有功，那么战胜楚国，打败楚军的原因是用了舅犯的计谋；如果是雍季有成事的好话而获得奖赏，那么雍季只说了句"以后不能用这样的办法去获利"，这里说不上有什么成事的好话。这里省略的小前提：文公之所以先雍季者以其功，或以其善言。省略的结论：晋楚城濮之战晋用舅犯之言而胜；雍季亦无善言。此例在语言表达上虽有些变化，但逻辑式仍是复杂构成式第三式不变。

［10］韩子：韩献子，晋国的卿韩厥，时任中军司马，掌军法。郤（xì）献子：乾道本用异体字"郄"，校注本改从正体字"郤"。周著据《集解》本作"郄"。郤献子，即郤克，时任晋中军主将。公元前589年，晋卿郤克带兵伐齐，在靡笄（mí jī 在今山东济南长清区）山下大败齐军，事见《左传·成公二年》。谤：议论，指责。且后至：则后到。这段话是说，况且韩献子所杀戮的如果是罪人，郤献子要为韩献子分担什么指责呢？杀戮的如果不是罪人，已经杀了，而郤献子才赶到，这时韩献子受指责已成定局，而郤献子则后到，那还能为韩献子分担什么指责呢？这里省略的小前提：韩献子所斩或是罪人或者非罪人。省略的结论：郤献子奚分焉？或郤献子且后至无可任谤焉（无法担受指责）。省略的结论分

别是两个大前提的后项，因两个后项的意义相同，"奚分焉"与"无可任谤焉"是同义的。逻辑式是：如果 p，则 r；如果 q，则 r；p 或者 q；所以 r。属二难推理简单式的构成式，即前述第一式。

[11] 仓囷（qūn）：谷仓。囷，古代圆形的粮仓。论：审查。囹圄（língyǔ）：监狱。宿义：留住义，不实行义。这几句话是说，如果让齐桓公打开仓库将粮食赐给穷苦人，审查监狱将犯罪轻的放出去，被说成不仁义，那么就不能用来洗刷耻辱；如果让这些事合乎仁义，那么桓公是留住仁义不实施的。这里省略的小前提：使桓公开仓济贫，审狱释放轻罪者以为非义，或以为义。省略的结论：所以桓公不能因此而雪耻，或者桓公只是留住仁义不实施。这里的逻辑式是：如果 p，则 r；如果 q，则 s；p 或者 q；所以 r 或者 s。属二难推理复杂式的构成式，即前述第三式。

[12] 燕操：燕将公孙操，他于公元前 271 年杀燕惠文王。子罕：皇喜，任宋国司城，后劫杀宋桓侯自立。田常：田成子，春秋末期在齐国执政。公元前 481 年发动政变，杀齐简公，控制了齐国的政权。贼：贼杀，残害。管仲：名夷吾，齐桓公（小白）的相，辅佐桓公成霸主。齐襄公被杀，公子小白得到内援，出兵平叛。管仲是公子纠的家臣，在一次交战中曾射中小白的带钩，但小白不记前仇，任命他为国相。寺人：指寺人披。寺人，据张觉，寺人指宫廷内侍近臣，至东汉才专指宦官。晋文公外逃，晋献公、晋惠公都先后派寺人披攻打晋文公。晋文公登上君位后，寺人披求见，文公听了他的一番解释后接待了他。这两句话是说，如果国君不察知，那么就会有燕将公孙操、子罕、田常之类的残害；如果国君察知了，就以管仲、寺人披来搪塞过关，国君也就不追究他们了。省略小前提：君不察知或者察知；省略的结论：所以，国君就遭遇杀身之祸，或者放过他们。推理公式同上例，参见本节注释[11]，属第三式。

[段旨]

省略小前提和结论的省略式二难推理举例，共举十二例，可分两种逻辑式：复杂式构成式和简单式构成式。

**附表六**　　　　　　**《韩非子》演绎推理省略式综表**

| 类别 | 名称 | | 大前提 | 小前提 | 结论 | 说明 |
|---|---|---|---|---|---|---|
| 省略直言推理 | 省略前提 | | 省略否定 | 有肯定 | 有否定 | 举省略例2 |
| | 省略结论 | | 有肯定 | 有肯定 | 省略肯定 | 举省略例2 |
| 省略选言推理 | 以弃为取式 | | 省略 | 有否定，弃 | 有肯定，取 | 举省略例2 |
| 省略混合假言三段论推理 | 简单式 | 建立式 | 无 | 无 | 无 | 只有一个结论、一个前提。共举4+4例 |
| | | 破斥式 | 有在前/在后，且皆前项表因后项表果 | 省略 | 有在后/在前，且结论皆否定前项的原因 | |
| | 复杂式 | 建立式 | 有前项表因后项表果互相并列的大前提 | 省略后项表果 | 有肯定前项表因 | 两个以上结论和两个以上大前提。1+1例 |
| | | 破斥式 | 同上 | 同上 | 有否定前项表因 | |
| 省略的纯粹假言三段论推理 | 简单式 | | 有一个 | 有一个 | 省略 | 共举5例 |
| | 复杂式 | | 有两个以上 | 有两个以上 | 省略 | 共举2例 |
| 省略的联锁假言三段论式推理 | 简单式 | | 有一个 | 有三个至四个 | 省略 | 共举4例 |
| | 复杂式 | | 有两个或三个 | 有三组九个，两组四个，四组八个 | 省略两个至三个 | 共举3例 |
| 省略式的二难推理 | 省略了小前提的二难推理 | | 有大前提 | 省略 | 有结论 | 可分陈述性二难推理，共举2例；辩论性二难推理，共举2例 |
| | 省略了小前提和结论二难推理 | | 有两个大前提，即两个假言判断，表示矛盾不两立的两种可能 | 省略 | 省略 | 两者必居其一的意思已在大前提中体现，共举11例 |

### 三 带证式的二难推理

#### §7.4.3.1—263

带证式的二难推理是带有解释说明部分的二难推理。这被包在二难推理的解释说明部分是多种多样的[1]；有简单的；也有复杂的；有具体论证的；也有抽象推理的。现在分别举例，并给以必要的说明。

（1）《备内》："为人主而大信其子，则奸臣得乘于子以成其私。故李兑傅赵王而饿主父。为人主而大信其妻，则奸臣得乘于妻以成其私。故优施傅丽姬杀申生而立奚齐。[2]"

这是只有大前提的省略式的二难推理。在作为大前提的两个假言判断的后面都用具体的事例给以论证性的说明。

[注释]

[1] 有关带证式的推理，参见第 207 节注释 [1]。带证式既是随机的，更是裨补于全面、详尽的证明。反过来说也一样，为求全面、详尽的论证，有时用上合于上下文要求的随机性的带证式，犹随文诠注，是可行的。其一，要是没有这些带证材料，仍是可以获得逻辑推证的。康德说："只是这里有一个问题，即如我抽掉经验的一切素材和成分，我凭借逻辑可以大致希望有多大的收获。"其二，要尽可能搜寻那些逻辑据证的材料。康德说："我只想和理性本身和纯纯思维打交道，对它的详尽的知识我不可以远离我自己去寻找，因为我在我自身中发现了它们，在这方面我甚至已经有普通逻辑作为例子，即逻辑的一切简单活动都可以完备而系统地列举出来。"其三，强调完备性、详尽性的重要。康德说："在达到每个目标方面注重完备性的同时，也注重在达到一切目标方面的详尽性，这些并非任意采取的决心，而是知识本身作为我们批判研究的质料的本性向我们提出的任务。"其四，重申确定性和明晰性的逻辑要求。康德说："再就是确定性和明晰性这两项，这涉及这门研究的形式，它们必须被看作人们对一个敢于做这样一种难以把握的工作的作者可以正当提出的基本要求。"又说："谈到确定性……每一种据先天地确定的知识本身都预示着它要被看作绝对必然的，而一切纯粹先天知识的规定则更进一步，它应当是一切无可置疑的（哲学上的）确定性的准绳，因而甚至是范例。"（邓译本《纯粹理性批判》第一版，序第5页）以上虽

然不是直接针对带证式推理讲的，但资料的寻找，完备性、详尽性、确定性、明晰性等的说法，都为带证式论证必要性、目标和要求提供遵循。

[2] 大信：过分信任。乘：凭借，利用。私：私利。李兑：战国时赵国人，曾任赵司寇。傅：辅助，帮助。赵王：指赵惠文王，名何，战国时赵国的君主，赵武灵王的小儿子。主父：赵武灵王。公元前299年，他传位给小儿子何，自称主父。饿主父：公元前295年，赵武灵王的长子赵章起兵争夺王位，被李兑等击败，投奔住在沙丘宫的主父。李兑等进攻沙丘宫，围困主父达三个多月，把他饿死。优：优伶。旧时称以歌舞戏曲诙谐供人玩乐的人。优施：春秋时晋国的一位名优叫施。丽姬：骊姬，晋献公宠妾。申生：晋献公太子。奚齐：骊姬子。杀申生而立奚齐：公元前655年，骊姬在优施的教唆下，进谗言杀害了申生，并逼走了晋献公的其他几个儿子，立奚齐为太子，引起国内大乱。这几句话是说，做君主的如果过分相信自己的儿子，那么奸臣就会利用儿子来谋求私利，所以李兑就帮助赵惠文王饿死他的父亲赵武灵王；做君主的如果过分相信自己的妻子，那么奸臣就会利用君主妻子来谋求私利，所以优施就教唆骊姬杀害太子申生而立自己的儿子奚齐。这段话的逻辑是，第一个三段论：大前提"为人主而大信其子"，省略小前提，结论"则奸臣得乘于……"，带有证据"李兑傅赵王而饿主父"。第二个三段论：大前提"为人主而大信其妻"，省略小前提，结论"则奸臣得乘于……"，带有证据"优施傅丽姬杀申生而立奚齐"。

[段旨]

什么是带证式二难推理？举例并就其内在构成的逻辑作出结构分析。

### §7.4.3.2—264

(2)《难一》："战而胜，则国安而身定，兵强而威立，虽有后复，莫大于此，万世之利，奚患不至？战而不胜，则国亡兵弱，身死名息，拔拂今日之死不及，安暇待万世之利？[1]"

这也是只有大前提的省略式的二难推理。这里的大前提本来只是："战而胜，则有万世之利；战而不胜，则无万世之利"的意思。"国安而身定，兵强而威立"和"国亡兵弱，身死名息"都是用来对"有无万世之利"作为解释说明的。[2]又由于这是一个反驳对方的论点的二难推理，因此采用了强有力的以反为正的反诘语气以表示决定性的论断："万世之利，奚患不至"就是"有万世之利"；"拔拂今日之死不及，安暇待万世之利"，也就是"无万世之利"。[3]

[注释]

[1] 身定：指君主的地位很稳固。威立：威望得到确立。后复：以后重复发生。奚患：何愁，不用担心什么。名息：名灭。拔拂：免除。安暇：哪来空闲。这段话是说，如果仗打胜了，那么国家安全君主地位巩固，兵力强盛国威树立，即使以后还会出现同样打胜仗的情况，也不会获利如此之大，还担心什么流传千古的长远利益不能到手呢？如果仗打败了，那么国力衰弱国家灭亡，身死名灭，免除今日之死都不可能，哪里还有时间等待万世之利？

[2] 这几句话是说，通过对上述二难推理作语文改写和逻辑提取，以明确大前提（随之也就很容易知道省略的小前提和省略的结论）和对省略的结论"有无万世之利"的带证式解释和说明。

[3] 这几句话是说，带证式语文表达中的反诘语气是对省略了的结论"有万世之利""无万世之利"的决定性的断言和说明。带证紧系结论。

[段旨]

带证式的省略式二难推理再举例及其内在构成逻辑的结构分析。


**§7. 4. 3. 3—265**

(3)《难一》："韩子之所以斩也若罪人，则不可救；救罪人，法之所以败也，法败，则国乱。[1]

若非罪人，则（应增不可两字）劝之以徇；劝之以徇，是重不辜也，重不辜，民所以起怨者也。民怨则国危。[2]（以上两节是大前提）

邻子之言，非危则乱。[3]（结论）"

这个二难推理可以简化做下面的样子：

若救罪人，则国乱；若非罪人而劝之以徇，则国危。（大前提）[4]

邻子之言，非危则乱。（结论）[5]

大前提里被精简掉的都可以看做是解释说明的部分。这个解释说明的部分本身就是由复杂的推理形式组织而成的。它包含了一个二难推理和两个假言推理。现在把它写在下面：

（甲）二难推理：韩子之所斩也若罪人，则不可救；若非罪人，则（应增不可两字）劝之以徇。

（乙）第一个假言推理：救罪人，法之所以败也。（大前提）

法败，则国乱。（小前提，缺结论）

（丙）第二个假言推理：劝之以徇，是重不辜也。（大前提）

重不辜，民所以起怨者也。（第一个小前提）

民怨，则国危。（第二个小前提，缺结论）[6]

**[注释]**

[1] 韩子：韩献子，韩厥，时任晋中军司马，掌军法。则不可救：乾道本"不"字前无"则"字，校注本已补出。此处周著据集解本出"则"字。这两句话是说，韩献子斩杀的人如果是罪人，那就不可以去救他；救有罪的人，是法令败坏的原因，法令败坏，国家就要大乱。这两句话作为二难推理的大前提一，有两个假言判断，一个直言判断之肯定判断组成。

[2] 则劝之以徇：校注本已作"则不可劝之以徇"句。《韩非子集解·难一》"则劝之以徇"引顾广圻曰："藏本（明正统十年刻的《道藏》本）同今本'则'作'而'。按：当作'不可'二字，与上文'不可救'句相对。"王先慎曰："'则'下脱'不可'二字耳。顾删'则'字亦非。"周著在"则"字后括注"应增不可二字"，正据王先慎说，《韩非子校注》直接校补成"则不可劝之……"徇（xùn）：巡行示众。不辜：无罪。重不辜：从重惩处无罪者。这段话是说，如果（韩厥）斩杀的是无罪之人，那就不可以鼓励（韩厥）用尸体巡行示众；如果鼓励这样做，那是从重惩处无罪者；从重惩处无罪者，是民众产生怨恨的原因。民众怨恨，那就国家危险。这二难推理的第二个大前提，是由两个假言判断，两个顶针式直言判断构成。

[3] 郤（xì）子：郤献子，郤克，当时任晋军中主帅。这句话是说，郤献子的话，不是危害国家，就是制造动乱。

[4] 这一简化后的大前提是由两个假言判断构成的。

[5] 周著对举出的《难一》第三例二难推理进行简化的第一层次：简化成简单式的二难推理（越简单越好）和结论。简化是从改变大前提表达（表达得越简单越好）入手的。

[6] 将简化后和简化前的推理作比较，看出其带证式的解释和说明的部分。进而对简化前的两个大前提作出逻辑结构分析：第一层次是一整个二难推理；第二层次是两个假言推理。第一个假言推理即第一个大前提，第二个假言推理即第二个大前提。即把两个大前提都只看作假言判断。这一定性是以简化后的两个大前提为对象说的，不是以简化前的两个大前提为对象说的。简化前的两个带证的大前提的构成要复杂得多，参见本节注释 [1]、[2]。

[段旨]

带证式的省略式复杂二难推理再举例及其简化，简化后的内在构成逻辑的结构分析。

### §7.4.3.4—266

(4)《难二》："若使管仲，大贤也，且为汤、武。汤、武，桀、纣之臣也。桀、纣作乱，汤、武夺之。今桓公以易居其上，是以桀、纣之行，居汤、武之上，桓公危矣。[1]

若使管仲，不肖人也，且为田常。田常，简公之臣也，而弑其君。今桓公以易居其上，是以简公之易，居田常之上，桓公又危矣。（以上两节是大前提）[2]

管仲非周公旦以（已）明矣。然为汤武与田常，未可知也。（结论）[3]"

这个二难推理可以简化做下面的样子：

若使管仲，大贤也，且为汤、武；若使管仲，不肖人也，且为田常。（大前提）

管仲为汤、武与田常，未可知也。（结论）[4]

被精简的都是解释说明的部分。这解释说明的部分包含了两个类比推理，现在把它写在下面：

（甲）汤、武，桀、纣之臣也。桀、纣作乱，汤、武夺之。（这是用来类比的部分）今桓公以易居其（指管仲）上，是以桀、纣之

行，居汤、武之上，桓公危矣。（这是被类比的部分）

（乙）田常，简公之臣也，而弑其君。（这是用来类比的部分）今桓公以易居其（指管仲）上，是以简公之易，居田常之上也，桓公又危矣。（这是被类比的部分）[5]

**［注释］**

［1］此段作为第一个大前提。若使：假使。汤、武：商汤、周武王。第二个"汤、武"乾道本无，《韩非子校注》本已补出。周著据《集解》本重出此"汤、武"二字。桀、纣：夏桀、商纣。易：轻易，掉以轻心。这段话是说，假使管仲是个大贤人，他将成为商汤、周武王。商汤、周武王都曾是夏桀、商纣的大臣。夏桀、商纣搞乱国家，商汤、周武王夺取了他们的君位。如今桓公掉以轻心地处在管仲之上，这就好比以夏桀、商纣那样的品行处在商汤、周武王之上，桓公危险了。这第一个大前提，以管仲类比商汤、周武王，以桓公类比夏桀、商纣，分别作类比推理。类比推理，参见本书第186节及其注释［1］、［2］，第198节附表。

［2］不肖：不贤。田常：田成子，又名陈恒，春秋末齐国执政的卿。公元前481年他发动政变，杀死齐简公，夺取了齐国的政权。这段话是说，假使管仲是个不贤的人，将成为田常那样的人。田常是齐简公的大臣，他杀了齐简公。如今桓公掉以轻心地处在管仲之上，这就好比齐简公掉以轻心地处在田常之上，桓公又危险了。这第二个大前提，以管仲比田常，以齐桓公比齐简公，分别作类比推理。

［3］周公旦：周公名姬旦。周武王姬发弟。西周早期政治家，助武王灭商，后辅佐成王，以功封于鲁。以：通"已"。《韩非子集解·难二》"管仲非周公旦以明矣"注："王先慎曰：以当作已。"周著据此在"以"字后括注"已"。这里的结论是由一个直言否定判断和一个选言（或者汤武或者田常）不相容（汤武与田常）判断构成。康德说："或然性的要素或者是同质的，或者是异质的。"（《逻辑学讲义》，第82页）

［4］把原有的复杂式的二难推理简化成简单构成式的二难推理。原来的两个大前提合并成一个可径直视作直言肯定判断的大前提。结论是直言否定判断。

［5］原来的两个大前提中被精简的部分（带证部分）仍可构成两个类比推理。原来的两个大前提亦是类比推理，参见本节注释［1］、［2］。

和第265节被精简的带证说明部分相比，第265节的被精简的部分的逻辑结构关系丰富，本节被精简的部分的结构关系简单（仅类比关系）。

[段旨]

带证式的省略式复杂二难推理再举例及其简化，简化后的内在构成逻辑的结构分析。

### §7.4.3.5—267

（5）《奸劫弑臣》："左右知贞信之不可以得安利也，必曰：我以忠信事上，积功劳以求安，是犹盲而欲知黑白之情，必不几矣。若以道化行正理，不趋富贵，事上而求安，是犹聋而欲审清浊之声也，愈不几矣。二者不可以得安，我安能无相比周，蔽主上，为奸私，以适重人哉？此必不顾人主之义矣。[1]

其百官之吏，亦知方正之不可以得安也。必曰：我以清廉事上而求安，若无规矩而欲为方圆也，必不几矣。若以守法不朋党，治官而求安，是犹以足抓顶也，愈不几矣。二者不可以得安，能无废法行私以适重人哉？此必不顾君上之法矣。（以上两节是大前提）[2]

故以私为重人者众，而以法事君者少矣。（结论）[3]"

这个二难推理可以简化做下面的样子：

左右知贞信之不可以得安也，则安能无比周蔽主上，为奸私，以适重人哉？此必不顾君上之义矣。[4]

其百官之吏，亦知方正之不可以得安也，则安能无废法行私以适重人哉？此必不顾君上之法矣。（以上两节是大前提）[5]

故以私为重人者众，而以法事君者少矣。（结论）[6]

大前提里被精简掉的是用来说明"不可以得安"的解释部分。这个解释部分本身是由两个二难推理组织而成的，现在把它解析在下面：

（甲）我以忠信事上，积功劳以求安，是犹盲而欲知黑白之情，必不几矣。

若以道化行正理，不趋富贵，事上而求安，是犹聋而欲审清浊之声也，愈不几矣。（以上两节是大前提）[7]

二者不可以得安。（结论）

（乙）：我以清廉事上而求安，若无规矩而欲为方圆也，必不几矣。

若以守法不朋党，治官而求安，是犹以足抓顶也，愈不几也。（以上两节是大前提）[8]

二者不可以得安。（结论）

[注释]

[1] 左右：近臣。贞信：忠贞诚实。不可以：不可能用……。得安利：获得安乐和利益。几：通"冀"，希望。道：术，法术。化：改变世道。清浊：清脆高扬和粗重低沉。相比周：相：代词。勾结他人。适：适应，迎合。人主之义：指臣事君的道德原则。这段话是说，国君的左右近臣知道忠贞诚实不可能用它来获得安乐和利益，必定会说：我用忠诚老实的态度为国家办事，积累功劳求得安乐，这好比瞎子要想知道黑白的实情，肯定是没有希望的。如果以法术改变世道，按正确的道理办事，不奉承有权势的人，侍奉君王而求个安乐，这就好比聋子要辨别清脆高扬的声音和粗重低沉的声音，就更加没有什么希望了。这两种做法不可能用来获得安乐，我怎能不去勾结他人，蒙蔽君王，做奸邪的事来谋取私利，借此迎合权贵？这样的人肯定不会再考虑大臣侍奉君王的道德原则。作为一个大前提，是由两个简单构成式的二难推理，加上一个直言判断构成的直接推理构成的。"此"，指上文出现的两种情况，置于句首作主词并形成另一个判断和推理。

[2] 方正：守正无邪。治官：尽职。这段话是说，官吏们也都知道守正无邪不可能由此获得安乐，必定会说：我以清正廉洁为国君做事而谋求安乐，要是没有圆规角尺而硬要做成方形物和圆形物，肯定是没有希望的。要是用守法不结党营私，做事尽职而谋求安乐，这好比是用脚搔头顶，更加没有希望了。两者不能因此求得安乐，怎能不抛弃法令，干私下的勾当，用来迎合权贵人物？这样的人肯定不会顾全君王的法令。这是第二个大前提。同第一个大前提，也是由两个简单构成式的二难推理，加上一个直言判断构成的直接推理构成的。"此"，指上文出现的两种情况，置于句首作主词并形成另一个判断和推理。

[3] 这一结论是以上文四个"必不几""愈不几"，两个"必不顾"形成"……，故……"式的假言（因果）推理，本身由两个直言判断构

成结果项或称假言判断的后项。

[4] 这里将原有的二难推理进行简化,简化后的第一个大前提以"知贞信、安能无、必不顾"为关键语、目标语。逻辑构成同前第一个非简化大前提。

[5] 简化后的第二个大前提以"知方正、安能无、必不顾"为关键语、目标语。逻辑构成同前第二个非简化大前提。

[6] 原有二难推理简化后的结论在语言表达上未变,仍同简化前的结论。但在逻辑意义上,这一结论以简化后的二难推理为标的来分析其逻辑结构。该结论以简化后的二难推理为因,以结论为果来分析其假言(因果)推理。

[7] 精简后的解释语以"必不几""愈不几"为目标语,解释语的逻辑构成也是二难推理。与原有的大前提的逻辑构成同。这与解释语占了原有的大前提的绝大部分内容有关。

[8] 这里精简后的解释语以"必不几""愈不几"为目标语,解释语的逻辑构成也是二难推理。与原有的大前提的逻辑构成同。这与解释语占了原有的大前提的绝大部分内容有关。

[段旨]

带证式的省略式复杂二难推理再举例及其简化,简化后的内在构成逻辑的结构分析。

# 第八章　归纳推理

§ 8. 0. 0. 1—268

归纳推理是从特殊事例推出一般原理的间接推理[1]。它是在类比推理的基础上发展起来的推理形式[2]。类比推理的前提是特殊事例，推出的结论也是特殊的事件；归纳推理虽然也用特殊事例做前提，但是推出来的结论却是经过综合的一般原理。归纳推理所得到的结论又常被演绎推理用做大前提作为推理的起点，这就表明了归纳推理和演绎推理之间也有着一定的联系性[3]。

[注释]

[1] 归纳推理参见本书第 21 节注释 [1]，第 174 节附表一。康德将归纳和类推看作关系紧密但又有明显分别的"判断力的两种推理方式"："当判断力由特殊进到普遍，以便从经验，而不是先天地（经验地）引出全称判断的时候，便或者由许多事物推论一个种的一切事物，或者由同种事物在其中谐和一致的许多规定和性质，推论其余各种规定和性质，只要它们都属于同一个原理。第一种推理方式叫作归纳推理；第二种推理方式叫作类比推理。"（《逻辑学讲义》，第 128 页）

[2] 参见本节注释 [1]。康德又说："归纳推理根据'凡适合于一个属的许多事物者，也适合于这属的其余诸事物'这个一般化原理，由特殊推论普遍（a particulanri ad universale）。类推是从两物的特殊类似，推论其全部相似。它所根据的是特殊化的原理，即人们如果从一个属的事物，认识到许多一致的东西，那么，人们在此属一些事物中认识到而在此属其余事物中尚未知觉到的东西，也会是一致的。归纳将经验的所与物从特殊扩展到与诸多对象有关的普遍；类推则将所与一物的性质扩

展到同一物的更多性质。——'一在多中，所以此一在一切中'，这是归纳；——'多在一中，（另一个中也是多），所以其余者也在同一个中'，这是类推。"（《逻辑学讲义》，第128页）

[3] 关于归纳推理和演绎推理的最初联系，在于它们都是间接推理。参见本书第174节附《逻辑推理分类总表》。康德说："我们可以与知性概念的类比而使逻辑概念同时成为先验概念的钥匙，使前者的机能表同时提供出理性概念的谱系。"（邓译本《纯粹理性批判》，第262页）"知性概念的类比"显然可指归纳。康德还说过："规则是一普遍条件下的断言。条件与断言的关系——即断言是如何存在于条件之下的——，是对于规则的指言。条件（无论在何处）发生过的知识是包摄。包摄于条件之下者，与规则的断言之联结是推理。"（《逻辑学讲义》，第116页）这里的"条件"可指归纳推理得出结论作前提。"断言"，可指寻找规则的演绎推理。

[段旨]

什么是归纳推理，它和类比推理、演绎推理的联系点。


### §8. 0. 0. 2—269

韩非子"观往者得失之变"，他常常从历史现象和社会现象中观察具体的事例归纳出一般的原则来；因此他是善于运用归纳推理的。例如《外储说右下》说：

"入齐，则独闻淖齿而不闻齐王；入赵，则独闻李兑而不闻赵王。[1]（两个特殊事例做前提）[2]

故曰：人主者不操术，则威势轻而臣擅名[3]。（归纳出来的一般原则性的结论）"

[注释]

[1] 淖（zhuō）齿：战国楚将，后奉派救齐，齐闵王（湣王）任他为相。公元前284年，燕兵破齐，闵王逃到莒（jǔ），为淖齿所杀，悬尸于东庙的屋梁上。李兑：战国赵惠文王的相，杀害了前任者赵武灵王。这两句话是说，进入齐国，就只听到淖齿的大名而听不到齐湣王的声名；进入赵国。就只听到李兑的威名而听不到赵王的声名。

[2] 韩非子将这两个观察到的经验事实作为归纳的前提亦即归纳的

根据。

[3] 这句话是说，所以说："国君不掌握统治术，那就威势减弱而大臣独自拥有威名。"

[4] 韩非子将上述两个（一般应有三个或三个以上）观察到的经验事实作依据，归纳出一般性原则的结论。

[段旨]

韩非子善于运用归纳推理和举例。

## §8.0.0.3—270

归纳推理的前提的数目照理说应该是两个以上，因为只有具备了两个以上的前提才可以归纳出一般的原理来[1]。但是韩非子也有用一个前提就推出一般原理来的归纳推理，那是由于这作为前提的单独的具体事例具有典型性的缘故。例如《十过》说：

"竖谷阳之进酒，不以仇子反也，其心忠爱之，而适足以杀之。[2]（一个特殊的事例做前提）[3]

故曰：行小忠。大忠之贼也。[4]（归纳出来的一般原则性的结论）[5]"

[注释]

[1] 康德说："我们只有知觉和比较了许多事件协调一致地跟随先行现象这样一些次序，才被引导着去发现某种规则，按照这种规则某些事件总是跟随在一定的现象之后，由此才首次促使我们给自己制造出原因的概念。"（邓译本《纯粹理性批判》，第181页）

[2] 竖：童仆，年轻的侍仆。谷阳：人名。公元前575年，晋楚鄢陵之战，战斗正激烈时，楚将司马子反口渴想喝水，竖谷阳以酒代水进之，好喝酒的子反大醉。兵败后的楚共王想再战翻盘，但共王找到子反时，见他满身酒气，楚共王杀之。这段话是说，竖谷阳敬酒，决不是仇恨子反，他的内心忠诚爱护子反，结果恰恰让子反被杀。

[3] 用一典型事例作为归纳推理的前提。

[4] 贼：害，戕害。这句话是说，所以说，奉行对私人的小忠，就是对大忠的戕害。

[5] 由一个典型的前提作唯一的根据，直接得出一个一般性的原则结论。

［段旨］

仅仅一个前提就推出结论的归纳推理举例。

## §8. 0. 0. 4—271

归纳推理是从观察事物间的异同开始，然后探求出事物间的因果关系[1]。韩非子既能明辨异同，又能深究因果，因此他所运用的归纳推理是丰富多彩的，也是深刻细致的。他的论著中经常有归纳推理出现；而在《内储说上七术》《内储说下六微》《外储说左上》《外储说左下》《外储说右上》和《外储说右下》里表现得更为突出。这六篇议论文的全部内容都体现着归纳推理的精神实质。他总是把同一类型或不同类型的事例分别的观察，归纳出一般原理来。全文的总纲常常是归纳推理的总结，总纲以外的部分都是关于具体事例的陈述。

［注释］

［1］归纳推理从观察异同开始，用全部相同的例证加以归纳，推出原因来，参见于第 270 节注释 ［1］。对此由经验归纳进而推出的原因，康德说："这个（原因）概念基于这一点就会只不过是经验性的，它所带来的规则即一切发生的事情都有原因就会同经验本身一样是偶然的。"康德对这种因果关系的可靠性有很深的误解，但又说："但这里的情况正如其他那些纯粹先天表象（例如空间和时间）一样，我们之所以能把它们作为清楚的概念从经验中抽出来，只是我们已将它们放到经验中去了，所以这些经验是通过那些概念才得到完成的。当然，一条规定诸事件的序列的规则作为原因概念的这一表象，其逻辑清晰性只有我们把它运用于经验中以后才是可能的。但把这条规则作为时间中诸现象的综合统一之条件来考虑，这毕竟是经验本身的基础，所以是先天地先行于经验的。"（邓译本《纯粹理性批判》，第 181 页）康德从其特有的视角肯定了经验的重要性，肯定了以经验归纳结论为前提推出的，或已包含其中的原因概念、因果关系的重要性。

［段旨］

韩非子归纳推理的开始点、过程、特点、表现突出的篇目六篇、六篇归纳推理的一般模式。

**§8.0.0.5—272**

在这六篇议论文的总纲里，《内储说》两篇比《外储说》四篇更加典型地表现了归纳推理。例如《内储说上七术》的《必罚二》说[1]：

"爱多者，则法不立；威寡者，则下侵上；是以刑罚不必，则禁令不行[2]。其说在董子之行石邑，与子产之教游吉也[3]。故仲尼说陨霜，而殷法刑弃灰[4]。将行去乐池，而公孙鞅重轻罪[5]。是以丽水之金不守，而积泽之火不救[6]。成欢以太仁弱齐国，卜皮以慈惠亡魏王[7]。管仲知之，故断死人；嗣公知之，故买胥靡[8]。"

**[注释]**

[1]《必罚二》今《校注》本作《经二必罚》。必罚："必罚明威"的略语。

[2] 爱：仁慈。不必：不坚决。这句话是说，国君过分仁慈，法制就无法建立，国君威严缺乏，就会受到臣下的侵害；因此执行刑罚不坚决，禁令就无法推行。

[3] 董子：董安于，一作董阏（yān）于，春秋末晋人，晋卿赵鞅的家臣。晋国内乱，他提醒赵鞅要防止晋卿范氏、中行（háng）氏的进攻，未被采纳。晋卿智伯（荀跞lì）发现董的才能后，嫉贤妒能，威逼赵鞅迫使董自杀。事见《左传·定公十四年》。董子之行石邑：说的是董安子巡视石邑，看到深涧陡峭无人敢进入，从而悟出只要执法坚决就可禁奸的道理。子产之教游吉：子产，春秋郑国政治家，郑简公十二年（公元前554年）为卿，二十三年（公元前543年）执政。他大力推行改革，整顿田地的疆界和沟洫，促进了农业生产的发展。公元前536年，他将"刑书"刻在鼎上，大力推行法治，是法家先驱。游吉，张觉据尹桐阳称，子太叔也。《左传·襄公二十二年》："子展废良而立太叔。"太叔受封子爵后，子产以法制教之。

[4] 仲尼要解说陨霜是说对待犯罪的人一定要像寒霜冻死菽那样，彻底除尽，不留后患。而殷代的法律规定，将灰倒在大街要判重刑。

[5] 将（jiàng 匠）行：领队。去：离开，辞别。乐池：张觉据《史记》："惠文君七年（公元前331年），乐池相秦"正义："乐，音岳；池，徒何反"，读"乐池"为 yuè tuó 岳沱。公孙鞅：商鞅。这句话是

说，匠人班头因为没有赏罚的权力而辞别秦相，商鞅主张轻罪重罚。

［6］丽水之金不守：丽水的黄金守不住。因偷盗黄金不一定被抓住，故偷盗不止。丽水：张觉据尹桐阳说，即漓水，与湘江同源。出广西兴安县海阳山。积泽：大泽，大野。张觉据尹桐阳说，大野在鲁国国都（今山东曲阜）之北。

［7］以：动词，认为。魏王：魏惠王。全句是说，成欢认为齐王太仁慈，齐国必将衰弱；卜皮认为魏惠王太慈惠，魏王必将衰亡。

［8］断死人：分斩尸体，以禁奢华的葬礼。嗣公：指卫嗣君。胥靡：罪犯，指逃到魏国的罪犯。全句是说，管仲懂得"必罚明威"的道理，所以分斩尸体禁止奢华的葬礼；卫嗣君懂得"必罚明威"的道理，所以用重金赎买逃到魏国的罪犯带回卫国处决。

［段旨］
围绕"必罚明威"这一结论的归纳法举例。


## §8. 0. 0. 6—273

这个归纳推理的结论是"必罚"，也就是这篇议论文开头列举七术的项目时所说的"必罚明威"。这个结论是用十二个具体事例作为前提归纳出来的。这十二个具体事例分做两组：一组是积极品的事例，也就是同类或同品的事例；一组是消积品的事例，也就是异类或异品的事例[1]。现在把它们解析如下：

| （甲）积极品八个事例 | 原因（前件） | 结果（后件） |
| --- | --- | --- |
| （1）董子之行石邑； | 必罚 | 明威 |
| （2）子产之教游吉； | 必罚 | 明威 |
| （3）仲尼说陨霜； | 必罚 | 明威 |
| （4）殷法刑弃灰； | 必罚 | 明威 |
| （5）将行去乐驰； | 必罚 | 明威 |
| （6）公孙鞅重轻罪； | 必罚 | 明威 |
| （7）管仲知之，故断死人； | 必罚 | 明威 |
| （8）嗣公知之，故买胥靡； | 必罚 | 明威 |
| （乙）消积品的四个事例； | 原因（前件） | 结果（后件） |
| （1）丽水之金不守； | 刑罚不必， | 则禁令不行 |

| | | |
|---|---|---|
| (2) 积泽之火不救; | 刑罚不必, | 则禁令不行 |
| (3) 成欢以太仁弱齐国; | 刑罚不必, | 则禁令不行 |
| (4) 卜皮以慈惠亡惠王; | 刑罚不必, | 则禁令不行 |

在八个积极品的事例里，都具有共同的原因"必罚"和共同的结果"明威"。也就是"刑罚必"则"禁令行"的意思。就由这八个同类的事例已经足够归纳出类同法的结论"必罚"则"明威"或"刑罚必"则"禁令行"来了。但是韩非子用了同异交得法，更进一步地把这八个同类的事例和其他四个异类的事例相比较[2]。在这四个消积品的事例里，都缺乏共同的原因"必罚"和共同的结果"明威"，也就是"刑罚不必，则禁令不行"。这样把同类和异类的两组事例互相比较就寻求出一般原则性的结论"必罚则明威"来，这就表明了"必罚"和"明威"之间有着必然的内在的因果关系："必罚"是"明威"的真正原因；"明威"是"必罚"的必然结果。

[注释]

[1] 积极品，犹言正面的、肯定的。同类或同品：指若干个正面的或者说是肯定的事例中有共同的特点，例如有共同的原因和结果。消积品，犹言负面的、否定的。异类或异品：指若干个负面的或者说是否定的事例中缺乏共同的特点，例如缺乏共同的原因和结果，或者说具有共同的否定性的特点，例如否定性的因果关系"要是刑罚执行不坚决，那么禁令就实行不了"。

[2] 同异交得法：运用归纳法进行求证的一种方法。它将同类事例及其归纳而得的结论和异类事例及其归纳而得的结论作比较，互相补充，合同共证。逻辑书上将"寻求因果联系的逻辑方法"看作归纳法，因为因果联系是进行科学归纳推理的必要条件。又将"寻求因果联系的逻辑方法"分为"求同法、求异法、求同求异并用法……"，其中第三种实际上解释同异交得法最接近。这第三种可分三步：第一步 A 环境中有 a 特征（犹积极品从同类事例中归纳出类同法的结论）；第二步非 A 环境中没有 a 特征（犹消极品从异类事例中归纳出缺乏共同原因的他类特征）；第三步将前两步合在一起，得出"A 环境中必然产生 a 特征"，亦即 A 环境是 a 特征的原因。公式是：比较正、反两组场合：有 A 有 a；无 A 无 a/所以，A 是 a 的原因。还说："这里应用求异法，得到的结论比每组场合

单独得出的结论更为可靠。"（中国人民大学出版社《形式逻辑》，第269、270页）可知现代逻辑有消极归纳的比单独求同法、单独求异法更具逻辑的严密性，更有说服力。而有消极逻辑在内的同异交得法恰恰是韩非子逻辑的所重、所循，中国古代逻辑学成就可知。

[段旨]

在对十二个事例的归纳逻辑作积极品和消极品的内在逻辑分析的基础上，指出同异交得法的重要作用。

### §8. 0. 0. 7—274

这现在我们分三小节来叙述韩非子的归纳推理：（一）类同法；（二）差异法；（三）同异交得法。[1]

[注释]

[1] 从一般逻辑学审视韩非子三大归纳方法。这三大方法的提法有一般逻辑学的依据，参见第273节注释[2]。

[段旨]

下文的预告。从一般逻辑学的归纳法看韩非子归纳推理的三种方法。

# 第一节　类同法

### §8. 1. 0. 1—275

类同法是用两个以上同类的事例做前提归纳出一般原理来的归纳推理[1]。由于归纳推理的目的总是在于探求事物的原因，因此类同法也就是要从相同的现象里寻求出它们的共同的原因的归纳推理[2]。

（1）《难言》："子胥善谋而吴戮之；仲尼善说而匡围之；管夷吾实贤而鲁囚之[3]。故此三大夫岂不贤哉？而三君不明也[4]。"

这是用三个事例做前提的类同法的归纳推理。"戮""围"和"囚"是同一类型的现象。"君不明"是这些现象的共同原因，反之，这些现象是"君不明"所产生的必然结果。[5]

[注释]

[1] 这句话强调类同法在归纳推理中。至于求同求异之法在一般逻辑推理中的作用和使用，可参见第41节注释[1]、第68节注释[1]、

第 69 节注释［1］。

［2］关于同异和因果关系的联结，参见第 75 节及其注释 1 号。

［3］子胥：伍子胥，名员，春秋楚国人，为报楚平王无辜杀害家父伍奢之仇，离楚赴吴，任吴国大夫，他先帮助吴王阖闾打败楚国，后又帮助吴王夫差打败越国，越向吴求和，他极力劝阻，但吴王夫差听信太宰伯嚭（pǐ）的谗言，不听他的忠谏；后吴王北上伐齐，他又极力劝阻，触怒吴王，吴王赐剑逼他自杀。仲尼：孔丘的字。匡：春秋时宋国的地名，在今河南省长垣县西南。匡围之：孔丘为推行自己的政治主张而四处游说，到宋国时曾被匡人围攻。管夷吾：管仲，春秋齐桓公的相。早年曾帮助公子纠与小白（齐桓公）争夺君位，失败后在鲁国被囚。

［4］故：发语词，夫。三君：吴王、宋君、鲁君。这句话是说，这三位大夫难道还不够贤德吗？三位君主不明智呀！

［5］今逻辑书上区分枚举式的同类归纳和有相异比较的，寻求原因和结果的科学的同类归纳。韩非子的同类归纳属于后者。文中指明原因和结果，可知这里的同类归纳正是科学的同类归纳。科学的同类归纳的公式是：

| 场合 | 先行情况 | 被研究现象 |
|---|---|---|
| （1） | ABC | a |
| （2） | ADE | a |
| （3） | AFG | a |
| ⋮ | ⋮ | ⋮ |

所以，A 可能是 a 的原因

由以上公式可知：求同法的特点是异中求同。式中三项 ABC，ADE，AFG 都是不同的，在其中求取 A 和 a（以上参见中国人民大学出版社《形式逻辑》，第 267 页）。

韩非子举例中"戮""围""囚"是 A，"君不明"是 a，不同语境的表达"子胥……""仲尼……""管夷吾……"是 ABC，ADE，AFG。韩非子归纳法中的求同法已经可以在现代逻辑的科学的同类归纳中被考量，足见其逻辑学的成就。

[段旨]

韩非子归纳推理求同法举例及其内在逻辑结构分析和学术成就的高度。

§ 8. 1. 0. 2——276

(2)《二柄》:"越王好勇,而民多轻死;楚灵王好细腰,而国中多饿人;齐桓公妒而好内,故竖刁自宫以治内;桓公好味,易牙烝其子首而进之;燕子哙好贤,故子之明不受国(五个事例做前提)[1]。故君见恶,则群臣匿端;君见好,则群臣诬能[2]。(结论)[3]"

这里的结论是:"君见好,则群臣诬能。"因为列举的五个事例都是它的例证。"故君见恶,则群臣匿端"只是用作陪衬的措辞罢了。这五个事例的具体表现虽然各不相同,但却都是"诬能"的现象,因此他们也都是同一类型的现象。"君见好"是这同一类型的现象的共同原因,反之,这同一类型的现象都是"君见好"所产生的必然的结果[4]。

[注释]

[1] 越王:越王勾践,春秋末越国君主。他被吴王夫差打败后,用厚赏严伐鼓励民众勇敢赴战杀敌,为越国报仇,最终打败了吴国。轻死:把死看得很轻,不怕死。这句话是说,过去越王勾践喜欢勇敢,民众中就涌现很多不怕死的人。楚灵王:春秋时楚国的国君,又称荆灵王,名围,公元前540年至公元前529年在位。饿人:用饿肚子的办法来瘦身使腰变细的人。齐桓公:依靠管仲的辅佐成了春秋五霸之一,公元前685年至公元前643年在位。管仲死后,桓公重用佞臣竖刁、易牙、开方等人。结果佞臣作乱,将桓公渴死饿死。妒而好内:性情嫉妒而喜好女色。乾道本"妒"字下有"外"字,《校注》本已删。周著据《集解》本"妒"字后不出"外"字。竖刁:齐桓公宠爱的僮仆,名刁。自宫:自己阉割掉生殖器。好味:爱好美味。两桓公句:齐桓公生性嫉妒而喜欢后宫的女色,竖刁就自己阉割掉生殖器去主治后宫的事;桓公喜欢美味,易牙就蒸煮了自己儿子的头进献给桓公。子哙(kuài):燕王哙,战国时燕国的君主,为了让贤,公元前316年他把王位让给燕相子之,受到保守势力的反对,引起齐国的武装干涉。子之明不受国:指燕王让位给子之

时，子之表面上不接受王位。

[2] 君：乾道本"君"字下有"子"字，校注本已删。周著据集解本"君"字下不出"子"字。见：现，表现。匿端：隐藏某些方面。诬：欺骗。诬能：吹嘘有才能。这句话是说，国君表现出厌恶什么，群臣就会把这方面的事隐藏起来；国君表现出喜欢什么，群臣就会在这方面吹嘘自己有才能。

[3] 这一归纳结论以五个相同类型的事例为前提，说是相同，都是"国君喜欢……，群臣就做……"，结论实际上也只是"君见好，则群臣诬能"。故这一归纳推理符合第275节注释引用的"科学的同类归纳公式"。

[4] 这句话是借结论中的说法，分析五个事例都是"君见好"为因，"民多轻死""国中多饿人"等五种现象为果的因果关系，结论是共同之因和共同之果的因果关系，从而可知归纳推理本身总是与因果关系密不可分，无论是前提还是结论，都由因果关系的表达组成。归纳推理离不开寻求因果关系。参见本书第275节和注释 [2]。

[段旨]

韩非子归纳推理求同法五个事例做前提举例及其内在因果关系逻辑结构分析。


### §8.1.0.3—277

（3）《饰邪》："恃诸侯者，危其国（结论）[1]。曹恃齐而不听宋，齐攻荆而宋灭曹[2]；荆恃吴而不听齐，越伐吴而齐灭荆；（顾广圻曰：二荆字皆当作刑）[3]。许恃荆而不听魏，荆攻宋而魏灭许[4]；郑恃魏而不听韩，魏攻荆而韩灭郑[5]。（四个事例做前提）[6]

这是由四个事例归纳出的结论出结论的类同法的归纳推理。四个事例都具有共同的原因和共同的结果：

| 前件的原因 | 后件的结果[7] |
| --- | --- |
| （1）曹恃齐 | 宋灭曹 |
| （2）荆恃吴 | 齐灭荆 |
| （3）许恃荆 | 魏灭许 |
| （4）郑恃魏 | 韩灭郑 |

这四个事例所具有的共同的原因是"恃诸侯"；所产生的共同结果是

"危其国"。因此得出了一般原则性的结论：恃诸侯者，危其国。

[注释]

[1] 这句话作为结论放在前面。句意是，依靠诸侯，就会危害自己的国家。

[2] 曹：春秋诸侯国名，在今山东定陶一带。宋：春秋诸侯国名，范围包括今河南东南部和山东、江苏部分地区。荆：楚国别名。范围包括今湖北省全部和湖南、江西、河南、安徽等部分地区。齐攻荆而宋灭曹：据《左传》记载：鲁哀公八年（公元前487年）宋灭曹。齐攻荆事未详。

[3] 越伐吴：参见第275节注释 [1]。"齐灭荆"之"荆"字，校注本已改作"刑"字。周著依集解本仍作"荆"字，但出顾广圻注明谓二"荆"皆当作"刑"。刑：春秋诸侯国名。在今河北省邢台市一带。公元前661年，刑迁于夷仪（在今山东聊城市东南）。齐灭刑：据《左传》记载，鲁僖公二十五年（公元前635年）卫灭刑。齐灭刑事未详。

[4] 许：诸侯国名，在今河南省叶县西。荆攻宋而魏灭许：据《左传》记载，鲁定公六年（公元前504年）郑灭许，哀公元年（公元前494年）许从楚围蔡。《战国策·魏策一》载，苏秦、张仪都说许是魏国之地。疑许初灭于郑，后附于楚，再灭于魏。荆攻宋事史实未详。

[5] 魏攻荆而韩灭郑：韩哀侯二年（公元前375年）韩灭郑，并迁都新郑（参见《史记·韩世家》）。魏攻荆事，史实不详。

[6] 四个同类事例做前提，归纳出一个结论。例同第275节注释 [5] 引用的公式。

[7] 分析前提乃至结果的前件（前项）和后件（后项），以揭示出因果关系的做法，参见第236节注释内的附表五。

[段旨]

韩非子归纳推理求同法四个事例做前提举例及其内在因果关系逻辑结构分析。

§8.1.0.4—278

（4）《外储说右下》："淖齿之用齐也，擢闵王之筋；李兑之用赵也，饿杀主父。（两个事例做前提）[1]此二君者，皆不能用其椎锻榜檠，故身死名戮，而为天下笑。（结论）[2]"

这里的结论里的"椎锻榜檠"是指"法"说的。这个例证的上文说："椎锻者，所以平不夷也；榜檠者，所以矫不直也，圣人之为法也，所以平不夷，矫不直也。"[3] 因此他是用"椎锻榜檠"来描述"法"的作用的。这样，这里的结论实质上就是："不能用其法，故身死为戮，而为天下笑。"闵王和主父都具有"身死为戮，而为天下笑"的共同结果，产生这共同结果的原因是："不能用其法。"[4]

[注释]

[1] 擢（zhuó）：拔，抽。闵王：齐湣王。筋：附在骨上的韧带。淖（zhuō）齿、李兑弑君事迹参见第 269 节注释 [1]。这里用两个同类事例（臣弑君）作前提。

[2] 椎（chuí）锻：大锤、铁砧。榜檠（bēng qíng）：古代矫正弓弩的工具。比喻法治权术。戮：通"僇"（lù），羞辱。这两句是说，这两位君主（指齐湣王、赵武灵王）因为不能用法治手段，所以身死名辱，为天下人所嘲笑。两个同类事例做前提，其内在因果关系与结论的因果关系是一致的。

[3] 夷：平。矫：矫正。这里是说，大锤铁砧，是用来平整不平的；矫正弓弩的榜檠是用来矫正不直的。圣人制定法令，借以平整不平，矫正不直。

[4] 这一整段，在明确修辞比喻的说法"椎锻榜檠"是指法治手段的基础上，再次明确两前提、一结果的内在因果关系皆有共同之因，共同之果，共同之因是，不能用其法；共同之果是，两君被杀，终为天下笑。

[段旨]

韩非子归纳推理求同法两个事例做前提举例及其内在因果关系逻辑结构分析。

### §8.1.0.5—279

（5）《人主》："昔关龙逢说桀而伤其四肢；王子比干谏纣而剖其心；子胥忠直夫差而诛于属镂。（三个事例做前提）[1] 此三子者为人臣非不忠，而说非不当也，然不免于死亡之危者，主不察贤智之言，而蔽于愚不肖之患也。（结论）[2]"

这里作为前提的三个事例里，都具有共同的结果"死亡之危"。韩非子分析了产生这个共同的结果的共同原因。这共同的原因既不是"为人臣不忠",也不是"说不当",而是"主不察贤智之言,而蔽于愚不肖"。"蔽于愚不肖"也就是"不察贤智之言",不过是采用肯定和否定的说法来表示同一个思想内容罢了。因此作为后件结果"死亡之危"的前件原因是:"蔽于愚不肖",也可以说是"不察贤智之言"。这个归纳推理的结论就是:"主不察贤智之言,而蔽于愚不肖,则人臣不免于死亡之危。"

[注释]

[1] 关龙逄(páng),《校注》本作"逢(páng)",周著据《集解》本作"逄"。关龙逄为夏桀王的大臣,因直谏被杀。说(shuì):劝说,提意见。比干:商王文丁的儿子,商纣王的叔父。比干多次强谏纣王,被纣王剖心而死。属镂(zhǔ lòu):剑名。诛于属镂:公元前494年,吴国打败越国后,越王勾践派人向吴王夫差求和,大臣伍子胥极力劝吴王拒绝,吴王不从。后又听信谗言,赐属镂剑逼他自杀。这里作前提的三个事例都是"大贤尽忠反遭杀戮"的史实悖谬。

[2] 三子:三位贤人。子:对贤人的尊称。这句话是说,这三位贤人作为人臣并非不忠诚,提的意见并非不恰当,但不能避免死亡的灾祸,是君主不能明察贤人智者的言论,而受到愚蠢无知的大臣们的蒙蔽而酿成的大祸。这一结论是造成三个事例三个共同结果臣遭"死亡之危"的共同原因"非不忠""非不当",而是国君的"不察贤智之言"和受"蔽于愚不肖"。共同原因的表述"非不……,非不……,(为)不……,而……",用肯定否定表述法说共同原因。

[段旨]

韩非子归纳推理求同法三个事例做前提举例及其内在因果关系逻辑结构分析。

# 第二节　差异法

### §8.2.0.1—280

差异法是用两个互相矛盾的事例做前提比较出一定的前件原因产生一定的后件结果的归纳推理[1]。例如《饰邪》说:

"彼法明,则忠诚劝;罚必,则邪臣止[2]。忠劝邪止而地广主尊者，秦是也[3]。群臣朋党比周，以隐正道，行私曲而地削主卑者，山东是也[4]。乱弱者亡，人之性也；治强者王，古之道也[5]。"

这里列举了一对互相矛盾的两个事例：秦是正面的事例；山东是反面的事例。在正面的秦的事例里，由于具有了"法明罚必"的前件原因，因此产生了"地广主尊"也就是"治强"的后件结果。在反面的山东的事例里，由于不具有"法明罚必"的前件原因，因此就没有"地广主尊"也就是没有"治强"的后件结果。虽然韩非子在反面的事例里也用了正面的措辞，但是把它和正面的事例比较着看，那它仍旧是反面的。"群臣朋党比周，以隐正直，行私曲"正是"法明罚必"的反面；"地削主卑"和"乱弱"也正是"地广主尊"和"治强"的反面。因此这个差异法的结论是"法明罚必，则治强"。现在再举例如下：

[注释]

[1] 差异法有很强的认识作用。康德就很重视差异对认识的作用。在有没有上帝、有没有灵魂这类问题上，康德说，"因为所问的对象在此摆脱了与其本性相矛盾的一切异质性"，所以不会有真实的答案。而面对客观实际的知性，"只和自在的事物本身，而不是和现象打交道。因而，只要纯粹理性在否定的方面能够对贴近一个主张的理由的东西有所言说，在此无疑将会遇到某种真实的冲突。"（邓译本《纯粹理性批判》，第571页）"但这种争执所揭示的无非是某种理性的二律背反，而二律背反既然基于理性的本性，它就必须要得到倾听和受到检验。"（邓译本《纯粹理性批判》，第574页）现代逻辑学指出，差异法（求异法）是从两个场合的差异中寻求原因的方法。为了运用差异法来找出现象的原因，必须有两个场合，即所研究的现象出现的正面场合和所研究的现象不出现的反面场合。在这两个场合中，其他的情况都相同，只有一个情况在正面场合中出现，而在反面场合中不出现，那么，这个情况就是被研究现象的原因或部分原因。求异法的公式可以表示如下：

| 场合 | 先行情况 | 被研究的现象 |
|---|---|---|
| (1) | A，B，C | a |
| (2) | B，C | —— |
| 所以 | A 是 | a 的原因 |

一般逻辑书上还认为，与求同法相比，求异法有更多的认识作用，原因是：第一，求异法主要用于实验，而实验可以使我们用人工的方法改善自然环境，因此，它的应用范围比以观察为基础的求同法要广泛得多。第二，求异法的结论具有更大的可靠性。当相同的情况不止一个时，单用求同法就不行了。如果我们用求异法对正、反两个场合进行正确的分析，那么求异法的结论就更加可靠了。因而求异法常常用来检验求同法在观察过程中所得到的结论。（以上参见中国人民大学出版社《形式逻辑》修订本，第267、268页）又，差异法被英国哲学家、逻辑学家密尔（J. S. Mill，1806—1873）列为他的五规则或五条归纳规则的第二条。密尔说："作为差异法规范原理的规则，可以表达如下：如果一个被考察现象出现的事例和一个被考察现象未出现的事例，除了只发生在前者的一个情况外，一切情况都相同，那么，两个事例唯一不一致的这个情况是该现象的结果，或原因，或原因的不可缺少的部分。"（参见《西方哲学英汉对照辞典》，第618页）

［2］劝：勉励，勉力从事。这句话是说，他们（先王）的法度彰明，忠臣就会勉力从事，刑罚执行坚决，邪恶之臣就会停止作恶。

［3］这句话是说，忠臣自勉邪臣收手，土地广大，君主尊贵，秦国正是这样。

［4］比周：紧密勾结。私曲：谋私利的邪道。山东：崤（xiáo）山（今河南渑池县西）以东，实指齐、楚、燕、韩、赵、魏，即所谓"山东六国"。这句话是说，群臣们结党营私，紧密勾结，隐匿正道，盛行谋私利的邪道，因而土地削减，君主卑弱，崤山以东的六国就是这样。

［5］人之性：指人事的规则。王（读去声 wàng）：动词，称王，统治天下。这句话是说，社会混乱，国力弱小的衰亡，那是人事的常规；社会安定，国力强盛的称王称霸于天下，这是自古以来的道理。由以上可见，这一归纳举了正面例秦国，反面例六国。前者有"法明罚必"作为原因，结果"治强而王"，后者无此原因，结果被灭亡。结论："法明罚必"才能国力强盛。用求异法找到了一条正确的结论。

**［段旨］**

什么是差异法归纳推理？差异法举例及其内在逻辑结构分析。

**§8.2.0.2—281**

(1)《功名》：桀为天子，能制天下，非贤也，势重也[1]。尧为匹夫，不能正三家，非不肖也，位卑也[2]。千钧得船，则浮，锱铢失船，则沉[3]；非千钧轻而锱铢重也，有势之与无势也[4]。

这个差异法所用的两个相反的事例"桀"和"尧"虽然有比喻的性质，但仍表现了差异法的本质。表面上看来，具有"天子"的前件原因就能产生"制天下"的后件结果；反之，不具有"天子"的前件原因就不能产生"制天下"的后件结果。"为匹夫"解释不具有"天子"的前件原因；既然"不能正三家"，当然更谈不上会有"制天下"的后件结果了。照韩非子看来，造成能不能"制天下"的后果的前因，既不是由于"贤不肖"的差别，也不是由于做不做天子的表面条件，本质上是由于"有势之于无势"的缘故。他在这里又运用了修辞性的类比推理，把"势"比做"船"，"有势"比做"得船"，"无势"比做"失船"，"为天子"比做"浮"，"为匹夫"不做天子比做"沉"。这样，就使这个差异法的面貌表现得更加生动活泼了。[5]

[注释]

[1] 桀：夏代最后一名君主，暴君。势：权势。这句话是说，夏桀为君主，能统治天下，不是有贤才，而是位高权重。

[2] 尧：我原始社会末期部落联盟的杰出首领，传说中的贤君。匹夫：普通百姓。这句话是说，尧是个普通百姓的时候，管理不住三个人家，不是没有贤才，而是地位卑下。

[3] 钧：古代计重量的单位，三十斤为一钧。千钧：形容很重的物体。锱铢（zī zhū）：都是古代计重量的单位。六铢为一锱，四锱为一两。这里用来指很轻的东西。这句话是说，千钧之物有了大船装载，就能浮出水面，很轻的东西没有了船就沉入水底。

[4] 这句话是说，不是千钧之物轻而锱铢之物重，而是有浮力之势和无浮力之势的区别。由这句话可知，这一差异法的根本对立还在于"有势"和"无势"，与韩非子的法家思想紧密挂钩。

[5] 这段话里，周著列出了几种对立事例：夏桀/唐尧、天子/匹夫、制天下/不能正三家、贤/不肖、有势（千钧、有船、浮力大、浮）/无势

（锱铢、无船、无浮力、沉）。前四种是非本质的对立，不能决定本例差异法的因果关系，只有第五种"有势/无势"才是本质的对立。括号内的文字只是用修辞上的比喻来形象地说明"有势"与"无势"的各自的状况。而"势"正是韩非法家思想三大组成部分"法、术、势"的一个重要的部分。值得注意的是，大船载千钧是大船排水量大，浮力大，而锱铢自沉是几乎没有排水量，浮力几乎为零。此例是韩非子书中涉及浮体定律的部分。浮力是水的比重与排水体积的乘积。

[段旨]

韩非子"法术势"法家思想中"势"为二元对立的差异法举例，及其借修辞比喻作形象说明来揭示其内在逻辑结构的表达方式。

## §8.2.0.3—282

由于"有势"的前因，就有"制天下"的后果；反之，不具有"有势"的前因，即"无势"就不能有"制天下"的后果。表示这种论点的差异法在其他篇章里也可以找到，例如《难势》说：

"尧为匹夫，不能治三人，而桀为天子，能乱天下。吾所以知势位之足恃，而贤智之不足慕也[1]。"

《五蠹》也说：

"民者，固服于势，势诚易以服人[2]。故仲尼反为臣，而哀公顾为君；仲尼非怀其义，服其势也[3]。故以义，则仲尼不服于哀公，乘势，则哀公臣仲尼[4]。"

[注释]

[1] 恃（shì）：依赖。足恃：值得依靠。这句话是说，我以此而知道权势地位才值得依靠，而贤才智慧不值得美慕。

[2] 这句话中的第二个"势"字，乾道本不重出，《校注》本已补出。周著据《集解》本重出"势"字。诚易：确实容易。这句话是说，老百姓，本来就服从权势，权势确实容易用来使人服从。

[3] 顾：反而。这句话是说，所以仲尼反而为臣，鲁哀公反而为君主，仲尼不是怀抱自己的"义"，而是服从哀公的"势"。

[4] 乘：乘借，借助。这句话是说，所以说凭借"义"，仲尼就不服从于鲁哀公，借助于"势"，鲁哀公就臣服仲尼。

**［段旨］**

围绕"势"的对立，能否造成"制天下"的后果的再举例、再说明。

**§8.2.0.4—283**

（2）《外储说左上》："昔者舜鼓五絃，歌《南风》之诗，而天下治[1]。今以单父之细，治之而忧，治天下将奈何乎[2]？故有术而御之，身坐于庙堂之上，有处女子之色，无害于治；无术而御之，身虽瘁臞，犹未有益[3]。"

这个差异法阐明了"术"是"天下治"的原因，"天下治"是"术"所产生的结果。他用了两个相反的事例：正面的事例表明具有"术"的前件原因即"有术"，就有"天下治"的后件结果；反面的事例表明不具有"术"的前件原因即"无术"，就不能有"天下治"的后件结果。[4]表示这一论点的差异法也出现在别的篇章里，例如《外储说右下》说：

"无术以御之，身虽劳，犹不免乱；有术以御之，身处佚乐之地，又致帝王之功也。[5]"

这里所表明的"有术"和"无术"决定了能不能"治天下"和例（1）里所表明的"有势"和"无势"决定了能不能"制天下"具有着同样的意义，都表现了韩非子的法术思想[6]。

**［注释］**

[1] 舜：我国原始社会末期部落联盟的领袖，传说中的贤君。鼓：弹奏。絃：《校注》本作"弦"，周著据《集解》本作"絃"，二字是异体字。五絃：琴，古代的一种乐器。《南风》：古代诗歌篇名，见于《尸子·绰子》。又张觉据日本学者津田凤卿引《家语》："南风之薰兮，可以解吾民之愠兮；南风之时兮，可以阜吾民之财兮。"

[2] 单（shàn）父：地名，在今山东省单县。细：小。指单父地方很小。奈何：对此该怎么办。这句话是说，如今以小小的单父之地，治理它而忧愁不断，要是治理天下该怎么办呢？

[3] 术：治理天下的办法。御：驾驭，统治。庙堂：宗庙，古代在祭祀先祖的宗庙里讨论大事和发布战争命令。这里借指朝廷。瘁臞（cuì qú）：劳累消瘦。这两句话是说，所以说，有统治术而治天下，身子稳坐在朝廷之上，面色红润像少女，也不会妨害治理天下；要是无统治术而

治天下，身子虽然劳累消瘦，也无益于治理天下。由以上可知，这段话如同第281节以"有势"和"无势"为根本对立那样，这一段的差异法的根本对立在于"有术"和"无术"，同样与韩非子的法家思想紧密挂钩。

[4] 周著分析本节引例的差异构成是：正面事例—前件原因—有术—后件结果—天下治；反面事例—前件原因—无术—后件结果—天下乱。或说成，正面事例/反面事例、前件有术/前件无术、后件天下治/后件天下乱。

[5] 佚（yì）：通"逸"，安逸。佚乐：安逸快乐。这句话是说，没有统治术用来治天下，身子虽然劳累，仍不免天下大乱；有统治术用来治理天下，身子处在安逸快乐的境地，又能获得帝王的功业。

[6] "有术""无术"的差异对立与"有势""无势"的差异对立同样重要，但从引例看，对后者的引用、分析都详于前者，参见第281节注释［3］、［4］。

[段旨]

围绕"术"的对立，能否造成"天下治"的后果的举例和说明。

### §8.2.0.5—284

（3）《外储说左下》："昔周成王近优侏儒以逞其意，而与君子断事，是能成其欲于天下[1]。今季孙养孔子之徒，所朝服而与坐者以十数，而与优侏儒断事，是以遇贼[2]。故曰：不在所与居，在所与谋也[3]。"

在这个差异法所运用的两个事例里，周成王由于其有"与君子断事"的前件原因，所以就有"成其欲于天下"后件结果；季孙恰巧相反，由于不具有"与君子断事"的前件原因，所以就没有"成其欲于天下"的后件结果。[4]

[注释]

[1] 优：优伶，古代以歌舞诙谐取悦于人的人。侏儒：身材矮小的人，古代统治者常以这种人为戏耍的对象。逞其意：犹言满足自己的心愿。断：决断，决策。成其欲：实现自己的愿望。这句话是说，从前周成王接近优伶侏儒以满足自己寻求快乐的心意，而与君子决策国家大事，

这就能在治理天下方面实现自己的愿望。

[2] 季孙：《外储说左下》上文有"季孙好士，终身庄，居处衣服常如朝廷"。贼：杀害。这句话是说，如今季孙养孔子的门徒，穿着上朝时所穿的礼服而和他坐在一起的有十几个人，而与优伶侏儒决断大事，因此就遭到杀害。

[3] 这句话是说，所以说，不在于和他住在一起的是些什么人，而在于和他一起谋划的是些什么人。由以上可知，这段话的差异法的对立在于能否"与君子断事"。认识方法的正确与否被提高到极其重要的位置。于是知韩非子将"法术势"三者和认识方法正确与否看得特别重要。

[4] 周著分析本节引例的差异构成是：正面事例—周成王—前件原因—有"与君子断事"—后件结果—"成其欲于天下"；反面事例—季孙—前件原因—不具有"与君子断事"—后件结果—不具有"成其欲于天下"。或说成，正面事例/反面事例、周成王/季孙、前件有"与君子断事"之原因/前件不具有"与君子断事"之原因、后件有"成其欲于天下"的结果/后件没有"成其欲于天下"的结果。

[段旨]

围绕有否"与君子断事"的对立，造成有否"成其欲天下"的不同后果的举例和说明。


### §8.2.0.6—285

韩非子的差异法是具有它自身的特点的。现在我们给以总的说明：

（一）他的差异法是明确地表现着矛盾律的[1]。他总是用两个绝对矛盾的事例来探究它们之间的差别。这绝对矛盾的性质格外明显地表现在两个事例的前件原因上：例如上述例（1）里的"有势"和"无势"和例（2）里的"有术"和"无术"。这一有一无的有无律正是矛盾律在语文形式上的具体表现。这种在前件原因上运用有无对举例证在他的论著中是数见不鲜的。例如《外储说左上》说：

"有常仪的，则羿、逢蒙以五寸为巧；无常仪的，则以妄发而中秋毫为拙[2]。故无度而应之，则辩士繁说；设度而持之，虽智者犹畏失也，不敢妄言[3]。"

"设度"和"无度"相对，也就是"有度"的意思。又如《难一》说：

> "君有道，则臣尽力，而奸不生；无道，则臣上塞主明，而下成其私[4]。"

（二）在他所运用的差异法中，对于正面事例和反面事例的后件结果在措辞上有时采用正面的说法，例如上述例（3）里的"成其欲于天下"和"遇贼"；有时采用婉转的说法，例如上述例（2）里的"天下治"和"治之而忧"，"无害于治"和"犹未有益"；有时采用强调对比的口气，例如上述例（1）里的"制天下"和"不能正三家"。[5]在表面上看来，似乎正面事例里和反面事例里都有它们自身的独立的结论；实质上反面事例的后件结果正是正面事例的后件结果的反面，不管措辞上有着怎样的灵活变化，都不过是用来衬托正面的结论罢了。这一点表明了我们的逻辑观点：就是要通过语文表现和语法结构揭示出推理形式的本来面目。[6]

**[注释]**

[1] 矛盾律：参见第42—56节周著正文和相关注释文字。

[2] 常：固定。的（dì）：箭靶，目标，标准。仪，（发射的）标准，规则。仪的：实施发射规则的目标。有箭靶作射击目标。羿（yì）：传说中的古代神箭手，逢蒙是他的学生。妄发：乱发射。秋毫：状其细小。这句话是说，有固定的箭靶作射击目标，那么神箭手羿和逢蒙都以射中直径五寸的箭靶子为高手；没有固定的箭靶作为射击目标的，那就以乱发而射中很细小的目标也作为功夫拙劣者。

[3] 度：标准。无度：没有标准。设度：事先设置个标准，有标准。这句话是说，所以说，没有一定的标准去看待他人的言论，能说会道的人就会用繁杂的话进说；事先设置了标准并坚持用来衡量他人的言论是否正确，那么即使是智慧之人也会害怕失言而不敢随便乱说。

[4] 道：治理国家的方法。这句话是说，如果国君掌握了治国的方法，那么大臣就会为国君竭尽全力，奸邪也不会发生；要是国君没有掌握治国的方法，那么臣下就会对上堵塞国君的明察，而在下面成就其私利。

[5] 这里讲了充满矛盾律的差异法后件结果说法三种：语文上的正

面说法/正面的对立、语文上的婉转说法/婉转的对立、语文上的对比口气/对比比较的对立。由韩非子相关表达可知，矛盾对立是有层次、层级之分的，这应该在语言表达上明确体现出来，不应该笼统地说成"对立""斗争"之类，那是不正确的语言表达。

[6] 这段话透过灵活的语文表达看出正、反两个方面的事例的后件结果的实质所在，表明周著旨在从语文学进入逻辑学，就揭示推理形式本来面目做出进一步的探求。这一探求和矛盾层次、层级相比，探求的逻辑性和逻辑上的精细与矛盾层次、层级的哲学性都有不一般的意义，两者都规划出从语言学进入哲学、逻辑学的途径。

[段旨]

韩非子逻辑差异法的两大总特点：一是充分运用矛盾律，二是从语文学进入逻辑推理形式。

# 第三节 同异交得法

§8.3.0.1—286

同异交得法是类同法和差异法联合运用的归纳推理。它从正面和反面的两组事例中进行比较归纳出一般原则性的结论[1]。正面的一组事例具有相同的前件原因和后件结果，因此叫做积极品；反面的一组事例不具有相同的前件原因和后件结果，因此叫做消极品。[2]

[注释]

[1] 这里涉及事例、原因、结果。康德说："因为意识是一切的逻辑形式的本质条件，所以逻辑能够，并且需要研究清楚的表象，而不研究模糊的表象。在逻辑学中，我们看不到表象是怎样发生的，而只能看到表象是怎样与逻辑形式相一致的。一般说来，逻辑学可以完全不讨论单纯的表象及其可能性。它把这样的工作留给形而上学去做，逻辑自身只在一切思维借以发生的概念、判断和推理中，研究思维的规律。"（康德：《逻辑学讲义》，第32页）这里是说，逻辑只是来源于表象（实际上就是客观存在的事物本身）的逻辑形式。形而上学，指哲学。康德认为逻辑学与哲学是有区别的。原因、结果等当然就是来自客观世界的逻辑形式。

[2] 同异交得法的一般逻辑式：

| 场合 | 先行情况 | 被研究的对象 |
|------|----------|--------------|
| 正面场合 | A, B, C | a |
| | A, D, E | a |
| | A, F, G | a |
| 反面场合 | B, M, N | — |
| | D, O, P | — |
| | F, Q, R | — |

所以，　　　　A 是　　　　　　a 的原因

[段旨]

什么是同异交得法？同异交得法的积极品和消极品。

### §8.3.0.2—287

同异交得法和类同法的区别在于：类同法只是同异交得法的一半，如果把同异交得法的积极品独立起来，这独立起来的积极品就等于类同法[1]。同异交得法和差异法的区别在于：同异交得法具有两组事例，差异法只具有两个事例[2]。如果从同异交得法的积极品和消极品各抽一个事例来单独处理，那就等于差异法[3]。因此我们综合地说：同异交得法和类同法的区别是质的区别：类同法只具有同质的事例；同异交得法既具有同质的事例，也具有异质的事例。同异交得法和差异法的区别是量的区别：差异法只具有一个正面的事例和一个反面的事例；同异交得法却具有一组正面的事例即积极品和一组反面的事例即消极品。[4]现在给同异交得法举例并加以说明：

[注释]

[1] 由 286 节图表可知，将正面场合的三项（积极品）独立出来，即类同法，比照第 275 节注释 [5] 图表。

[2] 由第 286 节公式图与第 280 节注释 [1] 的公式图比较可知。

[3] 从第 286 节公式图的正面场合的三项（积极品）抽取一项，又从反面场合（消极品）抽取一项，两者合在一起，与第 280 节注释 [1] 公式图比照可知。

[4] 周著对归纳法三种科学推理方法的总结是：类同法/同异交得法——两者有质的区别＝＝类同法只具有同质事例/同异交得法既具有同质事例也具有异质事例。差异法/同异交得法——两者只有量的区别＝＝差异法只具有一个正面事例，还具有一个反面事例/同异交得法既具有一组正面事例即积极品，还具有一组反面事例即消极品。这两条链条式的小结，均可在第275节公式图、第280节公式图与第286节公式图的比照中得到说明。

[段旨]

科学归纳法三种方法同异法、差异法与同异交得法内在逻辑结构的比较。

### §8.3.0.3—288

(1)《饰邪》："当魏之方明《立辟》，从宪令行之时，有功者必赏，有罪者必诛，强匡天下，威行四邻[1]。及法慢，妄予，而国日削矣[2]。当赵之方明《国律》，从大军之时，人众兵强，辟地齐燕[3]。及《国律》慢，用者弱，而国日削矣[4]。当燕之方明《奉法》，审官断之时，东县齐国，南尽中山之地[5]。及《奉法》已亡，官断不用，左右交争，论从其下，则兵弱而地削，国制于邻敌矣[6]。故曰：明法者强，慢法者弱[7]。"

[注释]

[1] 方：开始，正在。辟（bì）：法。《立辟》：《校注》说它是魏国刑书的名字。"令"字后的"行"字，《校注》已删除，周著据《集解》本保留"行"字，但《集解》引顾广圻曰："当衍行字。按下文'当赵之方明国律，逗，从大军之时，句。''当燕之方明奉法，逗，审官断之时，句。'其句例同。"顾又曰："又下文云：故曰明法者强。承此三句之三明字也。"这段话是说，当魏、赵、燕三国"方明……，从……之时"句式相同，相较之下，"当魏……从宪令"句必无动词"行"。且魏、赵、燕三国之后出"故曰：明法者强"句，可知"明"字括三国三句中的三"方明"之"明"字，三句式必相同无疑。"当魏之……之时"：指魏文侯（公元前445—前396年在位）、魏武侯（公元前395—前370年在位）变法改革时期。这句话是说，当魏国彰明《立辟》，从事有关法令制度建

设的时候，有功劳的人必定给予奖赏，有罪的人必定诛杀，强盛得可使天下归正，威武得可在四方邻国内横冲直撞。

[2] 慢：懈怠。妄予：胡乱赏赐。这句话是说，等法治懈怠，胡乱赐予，国力就一天比一天削弱。

[3]《国律》：《校注》说它是赵国刑律的名称。从大军：从事强军建设。当赵……之时：指赵武灵王（公元前325—前299年在位）胡服骑射，变法强军时期。辟（pì）地：开辟疆域。辟地齐燕：指赵武灵王和赵惠文王（公元前298—前266年在位）的武功。武灵王曾攻灭中山，击败匈奴，开拓领地北至燕、代；赵惠文王又多次攻齐，夺取昔阳等地。这句话是说，当赵国开始彰明刑法《国律》，进行强军建设时，人口多，兵力强，开辟领地到达齐地、燕地。

[4] 用者：指执掌国柄的人。这句话是说，等到国家的刑法《国律》受到怠慢，掌握国家权力的人懦弱，国力就一天天削弱。

[5]《奉法》：燕国的刑法的名字，见《韩非子校注》说。审：审慎。官断：官府的决断。"当燕……时"：指燕昭王（公元前311—前279年在位）变法图强的时候。县：郡县。东县齐国：向东以齐国作为自己的郡县。公元前284年，燕将乐毅攻破齐都，连下七十二城，併为燕国郡县。中山之地：中山国。春秋时白狄族鲜虞人建立的国家，在今河北省灵寿县至唐县一带。南尽中山之地：公元前296年，燕国出兵协同赵国、齐国一起消灭了中山国。这句话是说，当燕国开始彰明刑法《奉法》、审慎地作官府决断的时候，往东以齐国为郡县，往南消灭了中山国。

[6] 亡：废弃不用。交争：互相争斗。论：指危害国家的私见。这句话的意思是，等到燕国的刑法《奉法》废弃，官府的决断不用，而国君的左右近臣互相争斗，私见谬说从近臣中产生，国家的兵力就弱，领土就削减，国家就被邻国强敌控制。

[7] 这句话是说，所以说，彰明法治就强大，怠慢法治就削弱。

[段旨]

举例战国魏、赵、燕三国由盛转衰，说明"明法者强，慢法者弱"。

## §8.3.0.4—289

这个同异交得法用了六个事例：积极品的三个事例是魏、赵和燕；

消极品的三个事例也是魏、赵和燕。三个积极品都具有"明法"的前件原因和"强"的后件结果；三个消极品都具有"慢法"的前件原因和"弱"的后件结果，也就是都具有"明法"的前件原因和"强"的后件结果。我们现在把它们的措辞加以精简并扼要地解析如下[1]：

（甲）积极品的三个事例　　　前件原因　　　后件结果

（1）魏（事例一）　　　　　方明《立辟》　　威行四邻

（2）赵（事例二）　　　　　方明《国律》　　人众兵强

（3）燕（事例三）　　　　　方明《奉法》　　东县齐国

结论：明法者，强

（乙）消极品的三个事例　　　前件原因　　　后件结果

（1）魏（事例一）　　　　　法慢妄予　　　国日削矣

（2）赵（事例二）　　　　　《国律》慢　　国日削矣

（3）燕（事例三）　　　　　《奉法》已亡　兵弱而地削

结论：慢法者，弱

[注释]

[1] 周著对《韩非子》同异交得法相关事例逻辑结构分析见附表七。

**附表七　　　周著对《韩非子》同异交得法相关事例逻辑结构分析**

| 品类 | 国名 | 事例 | 前件原因 | 后件结果 | 一般逻辑规则 | 事例 | 前件原因 | 后件结果 |
|---|---|---|---|---|---|---|---|---|
| 积极品 | 1. 魏国 | 事例一 | 方明立辟 | 威行四邻 | 只具有积极品正面肯定 | 事例一 | 同前 | 同前 |
| | 2. 赵国 | 事例二 | 方明国律 | 人众兵强 | | 事例二 | 同前 | 同前 |
| | 3. 燕国 | 事例三 | 方明奉法 | 东县齐国 | | 事例三 | 同前 | 同前 |
| 结论 | 明法者，强 | | | | | | | |
| 消极品 | 1. 魏国 | 事例一 | 法慢妄予 | 国日削矣 | 只能有反面否定 | 改写一 | 不方明立辟 | 不能威行四邻 |
| | 2. 赵国 | 事例二 | 国律慢 | 国日削矣 | | 改写二 | 不方明国律 | 人不众兵不强 |
| | 3. 燕国 | 事例三 | 奉法已亡 | 兵弱而地削 | | 改写三 | 不方明奉法 | 不能东县齐国 |
| 结论 | 慢法者，弱 | | | | 改写后的总说法：不明法者，不强 | | | |

[段旨]

战国魏、赵、燕三国由盛转衰例的内在逻辑结构分析。

### §8. 3. 0. 5—290

一般逻辑书上所说的同异交得法都规定只有积极品具有正面的肯定的措辞，即是具有一定的前件原因，因而具有一定的后件结果[1]；消极品只能有反面的否定的措辞，即是不具有一定的前件原因，因而不具有一定的后件结果。如果照这样的规定，那么这个例证里的消极品可以改写做下面的样子：

| 消极品 | 前件原因 | 后件结果 |
| --- | --- | --- |
| （1）魏（事例一） | 不方明《立辟》 | 不能威行四邻 |
| （2）赵（事例二） | 不方明《国律》 | 人不众兵不强 |
| （3）燕（事例三） | 不方明《奉法》 | 不能东县齐国 |

这个消极品的结论应该是"不明法者，不强"[2]。这正是积极品的结论："明法者，强"的反面的说法。由于归纳推理的目的在于归纳出一定的前件原因产生一定的后件结果的结论，因此消极品的反面说法"不明法者，不强"不能算做结论，只有积极品的正面结论"明法者，强"才是整个同异交得法的结论[3]。

[注释]

[1] 这句话是说，一般逻辑书上都有积极品，与周著概括出的《韩非子》书中的积极品同。参见第 289 节注释附表七。这可说明《韩非子》逻辑的现代价值，甚至高于现代逻辑的价值，因为它总是完好地具备另一面：消极品的一面。亦见附表七。

[2] 这是将原有的积极品事例改成消极品事例以后得出的总说法（不宜作为结论），见附表七。由表可知一般逻辑书只可能由积极品否定而成的表述，一般无直接的消极品表述；可知改写的方式和内容；可知改写后的总说法与原有结果的对比。这里几乎形成了逻辑上的立体研究观念。这种研究方法是能成立的。康德曾区分研究中的"名义定义和实在定义"，说："单纯明察上的说明或名义定义，是作为这样一种定义来理解的，这种定义包含着人们随意给予某一名称的意义，因而仅标明其对象的逻辑本质，或者仅用来使该对象同其他客体区分开来。反之，事

物的说明或实在定义则是依照内在规定充分认识客体的定义，因为实在定义是根据内在特征来陈述对象的可能性的。"（康德：《逻辑学讲义》，第 139 页）周著列出的三个消极品事例的改写及相关非结论的总的说法，只能是名义定义的，而积极品的事例和结论始终是客体的实在定义。

[3]"由于……结论"句：这句话不仅讲了改写后的消极品反面说法不能算作结论，只有积极品的正面结论才是整个同异交得法的理由，还说出了韩非子逻辑中的同异交得法的积极品正面表述在现代一般逻辑背景下的作用和地位。

[段旨]

一般逻辑书对同异交得法的积极肯定表述和对消极否定表述的改写。

§8.3.0.6—291

但是韩非子在这里却把消极品和积极品同样地运用了正面的措辞；理所当然，消极品也和积极品一样地得到了正面的结论[1]。积极品的结论是："明法者，强。"消极品的结论是："慢法者，弱。"积极品和消极品之间不是一肯定和一否定的矛盾关系，而是一面肯定另一面也肯定的反对关系[2]。因此，这个同异交得法就有两个结论，但这两个结论并不是同等重要的。积极品的结论是主要的，消极品的结论是次要的[3]。这可以看做是韩非子的同异交得法的特色。

[注释]

[1] 参见第 289 节公式图的左半边部分。

[2] 区分矛盾关系和反对关系。区别这两种关系，明确反对关系的存在，是康德的一贯做法，"二律背反"固然有矛盾观念好辩证思想成分在内，其主要的是形式逻辑上的反对关系。康德在"对第一个二律背反"的注释中"对反题的注释"就表明了看法："对给予的世界序列和世界总和的无限性的证明所依据的是：在相反的情况下必然会有一个空的时间，同样有一个空的空间来构成世界的边界。"（邓译本《纯粹理性批判》，第 363 页）在"对第二个二律背反"的注释中"对反题的注释"又表明了看法："第二种辩证的主张（实指二律背反）本身有一点特殊的地方，就是它有一个自相反对的独断的主张，这个主张在一切玄想的主张中是唯一努力要在一个经验的对象上明显地证明我们在前面只是归于先验理念

的那种东西的现实性，即证明实体的绝对简单性的：就是说，证明内感官的对象、正在思维着的我，是一个完全单纯的实体。"（邓译本《纯粹理性批判》，第372页）在"对第三个二律背反"的注释中"对反题的注释"又说："既然世界的各种实体任何时候都已存在着，至少经验的统一性使这样一个预设成为必要的，那么，再承认这些实体的状态的交替，即它们的变化的另一个序列任何时候都已经存在着，因而不需要寻求任何第一开端、不论是数学性的开端还是力学性的开端，这就没有什么困难了。"（邓译本《纯粹理性批判》，第377页）那么，到底什么是反对关系呢？它和矛盾关系如何区分？例如，这匹马是白马并且是非白马，P并且非P，矛盾关系，两个不相容的陈述不能同真，也不能同假。这匹马是白马，这匹马是黑马，M是b，M是h，白和黑，b和h正相反对，或者说，全称肯定判断所有S是P和全称否定判断所有S不是P，两个相反对的陈述构成反对关系，两者不能同真，但可以同假。这匹马不能既是白马，又是黑马，但这匹马可以不是白马，也不是黑马，是另一存在空间或时间中的非白、非黑的棕色马。正因为如此，康德在二律背反的三个反题的注释或证明中总是寻找"同样有一个空的空间"，"归于先验理念的那种东西的现实性"，"没有什么困难地"寻找"任何时候都已经存在着"的"变化的另一个序列"。以上说明，康德二律背反主要是讲反对逻辑命题的，且总是在寻求反对命题，也是二律背反的一个解释域。

[3] 参见第289节注释附表七。

[段旨]

反对关系是韩非子同异交得法的一个特色。

### §8.3.0.7—292

这个同异交得法的积极品和消极品既然都具有正面的结论；因此，如果把积极品和消极品分别地看待，它们实在是两个类同法的归纳推理[1]。如果我们把积极品的三个事例魏、赵、燕和消极品的三个事例魏、赵、燕依次序分别地配合起来，就可以解析做三个差异法的归纳推理[2]。因此，这个同异交得法既可以被看做是由两个类同法的归纳推理组织而成的；也可以被看做由三个差异法的归纳推理组织而成的。这正好证明了同异交得法是类同法和差异法的联合运用的归纳推理[3]。

**[注释]**

[1] 参见第 286 节注释公式图的左半边部分，并参考第 275—279 节，特别是注释中的同类归纳法的公式。也可与第 287 节的说法对照。

[2] 参见第 286 节注释公式图的左半边部分，并参考第 280—285 节，特别是注释中的同类归纳法的公式。也可与第 287 节的说法对照。

[3] 康德曾提出三条逻辑原则：同类性原则、特殊化原则和连续性原则。他说："把我们引向这个最高立足点的是同类性法则，而引向一切低级的立足点及其最大变异性的是特殊化的法则。"特殊化原则是差异性原则，第三条原则是前两条原则的结合，是同类和差异相结合，亦即同异交得法的原则。因为"一切杂多的类都只是一个唯一的至上的和普遍的类的划分"，可知同类原则，类本质是最高级的。"一切差异性都相互邻接"，不允许随便跳跃而过渡。可知连续性，同异结合又是严格的。对这三条逻辑法则，康德说："第一条法则防止过分放纵于各种不同的本源的类的多样性而推重同质性；相反，第二条法则又限制这种一致性的倾向，而要求我们把自己的普遍概念用于个体之前先把亚种区别出来。第三条法则是对前两条的结合，因为它即使在最高的多样性中，也仍然还是通过从一个种到另一个种的逐级过渡而颁布了同质性，这就将各种不同分支就其全都来源于一个家族而言的某种亲缘关系显示出来了。"（邓译本《纯粹理性批判》，第 517 页）十分重要的是，差异性必须显示出它的同质性，周著力主消极品必须在因果关系上与积极品的因果关系一致才有一以贯之的正确结论，与这里的说法近同。此外，康德还在逻辑原则之前预设了一条超前的先验法则，以保障逻辑规则的正确应用，例如差异法的运用就特别需要。康德说："没有这条先验法则，知性的运用就只会被那个规范（按：据译者标注的页下注指'种的原则'即差异性）导向迷误，因为那个规范（按：据译者标注的页下注指'种的原则'即差异性的运用）也许会采取一条直接违背自然的道路。所以这条法则必须基于纯粹先验的根据，而不是经验的根据。"（邓译本《纯粹理性批判》，第 517、518 页）不过，康德的先验法则归根到底还是为了说明客观世界，说明反映现实世界的逻辑结构的。或者说，康德哲学是唯心主义的，是深刻的、精致的、先行的，而它的作用、功能、解释对象又是客观的、现实的、踵继后续的物质世界。

[段旨]

将一个同异交得法分解成两个类同法和三个差异法。

### §8. 3. 0. 8—293

我们为什么把这个归纳推理看做同异交得法呢？这是由于这个归纳推理是一个有机的整体的缘故[1]。即使把它理解做三个差异法的联合运用，那么，差异法本身既表示了差异，同时，这三个差异法又是互相类同的，这不是既差异而又类同吗？正好形成一个同异交得法。即使把它理解做两个类同法的联合运用，那么，类同法本身既表示了类同，同时，这两个类同法又恰巧是相反的差异的，这不也是既类同而又差异吗？也正好形成一个同异交得法[2]。这就是我们把这个归纳推理看做同异交得法的充足理由和客观依据[3]。

[注释]

[1] 这里强调归纳推理的整体性。康德在这方面非常彻底，他把理性看作"要超越到把每一个对象方面的一切知性活动都总括在一个绝对的整体之中"。（邓译本《纯粹理性批判》，第278页）而理性的实行，即"实践理性的理念"则"永远处于某种绝对完备性的概念的影响之下"（邓译本《纯粹理性批判》，第279页）。"绝对的整体""绝对完备性"都是因果关系的，亦即"有关要求可能的目的的必然统一性的理念"。理性、理念、推理都在统一性中得到说明，统一的，就必然是完整的，而"现在，所有的一般纯粹概念所涉及的是诸表象的综合的统一，而纯粹理性概念（先验的理念）所涉及的却是所有一般条件的无条件的综合的统一。因而一切先验理论都将能够纳入三个等级之下：其中第一级包含思维主体的绝对的（无条件的）统一，第二级包含现象的诸条件系列的绝对统一，第三级包含思维的所有一般对象之条件的绝对统一"（邓译本《纯粹理性批判》，第283页）。这里，两个"综合统一"，三个"绝对统一"，正是归纳推理，乃至任何推理的整体性，"绝对完备性"的根本依据。

[2] 从第286—292节，周著都是从积极品和消极品的事例和措辞来鉴定其同异交得法的性质的，而第293节则是从逻辑推理的整体观、统一性，类同法和差异法两大板块本身同中有异和异中有同，来说明同异交得法的。前者是两品，这里是两块；前者是具体事迹和措辞，后者是板

块的逻辑结构，不涉及具体内容。

[3]　值得注意的是，周著从两大逻辑板块的逻辑结构看待同异交得法，并把它提升为同异交得法的充足理由和客观依据。

**[段旨]**

再论为什么将《饰邪》言魏、赵、燕有正、反两方面事例的归纳推理看成同异交得法推理式。

### §8.3.0.9—294

（2）《难一》："韩宣王问于樛留[1]：吾欲两用公仲、公叔，其可乎[2]?"樛留对曰："昔魏两用楼、翟而亡西河，楚两用昭、景而亡鄢、郢[3]。今君两用公仲、公叔，此必将争事而外市，则国必犹矣[4]。"

或曰：昔者齐桓公两用管仲、鲍叔，成汤两用伊尹、钟虺[5]。夫两用臣者，国之忧；则是桓公不霸，成汤不王也[6]。湣王一用淖齿，而身死乎东庙[7]；主父一用李兑，减食而死[8]。主有术，两用不为患，无术，两用，则争事而外市，一则专制而劫弑[9]。今留无术以规上，使其主去两用一，是不有西河、鄢、郢之忧，则必有身死减食之患。是樛留未有善以知言也。

**[注释]**

[1]　韩宣王：战国时韩国君主，即韩宣惠王（公元前332—前312年在位）。樛（jiū）留：《校注》称，人名，生平不详。

[2]　公仲：名朋，韩宣王的宠臣；公叔：名伯婴，时任韩国相。二人都是韩宗室贵族。

[3]　两用：同时重用。楼、翟（zhái）：指楼犀（bí）、翟强。楼主张联合楚国，翟主张联合齐国，两人都受到魏王的重用，参见《战国策·魏策三》。亡：失去。西河：魏国黄河以西地区，后被秦国占领。昭、景：楚国王族两大姓，世代把握楚国的大权。鄢（yān）郢（yǐng）：楚国两个大城，鄢位于今湖北宜城市南；郢是楚国的国都，位于今湖北省荆州市北。秦昭襄王二十八年（公元前279年），攻陷鄢城，二十九年（公元前278年）攻陷郢都，见《史记·六国年表》。

[4]　争事：争权。外市：勾结国外敌对势力。这句话是说，今国君

如果同时重用公仲、公叔，那么必将形成内争权势，外通敌国的局面，国家必定有大忧患了。

[5] 鲍叔：指鲍叔牙，曾随公子小白出奔莒（jú，春秋诸侯小国，公元前431年为楚国所灭，故址在今山东省莒县），齐桓公（小白）即位后，任命他为国相，他推荐管仲为相。成汤：商汤王。伊尹：商汤王的国相。仲虺（huǐ）：商汤王的左相。

[6]"昔者……不王也"这两句话是说，从前齐桓公同时重用过管仲、鲍叔牙，商汤王同时重用过伊尹、仲虺，（按樛留的说法）同时用两个大臣就是国家的祸患，那桓公就不能称霸，商汤就不能称王了（可事实并非如此）。

[7] 湣王：齐湣王（公元前300—前285年在位）。淖（zhuō）齿：楚将名。公元前284年，燕将乐毅破齐，楚使淖齿带兵救齐，因任齐湣王的相。身：乾道本作"手"字，《校注》已改作"身"字。周著据《集解》本作"身"字。乎：介词，于。东庙：齐国君主的宗庙，在今山东莒县境内。燕军攻入临淄后，湣王奔莒，被淖齿杀死于东庙。亦见第269节注释[1]。

[8] 详见第263节注释[2]。减食：挨饿。"湣王……减食而死"讲"一用"成杀身之祸，与上文"二用"并无"国之忧"相接，进而得出新的结论：问题的要害不在于"二用"还是"一用"，而在于别的。

[9] 这两句话是说，国君有法术，同时任用二人没有忧患，没有法术，任用二人就会争权夺利，里通外国。任用一人就会专权而劫杀国君。

[段旨]

举《难一》例以说用反驳对方法形成的同异交得法。

## §8.3.0.10—295

这个同异交得法是由两曹对辩尤其是由反驳对方论点的争论中显现出来的[1]。对方先用了个类同法并进行类比推理。这个类同法是这样的：

| 两个事例 | 前件原因 | 后件结果 |
| --- | --- | --- |
| (1) 魏（事例一） | 两用楼、翟 | 亡西河 |
| (2) 楚（事例二） | 两用昭、景 | 亡鄢、郢 |

结论：凡两用，则国必优矣。

但这个类同法所得到的全称判断是不能成立的。反驳者引用了两组事例驳斥了对方的论断。第一组是两个事例：

| 两个事例 | 前件原因 | 后件结果 |
|---|---|---|
| （1）齐桓公（事例一） | 两用管仲、鲍叔 | 霸 |
| （2）成汤（事例二） | 两用伊尹、仲虺 | 王 |

这两个事例的前件和对方的两个事例的前件相同，但它们的后件绝对相反；这证明"两用"的前件绝不是后件的原因。反之，后件也绝不是"两用"产生的结果。这里韩非子运用了在反驳上最有力量的引归矛盾法[2]。

**[注释]**

[1] 曹：原指诉讼的双方，即原告方和被告方。这里指辩论双方。两曹：两对，双方。

[2] 引归矛盾法：引用文献事例作出归纳中的运用矛盾律法。本质上仍是求同求异并用法，即同异交得法。现将《难一》同异交得法用例稍加改写后代入第286节的同异交得法基本公式：

| 场合 | 先行情况 | 被研究对象 |
|---|---|---|
| 正面与反面 | 齐桓公、成汤，潘王、主父 | 法术 |

| 正面 | 场合 | 引用事例 |
|---|---|---|
| 齐桓公（事例一） | 两用管仲、鲍叔，霸 | 有术 |
| 成汤（事例二） | 两用伊尹、仲虺，王 | 有术 |

| 反面 | 场合 | 引用事例 |
|---|---|---|
| 战国魏（事例一） | 两用楼、翟，亡西河 | 无术 |
| 战国楚（事例二） | 两用昭、景，亡鄢、郢 | 无术 |
| 齐潘王（事例三） | 一用淖齿，身死于东庙 | 无术 |
| 赵主父（事例四） | 一用李兑，减食而死 | 无术 |

由以上代入求同求异法公式的内容看，结论：主有术，两用不为患。无术，两用则争事而里通外国，或专制而劫弑。表现为正面、反面场合双方都有的两个事例（正面事例一、二，反面事例一、二）的前件相同（两用），但双方后件完全相反（成就霸王与失去疆域直至亡国）。故双方都有的两个相同前件绝不是后件的原因，后件也绝不是双方都有的相同

前件的结果。以上代入公式内容，也可与第289节的附表七作对照，以见《难一》六事例的同异交得法的性质。

[段旨]

《难一》四个事例的两曹对辩构成的同异交得法是"引归矛盾法"。

## §8.3.0.11—296

第二组也是这两个事例

| 两个事例 | 前件原因 | 后件结果 |
|---|---|---|
| （1）潜王（事例一） | 一用淖齿 | 身死于东庙 |
| （2）主父（事例二） | 一用李兑 | 减食而死 |

这两个事例的后件和对方的两个事例的后件相似，但它们的前件却不相同，这证明"两用"或"一用"都不是后件的原因，反之，后件也都不是"两用"或"一用"所产生的结果[1]。

[注释]

[1] 对方的……：《难一》文以缪留"两用"遭灾难为一方，以"两用"无害，"一用"遭灾为另一方。这里以"一用"遭灾为己方，文中的"对方"当指"两用"遭灾一方。此例的后件结果"身死""减食而死"与"对方"后件"亡西河""亡鄗鄍"近同，但前件此为"一用"与"对方"前件"两用"楼、翟，"两用"昭、景完全不同。

[段旨]

《难一》的第二组事例说明"一用"酿成大灾，与缪留"两用"方有难，"一用"无大害形成强烈对比。

## §8.3.0.12—297

相同的后件结果应该有它们的共同的前件原因。韩非子就从这六个事例里运用了同异交得法一般原则性的结论，推求出真正的原因是"术"。"有术"和"无术"，才是决定积极品和消极品之间的界限的权衡[1]。现在把它们解析如下：

| （甲）积极品有两个事例 | 前件原因 | 后件结果 |
|---|---|---|
| （1）齐桓公（事例一） | 有术，两用管仲、鲍叔 | 霸 |
| （2）成汤（事例二） | 有术，两用伊尹、仲虺 | 王 |

（乙）消极品有四个事例　　　前件原因　　　　后件结果

（1）魏（事例一）　　　　无术，两用楼、翟　　亡西河

（2）楚（事例二）　　　　无术，两用昭、景　　亡鄢、郢

（3）湣王（事例三）　　　无术，一用淖齿　　　身死于东庙

（4）主父（事例四）　　　无术，一用李兑　　　减食而死

结论：主有术，两用不为患。无术，两用则争事而外市；一则专制而劫弑。

这个结论说得简单些就是："主有术，两用不为患。无术，则两用一用皆有患。"由于驳斥对方的"两用"，因此结论里只说"主有术，两用不为患"，其实是"主有术，则两用一用皆无患"。再说简单些就是："主有术，则无患；无术，则有患。""两用"或"一用"都是和"有患"或"无患"不相干的。

[注释]

[1] 积极品、消极品的分立参见本书第 273 节。这里将正面场合（正面事例）视为"积极品"，反面场合（反面事例）视为"消极品"。

[段旨]

将《难一》"两用""一用"与"有患""无患"说对应成六例并改写成积极品、消极品两大块构成，进而得出结论。

### §8.3.0.13—298

在这个例证中，积极品的前件和一部分消极品的前件相同，和另一部分消极品的前件不相同[1]。这些前件都不是产生后件的原因，产生后件的原因另有所在。这个例证就在比较积极品和消极品的异同之中，在发现它们的前件和后件间或前件和前件的互相矛盾之中，进一步揭开表面的类似原因的条件即虚假的原因，最后找寻出产生后件的真正原因[2]。这就是这个同异交得法自身所具有的特色。

[注释]

[1] 为更清楚地看出积极品和消极品的内容构成，特制附表八。

由附表八可知，积极品前件（正面事例一、二所言说）和部分消极品前件（反面事例一、二所言说）相同（都是两用），和另一部分消极品前件（反面事例三、四所言说）不同（一为两用，一为一用）。

**附表八　　　　　　《难一》同异交得法六例逻辑结构**

| 品类 | 场合 | 事例 | 前提性质 | 前件原因 | 后件结果 | 结论 |
|---|---|---|---|---|---|---|
| 积极品 | 正面 | 齐桓公事例（一） | 有术 | 两用管仲、鲍叔 | 霸 | 主有术，两用不为患。无术，两用则争事而外市，一则专制而劫弑 |
| | | 成汤事例（二） | | 两用伊尹、仲虺 | 王 | |
| 消极品 | 反面 | 魏国事例（一） | 无术 | 两用楼、翟 | 亡西河 | |
| | | 楚国事例（二） | | 两用昭、景 | 亡鄢、郢 | |
| | | 齐湣王事例（三） | | 一用淖齿 | 身死东庙 | |
| | | 主父事例（四） | | 一用李兑 | 减食而死 | |

[2] 这句话事关《难一》一同异交得法的逻辑特色。比较是在正面两个事例的前件和后件与反面两个事例的前件和后件之间发现矛盾，在正面两个事例的两用前件和反面两个事例的两用前件，特别是一用前件之间发现矛盾。见附表八。

**［段旨］**

以积极品和消极品的区分为框架总结《难一》某一同异交得法用例的特色。

# 第九章　韩非子的议论文的类型

**§ 9.0.0.1—299**

《韩非子》共五十五篇，除了我们没有采用《初见秦》《存韩》《饬令》三篇做材料外，只有《说林上》和《说林下》不是议论文，因此，其余的五十篇议论文都是我们所研究的对象。[1]

[注释]

[1] 本章作为全书的末章，研究"韩非子的议论文的类型"，是合乎逻辑书的顺序的。康德《逻辑学讲义》的末篇是《通过概念的逻辑划分来促成知识的完备》，完帙作结的特征非常明显。末节小标题"沉思"下说："沉思可理解为深思熟虑或一种有计划的思维。沉思必须伴随一切阅读和学习。此外，先作临时性的研究，然后再使思想井然有序，或依照一种方法将思想联结起来是必要的。"（《逻辑学讲义》，第145页）篇名、小标题、相关内容作为逻辑书"最后了"的特征显然。《初见秦》：《校注》以此篇"作者问题尚需作进一步研究"。周著不以此篇为研究韩非子议论文的篇目，以《集注》为参酌。《集注》引清顾广圻据《战国策·秦策一》有"作张仪说"，汉高诱注以为"秦惠王也"，疑本文作者为张仪，元吴师道补注作韩非，但出使秦的年代仍无定说。《存韩》可分三大段，首段为韩非上书秦王，主张先伐赵而存韩；后两段为李斯上书秦王，韩王，有明显的文字标记。《饬令》在文字上与《商君书·靳令》基本相同，《集注》也已指出。《说林》上、下共有七十一则传说小故事组成，或可作为撰论的预备材料。除去以上五篇以外，周著将其余五十篇作为韩非本人著述的议论文，为本章研究的对象。

**［段旨］**

《韩非子》五十五篇有五十篇是议论文，是本章研究的对象。

### §9. 0. 0. 2—300

对于议论文这个对象，可以从不同的角度去研究它。可以研究议论文的思想内容；也可以研究议论文的修辞手腕；可以研究议论文的语法结构；也可以研究议论文的逻辑结构。我们现在既不研究韩非子的法家思想；也不研究他的修辞手腕和语法结构。我们只从逻辑的观点出发来研究他的议论文的类型。[1]

**［注释］**

[1] 康德曾提出论证本身在思维上的复杂性，它表现为对思维对象最高存在物和具体存在物之间的思维的复杂的矛盾运动。康德说："如果我们让一切都如同它向我们摆明的那样，即首先，对于任何一个给予的实存（也许只是我们自己的实存）都有一个正确的推论，推到某个无条件的必然存在者的实存；其次，我必须把一个包含一切的实在性，因而也包含一切条件的存在者看作绝对无条件的，从而以这种方式找到那与绝对必然性相适合之物的概念：那么，从这里毕竟还完全不能推论说，一个不具有最高实在性的受限制的存在者的概念因此就会与绝对必然性相矛盾。因为，尽管我在受限制存在者的概念中没有找到那已具有条件之大全的无条件者，但从中完全不能得出结论说，它的存有正因此而必然是有条件的。"（邓译本《纯粹理性批判》，第469页）也就是说，具体存在的对象物的概念与最高存在的对象物的概念是不同的，但绝不是完全不相容的。为此，论证具体对象物的概念与最高对象物的概念的联结是必要的："这个论证仍然具有某种重要性，并且有某种还不能因为这个客观上的不充分性而马上就剥夺它的威望。因为，如果假定有一些在理性的理念中完全正当的义务，但是，假如不预设一个能给予实践法则以效果和力度的最高存在者，则这些义务在用于我们自身时就会没有任何实在性，亦即没有动机；那么，我们就会有一种追踪这些概念的义务，这些概念即使不可能是客观上充分的，但根据我们理性的尺度毕竟是更被看重的，并且和它们相比我们再不知道什么更好而更有确证作用的东西了。"（邓译本《纯粹理性批判》，第469—470页）最高存在的对象物

的概念对具体对象物的概念的重要性，充分体现在确立社会实践价值的权威性的全过程之中，并将二者完全一致起来。议论文的写作，或正与此概念逻辑、实践价值逻辑不可分割。

[段旨]

提出从逻辑学视角研究《韩非子》议论文。

### §9.0.0.3—301

韩非子的具体运用的逻辑表现在他的论著中，那么他的每一篇议论文就都具有着一定的逻辑结构。每篇议论文虽然都会有它自身的特点，但是它们却可以被归纳成不同的类型。我们不打算对于他的每一篇议论文作仔细琐碎的分析，只想从一般性质上来探讨他的议论文的类型。[1]

[注释]

[1] 这里的类型是指一般逻辑结构的类型。《韩非子》的议论文，当然就是《韩非子》书中的哲学论文。从一般逻辑学来研究哲学和哲学论文，是康德的一贯主张。康德视哲学为一种可能的科学观念，它并非具体存在在任何地方，但我们可以通过不同的途径，当然包括，甚至是最主要的逻辑的方法来接近它。康德视哲学学习不是学习哲学本身，而是如何进行哲学思考，即在某些已经存在的哲学常识的实践中去锻炼我们的逻辑推理能力。康德视哲学是一种理性活动，而不是静态的知识系统。经院哲学把哲学看作知识的逻辑完备（而非逻辑推理方法、逻辑推理能力），这显然是不够的，而构成哲学的真正基础的另一概念是把它看作连接一切知识与人类理性的本质目的的科学。所谓哲学乃是人类理性的立法者，当然必须有严密的内在逻辑结构（参见《西方哲学英汉对照辞典》，第750—751页）。康德说："人类理性的立法（哲学）有两个对象，即自然和自由，所以它就不仅把自然法则也把道德法则包含在两个特殊的哲学系统中，但最终是包含在一个唯一的哲学系统中。"也就是纯粹理性批判哲学系统中。最后又归结为"出自纯粹理性并系统关联起来的全部（真实的和虚假的）哲学知识，也就是形而上学"。形而上学包括纯粹理性思辨的和实际运用的两个方面。康德说："思辨理性的形而上学则是我们通常在更严格的意义上所称呼的形而上学；但只要纯粹的道德学说仍然属于出自纯粹理性的人性知识也就是哲学知识的特殊门类，那么我

们就要为它保存'形而上学'这一名称，虽然由于它不属于我们现在的目的，我们这里且将它存而不论。极为重要的一点是，要把那些在种类上和起源上与其他知识不同的知识分离出来，并小心地防止它们不要和另外那些它们通常在运用中与之结合着的知识混为一谈。"（邓译本《纯粹理性批判》，第634、635、636页）哲学，即形而上学既包括自然的，也包括康德极为重视的道德的。当然哲学上的，包括哲学论文的研究，当与用于同一对象的其他方式的研究严格区分开来。周著强调韩非哲学论文的逻辑研究而非其他文体的研究，与康德所说的"思辨理性的形而上学"是"更严格意义上所称呼的形而上学"，亦即哲学的哲理、哲学的内在逻辑是完全一致的；周著所说的"只想从一般性质上来探讨他的议论文的类型"，与康德所说的"小心地防止它们不要和另外那些它们通常在运用中与之结合着的知识混为一谈"是完全一致的。

[段旨]

不从其他文体或思想，只从逻辑的观点研究《韩非子》议论文。

### §9. 0. 0. 4—302

从类型上来探讨韩非子的议论文有两点好处：（一）只要我们指出他的不同类型的议论文的特点，那么虽然说《初见秦》《存韩》《饬令》三篇不是我们研究的对象，事实上这三篇也已经属于一定的议论文的类型里了，因为它们本身并不能独立成为一个类型。（二）有些议论文的逻辑结构是混杂的，我们就可以把它们看做是不同类型的议论文的复合体；这样它们也就可以被归结到一定的议论文的类型中去，这可以避免无法归类的毛病。[1]

[注释]

[1] 周著"从类型上来探讨韩非子的议论文"。康德说："不言而喻，理性为了这一意图，即为了只是设想对物的那种必然的通盘规定，并不会去预设这样一个符合这一理性的存在者的实存，而只会预设它的理念，以便从通盘规定的一个无条件的总体性中推导出有条件的规定、即对受限制的东西的规定。所以这个理想对于后面这种规定来说是一切物的蓝本，一切物全部都是作为不完善的摹本从它那里取来自己的可能性的材料，同时一切物都或多或少地接近于蓝本。"（邓译本《纯粹理性

批判》，第 462 页）这里的"蓝本"是有类型意义的。蓝本和摹本的关系、蓝本本身的逻辑构成，正是周著说的类型、从属于某类型的议论文（犹摹本）的逻辑构成。康德说："这样一来，诸物的一切可能性（即其在内容上的杂多之综合的一切可能性）就被看作派生的了，而唯一只有那个把一切实质性包含在自身之中的物之可能性才被看作本源的。因为一切否定（它们终究是唯一能够借以使一切其他存在者与最实在的存在者区别开来的谓词）都只不过是对一个更大的，并最终是对那个最高的实在性的一些限制，因而它们预设了这种实在性，并且在内容上只是从这实在性中推导出来的，诸物的一切杂多性只是对这个作为诸物之共同基底的最高实在性概念进行限制的同样杂多的方式，正如一切图形都只有作为对无限空间进行限制的各种不同的方式才是可能的一样。"（邓译本《纯粹理性批判》，第 462、463 页）这里预设的实在性犹如逻辑构成的类型，而"诸物的一切杂多性"犹如议论文的内在逻辑构成。

[段旨]

从类型上看待《韩非子》议论文有两大好处，说到底，就是能将韩非子的论文作类型上的归并。

### §9.0.0.5—303

韩非子的议论文可以分做四个类型：（一）解释式的议论文。（二）演绎式的议论文。（三）归纳式的议论文。（四）辩难式的议论文。这种不同类型的区分是按照议论文的主要特点做标准的。有的议论文既有演绎的部分，也有归纳的部分；有的议论文既有辩难的部分，也有解释的部分。但是我们可以根据它们的主要部分把它们归到一定的类型中去[1]。因此，这四种类型的议论文虽然有互相交错的部分，但是仍旧不妨碍它们各自成为一个独立的类型。

[注释]

[1] 周著主张将研究对象（这里是论文）主要特点看作分类的标准。康德说："必然的特征是那些在被表象的事物中，必定随时可遇到的特征。这些特征又称主要特征，与非主要的偶然的特征相对立，后者可以与事物的概念相分离。"这里提出了"主要特征"，它是本质的、必然的、存在于事物之中的。"但是，在诸必然的特征中，也还有一种区别。"即

事物的本质与属性的本质，属性的本质是逻辑本质。康德说："一些必然的特征作为同一物的其他特征的根据而属于事物；相反地，另一些特征则只是其他特征的后果。"这里的"另一些特征""其他特征的后果"正是指属性特征，逻辑特征。康德说："前者是原始的和本质的特征（constitutiva, essentialia in sensus strictistissimo）：后者称属性（consectalia, rationata），属性虽然也属于事物的本质，但它们必须从该物的主要部分中推导出来。例如，三角形概念中的三个角，就是从三条边导出的。"（《逻辑学讲义》，第60页）如何寻找逻辑本质？康德说："属于逻辑本质的无非是一切谓项的知识，就这种知识而言，客体是通过其概念来规定的；并不要求那些谓项的知识属于事物的本质（esse rei），即不要求它依赖那一切属于事物存在的、作为规定基础的东西。如果我们要规定物体的逻辑本质，那就全然不必在自然界去寻找事实，我们可以将我们的反思仅仅集中于一些特征，这些特征作为主要部分（constitutiva, rationes），原始地构成该物体的基本概念。所以，逻辑本质本身无非是事物的一切必然特征的第一基本概念（esse conceptus）。"（《逻辑学讲义》，第61页）

[段旨]

《韩非子》议论文可以分成四个类型。

# 第一节  解释式的议论文

### §9.1.0.1—304

解释式的议论文是用一定的论据来说明论题的议论文。这种议论文的特点是：（一）全篇是由许多论题集合而成的总体。（二）每一个论题都有一定的论据作为它的根据。这可以《解老》和《喻老》作为代表。《难言》《说难》《八奸》《十过》和《亡征》虽然各有自己的特点，但是也都可以被归属于这一个类型。这个类型的议论文又可以分做两类：（一）推论性质的解释式的议论文[1]；（二）证明性质的解释式的议论文[2]。

[注释]

[1] 推论性质的，即条理性质的。康德《逻辑学讲义》有"推论"专章（《逻辑学讲义》，第110—131页）。康德论一般理性推理"是通过

将其条件包摄在所有的普遍规则之下，对一命题的必然性的知识"。又说："一切理性推理的有效性所依据的普遍原则，可以确定地表达在下述公式中：凡在一规则条件之下的，也在该规则本身之下。"还说："理性推理以一普遍规则，及此规则条件下的包摄为前提。因此，人们不是在个别中，而是在普遍中，并且必然是在某一条件之下认识先天结论的。理性的或必然的原理恰恰在于：一切都存在于普遍者之下，并且在普遍的规则中得到规定。"（《逻辑学讲义》，第115、116页）恩格斯说："形式逻辑也首先是探寻新结果的方法，由已知进到未知的方法。"（《马克思恩格斯选集》第三卷，第174页）推理既是由已知求未知的方法，也是论证手段。周著在这里主要是从韩非子议论文中的论证手段讲的。

[2] 关于证明，康德曾说："知识的一切中介了的或间接的确认所依据的证明，或者是直接的，或者是非直接的，亦即间接的证明。如果对一真理我由其根据来证明，我采用的便是直接证明；如果我由其反面之虚妄来推论其一命题的真实性，则用的是间接证明。可是要使后一证明有效，诸命题必须是矛盾的或正相反对的。因为两个纯然相反的命题（contrarie opposita）可以皆错。"（《逻辑学讲义》，第71页）十分清楚，康德很重视证伪在证明中的重要。证伪主义直到20世纪30年代才被英国哲学家波普尔（K. R. Popper, 1902 - 1994）提出。证伪主义赞同康德关于理性为自然立法的思想，但理性加在自然之上的普遍性即理论并非必然正确，因而是可以证伪的。例如，相对论是对牛顿力学的证伪。

[段旨]

结合韩非子看解释式议论文的一般特点及其分类。

### §9. 1. 0. 2—305

（一）推论性质的解释式的议论文

《解老》是推论性质的解释式的议论文。它是解释老子的哲学思想的。它把老子哲学的许多论断分别的作为论题，然后给以解释。在这里，韩非子运用的逻辑方法是这样的[1]。

（1）给论题所包含的概念下定义。由于老子哲学里的概念很丰富，因此《解老》里给概念所下的定义也很多。在韩非子的全部著作中，《解老》里的定义的数量和样式的多是首屈一指的。

（2）抽象地运用推理过程来解释论题的涵义。由于他所选择的论题都是假言判断，因此他运用了各种不同类型的假言推理来解释论题。在这里，混合假言三段论式，纯粹假言三段论式和联锁假言三段论式都被他运用了[2]。在韩非子的全部著作中，假言推理的数量和型式之多要以《解老》居第一位[3]。

[注释]

[1] 解释是哲学的解释、逻辑的解释，不是语文的解释。这一点在具体落实解释内容时尤要看到和把握住，以集中而深入地理解逻辑解释的要义。两大逻辑解释方法：一是针对论题概念下定义，二是围绕论题抽象推理作解释。后一逻辑解释法常常被忽视。这里，一是针对，一是围绕；一是定义，一是推理。

[2] 混合假言三段论式推理参见本书第 216 节，纯粹假言三段论式推理参见第 233 节，联锁假言三段论式推理参见第 241 节。

[3] 型式：与上文"样式"义近。型式，指有类型意义的诸个别形式总和，形式的共相。这里的样式，不是一般个别的式样，而是从式样中抽象出来的有共同性的样式的形态、样态。

[段旨]

以《解老》为例，说明韩非子推论性质的解释式议论文的两个逻辑方法：下定义和运用推理过程作解释。

### §9.1.0.3—306

《难言》和《说难》也可以看做是推论性质的解释式的议论文。它们和《解老》有两个不同点：（一）《解老》是由许多论题集合而成的，而它们却只有一个论题[1]。（二）《解老》完全用推理来说明论题，而它们却既用推理来说明论题，也用具体事例来说明论题。

[注释]

[1] 从推论性质的解释式议论文看《解老》是由许多论题集合而成的，例开头即可看出："德者，内也""得者，外也""上德不德，言其神不淫于外也"（"言其"二字是最明显的解释语）、"身全之谓德"（"之谓"是明显的解释语），最后一句"故曰：'上德不德，是以有德'"既是推论又是解释式的表达法。周著"解释式"提法的命意，既是语言表

达法的，也是逻辑上的。《解老》一文中解释式论题集合的形成，源于《老子》原文的论题集合。《解老》仅开头一小段，已有 14 个解释式论题。《难言》仅一个论题：韩非向国君进言很难并深感忧虑。《说难》的一个论题：游说君主的困难和克服困难，达到游说成功的方法。

[段旨]

作为推论性质的解释式议论文《难言》《说难》与《解老》相比有两个不同特点。

### §9.1.0.4—307

《难言》和《说难》的格局是互相类似的。甚至可以说是完全一样的。它们都是前半篇说明道理，后半篇列举事例。这说明道理和列举事例都是用来解释《难言》和《说难》的论题的，而且说理部分是主要的部分；因此把这两篇文章看做是推理性质的解释式的议论文。

[段旨]

《难言》和《说难》的基本格局是一样的。

### §9.1.0.5—308

《难言》的后半篇列举"至智说至圣"的事例三件，"以智说愚"的事例二十三件[1]。但是《难言》的中心内容是前半篇的说理部分。说理部分把"难言"的情况用十二个互相并列的假言判断表达出来[2]。它们表现了十二种在一定条件下的可能性，这十二种可能性必居其一。这可以看做是省略了但又隐含了小前提和结论的具有十二项可能性的多端推理[3]。

[注释]

[1]《难言》"至智说至圣"三件是指：伍子胥说吴王而遭戮；孔子任鲁司寇未得重用，后周游列国，路经宋国匡地而遭围殴；管仲和召忽奉公子纠出奔鲁国时曾被鲁囚禁交还给齐桓公小白。更有商汤王的相伊尹说汤王"七十说（多次游说）而不受"。"以智说愚"事例二十三件是指：西伯姬昌（周文王）说商纣而被囚、鄂侯说纣被烤死、鬼侯（九侯）说纣被制成干肉、王子比干谏纣被剖心、诸侯梅伯谏纣而被杀剁成肉酱、管仲被鲁捆绑交小白、《公羊传·庄公二十四年》载曹羁三谏曹伯不从遂

去之、百里奚作为奴隶被晋献公送交秦国的路上外逃乞食、傅说（悦）做奴隶时被转卖、孙膑在魏国因受到庞涓的谗毁而遭受削掉膝盖骨的酷刑、吴起在楚国因变法得罪旧贵族而被五马分尸、国相公叔痤（cuó）向魏惠王推荐公孙鞅反被魏惠王认为糊涂、魏国栋梁之材公孙鞅被迫投奔秦国、关龙逢向夏桀进谏被杀、周灵王贤臣苌弘被开肠剖腹、尹子（尹文公固）被抛尸在荆棘丛中、楚司马子期死后尸体漂于长江江面、田明被分尸、宓子贱和西门豹不与人争却死于人手、晋卿赵鞅的家臣董安于被智伯妒害而死后暴尸街头、孔门弟子宰予不免为田成子所杀、范雎早年在魏国被打断肋骨。以上涉及周文王、鄂侯、鬼侯、比干、梅伯、管仲、曹羁、百里奚、傅说、孙膑、吴起、公叔痤、公孙鞅、关龙逢、苌弘、尹子、司马子期、田明、宓子贱、西门豹、董安于、宰予、范雎，共二十三人、事。

[2] 十二个互相并列的假言判断都用"……，则……"句式表达，它们是："言顺比滑泽（依顺流畅）……，则见以为（被认为）华而不实""敦祗（厚道恭敬）恭厚……，则见以为掘而不伦（笨拙不得体）""多言繁称……，则见以为虚而无用""总微说约……，则见以为刿而不辩（易刺人而不善辩）""激急亲近……，则见以为谮（zèn 说坏话诬陷人）而不让""闳大广博……，则见以为夸而无用""家计小谈……，则见以为陋""言而近世……，则见以为贪生而谀上""言而远俗……，则见以为诞""捷敏辩给（善辩。给，读 jǐ，敏捷）……，则见以为史（言辞花俏不实）""殊释文学（弃绝文献典籍），以质信言，则见以为鄙""时称诗书……，则见以为诵（背古书）"。

[3] 例如第一例：通常情况下说话顺从，流畅，洋洋洒洒，有条不紊，就被认为华而不实。（大前提）某人进言时这样做的（省略了的隐含的小前提），结果被视为用花言巧语搞欺骗（省略了的隐含的结论）。

[段旨]

《难言》的后半篇和中心内容前半篇说理部分的组成。

### §9.1.0.6—309

《说难》的篇首说明了"说难"的总概念，篇末列举了四个事例来证明"说难"[1]。中间列举"说难"的情况一共二十二项，分做三组：第一组四项，可以看做是两个二难推理[2]；第二组十项，可以看做是多项推理[3]。第三组八项，可以看做是四个二难推理[4]。又列举"凡说之务"十三项，有的可以看做是二难推理，有的可以看做是多端推理[5]。总之，《说难》和《难言》可以说是极尽解释的能事，它们把论题的内容发挥得纤悉无遗了[6]。

[注释]

[1]《说难》篇首的总概念是指开头一段"凡说之难……可以吾说当之"，重点在最后一句："凡说之难：在知所说之心，可以吾说当之。"凡游说的困难，在于了解被游说的国君的心理，然后设法用我的话去迎合他的心理。篇末列举的四个事例："昔者郑武公（公元前770—前744年在位）欲伐胡"例、"宋有富人，天雨墙坏"例、绕朝（人名）劝诫秦康公（公元前620—前609年在位）被杀例、"昔者弥子瑕有宠于卫君（卫灵公，公元前534—前493年在位）"例。

[2]周著说的二十二项中的第一组四项是指："所说出于名高者也……必弃远矣""所说出于厚利者也……必不收矣""所说阴为厚利……则阳收其身而实疏之""说之以厚利，则阴用其言显弃其身矣"。周著以前两例为一、二难推理，后两例为一、二难推理。二难推理，详见本书第254节注释[2]。

[3]二十二项中的第二组十项是指："夫事以密成，语以泄败""未必其……如此者身危""彼显有所出事……，不徒所出而已矣""又知其所以为，如此者身危""规异事而当……（四个小分句），如此者身危""周泽未渥也……（三个小分句），则德忘""说不行而有败……如此者身危""贵人有过端……，如此者身危""贵人欲得计而自以为功……如此者身危""强以其所不能为……如此者身危"。周著以这十项为多端推理，即从十个不同的角度作出的并列推理。

[4]第三组八项是指："故与之论大人，则……""与之论细人，则……""论其所爱，则……""论其所憎，则……""径省其说，则……""米盐博辩，则……""略事陈意，则……""虑事广肆，则……"。八项，两两一组，构成四个二难推理甚明。

[5]"凡说之务"的十三项是指："彼有私急也……示而强之""其意有下也……而少其不为也""其心有高也……而多其不行也""有欲矜

以智能……（四个小分句），而佯不知也以资其智""欲内相存之言……而微见其合于私利也""欲陈危害之言……而微见其合于私患也""誉异人与同行者，规异事与同计者""有与同污者，则必以大饰其无伤也""有与同败者，则必明饰其无失也""彼自多其力，则毋以其难概之也""自勇之断，则无以其谪怒之""自智其计，则毋以其败穷之""大意无所拂悟（忤）……然后极骋智辩焉"。以上十三项，周著有的视其为二难推理，如"其意""其心"句，"欲内相存""欲陈危害"句，等等。有的视其为多端推理，如"有欲矜"句。

[6] 纤悉无遗：细小的都没有遗漏。纤（xiān）：细小。悉：全，都。

**[段旨]**

《说难》的组成及其内在逻辑性质。《说难》和《难言》的共性。

### §9.1.0.7—310

（二）证明性质的解释式的议论文

证明性质的解释式的议论文以《喻老》为代表[1]。它和《解老》一样也把老子哲学的许多论断分别地作为论题，但是它所采用的解释方式不是推理性质的，而是证明性质的。它的特点是：

对于论题里的概念有时也给它们下定义。这些论题也和《解老》一样都是假言判断，但他不用推论来说明它们的涵义，却用了具体事件给它们作说明。每一个论题引用一个历史事例，每一个历史事例说明了一个论题。[2]

**[注释]**

[1] 什么是证明？亚里士多德视"证明与直接理解的第一原则的直观相反"，它是"指从某些先已确立的知识或公理得出新知识的推理"。所有的三段论推理都是证明，但并非所有的证明都是三段论。亚里士多德的证明有三个本质要素：主体、属性和基本前提。（参见《西方哲学英汉对照辞典》，第243页）。康德则说："一般说来，每一证明的主要部分是它的质料和形式，或证明根据和连贯性。"（《逻辑学讲义》，第71页）还说："知识的一切中介了的或间接的确认所依据的证明，或者是直接的，或者是非直接的，亦即间接的证明。如果对一真理我由其根据来证明，我采用的便是直接证明；如果我由其反面之虚妄来推论一命题的真

实性，则用的是间接的证明。"（同上）周著在这里讲的"证明性质的解释式"当属康德讲的"直接证明"，依然包括在亚里士多德证明说"从某些先已确立的知识或公理得出新知识的推理"之中。

[2] 例如《喻老》开头：列出两个论题，"天下有道……故曰：'却走马以粪。'""天下无道……故曰：'戎马生于郊。'"均把老子哲学中的两个论断作为两个论题；这两个论题的组成都是假言判断甚明。解释方式用事例加以说明："天下有道，无急患，则曰静，遽传（用马用车传递紧急公文）不用。"第二个论题解释方式的事例说明："天下无道，攻击不休，相守数年不已，甲胄生虮虱，燕雀处帷幄，而兵不归。"对论题里的概念有时也下定义，例第六节"制在己曰重，不离位曰静"，第七节"势重者，人君之渊也。君人者，势重于人臣之间，失则不可复得也"。

[段旨]

以《喻老》为例说证明性质的解释式议论文。论题说明方式的逻辑构成，如对论题的概念下定义、论题的假言判断性质、论题说明用历史事例等。

### §9.1.0.8—311

《八奸》的论题是由八个概念构成的[1]。它分别地解释了这八个概念，给它们以一般性的综合的说明[2]。这种说明也不是推理性质的[3]。它虽然比《喻老》的解释显得抽象些，但是仍旧可以把它们看做是属于同一个类型的议论文。

[注释]

[1] 这八个概念的表述都是有明显的语义标记的："一曰在同床""二曰在旁""三曰父兄""四曰养殃（好美色好玩娱其心而遭殃）""五曰民萌（大臣散公财收买人心）""六曰流行（人臣养辩士游说君主）""七曰威强（人臣聚带剑之客）""八曰四方（人臣虚其国以事大国）"。

[2] 对这八个概念的解释也是有明显语义标记的。例如"一曰"下："何谓同床？曰：……，此之谓同床"，其余七个概念的表述同。"何谓……""曰……""此之谓……"三个标记都是明显用来作解释，作说明的。

[3] 八个概念的相关说明都是奸臣"怎么办""怎样"售其奸的，

都是具体做法的说明，未用推理。例如"二曰在旁"的解释要点：一是"在旁"有哪些人？有"优笑侏儒，左右近习"。二是他们的表现如何？唯唯，诺诺，"先意承旨，观貌察色以先王心者也"。三是他们共同的做法是什么？"此皆俱进俱退，皆应皆对"，"为人臣者内事之以金玉玩好，外为之行不法"。四是他们所要达到的目标是什么？"一辞同轨以移主心者也"，"使之化其主"。没有一处是推理的。其余七个概念的说明性的解释式大体同此。

**［段旨］**

《八奸》也是说明性质的解释式议论文。

### §9.1.0.9—312

《十过》论题就是十个假言判断，每个假言判断都用一个历史上的具体事例给以说明，这和《喻老》是完全一样的[1]。不过也有一些差别：（一）《十过》把十个假言判断列做全文开头的大纲，《喻老》的论题却分散在全文的每一个部分里；（二）《十过》的十个假言判断是从十件事例中直接抽象出来的，《喻老》的各个具体事件却是用来说明老子的各个论断的[2]。虽然如此，但《十过》和《喻老》毕竟还应该归属于同一个类型。

**［注释］**

[1]《十过》的十个假言判断都放在文章的开头："十过：一曰，行小忠，则大忠之贼也。二曰，……十曰，国小无礼，不用谏臣，则绝世之势也。"下文有"奚谓小忠？昔者楚共王与晋厉公战于鄢陵……故曰：行小忠，则大忠之贼也"，可知《十过》假言判断论题，"都用一个历史上的具体事例给以说明"，同《喻老》，参见第310节注释 [2]。

[2]《十过》的十个假言判断做全文的开头的大纲，《喻老》的论题分散在全文各个部分里，见原文自明。至于说到《十过》的十个假言判断从具体历史事实中抽绎出来，而《喻老》则用具体历史事例说明老子的各个论断，则有语义标记可案。例如第七小节："制在己曰重，不离位曰静，重则能使轻，静则能使燥……故曰：'轻则失臣，燥则失君。'主父之谓也。"有"故曰""之谓"之类的说明语、解释语标记。

[段旨]

《十过》与《喻老》的比较，它们同属说明性质的解释式议论文。

### §9. 1. 0. 10—313

《亡征》是一篇独具特色的议论文。它的全文是由四十七个假言判断构成的。每个假言判断表现为一个亡征，四十七个假言判断就是四十七个亡征。它虽然不具有推理过程，但稍具有证明作用。[1]它指出了四十七种"可亡"的条件，综合起来说明了亡征的总概念；因此我们把它也看做是证明性质的解释式议论文[2]。

[注释]

[1] 例四十七例之首："凡人主之国小而家大，权轻而臣重者，可亡也。"最后两例："父兄大臣禄秩过功，章服侵等，宫室供养大侈，而人主弗禁，则臣心无穷；大臣心无穷者，可亡也。公婿公孙与民同门，暴憿（傲）其邻者，可亡也。"全文除最后一段作简单的小结："亡征者，非曰必亡，言其可亡也。……"以外，全部由四十七个假言判断"如果……，那么可能被灭亡"构成。第四十六例已足以说明"虽然不具有推理过程"，但已经明显地"具有证明作用"。

[2] 以"……，可亡也"为语言标记的亡征四十七条的综合，已经较完整地体现在全文的小结语中。

[段旨]

《亡征》是独具特色的议论文，但也应看作说明性质的解释式的议论文。

# 第二节　演绎式的议论文

### §9. 2. 0. 1—314

演绎式的议论文是运用各种的演绎推理形式表示演绎系统的议论文[1]。韩非子论著中的议论文属于这个类型的数量最多。这种议论文的共同特点是：（一）它们都有一个基本概念作为出发点，然后推论出其他的论点。反之，这些其他的论点都用来申说这个基本概念。（二）运用了各种不同类型的推理形式。这推理形式之中除了演绎推理之外，当然也可以有归纳推理[2]。但是总的说来，这一切推理形式都是那作为出发点的基本概念的。因此，这样的议论文，仍旧是演绎式的议论文[3]。（三）韩非子善于运用矛盾律，在演绎式的议论文中表现得丰富多彩，因此矛盾律的运用可以说是演绎式的议论文的特色[4]。

[注释]

[1] 演绎推理形式详见本书第199—267节，参见第174节附表一。

[2] 演绎推理和归纳推理是间接推理的两大分野，故云。参见第174节附表一。

[3] 有关演绎式议论文的两大特点的体现，参见第316节注释［4］，第317节注释［5］、［8］。

[4] 有关演绎式议论文的第三大特点的体现，参见第320节。

[段旨]

韩非子演绎式议论文的三个共同特点。


§9.2.0.2—315

根据演绎式的议论文所表现的重点的不同，可以把它分做两个类型：（一）表示演绎过程的演绎式的议论文。（二）表示矛盾对立的演绎式的议论文。

[段旨]

韩非子演绎式议论文可分两个类型。


§9.2.0.3—316

（一）表示演绎过程的演绎式的议论文

《主道》可以说是典型地表示了演绎过程的演绎式的议论文。它从总的基本概念："道"出发，推演出"万物"和"是非"，"事"和"言"，"形"和"名"，最后推演到"赏"和"罚"。试看它的主要论断：

"道者，万物之始，是非之纪也[1]。"明君能"守始"，能"治纪"，那就"令名自命也，令事自定也[2]"。"有言者自为名，有事者自为形，形名参同，君乃无事焉[3]。""故群臣陈其言，君以其言授其事，事以责其功。功当其事，事当其言，则赏；攻不当其事，事不当其言，则诛。[4]"

[**注释**]

[1] 道，是天地万物赖以产生的本质，是分清是非的准则。

[2] 这里是说，高明的君主能坚守天地万物赖以产生的本质来认知万物，研究并根据判别是非的原则来处置善恶成败，那就"使名称根据它所反映的内容自己给自己命名，使事物根据自己的性质自己给自己来确定内容"。

[3] 让进说的人自己发表内心的看法，君主不要事先规定好进言的套路。让办事的人自己去做事，君主不要事先规定他怎么做。君主只要将臣下做的事和他发表的言论加以比对，看其是否互相符合，这就够了，用不着再做别的事。

[4] "故群臣……则诛"句：所以说群臣陈述自己的意见，君主根据他们的意见安排他们做事，然后根据他们做的事情来责求实效，功效和职事相当，职事兑现了承诺，就奖赏。如果功效和职事不相当，职事也没有兑现承诺，就惩处。这六句话中的前四句是从《主道》首段中摘下的，第五、六句是从最后一段"人主之道，静退以为宝……"摘下的。六句话五个要义：全文的出发点基本概念"道"→用基本概念推论出其他的论点"万物"和"是非"→用基本概念推论出其他的论点"言"和"事"→用基本概念推论出其他的论点"名"和"形"→用基本概念推论出其他的论点"赏"和"罚"。

[**段旨**]

韩非子演绎式议论文《主道》的基本概念及其演绎过程。

### §9.2.0.4—317

《有度》的总概念是"奉法者强，则国强；奉法者弱，则国弱"，这是全文的出发点[1]。其他部分都是从这个总概念推演出来的。因此说："能去私曲就公法者，民安而国治；能去私行行公法者，则兵强而敌弱。[2]""故明主使其群臣，不游意于法之外，不为惠于法之内。[3]""故以法治国，举措而已矣。[4]"这是正面的推论[5]。又说："故官之失能者，其国乱，以誉为赏，以毁为罚也。则好赏恶罚之人，释公行，行私术，比周以相为也。[6]""人主释法用私，则上下不别矣。[7]"这是反面的推论[8]。

**［注释］**

[1] 奉：奉行，按…办事。这句话是说，君主按法办事强劲有力，国力也就强大；君主按法办事软弱无力，国力也就削弱。

[2] 私曲：臣下谋取私利的歪门邪道。公法：国家的法令。私行：谋取私利的行为。这句话是说，能够消除谋取私利的歪门邪道，而追寻按国家的法令办事，百姓就安定，国家就太平；能够消除谋取私利的行为，而实行按国法办事的国家，兵力就强盛而敌国就显得相对弱小了。

[3] 游意：放纵自己的想法，随便打主意。这里是说，高明的君主使他的臣下不能在法令的规定之外随便打主意，也不能在法令的规定范围之内私行施行恩惠收买人心。

[4] 举措：举起施行和放置不用。而已矣：句末语气词，罢了。这句话是说，所以说，按法令来治理国家，不过就是合法的就推行，不合法的就弃置不做罢了。

[5] 正面的推论有：全文出发点总的基本概念"国君奉行法令的强与弱决定国家的强与弱"→用基本概念推论出其他的论点"去私行公法"的积极效果"民安、国治、兵强、敌弱"→用基本概念推论出其他的论点"英君治国"的积极做法"能使下臣不纵恣于法外，也能使臣下不利用法内权给人好处收买人心"→用基本概念推论出其他的论点"以法治国"的正确做法不过就是"举措而已矣"。

[6] 官之失能者：官员失去能力。指任命官员不以能力而以朋党关系。释公行：放弃国家的法令。行私术：玩弄阴谋手段。比周：抱成一团，结党营私。相为：你帮助我做，我帮助你做。相，代词；为，动词。全句是说，任命官员不以才能为标准，而根据外面的名声和朋党关系，那么国家就会混乱，如果拿赞颂的好话做奖赏的根据，用诋毁的坏话做惩罚的依据，那么喜欢得到奖赏、厌恶受惩罚的人，他们就会抛弃国家的法度，玩弄阴谋手段，抱成一团，你吹捧我，我吹捧你。

[7] 这句话是说，君主放弃法律而凭私意办事，君臣之间也就没有区别了。

[8] 反面的推论有：用全文出发点总的基本概念"国君奉行法令的强与弱决定国家的强与弱"→推出不以法令规定的用人标准：按才能大小来用人，那么国家就会变乱→推出不以法令规定的标准行赏罚，那么

好赏恶罚的臣下就会违法售奸，结党营私→推出国君不以法令的规定行使最高权力，就会君臣无别。

［段旨］

《有度》作为表演绎过程的演绎式议论文的起点总概念和正、反两方面推论。

### §9.2.0.5—318

《爱臣》《二柄》《扬权》《和氏》《奸劫弑臣》《三守》《备内》《南面》《饰邪》《观行》《安危》《守道》《用人》《功名》《大体》《说疑》《忠孝》《人主》《心度》和《制分》都可以归入这个类型，虽然它们的论题各有不同，所运用的表达方法也不完全一样，有的着重分类，有的着重比喻。有的从综合到分析，有的从分析到综合。但是它们都用"法术"的概念作为出发点，因此它们都是表示演绎过程的演绎式的议论文。[1]

［注释］

[1] 设："法术"概念为A，"着重分类"为B，"着重比喻"为C，"从综合到分析"为D，"从分析到综合"为E。《爱臣》等20篇大体上可归并如下，说是大体上，因B与C，D与E往往是互相包含着的。《爱臣》（ABE）、《二柄》（ABE）、《扬权》（ACD）、《和氏》（ACE）、《奸劫弑臣》（ABE）、《三守》（ABD）、《备内》（ABE）、《南面》（ABE）、《饰邪》（ABD）、《观行》（ABD）、《安危》（ABD）、《守道》（ABE）、《用人》（ABE）、《功名》（ABE）、《大体》（ABE）《说疑》（ABD）、《忠孝》（ABD）、《人主》（ABE）、《心度》（ABE）和《制分》（ABD）。

［段旨］

《爱臣》等二十篇也属于表演绎过程的演绎式议论文。

### §9.2.0.6—319

（二）表示矛盾对立的演绎式的议论文

这类议论文也是用"法术"的概念作为出发点的，因此它也是演绎式的议论文。但由于它的逻辑方法特别着重矛盾律的运用，彻底地揭露矛盾对立的现象，因此我们把它叫做表示矛盾对立的演绎式的议论文[1]。这类议论文包括《孤愤》《诡使》《六反》《八说》《五蠹》《显学》六篇文章。

[注释]

[1] 矛盾律，矛盾对立：参见本书第42—56节的内容和注释文字。

[段旨]

《孤愤》等六篇表示矛盾对立的演绎式议论文。

### §9. 2. 0. 7—320

《孤愤》是揭露法术之士和当涂重人之间的矛盾现象的。"法术之士，操五不胜之势"，而"当涂之人，乘五胜之资"，"故资必不胜，而势不两存"[1]。这里所运用的表示矛盾对立的逻辑方法是：（一）六个破斥式的混合假言三段论式[2]；（二）八个二难推理[3]；（三）表示矛盾关系的直言判断和假言判断[4]。

[注释]

[1] 重人：指操纵国家重权而胡作非为的人。韩非子是在"重人"和"非重人"的一对矛盾中解释什么是"重人"的。参见第114节注释[1]、第115节和注释[1]。操：掌握，据有，处于……的位置。五不胜：五种不能取胜的情势。指"处势卑贱，无党孤特（孤立无援）。夫以疏远与近爱信（与国君的关系亲近受宠爱信用）争，其数（运数，情理）不胜也""以新旅（新进人士，法术之士）与习故（熟悉的老部下，重人）争，其数不胜也""以反主意（违反君主心意）与同好（投合君主爱好）争，其数不争也""以轻贱（地位鄙贱）与贵重（地位高贵）争，其数不胜也""以一口（孤立无援的一张嘴）与一国（全国都为他说好话）争，其数不胜也"。当涂之人：掌握国家要害部门权力的人，重人。乘：凭借。五胜之资：五种取胜的条件。五胜：上述"五不胜"之反。"故资必不"句：所以说法术之士凭借的条件一定不能取胜，而客观情势又决定他们不能和当涂之人共存。

[2] 破斥式混合假言三段论式：参见本书第217节及注释[1]，第218节及注释[5]，第223节注释[2]，第262节附表六。这里说的"六个破斥式的混合假言三段论"式的举例，参见第228节"大前提在前，结论在后的破斥式"《孤愤》4例，"结论在前，大前提在后的破斥式"《孤愤》2例。共六例。也可看作围绕相关命题的"六个破斥式的混

合假言三段论"式，是对《孤愤》相关文字作现代汉语表达的逻辑关系分析后提出的。如："凡当涂之人之于人主也，希不信爱也（如果 P 则 q），又且习故。若夫即主心，同乎好恶……（如果 P 则 r）。则法术之士欲干上者，非有所信爱之亲，习故之泽也（非 q），又将以法术之言矫人主阿辟（偏袒）之心（非 r），是与人主相反也（所以非 P）。"又如："（法术之士）处势卑贱，无党孤特（如果 P 则 q），法术之士操五不胜之势，以岁数而又不得见（如果 P 则 r）；当涂之人乘五胜之资（非 q），而旦暮独说于前（非 r），故法术之士奚道得进，……法术之士奚得不危？（当涂之士得进，得不危，非 P）。等等。

[3] 二难推理：参见本第 254 节注释 [1]，第 255 节注释 [1]。这里所说的"八个二难推理"，例见第 258 节一例、第 261 节两例。又如："智士者远见而畏于死亡，必不从重人矣；贤士者修廉而羞与奸臣欺其主，必不从重臣矣。是当涂者之徒属，非愚而不知愚者，必污而不避奸者也"等例。

[4] 直言判断：参见第 167、168 节。表示矛盾关系的直言判断：参见第 167 节。《孤愤》例："凡当涂者之于人主也，希不信爱也""夫以疏远与近爱信争，其数不胜也"。表示矛盾关系的假言判断：参见第 170 节及注释 [1]。《孤愤》例："主利在豪杰使能，臣利在朋党用私""使其主有大失于上，臣有大罪于下"。

[段旨]

《孤愤》运用表示矛盾对立的逻辑方法有哪些？


### §9. 2. 0. 8—321

《诡使》的要旨是："夫上之所贵，与其所以为治相反也。[1]""故世之所以不治者，非下之罪，上失其道也。常贵其所以乱，而贱其所以治，是故下之所欲，常与上之所以为治相诡也。[2]"

[注释]

[1] 所以为："所以 + V（动词）"结构，用……来做（进行）……事的那方法（工具、手段、原则）。这句话是说，国君所看重的，和国君用来治理天下的应有的方法正好相反。

[2] 相诡：相违背，违背那……。这句话是说，所以说，社会得不

到治理的原因，不是臣民的罪过，而是国君丢失了治理天下的原则。国君总是看重那些乱天下的做法，而轻视那些治天下的原则。因此，臣下所追求的，经常违背那国君用来治天下的实际做法。

[段旨]

表示矛盾对立的演绎式议论文《诡使》的要旨。

### §9.2.0.9—322

《六反》的要旨是："名赏在乎私恶当罪之民，而毁害在乎公善宜赏之士；索国之富强，不可得也。[1]"《八说》的要旨是："人主不察社稷之利害，而用匹夫之私誉，索国之无危乱，不可得矣。[2]"《五蠹》用"事因于世，而备适于事"的法家思想作为出发点，推论到"世之所以乱"是由于"所利非所用，所用非所利"。[3]《显学》评论了儒墨的学术思想的互相矛盾，归结到"国平，则养儒侠，难至，则用介士。所养者非所用，所用者非所养，此所以乱也"[4]。"是而不用，非而不息，乱亡之道也[5]"。

[注释]

[1] 名赏：名誉和赏赐。毁害：诋毁和加害。索：索取，寻求。这句话是说，名誉和奖赏给了那些谋私作恶、该受惩罚的人，而诋毁和加害扣在了那些为国家做好事、应该获得奖赏的人的头上，这么说来，要想寻求国家的富强，那是不可能的。

[2] 利害：有利还是有害的利害关系。用匹夫之私誉：听信普通百姓不入正道的赞誉。这句话是说，国君不考察对国家有利还是有害，而听信普通老百姓的不入正道的赞誉，要想寻求国家没有危险和动乱，那是不可能的。

[3] 事：社会上的事，犹社会情况。因：因就，随着。世：世道，时代变化。备：齐备，完全。"事因"句是说，社会的情况总是随着时代的变化而变化，而相应的政治措施应当完全适应变化了的社会情况。所利、所用："所＋V"结构，所，代词，动词的动作、作用所及的对象、产生物、效用等。"所利"句是说，得到利益的人不是被信用的人，被信用的人又不是得到利益的人。

[4] 儒侠：儒生和侠客。介士：穿铠甲的战士。"国平"句：国家太

平，就供养儒生和侠客，祸乱来了就用穿铠甲的战士，所供养的人不是所使用的人，所使用的大人不是所供养的人，这就是产生祸乱的原因。

[5] 这句话是说，认为正确的而不加以采用，认为错误的而不加以制止，这是使国家混乱灭亡的做法。

[段旨]

《六反》《八说》《五蠹》《显学》的要旨，亦即互相矛盾着的学术思想起点。

### §9.2.0.10—323

《诡使》《六反》《八说》《五蠹》和《显学》都揭露了相同相似的矛盾现象。它们都运用了表示矛盾关系的事例和说理。在它们的语言结构里具体地表现了矛盾律[1]。

[注释]

[1] 矛盾律：参见第 319 节注释 [1]。

[段旨]

《诡使》等五篇论文是表示矛盾对立的演绎式议论文。

# 第三节　归纳式的议论文

### §9.3.0.1—324

归纳式的议论文是用许多具体事例来论证论题的议论文[1]。韩非子的归纳式的议论文自成为一个独特的类型。这个类型包括《内储说上七术》《内储说下六微》《外储说左上》《外储说左下》《外储说右上》《外储说右下》六篇文章。

[注释]

[1] 有关归纳式的，归纳推理参见第 268 节注释 [1]、[2]、[3]。

[段旨]

周著举出韩非子归纳式议论文《内储说上七术》等六篇。

### §9.3.0.2—325

这六篇文章的格局是完全一样的。它们每一篇开头都是一个总纲，总纲包括几个项目，每一个项目总是由两部分组合而成的。（一）一个论题；（二）几个具体事例的标题。这几个具体事例的标题就是用来给论题作为论据的。总纲之后，就是具体事例的叙述，叙述的次序是依照总纲里所包括的项目进行的，每个项目之中，又是依照项目所包括的具体事例的次序进行的。[1]

[注释]

[1] 可知六篇文章的内在逻辑结构是，总纲→项目→两部分组合→论题＋具体事例的标题→标题是论题的论据→总纲后是具体事例的叙述→叙述次序的二层次→次序一（依照总纲里包括的项目）→次序二（每个项目之中，又是依照项目所包含的具体事例的次序）。

[段旨]

六篇归纳式议论文有共同的逻辑结构。

### §9.3.0.3—326

《内储说上七术》的总纲包括七个项目[1]；《内储说下六微》的总纲包括六个项目[2]；《外储说左上》的总纲包括六个项目[3]；《外储说左下》的总纲包括六个项目[4]；《外储说右上》的总纲包括三个项目[5]；《外储说右下》的总纲包括五个项目[6]。这六个总纲的每个总纲都包含一个论题和几个具体事例的标题。

[注释]

[1]《七术》总纲的七个项目就是"经一'参观'（众端参观，多方面参验）、经二'必罚'（必罚明威）、经三'赏誉'（信赏尽能）、经四'一听'（一听责下，分别听取，督责下臣）、经五'诡使'（疑诏诡使，下疑诏，用诡诈的手段考察臣下）、经六'挟智'（挟知而问）、经七'倒言'（倒言反事，说反话，做反事刺探臣下）"。这里"经一、经二、经三……"的"经"字，正是"总纲、总纲纲目"之意。这里"经一、经二、经三……"后紧接着有"说一、说二、说三……说七"，正是解说总纲的具体事例。

[2]《六微》总纲是"经一'权借'（权借在下，君主权势被臣下盗用）""经二'利异'（利异外借，君臣利益相异，臣下借助国外势力谋私利）""经三'似类'（托于似类，奸臣会假借类似的事欺骗君主谋私

利)""经四'有反'（权借在下，君主权势被臣下盗用)""经五'参疑'（参疑内争，不同等级的名分的人交错比拟，越位争权，杀戮残害)""经六'废置'（敌国废置，按敌国的意图任免大臣，被敌国所利用)"。这里"经一、经二、经三……"的"经"字，正是"总纲、总纲纲目"之意。这里"经一、经二、经三……"后紧接着有"说一、说二、说三……说六"，正是解说总纲的具体事例。

[3]《外储说左上》总纲的六个项目是"经一"至"经六"，都没有标题，但各纲目下的内容都非常明确，如"经一"说"明主之道"（英明君主治理国家的原则)、"经二"说"人主之听言，要把有没有实际效用作为取舍标准""经三"说"挟夫相为则责望，自为则事行"（坚持为别人就会责求和怨恨他人，为自己考虑则易办成事情，故后人唯信古人，后人就会郢书燕说；不考虑本国实际而只会取法先王，则会削足适履)、"经四"说"利之所在，民归之；名之所彰，士死之""经五"意在"对《诗·小雅·节南山》'不躬不亲，庶民不信（君主不能以身作则，百姓就不信任)提出异议，君主当按叔向等人的主张办才对""经六"说"小信成则大信立，故明主积于信"。同样地，后紧接着有"说一、说二、说三……说六"，正是解说总纲的具体事例。

[4]《外储说左下》总纲的六个项目是"经一"至"经六"，也都没有标题，但各纲目下的内容都非常明确，如"经一"说"以罪受诛，人不怨上""经二"说"人君恃势不恃信"（君主依靠权势而非依靠臣下的信赖)、"经三"说"君臣当有别，君当凌驾于臣之上，责周文王'失臣主之理'""经四"说"利所禁，禁所利，虽神不行；誉所罪，毁所赏，虽尧不治""经五"说"臣以卑俭为行，则爵不足以观赏（显示奖赏的作用)"（亦即爵位、俸禄、旌旗、服饰是用来区分功劳大小，别贤不肖的手段)、"经六"说"宫室卑则忌直言，私行胜则少公功"。同样地，后紧接着有"说一、说二、说三……说六"，正是解说总纲的具体事例。

[5]《外储说右上》总纲的三个项目是"经一"至"经三"，也都没有标题，但各纲目下的内容都非常明确，如"经一"说"势不足以化则除之""经二"说"人主者，利害之轺（yáo 古代轻便小型马车)毂（gǔ 车轮的中心插轴处)也"（犹言集中地，焦点)、"经三"说"术之不行，有故'，卖酒的人不杀掉他的恶狗，就没人来买酒，"大国亦有狗，

且左右皆社鼠也"。同样地，后紧接着有"说一、说二、说三"，正是解说总纲的具体事例。

[6]《外储说右下》总纲的五个项目是"经一"至"经五"，都没有标题，但各纲目下的内容都非常明确，如"经一"说"赏罚共（指君主和大臣共同掌握赏罚大权）则禁令不行""经二"说"治强生于法，弱乱生于阿（偏袒枉法)""经三"说"明主者鉴于外也，而外事（外来办事人员）不得（不讨好本国权贵）不成"，故明主之道，当如周代掌朝觐聘问的官辞退卫文公那样来维护自己的尊严。"经四"说"人主者，守法责成以立功者也""经五"说"因事之理，则不劳而成"。后紧接着有"说一、说二、……说五"，正是解说总纲的具体事例。

[段旨]

《内储说上七术》等六篇归纳式议论文的总纲项目和相应说明之构成。

### §9.3.0.4—327

具体事例的叙述就是总纲里的具体事例的标题的具体内容。这些具体内容归纳起来就成为论题的有力的论据[1]。这六篇文章每一篇都有几个论题，因此它们的全文每一篇都是由几个论题组合而成的[2]。

[注释]

[1] 总纲/（相关或相应）总纲纲目——（直接包含）总纲纲目里的具体事实的叙述/说明文字里的具体内容——说明文字里的具体内容的归纳就是总纲纲目论题的论据。

[2] 这六篇文章无论是由六个、五个，还是三个论题组成的，都有相应的说明文字。基本组成的逻辑构架如前所述。

[段旨]

六篇归纳式议论文章里的具体事例叙述的作用及其语言逻辑性质。

### §9.3.0.5—328

《八经》是由八个论题组合而成的，但是全文的开头没有总纲，八个论题分散在全文的各个部分[1]。每个论题下都没有引用具体事例，只有一般推理式的说明[2]。因此，《八经》虽然在表面上和归纳式的议论文的格局相类似，实质上它应该被看做是演绎式的议论文[3]。

[注释]

[1]《八经》由八个论题（相当于《内储说上七术》的纲目）组成，但开门见山就是论题名，不像《七术》等文那样开头将六大纲目、五大纲目先综合地说一下。《八经》的八个论题是：一、因情，二、主道，三、起乱，四、立道，五、类柄，六、参言，七、听法，八、主威。以上八个论题都是"经"，都是经典纲要项目。

[2]这八个经典纲要项目里的内容不是经验情况的具体说明，而是一般推理式的说明，与《七术》等六篇的根本区别在此。

[3]《八经》与《七术》等六篇归纳式议论文相比较：表明相似，实质不同。

[段旨]

《八经》的组成及其演绎式议论文性质。


§9.3.0.6—329

《说林上》和《说林下》只是集合了许多故事，并没有加以归纳，也没有提出论题[1]。因此它也不是归纳式的议论文。如果它也具有了和《内、外储说》同样的总纲的话，那么我们也就可以把它看做归纳式的议论文了[2]。

[注释]

[1]这里是说《说林上》和《说林下》只是编纂性质的故事集合，而非归纳成文，亦无论题。"说林上、下"共汇集七十一则传说故事，其中上篇三十四则，下篇三十七则。《校注》认为："这是韩非积累起来供写作论文时引用的原始资料。"（《韩非子校注》，第190页）

[2]"内外储说"开头皆有总纲纲目名称列出。由第326节及其注文可知，"内外储说"共列出三十三个总纲，相应的有关纲目的具体说明亦三十三则（节）。从比较入手而言，仅是有无总纲纲目的区别，根本原因还是纂集和逻辑归纳的区别，总纲纲目的设置也是直接为逻辑归纳服务的。

[段旨]

"说林上、下"篇仅仅是传说故事的纂集，而非归纳式议论文。

# 第四节　辩难式的议论文

## §9.4.0.1—330

辩难式的议论文是两方面问难诤论的议论文[1]。韩非子的辩难式的议论文自成为一组。包括《难一》《难二》《难三》《难四》和《难势》五篇文章。《问辩》《问田》和《定法》采用问答的方式，虽然没有表现什么诤论，但是如果把辩难的范围放宽一些，那么也可以把它们看做是辩难式的议论文[2]。

[注释]

[1] 诤论：直言规劝的言论。清吴伟业《题华山檗（bó）庵和尚画像》诗："诤论总销随谏草，故人已隐祝融峰。"又：诤通"争"，争论。从上下文义看，此处"诤论"依然是"争论"。辩难式：中国古代多讲"辨正""辨明""辨名"。韩非子讲"辩难""辩明""争辩""辩证"。这是值得注意的。关于包含辩证法的争论，康德有最著名的提法"二律背反"。康德说："在这种辩证推理那里理性的这一状况我将称之为纯粹理性的二律背反。"（邓译本《纯粹理性批判》，第287页）康德还曾说到纯粹理性与经验知性的冲突问题，这或许正是韩非子法家理性与从政者们的争论处之所在。康德说："一种这样的辩证学说将不和经验概念中的知性统一性发生关系，而和单纯理念中的理性统一性发生关系，这种理性统一性的条件由于首先作为按照规则的综合而应当与知性相一致，但同时作为这种综合的绝对统一性又应当与理性相一致，所以当它与理性相符合时对于知性就会太大，而当它与知性相适合时对于理性又会太小；于是从中就必然会产生出一种冲突，它是我们无论从哪里入手都不可避免的。"（邓译本《纯粹理性批判》，第358、359页）康德的这一说法几乎揭示了论难、争论的普遍性无处不在的根本原因。

[2] 辩难：是在辩难双方发生的，辩驳或向对方提出难解答的问题以质问对方。互相辩难。《难一》等五篇以提出问题，诘难对方，引起争论为主。《问辩》等三篇以提出问题，解答问题为主。"向对方提出难以解答的问题"是"五篇"和"三篇"共同的内容特征。

[段旨]

韩非子辩难式议论文可分成两组。

## §9.4.0.2—331

《难一》《难二》《难三》《难四》的格局是完全一样的。它们的每一篇都是由许多论题组合而成的[1]。每一论题是对于一个具体事例的评价。评价者分为两方，展开问难和诤论。每一论题的文章分做两个部分：前面部分是对方对一定事例的评价；"或曰"以下是后面部分，是此方对于对方的意见的反驳。在反驳的过程里所经常运用的逻辑方法有两种：（一）二难推理；（二）引归矛盾法[2]。例如《难一》里辩论管仲的行为：

（1）对方的立论："霄略曰：管仲以贱为不可以治国，故请高、国之上[3]；以贫为不可以治国，故请三归[4]。以疏不可以治亲，故处仲父。管仲非贪，以便治也。"[5]

（2）反驳的意见："今使管仲之治不缘桓公，是无君也；国无君，不可以为治[6]。若负桓公之威，下桓公之令，是臧获之所以信也。奚待高、国、仲父之尊而后行哉？[7]"这里用了一个二难推理[8]。又说："今管仲不务尊主明法，而事增宠益爵，是非管仲贪欲富贵，必闇而不知术也。"这也是一个二难推理[9]。由于这样的推论，因此最后总结说："故曰：管仲有失行，霄略有过誉。[10]"

[注释]

[1] 如《难一》这一整篇，就有九个论题，亦即九个故事组成。九个论题又各分成前、后两部分，前段立论和评价，后段以"或曰"为语言标记，进入反驳前段所论、所评。

[2] 二难推理：参见第 254 节及注释 [1]。引归矛盾法：参见第 295 节及其注释 [2]。

[3] 霄略：人名。失考。"不可以治国"之"国"字：周著引文据乾道本作"国"字。《校注》本作"贵"字，据顾广圻《韩非子识误》引王渭说"国当作贵"改之。高、国之上：高氏、国氏两大贵族之上。高傒（xī）、国懿仲是齐国当时的两大贵族。

[4] 三归：按齐国的规矩，要从市租（商业税）中提取十分之三归于国君，叫作"三归"。

[5] 这段话是说，霄略说："管仲认为地位低不能治理好国家，所以请求位居高氏、国氏两大贵族之上。"管仲认为贫穷不能治理好国家，所以请求获得原本归国君的国家商税的三分之一归他本人。管仲认为与国君的关系疏远不能治理那些亲近者，所以让齐桓公称他为仲父。管仲不是贪婪，只是为了方便治理国家。

[6] 缘：沿着，遵循。这句话是说，如果管仲治国不遵循桓公的旨意，那就等于没有君主，国家无君主，就无法治理了。

[7] 负：担负，依仗。臧获：奴婢，奴仆。《方言》卷三："荆、淮、海、岱杂齐之间，骂奴曰臧，骂婢曰获。齐之北鄙，燕之北郊，凡民男而婿婢谓之臧，女而妇奴谓之获。"又一说"取货谓之臧，擒得谓之获，皆谓有罪为奴婢者"。这句话是说，如果依仗桓公的权势，下达桓公的命令，这就是能让奴婢使卿相服从的办法，何必要等到有了高氏、国氏以及仲父称号那样的尊贵而后施政治事？

[8] 这里的二难推理的构成：是复杂构成式的二难推理，参见本书第254节注释[1]。公式：如果 p，则 r；如果 q，则 s；p 或者 q；结论：所以，r 或者 s。将全句"今使管仲之治不缘桓公……而后行哉"代入此公式即知其可行。

[9] 这里的二难推理，可看作简单构成式的二难推理，公式是：如果 p，则 r；如果 q，则 r；p 或者 q；结论：所以 r。将全句"今管仲不务尊主明法，……必闇而不知术也"后两句选言判断作为两个假言判断的前件 p 和 q 先行代入公式，前两句作为两个假言判断的后件 r 代入此公式，即知其可行，并知其为二难推理。

[10] 这两句作为最后总结的话，是同时针对两个二难推理讲的。

[段旨]

《难一》里辩论管仲行为的二难推理和引归矛盾法。


**§9.4.0.3—332**

又如《难一》里辩论襄子赏高赫的事例说：

（1）对方的立论："仲尼闻之曰：善赏哉！襄子赏一人，而天下为人臣者，莫敢失礼矣。[1]"

（2）反驳的意见："襄子有君臣亲之泽，操令行禁止之法，而犹有骄侮之臣，是襄子失罚也[2]。为人臣者，乘事而有功，则赏，今赫仅不骄侮，而襄子赏之，是失赏也[3]。明主赏不加于无功，罚不加于无罪，今襄子不诛骄侮之臣，而赏无功之赫，安在襄子之善赏也。故曰：仲尼不知善赏。[4]"

在这个反驳的意见里，包含了三种逻辑方法：（一）二难推理；（二）破斥式的混合假言三段论式[5]；（三）引归矛盾法。论证了襄子的"失罚"和"失赏"，这是二难推理[5]。"乘事而有功，则赏，今赫仅不骄侮，而襄子赏之，是失赏也"，这是破斥式的混合假言三段论式[6]。仲尼既然以襄子为善赏，就应该有功则赏，骄侮则罚；反过来说，就是"赏不加于无功，罚不加于无罪"。但是"今襄子不诛骄侮之臣，而赏无功之赫"，这是和仲尼的论断互相矛盾。这是引归矛盾法[7]。总之，这三种逻辑方法分别地从不同方面都体现了矛盾律[8]。

**[注释]**

[1] 襄子：赵襄子，名无恤，晋卿赵简子（赵鞅）的孙子。春秋末期、战国初期晋国执政的贵族。《史记·晋世家》载：晋出公十七年（公元前458年）晋卿智伯瑶联合赵、韩、魏打败范氏、中行氏，并瓜分他们的领地后，又联合韩、魏攻打赵襄子（公元前455年），久攻不下，襄子派家臣张孟谈出城劝说韩、魏反戈获允，赵、韩、魏三家联合击败智伯瑶，分其地（公元前453年），史称三家分晋，但直至公元前403年，周天子才承认三家为诸侯。赵襄子取胜后行赏，以"不失君臣之礼的"高赫为奖首，受到张孟谈的责问。莫：否定性不定人称代词。没有谁能……这几句话是说，孔子听说这件事以后说，善于奖赏人呵！赵襄子奖赏了一个人，天下的大臣们，就没有谁敢违背礼了。《校注》以这句话"与历史事实不合"，孔子（公元前551—前479年），而智伯瑶被灭在公元前453年，在孔子死后二十六年，故只能说以孔子为代表的儒家学派的观点赞美赵襄子"善赏"。

[2] 泽：恩惠，恩德。这句话是说，赵襄子有君臣相亲的恩惠，掌握了实行法令，法禁即止的法制办法，然而还有骄纵轻侮的大臣出现，这是赵襄子没有运用惩罚手段的结果。

[3] 乘事：张觉《韩非子全译》将此处的"乘"字解释为"计算""考核"，可从。这句话是说，做大臣的，君主考核他做事是否有功，有

功劳的就奖赏。今高赫仅仅不骄傲轻慢，襄子就奖赏他，这是违背奖赏原则的。

[4] 这几句话是说，明主的奖赏不落实到无功的人，惩罚不落实到无罪的人，今襄子不惩罚骄纵轻侮的人，而奖赏给无功劳的高赫，赵襄子的善于奖赏表现在何处？所以说，孔子不懂得什么才是善于奖赏。

[5] 这里的二难推理是简单构成式的二难推理，合于公式：如果 p，则 r；如果 q，则 r；p 或者 q；所以 r。将文中"襄子有君臣亲之泽……是失赏也"两句代入此公式可得。

[6] 破斥式混合假言三段论式：参见本书第 217、218、223 节。这里的破斥式合乎简单式破斥式。公式是：如果 p，则 q；如果 p，则 r；非 q 并且非 r；所以非 p。将"乘事而有功……是失赏也"代入此式可得。

[7] 引归矛盾法：参见第 295 节及其注释 [2]。这里以"对方的立论"里的"仲尼知襄子善赏"为标杆说"与孔子之说矛盾"而明"引归矛盾法"。如果以"反驳的意见"里的"仲尼不知善赏的一般道理，更不知襄子不善赏"为标杆，而"与孔子不知不善赏"（仅知道善赏）相矛盾，同样可说明"引归矛盾法"。

[8] 二难推理，破斥式假言三段论式构成的假言推理，都属于充满矛盾律的演绎推理。引归矛盾法虽然属于归纳法，但其本身已是矛盾律的具体运用。

[段旨]
《难一》里围绕赵襄子赏赐仅仅"不骄侮"，但无战功的高赫一事的辩难，处处是矛盾律的运用。

### §9.4.0.4—333

《难势》是一篇完整格局的辩难式的议论文。争论的问题是"势"和"贤"：立论者主张"势"可以治天下；反驳者主张"贤"可以治天下。先由立论者提出论题和作为论题的根据的论据；接着反驳者反驳了立论者的论据和论题；末了立论者再重申自己的论据和论题。经过两度往返，最后立论者获得了胜利，成立了"势"可以治天下的论题。现在把这个辩难的过程扼要地解析如下：

（1）立论者的论题："吾以此知势位之足恃，而贤智之不足慕也[1]。"

立论者的论据："贤人而诎于不肖者，则权轻位卑也[2]。不肖而能服于贤者，则权重位尊也[3]。"

（2）反驳者的意见：

反驳题："夫释贤而专任势，足以为治乎[4]？"

论点："夫势者，非能必使贤者用已，而不肖者不用已也[5]。贤者用之，则天下治，不肖者用之，则天下乱[6]。"因此说："夫势者，便治而利乱者也[7]。"

又说："使尧、舜御之，则天下治，桀、纣御之，则天下乱，则贤不肖相去远矣[8]。"

（3）立论者重申自己的意见。这里包括：

（甲）给"势"的概念下定义。区别"自然之势"和"人设之势"：立论者所说的"势"是"人设之势"，反驳者所说的"势"是"自然之势"。

（乙）引用不两立的"矛盾之说"论证了"人设之势"的"势"和"贤"的不能并存[9]。得到的结论说："夫贤势之不相容，亦明矣[10]。"

（丙）"吾所以为言势者，中也。中者，上不及尧、舜，而下不为桀、纣[11]。抱法处势，则治；背法去势，则乱[12]。"这一论点驳斥了对方"夫势者，便治而利乱者也"的论点。

（丁）"且御非使王良也。则必使臧获败之。治非使尧、舜也，则必使桀、纣乱之。此味非饴蜜也，必苦菜亭历也。此则积辩累词，离理失术，两未之议也。"[13]

这是引用了相对矛盾的思惟规律驳斥了对方"使尧、舜御之，则天下治，桀、纣御之，则天下乱"的"贤不肖"绝对化的错误观点[14]。

[注释]

[1] 恃：依靠。这句话是说，我由此（指上文所说"尧为匹夫，不能治三人，桀为天子，能乱天下"之事）而知道权势地位的足可依靠，而贤智不值得羡慕。

[2] 诎（qū）：屈服。不肖者：无才无德的人。这句话是说，贤能的人屈服于无才无德的人，那是因为贤能的人无权无势地位卑下。

[3] 服于：对于……使其服从，对于……制服他们。这句话也完全立足于法家，强调权势地位的重要性。无才无德的人对于贤能的人能制服他们，那是因为无才无德的人权重位高。

[4] "释"字：乾道本作"择"字，《校注》本已据明代张榜本改。周著作"释"字据清王先慎《韩非子集解》本。释，放，丢弃。专任：专门依靠。这句话是说，丢弃贤才，而专门依靠权势，就足够用来治理天下了吗？

[5] 非能必：不能必定（肯定）做到。此句中两"用已"处，《校注》本作两"用之"，"之"指代"势"，权势。《校注》校勘记说："乾道本'之'作'已'，（日本）津田凤卿（《韩非子解诂全书》）说：'两已字，之字误，皆指势言。'"《校注》本引津田凤卿说改字为训，并不可取。周著两作"已"字，据《集解》本。"已"字，张觉引《尔雅·释诂下》："已，此也。"并说："这'已'是近指代词，指代权势。"张说是。按张说，这句话是说，不能肯定贤德之人用权势，而无才无德之人不用权势。

[6] 这句话是说，有贤有才的人用权势，就天下大治，无才无德的人用权势，就天下大乱。

[7] 这句话是说，权势，既有方便治理天下的一面，也有助于搞乱天下的一面。

[8] 御：驾驭，掌控。这句话是说，让尧、舜来驾驭它，就天下大治，桀、纣来掌控它，就天下大乱，才德的好坏相差太远了。

[9] 矛盾之说：参见本书第42、43、44节和相关注释。"人设之势"：人为设定的"势"。专指社会政治权势。法家立论者把他们的"人设之势"的对立面叫作"自然之势"，指属于人的天性方面的智力、才性、贤能、材质等。

[10] （反驳者儒家推崇的）贤德和（立说者法家推崇的）权势之间无法调和，也就很清楚了。

[11] 所以为：固定词组，因为（为了）某种原因（目的）等做出某事。所以为言势者……：所以做出谈论势的原因，是为了……。这句话是说，我之所以做出谈论权势，是为了那些资质中等的君主。资质中等的君主，往上比及不上尧、舜，往下也比不上桀、纣那样的人。

[12] 抱法：坚守法度。处势：掌控权势。这句话是说，坚守法度，掌控权势，天下就治，背弃法度，丢掉权势，天下就乱。

[13] 王良：春秋末期晋国人，以善于驾车闻名。饴蜜：饴糖蜂蜜。苦菜亭历：苦菜。亭历，即葶苈，分苦、甜两种。这里指苦的一种。"两未之议"中的"未"字：乾道本作"未"，此处周著作"未"据《集解》本。《校注》本据明迁评本、明张榜本，明凌瀛初本改作"末"字，张觉《全译》本同。两末：两末端，两极端。这段话是说，（立说者法家学派认为）况且说驾车不是派遣王良这样的驾车能手，那就是必定让奴婢去破坏它；治理天下不是交由尧、舜，那就必定有桀、纣去乱天下；一种味道不是饴糖甜蜜，就是苦菜、亭历。这是积聚辩辞，堆砌辞藻，脱离情理，丢失道术，不是走这个极端，就是走那个极端的偏执说法。

[14] 这句话是说，法家立论者用"相对矛盾的思维规律"驳斥对方儒家学派的"非此即彼"的绝对化观点。此例说明中国古代法家也主张"亦此亦彼"的"相对矛盾"说，而反对"绝对矛盾"说，其重要意义显见。

[段旨]

《难势》一文在法家立论者和儒家反驳者的辩难过程。

### §9.4.0.5—334

这篇议论文表现了"人治"观点和"法治"观点的辩论。"任贤智"是儒家的人治思想，"明法术"是法家的法治思想。那么这里所说的"积辩累辞，离理失术"，也正是《五蠹》里所说的"儒以文乱法"的意思了[1]。

[注释]

[1]《难势》里法家学派批评儒家学派积聚辩辞，堆砌辞藻，脱离情理，丢失道术；《五蠹》里说儒家以诗书礼乐之类的"文学"搞乱法制。两者在批评的主体、批评的客体，即批评的对象、批评的内容上完全相同。

[段旨]

《难势》篇表达了"法治"与"人治"观点间的辩难。

# 第五节 结束语

## §9.5.0.1—335

前四节里所叙述的四种类型的议论文是根据逻辑观点做标准给以分类的[1]。虽然它们之间也可以有互相交错的地方，但是它们却各自具有自身的特点[2]。演绎式的议论文和归纳式的议论文固然不同，解释式的议论文和辩难式的议论文也各相异。

[注释]

[1] 本章前四节里所叙述的四种类型的议论文有：解释式的议论文、演绎式的议论文、归纳式的议论文、辩难式的议论文。

[2] 四种类型的议论文之间互相交错的地方，例如，第309节推论性质的解释式议论文《说难》的第一组四项是两个演绎推理式中的二难推理。第二组十项多端平行推理也多半是演绎推理中的假言推理。演绎式的议论文包含归纳推理，参见314节的说明，包含假言推理，参见第320节。归纳式议论文，实际可视为演绎式议论文，参见第328节。辩难式议论文包含二难推理、假言三段论破斥式、充满矛盾的引用归纳法。

[段旨]

韩非子四种类型的议论文各有其特点，也有互相交错之处。

## §9.5.0.2—336

在这四类议论文的整体中，我们看到各种不同的逻辑方法[1]。既要阐明概念的涵义；又用判断来表达论题和论据；有演绎推理，也有归纳推理。运用了思惟形式，又体现了思惟规律[2]。总之，韩非子的逻辑具体地都在这里显露出来了[3]。

[注释]

[1] 这里的逻辑方法就是指划分四种类型的主要逻辑特点和标准：解释式、演绎式、归纳式、辩难式议论文。而"既要阐明概念的涵义；又用判断来表达论题和论据；有演绎推理，也有归纳推理"则包含在四大逻辑方法中。

[2] 思惟形式：一般指概念、判断、辩类、推理。思惟规律：矛盾

律、因果律、异同律（矛盾律和同一律）。

［3］这句话是说，有关韩非子逻辑的四大类型议论文的逻辑本质、思维形式、思维规律都在四大类型的议论文中；反言之亦然，四大类型的议论文处处体现韩非子的逻辑标准、思维形式、思维规律。

［段旨］

韩非子四大类型议论文与韩非子逻辑的关系。

### §9.5.0.3—337

我们已经说过，韩非子的逻辑是具体的逻辑，这具体的逻辑是实现在他的议论文里的。离开了他的议论文，也就找不到他的逻辑[1]。本书从第二章到第八章分别地叙述他的思惟规律和思惟形式。那是从他的议论文中分析抽取出来的。这第九章叙述议论文的类型就是把那些思惟规律和思惟形式综合在一个总体里来考察。由合到分和由分到合是两个不同的过程[2]；但它们却是一个总体的两面，也就是韩非子逻辑的这个总体的两面。

［注释］

［1］抽象概念（逻辑）和具体概念（逻辑）的区分，以及两种概念（逻辑）都要在使用中得到体现，是康德的重要逻辑思想。康德曾提出"较高概念（按即抽象概念）和较低概念（按即具体概念）的产生条件：逻辑抽象（按即抽象逻辑、理性逻辑）和逻辑规定（按即具体规定性逻辑，实践性逻辑）"。康德说："由持续的逻辑抽象不断产生较高的概念，反之，由持续的逻辑规定不断产生较低的概念。"（《逻辑学讲义》，第96页）又在"概念的抽象使用和具体使用"中说："任何概念都可以普遍地或特殊地（抽象地或具体地）使用，较低概念如着眼于它的较高概念，便抽象地使用；较高概念如着眼于它的较低概念，则具体地使用。"（《逻辑学讲义》，第96、97页）

［2］关于由合到分和由分到合的过程，可参用康德的下述说法："抽象和具体两词与概念本身无关（因为任何概念都是抽象概念），而仅与概念的使用有关。这种使用可有不同的程度，人们各按其程度，或多或少抽象或具体地对待一概念，即或多或少地去掉或添加规定。通过抽象的使用达到最高的属概念，通过具体的使用则接近于个体。"（《逻辑学讲

义》，第 87 页）周著从四大类型的全书中抽象出概念、逻辑、推理等逻辑形式和规则，又让这些逻辑形式和规则回到四大类型的议论文，其理论概括的过程，正与康德所说契合。

[段旨]

韩非子的具体逻辑或实践逻辑体现和落实在四大类型的议论文中。


### §9.5.0.4—338

思惟和语言是不可分割的[1]。尤其是韩非子的具体运用的逻辑，只有在他所运用的先秦古代汉语的语言结构中去探索。我们既从他的议论文的语言结构中分解出他的思惟规律和思惟形式，又把他的思惟规律和思惟形式汇归到议论文的语言结构里来重新认识[2]。我们虽然做得不够，但是却抱有善良的意图和企求。那就是要避免讲究呆板的机械的公式化的逻辑，而想通过韩非子的古代汉语的语言结构寻求出他的具体运用的活的逻辑。这就是作者著述本书的目的要求，也就算做是本书的结束语。

[注释]

[1] 语言和思维的关系，"语言是思想的直接现实。"（《马克思恩格斯全集》第三卷，第 525 页）语言是思维的物质外壳，思维是语言的逻辑内容。参见本书第 6 节注释 [1]。

[2] 这里的"语言结构"，是指语言表达中的逻辑结构，主要不是语法结构、词义结构等。在韩非子逻辑的研究中，语言表达逻辑结构被凸显出来。语言表达逻辑结构是继语言的语法结构、词义结构、语音结构之后的又一特别重要的语言结构，它用来研究语言和思维，语言表达和逻辑关系的最重要的途径。周著里的这句话，正可以完全说成："我们既从他的议论文的'语言表达逻辑结构'中分解出他的思维规律和思维形式，又把他的思维规律和思维形式汇归到议论文的'语言表达逻辑结构'里来重新认识。"不能不承认，在语言和思维、思维和语言、语言表达和形式逻辑等关系的研究中，离不开"语言表达逻辑结构"，它为"语言和思维"等的关系的研究铺平了道路。关于"语言表达逻辑结构"，康德曾说："对实践理性最高原理的阐明现在已经作出了，就是说，首先指明它包含什么内容，即它是完全先天地、不依赖于经验性原则而独立存在的；其次指明它在什么地方与其他一切实践原理区分开来。至于对这个原理

的客观普遍的有效性的演绎即提供辩护理由，以及对这样一种先天综合命题的可能性的洞见，我们不可能指望像在讨论到纯粹理论知性的那些原理时一样顺利进行。因为后者涉及的是可能经验的对象，我们能够证明的是，只有通过把这些现象按照那些法则的标准纳入诸范畴，这些现象才能作为经验的对象被认识，因而一切可能的经验必须与这些法则相结合。"（邓译本《实践理性批判》，第 61 页）周著将韩非子划分成四大类语言表达的实践理性逻辑结构，从中抽象出逻辑形式和逻辑规则，并汇合到四大类中去检验，整个思路，与康德这里所说的实在相契合。

[段旨]

韩非子议论文中的语言表达逻辑结构与韩非子逻辑形式、逻辑规则间的关系。

# 注释主要参考和引用书目

一  近现代哲学、逻辑理论

冯友兰：《中国哲学史》，华东师范大学出版社 2011 年版。

胡适：《中国名学史》，学林出版社 1983 年版。

江天骥主编：《西方逻辑史研究》，人民出版社 1984 年版。

李先焜：《逻辑基本知识》，吴格明、陈道德修订，商务印书馆 2020 年版。

李泽厚：《哲学纲要》，北京大学出版社 2011 年版。

林德宏、肖玲等：《科学认识史》，江苏教育出版社 1995 年版。

刘培育等：《中国逻辑思想论文选》（1949—1979），生活·读书·新知三联书店 1981 年版。

孙叔平：《中国哲学史稿》，上海人民出版社 1980 年版。

汪奠基：《中国逻辑思想史》，上海人民出版社 1979 年版。

王路：《亚里士多德的逻辑学说》，中国社会科学出版社 2017 年版。

杨国荣：《道论》，华东师范大学出版社 2009 年版。

杨国荣：《认识与价值》，华东师范大学出版社 2009 年版。

张岱年：《中国哲学大纲：中国哲学问题史》，商务印书馆《中国现代学术名著丛书》纪念版，2017 年版。

张世英：《哲学导论》，北京大学出版社 2002 年版。

郑昕：《康德学述》，商务印书馆《中华现代学术名著丛书》2011 年版。

中国人民大学哲学系逻辑教研室：《形式逻辑》（修订本），中国人民大学出版社 1984 年版。

周锺灵：《韩非子的逻辑》，人民出版社 1958 年版。

［德］弗雷格：《弗雷格哲学论著选辑》，王路译，王炳文校，商务印书馆 2006 年版。

［德］康德：《纯粹理性批判》，邓晓芒译，杨祖陶校，人民出版社 2004 年版。

［德］康德：《康德三大批判精粹》，杨祖陶、邓晓芒编译，人民出版社 2001 年版。

［德］康德：《康德三大批判精粹》，杨祖陶、邓晓芒编译，人民出版社 2018 年版。

［德］康德：《判断力批判》，邓晓芒译，杨祖陶校，人民出版社 2002 年版。

［德］康德：《实践理性批判》，邓晓芒译，杨祖陶校，人民出版社 2003 年版。

［俄］列宁：《哲学笔记》，人民出版社 1960 年版。

［古希腊］亚里士多德著：《工具论》，张留华、冯艳等译，刘叶涛校，世纪出版集团、上海人民出版社 2015 年版。

## 二 文献语料

陈鼓应：《老子注译及评介》，中华书局 1984 年版。

陈奇猷：《韩非子新校注》，上海古籍出版社 2000 年版。

杜国庠：《杜国庠选集》，广东人民出版社 1994 年版。

高华平、王齐州、张三夕译注：《韩非子》，中华经典名著全本全注全译丛书，中华书局 2010 年版。

高明：《帛书本老子校注》，中华书局 1996 年版。

洪诚：《训诂学》，见《洪诚文集》，江苏古籍出版社 2000 年版。

楼宇烈：《老子道德经注校释》，新编诸子集成本，中华书局 2008 年版。

马世年：《〈韩非子〉的成书及其文学研究》，上海古籍出版社 2011 年版。

（清）王先慎：《韩非子集解》，"诸子集成本"，中华书局 1954 年重印世界书局原版。

魏德胜：《〈韩非子〉语言研究》，北京语言学院出版社 1955 年版。

伍非百：《中国古名家言》，中国社会科学出版社 1983 年版。

杨义：《韩非子还原》，中华书局 2011 年版。

张觉:《韩非子全译》,贵州人民出版社1992年版。

周勋初修订:《韩非子校注》(修订本),江苏南京凤凰出版社2009年版。

[英]尼古拉斯·布宁、余纪元编著:《西方哲学英汉对照辞典》,人民出版社2001年版。

（说明：以上按作者姓氏音序排列）

# 后　记

　　周锺灵先生（1918.12.20—1993.12.20）在中央大学中文系学习期间（1938.12—1943.7），就爱好读英文版小说，并爱好西方哲学，跑到哲学系听了宗白华、方东美开设的美学、西方哲学课程。中文系毕业后考上了中央大学哲学研究部研究生（1943.8—1946.7），与苗力田先生（1917—2000）同为学侣，专治西方哲学，尤其对康德哲学情有独钟。从此以后，先生口不离亚里士多德、康德，良有以矣。周先生虽然深受康德哲学影响，口不离康德，总是说起康德如何如何，但他并没有论康德哲学的专著。我们认为，康德哲学的深刻影响，康德哲学的哲思潜流，康德逻辑的浸润，应该渗透到先生的其他哲学论著中。周锺灵先生著《韩非子的逻辑》一书，人民出版社 1958 年第一版，应该说，这是一本当年能代表南京大学高端水平的学术著作。经过六十多年的时光流逝如斯的冲洗，越发显现出书中的逻辑理性光辉和实践哲学魅力。给周著作注释的初衷，除了清除从韩非子时代的上古汉语到现代汉语的语言障碍外，更赋予注释者的心仪的追求是，寻找周著明显受康德哲学影响，以康德哲学视事之处；寻找周著中不自觉地与康德哲学暗合相通，可引康德哲学证实或证伪之处。此外，还有与周著本身无直接关系，只是注释者引用康德的说法，以为可借此加深对韩非子原文或周著原文的理解。

　　周著明显受康德哲学影响，以康德哲学视事例。因果关系，学界多半从语言学上的复合句关系"因果复句"来看待它。一般逻辑书上也会把它视为逻辑关系中的"因果关系"，但不会上升到逻辑学把它看作逻辑规则的"因果律"。康德《纯粹理性批判》一书提到因果关系就有 60 处。在该书《第二版序》中就说："因果性原理、因而自然机械作用的原理在规定这些物时就必然会绝对一般地使用于一切事物，把它们当作起作用的原因。"在康德那里，因果关系不仅是因果逻辑关系，而且是"因果性原理"，如同"自然机械作用"的自然性质的原理，它在规定自然物时就"必然会绝对一般地使用于一切事物"，它无疑是逻辑铁律。受康德哲学的影响，周著把"矛盾、因果、同异（同一律）"作为韩非子逻辑的三大"思维规律"。康德又说："协同性（交互作用）的图型，或者诸实体在偶性方面的交互因果性的图型，就是一个实体的规定和另一个实体的规定按照一条普遍规则而同时并存。"（邓译本《纯粹理性批判》，第143页）这里"普遍规则"当然会包括最普遍的矛盾律逻辑规则。一是韩非子逻辑处处讲矛盾律，二是周著以康德哲学因果逻辑铁律看待韩非子逻辑中的假言推理，使韩非子书中的因果关系得到充分的阐述和展开。周著说："韩非子用形式逻辑的假言推理论证了事物间矛盾转化发展过程。假言判断是阐明因果关系的，而祸福是表示矛盾关系的。在这里，韩非子把因果关系和矛盾关系这两对范畴联系起来了。"（周著第12页，李注第32节）

第二类情况，周著不自觉地与康德哲学暗合相通，可引康德哲学证实或证伪之处。例如，康德曾提出先验的辩类原则离不开演绎法规则的运用，以解决一般自然物的分类问题及其与普遍分类问题的关联。康德说，"为了确信对目前这个概念的演绎的正确性和把它确定为先验知识原则的必要性"，要是没有演绎法规则，"就不会有从一个一般的可能经验的普遍类比向一个特殊类比的进展"。（邓译本《判断力批判》，第18、19页）周著在分析韩非子的辩类时，明确指出："韩非子采用的分类法有着自己的特点"，其一，"他的分类法是归纳的而不是演绎的"（排除了康德的演绎原则）。其二，由于韩非子的分类"是根据具体事实着重归纳法的，因此他总是采用多分法，而不大采用二分法。二分法总会具有抽象的公式的性质"。（周著第48页，李注第141节）。这里说的"根据具体事实"，"总是采用多分法"，是康德说的针对一般自然物的分类，以成立"目前这个概念"。康德的"辩类演绎原则"不适用于具体事实，个别对象的辩类，正可用来辩错证伪。但概念、判断、辩类都要在推理系统内得到运用，以证实其可靠性和证真其必然性，缺乏可靠性和必然性的概念、分类、判断都是没有意义的，这又复活了康德的"辩类演绎法原则"。

　　第三类情况，只是注释者引用康德的说法，以为可借此加深对韩非子原文或周著原文的理解。例如，周著在论及韩非子直言判断时涉及并列关系，矛盾关系、反对关系。注释者尝试引用康德著名的"二律背反"说来附议、增饰、积厚周著的论述。康德说："玄想的推理的第二级是指某个给予现象的一般条件系列之绝对总体性的先验概念的，从对于在某个方面的系列的无条件的综合统一我任何时候都有一个自相矛盾的概念这一点，我推论出相反方面的统一的正确性，而对后者我仍然也不具有任何概念。在这种辩证推理那里理性的这一状况我将称之为纯粹理性的二律背反。"（邓译本《纯粹理性批判》，第287页）康德的"二律背反"，其实质是，在先验世界内存有二元对待，存有两个或两个以上的系统内的逻辑规则的相异相同，相反相成。康德的先验世界，不过是现实客观世界的投射。周著论及的直言判断的并列性、矛盾性、反对性（周著第70页，李注第168节），原本也是客观世界的本体存在。李注拟设的从康德到周著，从先验世界到客体世界，从"二律背反"到本体存在的并列关系、矛盾关系、反对关系学术链，当非断不可续。

　　本书注释中引用康德哲学内容共73节有此三类情况，分属以上三类的是：

　　第一类：第32、41、51、108、115、117、119、135、137、138、149、154、157、166、170、171、183、186、189、199、204、213、214、217、254、257、261、270、271、300、301、304、310、340节。共34节有此类。

　　第二类：第27、132、133、141、155、160、203、229、261、286、292、293、299、303节。共14节有此类。

　　第三类：第68、78、93、94、96、111、121、124、156、159、168、188、192、202、218、220、241、263、266、268、280、290、291、330、337节。共25节有此类。

　　注释是中国古代用于著述的体裁。前辈学者称："注者注义于经下，若水之注物，亦名为著，取著名经义者也。"前人注书流别有"传"有"注"等，"博释经意，传示后人，则谓之传；约文博畅，使经义著明，则谓之注。"（张舜徽《广校雠略》卷三《注书流别论》）可知注书离不开"著述使明",离不开著论。拙作为本师的著作注释,除了注疏字词句段,疏通文意外,其一大端即为阐述周著的逻辑思想。愿勿以注释离注疏,更勿以注释违著述。有关周著逻辑思想的阐述,除了前述追溯其康德哲学渊源外,还与现代逻辑学的通行说法相对照,以明周著实为以韩非子个例解释现代逻辑通例,或反之云,以现代逻辑通例沟通和建构韩非子逻辑。这种沟通和建构,除了文字说明以外,还包括书中的八张自制表。

本书的问世,得到了中国社会科学出版社慈明亮老师的多方指正修改,得到了姜雅雯老师多方面的热情帮助,提出了许多宝贵的修改意见,均大有利于提升本书的学术水准,谨志于此,诚谢不忘。

李开    2023 年 2 月 12 日

2023 年 5 月 16 日修改